중국고대사

중국고대사

리펑(李峰, Li Feng) 지음 / 이청규 옮김

사회평론

한강문화재연구원 학술총서 5

중국고대사

2017년 8월 17일 초판 1쇄 발행
2019년 7월 25일 초판 2쇄 발행

지은이 리펑
옮긴이 이청규
펴낸이 윤철호·김천희
펴낸곳 (주)사회평론아카데미
편집 고인욱·고하영
표지 디자인 김진운
본문 디자인 민들레
마케팅 강상희

등록번호 2013-000247(2013년 8월 23일)
전화 02-2191-1133
팩스 02-326-1626
주소 03978 서울특별시 마포구 월드컵북로12길 17(1층)

ISBN 979-11-88108-21-3 93910

추천의 글

고대하던 책이 나왔다. 한국의 대학에서 중국 고대사를 강의하는 분들은 누구나 교재 때문에 고민이 많을 것이다. 20세기 중반 이래 화수분처럼 출토 문물을 쏟아내고 있는 중국의 최신 고고학 상황을 반영하는 개설서가 사실상 국내에 거의 없기 때문이다. 역사의 여명기부터 한 제국까지를 포괄하는 이 책은 2012년 출간 당시까지의 고고학 성과를 충실히 활용한 구미 최고의 중국 고대사 개설서이다.

고대 중국은 동아시아 세계의 정신적, 물질적 토대를 제공한 보고이다. 19세기까지 조선의 엘리트 선비들에게 고대 중국이 지식의 원천으로서 찬양의 대상이었음은 놀랄 만한 일이 아니다. 20세기를 거치며 오랜 동안 우리 선조들의 뇌리를 장악해 온 보편문명으로서 고대 중국은 서구문명에 그 자리를 내주었다. 그 서구문명의 일종인 민족주의가 지난 세기 후반 한국인들의 뇌리를 장악함에 따라 한국인들에게 중국 고대문명은 자연스럽게 경시 혹은 무시의 대상으로 전락하고 만다.

그렇지만 전근대 한국문명의 이해에 중국 고대문명이 끼친 영향을 부정하는 연구자들이 과연 몇이나 될지 궁금하다. 이러한 측면에서 최신의 연구 성과를 담은 이 책의 출간이 한국인들의 고대 중국에 대한 인식 전환에 작은 계기라도 제공하길 기대한다. 물론 그 역사가 이전 우리 선조들처럼 찬양의 대상일 필요는 없다. 다만 그것이 최소한 한국을 비롯한 동아시아 문명 형성의 체계적 이해를 위한 핵심 열쇠로서, 우리들의 호기심을 자극하는 흥미로운 학술적 혹은 문화적 대상임을 부인할 필요는 없을 것이다.

추천인은 저자 리펑 교수와 시카고대학 박사과정에서 동문수학했다. 이미 그때부터 뛰어난 자질을 보여준 그가 현재 컬럼비아대학에서 중국 고대사학계의 최고 학자로 성장한 것은 당연한 일이다.

저자는 현재 진행 중인 중국어 번역보다 앞서 출간되는 이 한국어판에 기뻐하면서도, 지속되는 중국의 고고학 성과로 인해 이미 수정할 부분이 꽤 있다고 토로한다. 특히 제2장 신석기시대 부분에서 옥기로 유명한 남방의 량주(良渚) 문화를 비롯한 다른 새로운 고고학 성과들을 반영하지 못했음을 아쉬워하고, 제14장에도 최근 장시성(江西省) 난창(南昌)에서 발굴된 해혼후묘(海昏侯墓)에 지면을 할애하고 싶다고 한다.

전문가들조차 최신 출토 자료들을 따라가기 어려울 정도로 중국 고대사는 새롭고 역동적인 분야로 거듭나고 있다. 이 책이 그러한 지적 갈증을 어느 정도 해소시켜 주리라 확신한다.

2017년 7월 19일
단국대 사학과 교수 심재훈

머리말

    2006년 봄 케임브리지 대학 출판부의 기획편집자 메리골드 에크랜드(Marigold Acland)가 내 연구실을 찾았을 때, 우리 두 사람은 고학년 학부생과 대학원생 그리고 일반 독자를 대상으로 하는 고대 중국을 다룬 교재를 출판한다는 동일한 목표를 갖고 있음을 확인하였다. 그때 내 머릿속에 떠오른 고대 중국에 대한 충실한 입문서로서 기념비적인 저술은 *The Cambridge History of Ancient China: From the Origins of Civilization to 221 BC*(edited by Michael Loewe and Edward L. Shaughnessy; Cambridge, 1999)이었다. 그러나 그 책의 엄청난 분량과 그 근본적인 한학(漢學)적 서술 방식 때문에, 중국 문명의 이 중대한 시대를 공부하려는 학생들의 욕구에 보다 부합할 만한 별도의 책이 시급히 요망된다는 데도 공감했다.

    그렇다고 이 책이 앞서 소개한 *The Cambridge History of Ancient China*를 단순히 요약한 것은 분명히 아니며, 더욱이 그와 유사한 저작물로 시도된 것도 아니다. 오히려 지난 10여 년간 각 분야에서 보고된 새로운 주요 고고학적 발견과 그로 인한 성과들을 반영함으로써, 농경생활의 시작부터 서기 220년 한나라의 멸망까지 중국 문명의 형성과정을 재해석한 것이라고 하는 것이 좋겠다. 이렇게 긴 시대를 개괄적으로 서술하려는 이들에게(통상 짧은 시대 내에서 자신의 연구를 수행하는 것과 대조적으로) 이러한 작업은 상당한 위험성을 내포하거나 모험적일 수 있다. 따라서 그 책에서 다루는 특정 시대나 주제에 관해 훨씬 오랜 경험을 갖춘 학자들의 잠재적 비판 대상으로 스스로를 노출시키게 되는 것이다.

    어떤 저자도 혼자 모든 시대를 망라할 수 없기 때문에 이런 문제는 필연적으로 제기될 수밖에 없지만, 단독 저술은 문명 발달의 큰 흐름에 대해 보다 높은 수준의 이해에 도달하는 이점이 있기 때문에 그만큼의 위험을 감수할 만한 가치가 있는 작업이다. 이러한 전체적 흐름은 역사 논리에 대한 깊은 이해를 토대로 할 때 비로소 파악할 수 있는데, 통상 다른 이론 틀에 의거하여 상반된 견해들을 고수하는 여러 저자들의 공동 작업으로는 도달하기 어려운 수준이다. 그러므로 비록 이 책이 중국 고대 문명의 역사에 대하여 유일한 설명서가 될 수도 없고 또한 그래서도 안 되지만, (적어도 이 책 내에서는) 일관적인 서술을 기약할 수 있다.

중국 역사를 연구하는 학자로서 나는 항상 중국 역사를 이해하는 최선의 방법은 그것을 비교론적 틀로 인류 보편적 경험의 일부로 연구하는 것이라고 믿어 왔다. 수천 년에 걸쳐 인간이 겪은 이른 시기의 경험 중에는 사회 문화적 과정의 결과로서 인간 역사의 흐름에 중대한 영향을 미친 중요한 순간들이 적지 않았다. 농경 생활 방식의 시작, 지역에 기반을 둔 사회조직—수장사회의 형성, 도시 문화의 출현, 국가의 발생, 관료제와 행정기관의 출현, 그리고 제국의 형성 등이 바로 그것이다. 이러한 현상들은 전 세계에 걸쳐 광범위하게 확인되었으며, 인류학자와 역사학자들이 모두 이에 대해서 심도 있는 논의를 수행한 바 있다. 이 책에서는 거대하고 복잡한 조직으로 변모하는 고대 중국의 사회적 발전에 초점을 맞추어 기술하면서 그 발전에 기여한 정치적, 문화적 제도를 살펴보고자 한다. 중국의 자료를 사회발전의 일반이론에 적용시키는 것이 아니라, 사회 이론을 이용하여 고대 중국에서의 중요한 변화가 갖는 의미를 추출함으로써 그 문명의 궤적을 일관되게 이해하고자 하는 것이다.

그러한 책이 '아시아 역사의 새로운 접근방법(New Approaches to Asian History)' 이라는 이름의 케임브리지 대학 출판부의 새 시리즈 취지에도 부합할 수 있을 것이라고 희망한다. 이 시리즈는 학계의 최근 성과를 묶어 유럽을 서쪽 경계, 태평양 연안을 동쪽 경계로 하는 아시아 지역에서 각 시대별로 이루어진 획기적인 사건과 발전을 소개하는 것을 지향한다. 그중 하나인 이 책은 일반 독자와 연구자들이 고대 중국의 전체 흐름을 명료하게 이해하는 데 필요한 핵심적인 역사적 사실이나 사건을 다루고 있다. 특히 중국의 고대 역사에서 확실히 알 수 있는 것은 아무것도 없다는 극단적인 비관론을 지지하는 학자들은 스스로 실망하지 않을 수 없게 될 것이다.

비록 연구되는 많은 내용에 대해 논쟁이 계속되겠지만, 저자는 객관적 판단력을 가진 대다수 학자들이 동의할 수 있고, 보다 심층적인 지적 탐구의 토대가 될 만한 근본적인 역사 과정이 고대 중국에 존재한다고 믿는다. 그러나 이 책이 왕국과 제국의 흥망성쇠 과정을 단순히 충실하게 서술하기 위한 것만은 아니며, 그 장구한 과정을 서술하는 작업은 실제로 신뢰할 만한 기록이 남아 있지 않은 탓에 가능하지도 않다. 대신에 이 책은 고대 중국에 대한 전반적 소개와 관련 최신 증거 검토 사이에서 균형을 유지할 것이고, 마찬가지로 역사가 정말 어떠했는지 만큼이나 그것을 어떻게 봐야 하는지에 대해서도 논의할 것이다. 이러한 이유로 각 장의 논의 내용을 주제별로 정리하여 각 시기의 문제와 특징을 부각시키는 데 도움이 되는 상이한 해석을 모두 살필 수 있도록 하였다. 이 책이 중국 고대사의 큰 흐름을 살피면서 고대 중국에 대한 당대 학자들의 활동에 대한 전반적인 입문서 역할도 할 수 있기를 바란다.

이 책에서 논의되는 주제의 선정은 컬럼비아 대학에서 수차례 강의한 '한나라 말기까지의 중국 고대사(History of Ancient China to the End of Han)' 강의 내용을 참고하였다. 따라서 나는 제일 먼저 그리고 무엇보다도 우선, 내 강의를 수강하고 숙고할 만한 질문을 제기하여 이 책의 내용을 풍부하게 해준 학생들에게 감사한 마음을 전한다. 특히 지난 2년 동안 학생들은 강의실에서 배포된 원고를 주의 깊게 읽고 교재로서 표현의 난이도를 평가해 줌으로써 도움을 주었다. 특히 최종 원고 제출 전에 그 대부분을 교정한 로버트 알렉산더 우든드(Robert Alexander Woodend) 학생에게 감사의 뜻을 전한다.

또한 '컬럼비아 고대 중국 세미나'의 발표와 토론을 통하여 보다 섬세하면서 명료한 표현으로 책의 내용을 풍성하게 할 수 있었다. 책의 시각을 크게 넓혀 준 세미나 참가자 모두에게 감사를 표한다. 특별히 감사해야 할 메리골드 에크랜드에게 진 빚은 발간 예정일을 맞추지 못한 상태에서 그녀가 최근 퇴직하였기 때문에 더 커졌다. 얼마간 늦긴 했어도 이제 비로소 그녀에 대한 나의 약속을 지키게 된 것이나마 다행으로 생각한다. 케임브리지 대학 출판부가 선정한 익명의 심사자들께도 감사를 표한다. 그들은 이 책을 주의 깊게 검토하고 바람직한 제안으로 미비한 점을 보완하게 해 주었다. 내 감사의 마음은 차오 웨이(曹瑋), 쟈오 난펑(焦南峰), 장 젠린(張建林), 저우 야(周亞), 황 샤오펀(黃曉芬), 팡 훼이(方輝), 류 리(劉莉), 천 싱찬(陳星燦) 그리고 천 자오롱(陳昭容) 등 많은 친구들에게도 전한다. 이들은 이 책에 실릴 새로운 사진도면 자료를 제공하거나 허락 얻는 것을 도와주었다.

저자와 발행인 모두는 저작물 자료의 이용을 허락해 준 기관에 감사를 표한다. 그 기관들 중에 발간물 사진의 이용을 관대하게 허락한 중국 사회과학원 고고학연구소에 특별한 감사를 전한다. 중앙연구원 역사어언 연구소(그림 1.3과 9.3), 보스턴 미술관(그림 6.4), 런던 블룸즈버리 출판사(그림 3.1과 3.4), 예일 대학 출판부(그림 2.1, 4.2, 12.1, 12.4), 그리고 베이징의 중국국가박물관(그림 3.6과 4.12) 등에 감사를 표한다. 우리가 최선의 노력을 다했음에도 불구하고 사용한 모든 자료의 소재를 확인하거나 저작권자를 찾아내기는 불가능했다. 어떤 것이라도 만약 누락된 것을 알려 준다면, 기꺼이 다음 인쇄할 때 적절한 승인을 받을 것이다. 마지막으로 기꺼이 이 책의 채택에 대한 책임을 맡고 마지막 출판까지 지휘한 루시 라이머(Lucy Rhymer)에게 감사의 말씀을 전한다.

차례

그림 목록

15

지도 목록

고대 중국 연표

초기 농경 공동체

양사오 이전시대	6500-5000 BC
양사오 시대	5000-3000 BC

초기 복합사회

룽산 시대	3000-2000 BC

초기 읍제국가

얼리터우 국가 (하 왕조?)	1900-1555 BC
상 왕조	1554-1046 BC
주 왕조	1045- 256 BC
서주	1045- 771 BC
동주	770- 256 BC
춘추시대	770- 481 BC

영토 국가

전국시대	480- 221 BC

초기 제국

진 왕조	221- 207 BC
한 왕조	206 BC-AD 220
서한	206 BC-AD 8
(신 왕조)	AD 9-24
동한	AD 25-220

초기 제국의 멸망

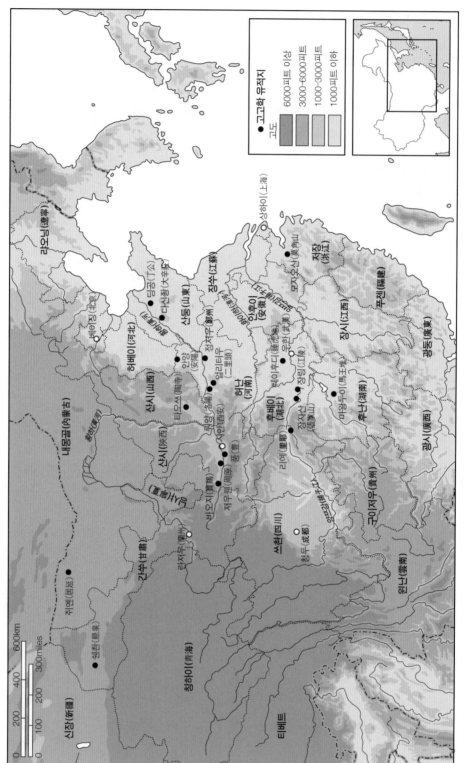

중국 지도

범례 (지도 내 표기):

고고학 유적지

고도

6000피트 이상
3000~6000피트
1000~3000피트
1000피트 이하

지명 (지도 내 표기):

라오닝(遼寧), 베이징(北京), 딩공(丁公), 다신좡(大辛庄), 산둥(山東), 장쑤(江蘇), 상하이(上海), 모자오산(莫角山), 저장(浙江), 허베이(河北), 타오쓰(陶寺), 안양(安陽), 정저우(鄭州), 쉬저우(徐州), 이훙이(安徽), 난징(南京), 푸젠(福建), 얼리터우(二里頭), 허난(河南), 윈저우(溫州?), 장시(江西), 광둥(廣東), 산시(山西), 황허(黃河), 뤄양(洛陽), 시안(西安), 펑하오(豐鎬), 베이이훙이(湖北), 장링(江陵), 마왕두이(馬王堆), 후난(湖南), 광시(廣西), 산시(陝西), 인촨(寧夏), 비오지(寶鷄), 저우위안(周原), 후베이(湖北), 장자산(張家山), 리에(里耶), 구이저우(貴州), 란저우(蘭州), 간쑤(甘肅), 윈멍(雲夢?), 충칭(重慶?), 쓰촨(四川), 청두(成都), 윈난(雲南), 내몽골(內蒙古), 칭하이(靑海), 신장(新疆), 쥐옌(居延), 헤이청(黑城?), 티베트

축척:
0 100 200 400 600km
0 100 200 300miles

제1장 서론: 고대 중국과 그 자연 및 문화 경계

'고대 중국(Early China)'은 동아시아 인류사의 시작부터 서기 220년 동한 왕조의 멸망까지 장구한 시기를 이른다. 그 마지막 연대는 정확하지는 않지만 통상 중국 불기(佛紀)의 시점으로 간주되곤 한다. 중국 문명 토대의 상당 부분이 형성된 개시기로서 고대 중국은 중국사의 모든 시대를 공부하는 학생들에게 필요한 정부와 사회관습, 예술, 종교, 철학사상 등에 관한 일련의 기본적인 지침을 제공함으로써, 항상 중국을 연구하는 관문 역할을 해왔다. 보다 일반적인 관점에서 보더라도 인간이 속했던 문화를 가르치는 최선의 방법이 역사라는 사실을 인정한다면, 고대 중국에 대한 지식이 종종 현대 중국의 사회생활 양상과 그 저변에 깔린 가치관에 대한 가장 근본적인 설명이 될 수 있다고 보는 것은 지극히 당연하다. 연구 분야의 하나로서 고대 중국 연구는 현대의 학문, 특히 오랜 과거를 계속 새롭게 이해시키는 고고학의 성과로부터 큰 도움을 받고 있다. 또한 이 분야는 정치와 학문 사이의 빈번한 상호작용이 이루어지기도 하고, 각 국가별 혹은 국제적 전통의 영향을 받으며 그 모습을 갖추어 가는 분야이기도 하다.

먼 과거로의 여행을 떠나기 전에, 먼저 뒤에서 논의할 사회문화적 발전을 이해하는 데 필수적인 고대 중국의 자연환경이 시간의 흐름에 따라 어떻게 변화하는지 소개하고자 한다. 아울러 같은 목적에서 고대 중국 연구가 현대 학문 분야로 부상하는 과정을 이 장에서 간략히 다루겠다. 이 분야의 학계 현황을 살펴봄으로써 독자는 과거를 바라보는 관점 자체는 물론, 해석하는 다양한 방식을 이해할 수 있을 것이다.

중국의 지리: 자연환경

중국의 지리학자들은 대체로 중국의 지형을 4개 지구로 구분하여 분석하는 경향이 있다. 첫 번째는 칭짱고원(青藏高原, 칭하이-티베트 고원이라고도 함)으로 해발 고도 평균 4,000m인 세계의 지붕이라고 알려져 있는 곳이다. 이 고원은 현재 칭하이성과 티베트 자치구에 걸쳐 있으며, 중화인민공화국 전체 영토의 1/4을 차지한다(중국지도 참조). 두 번째는 칭짱고원의 경계에서 북쪽과 동쪽으로 뻗어 있는 지구로서 황토고원(黃土高原, Loess Plateau)과 내몽골의 여러 산맥과 고원으로 구성되어 있으며 해발 고도는 평균 1,000-2,000m이다. 세 번째 지구는 북중국의 평원, 동북부의 만주평원과 남부의 양쯔강 삼각주와 같은 범람원으로 보통 고도 500-1,000m의 구릉성 지대가 산포되어 있다. 네 번째 지구는 중국 동쪽과 남쪽 해안 너머 바다로 이어지는 대륙 자체를 말한다.

국가로서 '중국'이 태동하는 고대 중국의 지리적 공간에 대하여 논의할 경우 문화적 진전이 상대적으로 두드러진 곳은 동부 범람원의 중심지가 아니라, 앞서 설명한 두 번째 지대인 산맥과 고원으로 둘러싸여 있거나 혹은 주요 산맥의 기슭을 따라 형성된 강 유역과 띠 모양의 평원 지대이다.[1] 그러한 전개 과정은 단순히 생태학적인 이유 때문인데, 서기전 두 번째 천년기(2000-1000 BC) 당시에는 중국 동부의 대부분은 늪과 호수로 덮여 있었고[2] 일부 지역에서는 그 해안선이 오늘날보다 최소한 150km 내륙 쪽으로 들어와 있었다. 진나라 이전 기록에서 북중국 평원에서 40개 이상의 늪지와 호수의 이름을 확인할 수 있다. 그렇지만 대부분 물이 빠지면서 서기 3세기에 이르러서는 그 모습을 찾아볼 수 없게 된다. 사실 수천 년 동안 황하(黃河)는 앞서 언급한 두 번째 지대에서 산출된 엄청난 양의 토사를 실어 날라서 동쪽의 북부 평원에 계속 퇴적시키고 있었다. 자연적 환경, 특히 지형과 기후의 변화는 인류 사회와 문화의 초기 발달에 아주 중요한 영향을 미쳤다. 역으로 오늘날 산업사회의 확장이 가져온 급격한 변화에서 볼 수 있는 것처럼, 인간의 생계 활동도 지구의 표면을 변형시키는 등 자연환경에

---

1   세계의 다른 지역에서도 이와 같은 유사한 전개과정을 볼 수 있다. 예를 들어 메소포타미아에서는 초기 정주성 문화가 이라크 북부에서 시작한 뒤 남동쪽으로 이동하기 시작하여 서기전 5500-4800년경 사마라(Samara) 문화의 시기에는 페르시아만에 인접한 티그리스와 유프라테스 강의 저지대에 정착하게 된다.
2   역사 시대에 국한해도 황하의 물길이 26번 정도 바뀐 사실이 기록으로 전한다.

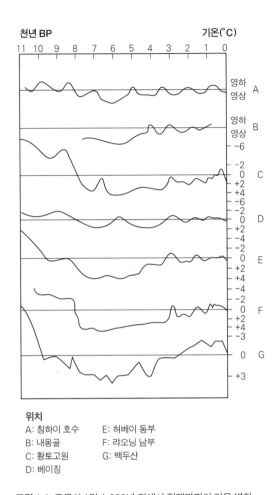

천년 BP   기온(°C)

위치
A: 칭하이 호수   E: 허베이 동부
B: 내몽골   F: 랴오닝 남부
C: 황토고원   G: 백두산
D: 베이징

그림 1.1 중국의 1만 1,000년 전에서 현재까지의 기온 변화

심각한 변화를 초래했을 것이다.

지난 30년간 중국 고기후 학자들은 현지 조사[3]를 통해 생태학적으로 구분되는 여러 지역에서(그림 1.1 참조) 장기간에 걸친 기후 변화와 관련하여 중요한 사실을 밝혀냈다. 여러 지역의 자료를 상호 연결시켜 본 결과, 연구자들은 1만 1,000년이 넘는 기간에 걸쳐 중대한 기온 변화가 여러 차례 있었음을 확인할 수 있었던 것이다. 지금으로부터(BP) 약 1만 1,700년 전[4] 홍적세 말에 지구상의 빙하기가 끝날 무렵, 북중국의

---

3   기본적인 방법은 하천과 호수의 바닥에서 수백 개의 표본을 채굴하는 것이다. 그것에서 찾아낸 꽃가루 표본과 다양한 형태의 고대 식물을 분석함으로써 해당 지역 기온의 개략적인 장기 변화를 재구성할 수 있다.

4   BP(Before Present)는 지질학에서 긴 기간을 표현할 때 사용되는데 BC(Before Christ)가 역사학자와 고

기온은 오늘날의 평균치보다 약 3-4℃ 정도 높았으며, 강수량은 오늘날보다 40%(연간 150mm)가 더 많았다. 칭짱고원의 경계까지 이르는 북중국의 대부분 지역에 걸쳐, 풍부한 수량으로 많은 호수와 늪지가 형성되었다. 농경생활이 시작되기 이전에는 중국 전체가 매우 온난 다습한 기후로 삼림이 울창하였음을 의미한다. 이렇게 높은 기온(그림 1.1의 길고 낮은 곡선 참조)은 8,000년 전에서 5,000년 전까지 지속되었는데 이후 수천 년에 걸쳐 큰 폭의 변동이 있다가 3,000년 전에 오늘날 수준의 기온으로 갑자기 떨어진다.[5] 이 기온 하락은 연대기상으로 볼 때 상 왕조(1554-1046 BC) 말기와 서주(1045-771 BC) 초기에 해당한다. 그렇지만 상 왕조 대부분의 시기에도 북중국의 기온은 여전히 오늘날보다 2℃가 높았다. 지금부터 3000년 전 무렵, 기온이 급격히 떨어졌다가 한동안 다시 상승하지만 여기서 다루는 고대 중국을 지나 그 이후 1,500년 동안에는 북중국의 기온이 상당히 낮아 오늘날보다 추워진다.

남중국은 상대적으로 앞서 언급한 기후 변화의 영향을 덜 받았다. 북부보다 산간 지형이 많아 주요 산맥을 기준으로 대략 세 곳의 독립된 지역으로 분할되는데, 양쯔강을 따라 쓰촨분지, 중간 유역의 호수와 늪지, 저지대의 삼각주가 그것이다. 고대 이후인 서기 1천년기의 중반에 발생한 기온 하강은 남중국의 몇몇 주요 호수를 축소시키거나 사라지게 하였다. 예를 들어, 오늘날 우한(武漢)에서 서쪽으로 120km 뻗은 양쯔강 평원의 중간 넓은 지역은 진나라 이전에는 기록에 '큰 늪지(大澤)'라고 알려질 만큼 유명한 '윈멍대택(雲夢大澤)'의 수면 아래 있었다. 그러나 이 늪지의 대부분은 점차 마르기 시작하여 3세기 이후에는 오랜 변화 과정 끝에 결국 도시 중심지를 에워싼 농경지로 변모하였다.

중국 동부 연안을 따라가는 해상 활동이 고대 중국에서도 있었음은 북쪽에서 남쪽까지 길게 뻗어 있는 연안을 따라 확인되는 초기 문화의 접촉 양상을 통해서 알 수 있다. 또한 본토 남동부와 타이완섬 간에 고고학적으로 증명된 문화적 교류를 통해서도 확인된다.[6] 타이완섬에는 오스트로네시아 어족 집단이 이미 정착하여, 태평양 섬 주

고학자가 최근 수천 년을 표현할 때 사용하는 것과 대비된다. 홍적세는 지구의 역사에서 258만 8,000 BP 부터 1만 1,700 BP까지에 해당하는 지질학적인 연대로 충적세(가장 최근 시기)로 이어진다.

5 Shi Yafeng and Kong Zhaozheng, et al., "Mid-Holocene Climates and Environments in China," *Global and Planetary Change* 7 (1993), p. 222.

6 오스트로네시아어족은 태평양 전역과 동남아시아 섬 및 반도와 서쪽으로 마다가스카르에 이르는 범위에 걸쳐 분포한 언어 집단이다. 고대 중국의 언어학적 분류에 대해서는 David N. Keightley ed., *The Origins*

민과 교류하고 있었다. 중국 남서부의 집단들은 청동기시대 후기에 오늘날 윈난성의 열대림을 가로질러 남아시아(인도) 아대륙과 문화적으로 접촉하고 있었으며, 진과 한의 제국 때에는 그 범위가 더 확장된다. 북서부에는 많은 오아시스가 있어 중국 서쪽 바깥 지역과 왕래가 가능했다. 이들 오아시스나 너른 북부 초원 지역을 거치는 재화나 사상의 교류는 늦어도 청동기시대 초기부터 시작되었다. 그러나 중국이 아시아 내륙과 지리적 단절에서 풀린 것은 서기전 1세기가 지나서였다. 비록 고대 중국의 탐험가에 의해 이미 서기전 2세기에 중앙아시아로 가는 길이 발견되었지만, '비단길'을 따라가는 여행은 여전히 험난했던 것으로 알려져 있다.

고대 중국과 그 거대한 역사적 흐름

왜 '고대 중국'인가? 이를 중국 역사 내에서 별도의 큰 단계로 구분해서 다루지 않으면 안 될 이유가 있는가? 앞서 서기 220년 동한 왕조 몰락까지를 고대 중국의 시기라고 언급한 바 있다.[7] 중국사 연구와 교육에서 이 장구한 시기를 하나의 통합 분야로 취급한 데에는 세 가지 일반적인 이유가 있다. 첫째, 지역 간 상호 영향으로 변형이 불가피했다고 해도, 이 초기 문명 단계는 본질적으로 토착적인 동아시아 사유를 전개시켜서, 그 사회적, 정치적 제도의 발전이 대체로 이 아대륙(동아시아) 내부의 과정으로 간주될 수 있기 때문이다. 그러나 서기전 1세기에 한 제국이 중앙아시아까지 세력을 확장하면서, 중국은 다른 주요 세계문명, 특히 중동, 인도와 지속적으로 접촉하게 되고 이어 불교도 수입하면서 중국은 전혀 다른 차원의 새로운 문명시대에 급격히 진입한다. 이러한 변화는 세계사적인 관점에서 보면 서구에서 고전시대를 벗어나 기독교시대로 진입한 것에 비견될 수 있다.

    of Chinese Civilization (Berkeley: University of California Press, 1983), pp. 411-466의 E. G. Pulley-blank, "The Chinese and Their Neighbors in Prehistorical and Early Historical Times"를 참조하기 바란다.

7   키틀리(David N. Keightley)가 편집을 맡은 *Early China*의 창간호에서 그는 '편집자 의견란'을 통해 학술지의 목적을 설명하며 "*Early China*는 선사시대와 상, 주, 한과 관련된 정보의 전파와 새로운 사고의 검증에 기여하기 위한 뉴스레터이다"라고 언급한 바 있다. 여기서 '고대 중국'의 명확한 시대적 구분을 확인할 수 있다.

둘째, 고고학에서 제공하는 정보를 공유하게 되었다는 사실이다. 전승된 문헌을 통하여 실질적 정보를 제공받는 이 시대의 후기조차도, (특히 지하에서 출토된 법령과 같은) 문서들이 여전히 우리들 연구의 가장 중요한 근간을 이루고 있다. 셋째, 상당한 부분의 자료가 특히 서기전 221년 중국문자 시스템이 통일되기 전에 만들어졌다는 성격 때문에, 고대 중국에 대한 연구는 고문자와 명문의 다양한 형태를 다루는 고문서학의 방법론으로부터 상당한 도움을 받아야 한다는 사실이다.

비록 동한 몰락 이전의 연대에 속하는 것으로 추정되는 내용은 모두 고대 중국의 범주 안에 포함시키는 것이 합리적이긴 하지만, 관례에 따라 서기전 일곱 번째 천년기 (7000-6000 BC)의 중국, 특히 황하와 양쯔강에 이르는 지역에서 이루어진 초기 농경 공동체의 출현에서부터 시작하고자 한다.[8] 이 최초의 농경사회가 이후 2,000년 이상에 걸쳐 중국 동부에서 확산되며 지역적 특성을 갖춘 대규모 문화 복합체로 발달한다. 서기전 네 번째 천년기(4000-3000 BC) 후반에 초기 복합사회(complex societies)[9]들이 여러 지역에서 등장하기 시작하는데, 이들은 각각 위계적인 거주 체계를 갖추면서 흙을 다져 만든 성벽으로 둘러싸인 대규모 정치 중심지에 의해 통제된다. 이 단계 다음에 중국의 북부와 남부의 일부 지역에서 초기 국가 또는 국가 수준의 사회로 이행하는 강도 높은 사회발전이 이루어진다. 북중국에서는 고고학과 역사학에 의해 잘 밝혀진 바와 같이, 상(1554-1046 BC)과 서주(1045-771 BC)의 초기 국가들은 왕실의 통치를 지속적으로 받았으므로 초기 '왕조 국가'라고 불릴 수 있다. 서기전 771년 서주 국가가 붕괴하여 실질적인 중앙 권력에 공백이 생기자 국가 간에 전쟁이 격렬하게 발발하였는데 이 전쟁은 서기전 221년 진이 중국을 통일하여 첫 번째 제국이 탄생할 때까지 500년간 계속된다. 결국 서한 제국(206 BC-AD 8)에 의해 제국의 관료체계가 안정되고, 이후 동한 제국(AD 25-220)이 붕괴하면서 이 시대는 끝난다.

그러므로 우리는 다양한 수준과 규모를 갖춘 사회조직의 출현과 몰락을 고대 중국에서 볼 수 있다. 이 책의 초점은 초기 농경 촌락이 국가 나아가 제국으로 발전하는

---

8   구석기시대 초기의 인간 사회 특히 인간 신체의 발달은 문화적이라기보다는 자연적인 과정을 거치는 것이기 때문에 전 지구상의 환경 맥락에 근거한 자연과학의 영역에서 보다 효율적으로 다루어질 수 있다. 그러므로 우리가 말하는 '고대 중국'은 문화적이고 지리적인 관점에서만 바라보는 복합체를 말하는 것이 아니다.

9   인류학적 정의에 의하면 '복합사회'는 최소한 두 개 이상의 계층을 갖고 있으며, 수장 권력을 중심으로 한 중심 지향적인 의사결정 과정을 갖춘 사회를 말한다.

것을 추적하고 설명하는 것이다. 중국 역사의 전체 속에서 차지하는 비율로 따진다면 고대 중국이 가장 길 뿐만 아니라, 가장 극적인 사회변화와 정치발전이 이루어진 시대라 할 수 있다. 또한 지역 수준의 맥락에서 독자적으로 발달한 문화적 요소가 점차 단계적으로 중국 고유의 문명으로 수정 통합되는 긴 과정이기도 하다.

중국 고대의 재발견

'Early China'라는 개념은 비교적 최근에 생긴 것이지만 그에 대한 연구는 중국과 서양 모두 오랜 역사를 갖고 있다. 20세기에 들어서서 세 가지의 중요한 발견이 중국의 과거로 통하는 새로운 창을 열고 중국 역사 기술의 발전에 직접 기여한 것으로 평가되고 있다. 첫째로 1899년 허난 북부 안양에서 갑골(甲骨)과 귀갑(龜甲)에 새겨진 상 왕조 시기 명문의 발견, 둘째로 1900년 간쑤성(甘肅省) 서부의 사막 경계에 있는 둔황의 불교 석굴에 비밀리에 보관된 약 5만 점에 이르는 중세 필사본의 발견, 세 번째로 베이징 황궁에 있던 명청대 문서기록의 1909년 공개와 후속 조치가 그것이다. 뒤의 두 발견은 고대 중국의 시기를 벗어나는 것이지만, 이들은 현대 중국 역사뿐만 아니라 전 세계적으로 여러 측면에서 시사하는 바가 많은 매우 중요한 문화적 사건이다.

둔황으로 가는 길에서 영국 탐험가 아우렐 스타인(Aurel Stein)이 사막 요새(최근에 재발굴되었음)에서 문자가 적혀 있는 약 700개의 죽간을 발굴하면서 그 영토 안팎에서 서한 제국의 행정문서를 연이어 발견하게 하는 물꼬가 트이게 되었다. 스타인 혼자 연구로는 불가능하여 이후 베이징에 있었던 프랑스 학자 에두아르 샤반느(Édouard Chavannes, 1865-1918)(그림 1.2a)가 연구에 참여하고 그 성과를 발표하게 된다. 서양에서 중국학의 토대를 놓은 것으로 유명한 샤반느는 이 무렵 고대 중국의 가장 중요한 역사적 문서라 할 수 있는 서기전 1세기 사마천(司馬遷)이 쓴 『사기(史記)』를 번역 출간하였다. 샤반느의 둔황 죽간에 대한 연구서가 중국에 들어오면서 저명한 중국 학자들이 연구와 주석 작업을 수행하여 개정판을 내놓게 된다.

둔황의 원고는 샤반느가 잘 알던 역사적 문헌과 함께 편집되어 프랑스 중국학 초기 세대 연구자들이 문헌학과 역사 언어학에 초점을 맞추어 교습하는 문장자료로 활용되었다. 둔황 자료에 기록된 언어는 거의 10종류에 달하였기 때문에 언어학적인 관

(a) (b)

그림 1.2 고대 중국학의 개척자들: (a) 에두아르 샤반느(Édouard Chavannes), (b) 왕궈웨이(王國維)

심이 한대 중국어를 넘어서게 된다. 더 나아가 프랑스의 관심 범위는 점차 역사와 종교까지 이르렀고, 스웨덴의 중국학 연구자 베른하르트 칼그렌(Bernhard Karlgren)은 고대 중국학의 연구 대상을 물질 자료, 특히 청동 예기와 그것에 새겨진 명문에까지 넓혔던 것이다.[10]

중국 자체 내에서는 상인들에 의해 주로 거래되었던 갑골의 발견이 연구자들로 하여금 그 수집에 뒤이어 연구와 출간에 뛰어들게 했다. 학자들은 송 왕조(960-1279) 이래 고유의 골동품 관련 저록들에 수록되어 온 상주시대 청동기 명문도 연구했다. 특히 칭화 대학교 교수 왕궈웨이(王國維, 1877-1927)(그림 1.2b)는 그가 충성을 바쳤던 청 왕조의 몰락 이후 일본으로 망명하였다가 귀국한 뒤 몇 년 후 상과 서주 초기 왕실 국가의 종교, 문화 제도에 대한 일련의 긴 논고를 남겼다. 그의 작업은 주로 출토문헌에 근거한 것으로 고대 중국에 대한 현대적 역사 연구의 기본 방향을 제시하였다.

10　서양 중국학의 초기 역사에 대해서는 다음 문헌 참조. D. Honey, *Incense at the Altar: Pioneering Sinologists and the Development of Classical Chinese Philology* (New Haven: American Oriental Society, 2001), pp. 1-40 H. Franke, "In Search of China: Some General Remarks on the History of European Sinology," *Europe Studies China: Papers from an International Conference on the History of European Sinology* (London: Han-Shan Tang Books, 1992), pp. 11-23.

26

그림 1.3 상 왕실 무덤 1004호 발굴 직후 청동투구를 쓴 안양의 발굴자들. 12차 발굴 기간인 1935년에 촬영한 사진으로, 가운데 상나라 왕 역할을 하는 사람이 중앙연구원의 선임 고고학자 스장루(石璋如)이며 그의 왼쪽(뒤)은 샤나이(夏鼐)로 1962년에서 1982년까지 베이징의 고고연구소 소장으로 근무했다. 스장루는 가슴에 긴 청동 칼을 품고 있다. 오른쪽 왕샹(王湘)은 잠든 고양이를 안고 있다.

상 후기 왕실의 점복 기록인 갑골문이 확인되면서 1928년 허난성(河南省) 북부 안양(安陽)의 상나라 도읍 지역에서 발굴조사가 이루어지는데, 중국 고고학의 주목할 만한 서막이었다. 1937년 7월 일본의 북중국에 대한 전면적인 침략이 있기까지 난징에 있던 중앙연구원은 안양에서 15차례의 대규모 발굴조사를 계획하고 진행하였다. 궁정 지역과 상나라 왕릉 모두를 발굴하여 다수의 갑골(그림 1.3)은 물론 엄청난 양의 유물을 찾아냈다. 전쟁 후 발굴이 재개되면서 오늘날까지 계속되고 있는데 안양 고고학은 상 왕조와 고대 중국 문명 전반을 이해하는 데 중심적인 역할을 하게 된다.

그러나 현대 중국의 역사 서술은 그 기원이 매우 다양하여 결코 하나의 전통만을 따른 것이 아니었다. 왕궈웨이는 발굴된 자료로써 전승된 역사 기록을 확증하는 작업에 기초하여 중국의 고대세계를 재구축하는 연구방식을 택하였지만, 문헌을 핵심자료로 삼는 학계에서는 그동안 줄곧 이어져 내려온 역사의 관점을 정면 거부하는 새로운 경향이 나타난다. 19세기 말 이래 중국의 정치적 현실에서 오는 좌절이 심각해지면서 1919년 5·4운동이 발발하였다. 이러한 흐름이 정치 문화적 연구에 반영된 것이 이른바 '의고사조(疑古思潮)'인데, 이는 베이징 대학 출신의 젊은 학자 구제강(顧頡剛)이 1921년에 자신의 중국 역사 이론을 다듬기 시작하면서 주도한 것이다. 그에 따르면 중국 고대에 관해 전승된 문헌전통은 후대에 누층적으로 조성, 축적되어 왔다고 하는바, 특히 한 왕조 때에 작성된 상대적으로 늦은 시기의 기록에는 그보다 앞선 시기의 기록이 전하는 당대의 내용보다 더 많은 양이 기술되었기 때문이다. 이러한 자료들이 전국시대부터 한나라까지의 지적 경향을 연구하는 데 활용될 수 있지만, 궁극적으로 초기 역사의 자원으로는 타당하지 않다고 주장한다.[11] 구제강의 정신적 멘토인 후스(胡適)의 말대로 중국의 역사는 최소한 2,000년 정도의 앞선 기간을 잘라내고 오직 동주 시기(770-256 BC)부터 시작해야 한다는 것이다.

계승된 전통의 권위를 무너뜨리기 위한 구제강과 그의 동료들의 혁명적 역할이 과소평가되어서는 안 된다. 이를 통하여 중국 역사의 전통적 기술이 근대화되는 과정에 들어설 수 있게 되었다. 그러나 진정한 학문으로서의 '의고사조' 운동은 많은 논리적 취약점을 갖고 있었다. 그들은 왕궈웨이와 같은 학자들이 이루어 놓은 기존의 유력하고 확고한 업적까지도 무시하고 자신들의 연구를 수행하였다. 그뿐만 아니라 대부분의 경우 이전 시기에 관련된 기록이 없다는 것을 근거 삼아 어떤 전승 내용은 후대에 조작되었다고 주장하는데, 그러나 기록이 없다는 자체가 곧 부정의 논거가 될 수 없는 것이다. 위조된 것이라고 판단된 많은 사례가 고고학을 통하여 그 증거가 제시된다면 그들의 주장은 근거를 잃게 된다.[12] 보다 일반적인 관점에서 접근하더라도, '의고사조' 운동은 역사 연구를 문헌들의 편찬 연대에 관한 연구로 단순화시켜서, 역사를 보는 매우 협소한 시각을 초래했다. 본질적으로 문헌에 경도된 학문으로서 '의고'는 점점 더 당대의 출토문헌과 고고학 자료에 의존하는 방향으로 전환해 간 고대 중국 분야

11 구제강은 1927년 발행한 『고사변(古史辨)(중국 역사에 대한 논의)』의 초판본에서 자신의 이론을 발표하였다. 그 간행물을 통하여 1941년까지 발표한 일곱 개 주제가 '의고사조' 운동의 중심적인 논거가 된다. 그의 영문 논저는 다음을 참조하기 바람. L. A. Schneider, *Ku Chieh-kang and China's New History: Nationalism and the Quest for Alternative Traditions* (Berkeley: University of California Press, 1971).

12 구제강과 그의 동조자가 지키는 원칙은 또한 시간을 거슬러 올라갈수록 오늘날까지 남아 있는 자료가 더욱 적어진다는 다른 논리에 의해서도 흔들리게 된다. 과거 30년간에 걸쳐 전국시대 무덤에서 발견된 방대한 새로운 문헌들을 고려하며 진이 중국을 통일한 서기전 221년 이전에 얼마나 많은 문헌 기록이 역사에서 사라졌는지를 생각해 보면 놀랄 수밖에 없다.

의 전반적인 변화에 대응하는 데 실패했던 것이다. 이러한 문제로 인하여 1950년대 이후 본토와 대만 모두에서 '의고사조' 운동은 역사 기술의 본류가 아닌 지류로 밀려나게 되어, 전승 역사 기록에 대한 보다 긍정적 태도가 받아들여지게 된다.

바다 건너 동쪽 일본에서도 '의고'의 입장이 시라토리 쿠라키치(白鳥庫吉, 1865-1942) 같은 학자들의 연구에 의해 예견된 바 있다. 그는 전혀 다른 지적 풍토 속에서 저명한 하 왕조의 건국시조까지 내려오는 전설적인 황제들의 실존을 부정하는 데 자신의 인생 상당 부분을 바쳤다. 그렇지만 특히 갑골문과 청동기 연구에서는 중국과 맞먹는 진전이 이루어지고 있었는데, 이러한 학문이 중국에서 태동기에 있었던 바로 그 시점에 일본에서도 1세대 학자들이 등장하기 시작한다. 중국 문헌학의 강한 전통 아래에서 20세기 초반 중국의 저명한 학자들의 방문에 고무되어 일본은 중국 밖의 근대 중국학 탄생지 중 하나가 되었다. 특히 청동기 금문 방면의 가장 뛰어난 근대 학자이자 고대 중국에 관한 선구적 마르크스 역사학자인 궈모뤄(郭沫若, 1892-1978)가 1928년 국공분열 이후 일본에 망명하여 그의 연구 작업의 대부분을 완성한 사실이 주목된다.

1930년대 이래 중국과 일본 양쪽 모두 역사학 연구의 전통이 마르크스주의 사회 이론에 큰 영향을 받은 것은 사실이다. 그러나 전후 일본에서 마르크스주의가 공식적으로 인정받지 못한 상태였기 때문에, 사회를 분석함에 마르크스의 개념을 적용하면서도 일본 역사학자들은 중국에서 대중적, 정치적으로 승인된 역사유물론 및 마르크스주의 발전단계설과 일정한 거리를 둘 수 있었다. 그로 인하여 일본 학자들은 새로운 연구 패러다임을 만들어 고대 중국과 관련된 새로운 주제를 탐구하였던바, 결과적으로 일본의 중국학은 1950년대에서 1970년대에 이르는 기간에 높은 수준에 도달하게 되었다. 반면에 중국에서는 학문적 엄정성이 정치적 열정에 의해 완전히 압도당했다. 전반적으로 일본의 학문은 폭넓은 이론적 관점과 실증적인 연구의 균형이라는 이점을 갖고 있었다고 할 수 있다. 이는 고대 중국의 사회경제사 분야에서 일본 학자들이 일부 뛰어난 성과를 산출하는 데 작지 않은 역할을 하게 된다.

고대 중국 연구에 대한 북미 전통의 최근 발전

시카고 태생 헐리 G. 크릴(Herrlee G. Creel, 1905-94)은 중국철학으로 박사학위를 받은 뒤 버솔드 라우퍼(Berthold Laufer, 1874-1934)와 함께 시카고 자연사박물관에서 중국어를 공부하고, 중국의 이른 과거에 대한 지식을 넓히기 위해 1931년 중국에 유학했다. 크릴이 중국으로 간 당시에 고대 중국에 대한 진지한 학문적 관심을 가진 북미 지식인은 별로 없었다. 중국에 체류하면서 크릴은 중앙연구원(the Academia Sinica)의 선구적인 학자들과 밀접하게 접촉하였고 안양에서 진행된 발굴 현장을 여러 차례 답사하였다. 그는 1936년 미국으로 돌아와서 시카고 대학 교수로 근무하면서 곧바로 *The Birth of China*[13]를 출판하여 프랑스 학문에만 익숙했던 서구 독자들에게 고대 중국 문명에 대한 적절한 입문서를 내놓았다.

이 시기에 시카고는 중국 저명 학자들의 방문이 집중되는 곳이었는데, 그들이 그 대학 중국 고대사 담당 교수진에 도움을 주었다.[14] 1950년대 끝 무렵에 한말 이전 시기에 관심을 두는 몇 명의 학자들이 주요 대학에서 강의를 하게 되면서 북미에서도 고대 중국학의 기초적인 교육과정이 개설되었다. 그러나 고대 중국이 자체적인 학문 체제를 갖추고 확고한 학문 분야로 자리 잡게 된 것은 그 제자들의 손에 의해서인데, 그들은 1975년 이래로 *Early China*라는 학술지를 발행하고 있다. 그 학술지를 발행하는 학회의 설립자이자 상나라의 갑골문에 관한 진정한 미국인 최초의 전문가로 존경받는 키틀리(David N. Keightley)는 다음과 같이 말한 바 있다. "만약 현대 중국에 대하여 공감을 얻고 깊이 있게 이해하려면 그 고대 역사가 무시되어서는 안 된다. 고대 중국의 연구가 현대의 교육과정에서 정당한 입지를 확보하고, 그 가치가 인정받을 수 있음을 분명히 해야 한다."[15]

그러나 유럽의 중국학을 계승한 미술사나 문헌학을 제외하면 (유럽과 일본의 상황과 비교하여) 상대적으로 그 기반이 취약한 상태에서, 고대 중국을 연구하는 북미 학자

---

13   H. G. Creel, *The Birth of China: A Survey of the Formative Period of Chinese Civilization* (New York: Frederick Ungar, 1937) 참조.

14   가장 중요한 방문자로는 상나라 갑골문의 선도적인 학자인 둥쭤빈(董作賓)과 청동기와 그 명문의 젊고 뛰어난 연구자 천멍자(陳夢家)를 들 수 있다.

15   Early China 2 (1976), i.

들은 중국에서 일어난 '의고' 운동의 영향을 강하게 받을 수밖에 없었다. 중국 내 출판과 거의 같은 시기에 번역된 구제강의 자서전뿐만 아니라 학술지 *Early China*가 발행되기 수년 전에 로렌스 A. 슈나이더(Laurence A. Schneider)가 그의 생애와 학문을 다룬 논문을 발표하면서 구제강은 미국에서 가장 유명한 현대 중국학자로 부각되었다.[16] 이러한 특별한 배경에도 불구하고, 1950년 이후 중국이 서구와 단절됨으로써, 고대 중국과 관련된 북미의 학문은 맹아기부터 중국과는 거의 고립된 성장과정을 거치게 된다. 동시에 특히 지난 20년간 중국학계와 활발한 논쟁 과정을 겪게 되는데, 그것은 하왕조의 역사적 진실성 여부나 보다 폭넓은 주제인 중국 문명과 국가의 형성 과정 등의 몇몇 주제를 주된 내용으로 한다.

논쟁의 바탕은 전승된 문헌 정보가 중국의 고대성을 얼마나 뒷받침할 수 있는지에 대한 것으로 근본적 시각 차이가 존재하였다. '의고'의 논제를 통해서 북미에서 다양한 분야의 핵심적인 지적 관점이 지속적으로 형성되는 동안 중국과 대만에서의 학문적 전통은 그런 흐름과는 점점 멀어지게 된다. 북미 학자들이 비판주의 정신으로 전통적 역사 기술의 함정에 빠지지는 않았지만, '의고' 학파의 장애가 된 논리의 문제와 그로 인한 연구 기회 상실에 대해 제대로 인식한 사람들도 별로 없었다. 그렇다고 하더라도 중국의 이른 과거에 대하여 전해 내려온 문헌 전승의 가치를 전적으로 부정할 정도로 극단적인 회의론적 시각을 가진 학자들은 거의 없다고 보는 것이 타당하다. 고대 중국을 연구하는 대부분의 학자들은 중국의 고대 문명을 연구할 때 여전히 전승된 문헌 기록을 이용하고 있다. 더 나은 상황에서 고대에 대해 보다 균형적이고 덜 편파적인 이해에 도달하기 위해서 전승된 문헌 기록을 출토문헌이나 유물 자료와 결합하여 활용해야 할 것이다.

위에서 언급한 중국, 일본 그리고 서양(유럽과 미국)의 중국학 전통이 세 개의 독자적인 학문 영역인지 또는 하나의 일관성 있는 지적 사업으로 볼 수 있는지에 대한 의문이 항상 제기되어 왔다. 이는 아주 어려운 질문이다. 그러나 세계화의 추세가 인류의 생활 전체에 영향을 미치게 되면서 새 천년에는 그런 질문과 답변 모두 무의미하지는 않더라도 그 중요도는 낮아질 것이다. 문헌과 명문 자료의 디지털화와 새로운 자료의 전자출판으로 인해 중국 이외의 학자들도 대부분의 중국 내 학자와 거의 같은 시간에

---

16   Schneider, *Ku Chieh-kang and China's New History* 참조.

새로운 발견에 대응할 수 있게 되었다. 중국이 부유해지면서 보다 많은 중국 학자들이 서양 대학에서 연구할 기회를 갖게 되었고 더 많은 서양 학생들이 중국에서 공부할 수 있게 되었다. 결과적으로 젊은 세대의 학자들은 서로 다른 학문적 전통에 익숙해질 것이고 상이한 시각을 존중하게 될 것이다. 고대 중국에 대한 연구는 처음부터 국제적 노력의 산물이며 미래에는 더 높은 수준의 국제적 협력이 지속되리라 기대된다.

참고문헌

Creel, Herrlee G., *The Birth of China: A Survey of the Formative Period of Chinese Civilization* (New York: Frederick Ungar, 1937).

Dirlik, Arif, *Revolution and History: The Origins of Marxist Historiography in China, 1919-1937* (Berkeley: University of California Press, 1978).

Franke, Herbert, "In Search of China: Some General Remarks on the History of European Sinology," in *Europe Studies China: Papers from an International Conference on the History of European Sinology* (London: Han-Shan Tang Books, 1992), pp. 11-23.

Honey, David, *Incense at the Altar: Pioneering Sinologists and the Development of Classical Chinese Philology* (New Haven: American Oriental Society, 2001).

Schneider, Laurence A., *Ku Chieh-kang and China's New History: Nationalism and the Quest for Alternative Traditions* (Berkeley: University of California Press, 1971).

제2장 중국 복합사회의 발달

스위스 지리학자 요한 군나르 안데르손(1874-1960)이 1921년 허난성 서부에서 양사오(仰韶) 유적을 발견하였다. 그는 이 양사오의 초기 신석기 문화가 주(周)와 한(漢)의 문화와는 수천 년간 차이가 난다는 사실은 제대로 이해하였지만, 성급하게 양사오 문화가 서방(the West)에서 기원한 것이라는 결론을 내렸다.[1] 그가 말한 서양은 서아시아를 말하는 것이었다. 더 이상 전파론자 관점에 호의적이지 않은 오늘날에는[2] 대체로 전 세계 신석기 문화의 기원은 단일하지 않으며, 지역적 환경 그리고 생태적 차이로 설명되는 일정 지역의 산물로 이해된다. 지역 문화는 상호 영향을 주고받거나 또는 자극을 통해 서로 관련되어 있으며 여러 지역의 각 문화는 유사한 사회적 발전 단계를 거쳐 그 복합성을 증대시켜 왔다. 그러므로 신석기 문화에 대한 최근 연구에서 '지리학상의 지역'이라는 개념이 인류의 과거를 이해하는 데 아주 중요한 역할을 한다.

---

1 Johan Gunnar Andersson, *Children of the Yellow Earth: Studies in Prehistoric China* (New York: Macmillan, 1934), pp. 224-225 참조. 안데르손은 중국 신석기 문화의 개척자로서 1914년 중국 정부에 초빙되어 중국지질조사국과 함께 일하였다. 신석기 문화는 전 세계 지역별로 엄청난 차이를 보이면서도 마제석기, 토기 제작 기술, 농경 기반 생활과 가축 사육, 그리고 공동체 정착 생활이라는 공통점을 갖고 있다.

2 '전파주의'는 19세기와 20세기 초에 유행한 인류학 이론이다. 이 이론에 따르면 전 세계의 문화는 궁극적으로 하나 또는 최대한 몇 개의 문화 중심지에서 시작된 것이라고 한다. 문화 간 유사성은 한 사회에서 다른 사회로 특성이 확산된 결과로 간주된다. 그리고 문화적 관계는 문화적 계보의 관점에서 본다.

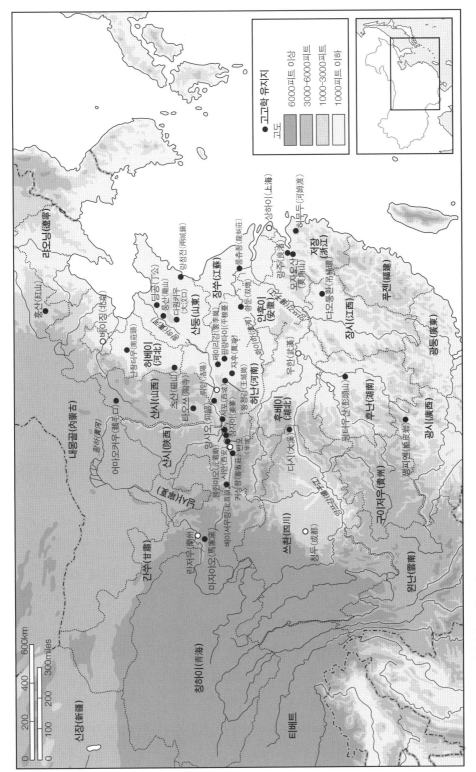

지도 2.1 중국의 주요 신석기시대 고고학 유적

중국 신석기 문화의 전개에 관한 이론

　중국 고대 문화의 전개는 전통적으로 이른바 '중원'(북중국 평원)이라 불리는 지역에서 시작한 문명이 계속 확장되는 과정으로 이해된다. 중원은 대략 한족(중국 사람)이 거주했던 지금의 황하 중류와 하류 유역의 허난성을 핵심 지역으로 하면서 여러 '야만족' 집단이 살던 주변 지역을 포함한다. 두말할 것도 없이 이는 중국 역사의 대부분이 북부 중국에 토대를 둔 단일 정치체 국가에 의해서 전개되었다고 하는 중국의 전통적 역사 기술 관점의 세계관이 반영된 것이다. 이 이론은 안데르손이 그 기원을 서방으로 보았음에도 불구하고 양사오 문화가 최초로 발견된 위치가 허난 서부라는 사실에 힘입은 바 크다.

　1930년대에 들어와 산둥반도에서 신석기 룽산(龍山) 문화 유적 두 곳이 발굴되었다. 그곳에서 양사오 문화의 적갈색 토기와는 다른 정교한 흑색과 적색을 띠면서 식물이나 물고기 무늬가 여러 색깔로 그려진 토기가 출토되었다. 이에 힘입어 고고학자들은 고대 중국의 문화 전개를 설명함에 이른바 양축 패러다임을 서둘러 일반화시킨다. 즉 북중국의 약간 서쪽으로 치우친 지역의 양사오 문화는 먼 과거의 중국 민족의 문화를 대표하고, 룽산 문화는 동쪽 해안의 '야만족' 문화를 보여준다는 것이다. 그러나 얼마 지나지 않아 연구조사를 통해 신석기시대의 세계를 둘로만 나누는 시각은 다른 지역에서도 문화가 전개되었다는 사실에 대한 인식이 부족한 데서 생긴 것임이 밝혀진다. 1970년대 이후 중국 전역에서 이루어진 고고학 작업과 과학적인 연대 측정 결과, 이 양축 패러다임에서 벗어나 점차 새롭고 보다 복잡한 신석기 문화의 새로운 모습이 그려지게 되었다. 이 새로운 그림에서 양사오와 룽산 문화는 북중국의 별개 지역에서 일어난 신석기시대 문화의 다양한 모습 중 두 단계만을 대표하는 것으로 설명된다. 남중국에서도 이 두 단계에 해당하는 시기에 발달한 신석기 문화가 식별되고 상호 간은 물론 북부 지역 문화와의 관계에 대한 연구가 집중적으로 이루어지게 되었다.

　중국의 신석기 문화 발달에 대한 이러한 '다수 지역(multi region)'의 새로운 모델은 고고학연구소의 원로 고고학자 쑤빙치(蘇秉琦)와 그 후배 동료 인웨이장(殷瑋璋)이 공동으로 저술하여 1981년 출판한 장문의 논문에 기술되어 있다. '구계유형론(區系類型論)'이라고 알려진 이 이론은 중국을 6개의 특징적인 지역, 즉 황하 중류, 산둥과 동부 해안, 후베이(湖北)와 양쯔강 중류, 양쯔강 삼각주 저지대, 중국 중앙 남부와 남부 해안, 그리고 만리장성을 따라 이어지는 북부 지역으로 구분한다. 이는 각 지역 내 문화 전통의 연속성을 강조하는바, 이 분석에 따르면 각각의 지역은 저마다 다른 환경에서 형성되면서 차별성을 갖는 거대한 사회문화의 독립된 체계의 원형으로 이해된다. 이 새로운 모델에서는 전통적 역사 기술상 중국 문명의 요람으로 이해되는 중원은 단지 중국 문명의 발달에서 등장하는 동등한 수준의 여러 문명 중 하나라는 것이다.[3] 주로 쑤빙치의 제자들에 의해 이는 고고학 이론상 그의 가장 중요한 공헌이라고 운위되지만, 간단하게 말해서 그 새로운 이론은 중국 고고학의 광범위한 범위에 걸친 연구조사를 통해 이미 밝혀진 성과를 종합한 것에 불과하다고 할 수 있다. 그럼에도 불구하고 이는 실제로 중국의 신석기 문화 발달을 설명하는 강력한 분석 도구를 제공했고, 그 출간 이래로 폭넓게 수용되어 왔다.

'다수 지역' 이론이 서구 학계와는 별도로 전개되었으면서도 1960년대 초부터 많은 관심을 끈 신진화론(Neo-evolutionist theory)의 초석이 된 '다선적(multilinear)' 사회발전 모델과 상당히 유사하다는 것은 흥미로운 일이다.[4] 아마도 이러한 이론적 지향성 때문에 '다수 지역' 이론이 서구에서도 인정받았을 것이다. 작고한 하버드 대학의 장광즈(K. C. Chang; 張光直) 교수는 이를 발전시켜 1986년 '중국의 상호작용권(Chinese Interaction Sphere)'이라는 자신의 이론을 제시하였다. 장광즈의 모델에 따르면 각 지역은 독립적인 문화 발전의 온실과 같은 역할을 하였을 뿐만 아니라 그 동인이기도 했다. 그의 이론에 따르면 각 지역 집단들은 신석기시대의 대부분 기간에 걸쳐 독특한 문화의 전통을 유지하면서 동시에 실제로 상호 자극하여 복잡성을 증대시키고 더 높은 사회발전 단계로 이동하였다(그림 2.1).[5] 비록 아직 그 모습이 갖추어지지 않은 초기 단계를 논하면서 '중국'이라는 용어를 사용한 것에 대해 강경한 비판이 있기는 하지만

---

3   중국 고고학에서 지역론자의 체계에 대한 논의는 Philip L. Kohl and Clare Fawcett (eds.), *Nationalism, Politics and the Practice of Archaeology* (Cambridge: Cambridge University Press, 1995), pp. 198-217에 실린 L. von Falkenhausen, "The Regionalist Paradigm in Chinese Archaeology" 참조.

4   '신진화론'은 1960년대 미국 인류학에서 발달한 사회 이론이다. 신진화론은 찰스 다윈의 핵심적 개념을 수용한다. 그렇지만 그 이론은 줄리언 스튜어드(Julian Steward)(1955)가 '다선적 진화'라고 명명한 진화의 다수 경로를 인정하며, 보편적인 사회발전 개념을 부정한다. 이 내용에 대해서는 먼저 Julian H. Steward, *Theory of Culture Change: The Methodology of Multilinear Evolution* (Urbana: University of Illinois Press, 1972; first edn. 1955)를 보기 바란다.

5   K. C. Chang, *The Archaeology of Ancient China*, 4th edn. (New Haven: Yale University Press, 1986) p. 234.

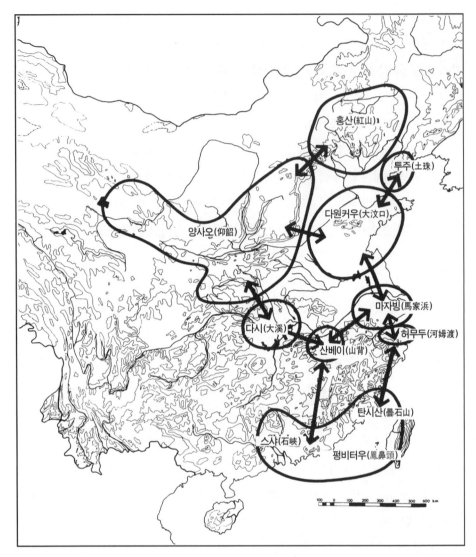

그림 2.1 중국 상호작용권

이를 심각하게 거부하는 학자는 거의 없다시피 하다.

　그렇지만 '다수 지역' 이론이나 더 다듬어진 '중국 상호작용권' 이론이 설명할 수 없는 문제가 있다. 중원이 신석기시대 중국에서 동등하게 중요한 여러 지역들 중 하나에 불과했지만, 왜 다른 지역이 아닌 그 지역에서 최초로 초기 국가가 출현하여 지속적으로 성장, 번성하였는가 하는 점이다. 더욱이 '다수 지역' 패러다임은 중국 고고학의 관행을 문화적 편년과 계보에 전념하는 쪽으로 단순화시켰거나, 아니면 특징 지우는 데 그 영향력을 발휘해 오고 있다. 그러므로 1990년대 이후 중국 고고학자들 사이에서 새로운 연구 패러다임을 세우기 위해 신석기 문화의 발전과 관련된 종전의 패러다임을 재검토하고 지역주의 이론의 족쇄를 풀려는 몇몇 새로운 경향이 나타나게 된다.

1998년에 발표한 논문에서 베이징 대학의 옌원밍(嚴文明) 교수는 중국 대부분의 지역에서 상응하는 문화 발전이 이루어졌지만, 중원은 통상 신석기시대 내내는 아니더라도 상당 기간 동안 사회발전 단계상 상대적으로 더 높은 위상을 차지하고 있었다고 주장하였다. 중원 지역은 지속적으로 새로운 문화 요소를 만들고 다른 지역에 확산시켰으며 동시에 주변 지역으로부터 자극을 받았다는 것이다. 문화 발전상 북부 지역의 이러한 유리한 위상이 다른 지역들보다 일찍 문명에 도달할 수 있도록 이끌었다는 것이다.[6] 그러나 실제로 중원지역이 그런 문화 발전에 유리한 점이 무엇인가에 대해서는 여전히 설명을 필요로 한다.

사회발전 이론

앞서 소개한 이론들은 중국 내 신석기 문화의 발전 그리고 중국 문화의 형성 과정에서 각 지역의 역할을 엄정하게 다루었지만, 무엇을 사회발전의 척도로 삼아 어떻게 측정할 것인지에 대한 연구 과제를 남겨 놓았다. 오랫동안 특히 중화인민공화국 초기 수십 년간 중국 내 고고학자들은 신석기시대에 중국이 모계사회에서 부계사회로 발전하였다는 마르크스주의 관점에 상당히 동기 부여되었다. 그로 인해 중국 내 신석기시대 연구의 지침이 되었던 마르크스주의 이론과 1960년대 이후 서구에서 발달한 연구 패러다임 사이에는 큰 간격이 생기게 되고, 1980년대 이후 이념적 경계가 붕괴된 이후 중국 고고학자들은 그 간격을 메우기 위해 노력하게 된다. 서구의 학자들이 고고학 현장 연구에 적용되는 새로운 방법과 함께 중국에 서구의 패러다임을 지속적으로 제공하였는바, 이러한 경향은 1990년대에도 계속되었다. 일부 중진 고고학자들이 그들에게 아주 익숙한 구 마르크스주의의 틀을 아직 포기하지 못하고 있다는 것이 그리 놀랄

---

6   이 신경향에 대해서는 천 싱찬(Xingcan Chen; 陳星燦)이 요약한 "Archaeological Discoveries in the People's Republic of China and Their Contribution to the Understanding of Chinese History," *Bulletin of the History of Archaeology* 19.2 (2009), pp. 4-13 참조.

만한 일은 아닌 반면에, 젊은 세대 학자들은 자신들의 연구에 새로운 서구의 개념과 용어를 활용하는 데 자유로웠다. 이 새로운 서구 이론들이 중국 고고학에 점차 활발하게 수용되고 있으므로 여기서 그 기본 내용에 대하여 간략하게 설명할 필요가 있다.

서구 학계에서 사회발전을 설명하는 구진화론은 현대 유럽에서 아시아-태평양 지역까지 현존하는 모든 사회를 단일한 진화계보 속에 포함시킨 바 있다. 이러한 관점은 1930-1940년대에 프란츠 보아스(Franz Boas, 1858-1942)의 이른바 '문화 특수주의(Cultural Particularism)'에 의해 강한 도전을 받는다. 그는 사회가 낮은 수준에서 높은 수준으로 진화한다는 보편적인 진보 원리와 사회진화론을 반박하였다. 모계와 부계 사회에 대한 마르크스주의 이론은 보편적 발전과 같은 이념에서 출발한 것이었다. 그러나 1950년대 이후 서구 세계는 기술진보로 인해 전반적인 생활수준의 향상에 대한 자신감이 더 커지게 되면서 진화론자들의 관점이 다시 부활하게 된다. 이 '신진화론'은 기술적 진보를 사회적 진보의 기초로 강조하고 생태학적 요인을 문화 변화의 궁극적 동인으로 이해하며, '다선 진화' 또한 진화의 주된 계통에서 일탈이 일어날 수 있는 가능성을 인정한다. 미국에서 주로 형성된 이 이론적 방향은 엘만 서비스(Elman Service)와 마샬 살린스(Marshall Sahlins)의 연구를 통하여 무리(band)—부족(tribe)—수장사회(chiefdom)—국가(state)라는 신진화론의 사회발전 체계를 탄생시키게 된다.[7] 최근의 몇몇 비판적인 논의에도 불구하고, 이 이론은 비교론적 체계에서 사회발전을 이해하려는 전 세계의 인류학자와 고고학자 모두에게 중시되고 있다.

살린스의 해석에 따르면 가장 전형적인 부족은 '분절적 종족 체계(segmentary lineage system)'라고도 표현되는데 이 체계 내에서의 종족들은 공동조상에서 갈라져 나온 분파로서 동등한 지위를 보유하고, 계보적으로나 지리적으로 그들 간의 거리는 일치한다는 것이다.[8] '수장사회(chiefdom)'는 분절적 종족 체계보다 상당히 높은 수준의 사회조직으로 이해되는 조직을 지칭하기 위해 신진화론자가 만든 중요한 개념이다.

---

7   G. E. Dole and R. L. Carneiro (eds.), *Essays in the Science of Culture in Honor of Leslie A. White* (New York: Crowell, 1960), pp. 390-415의 Marshall D. Sahlins, "Political Power and the Economy in Primitive Society," 그리고 Marshall D. Sahlins and Elman R. Service (eds.), *Evolution and Culture* (Ann Arbor: University of Michigan Press, 1960), 또 E. R. Service, *Primitive Social Organization* (New York: Random House, 1962) 참조.

8   Marshall D. Sahlins, "The Segmentary Lineage: An Organization of Predatory Expansion," *American Anthropologist* 63.2 (1961), pp. 322-345 참조.

수장사회에서는 이미 중앙집권화된 의사결정 과정이 존재하고 있었으며, 지역적 통제가 그러하듯이 특정 수준의 사회 계층화와 관련되어 있다. 수장의 권력은 왕의 그것에 비하면 제한적인데 예를 들면 강압이 아니라 협상을 통해 행사되었던 것이다. 권력이 더욱 집중되어야 국가 수준으로 발달하면서 사회를 이끌어 가게 된다.

그렇지만 현재 운용되는 사회를 대상으로 하는 인류학자의 경우와는 달리 고고학자는 대부분의 정황 속에서 의사결정과 같은 이러한 정치적 과정을 명료하게 직접 인지할 수가 없다. 따라서 수장사회와 국가 사이의 차이를 염두에 둔다면 앞서 언급한 사회발전 이론을 잔존한 물질적 자료에 적용하는 것은 상당히 어려운 일이다. 그러한 이유로 고고학자들은 그들의 연구 시작 단계에서부터 '수장사회' 또는 '국가'의 모델을 채용하지 않고 복합성의 정도를 기준으로 물질문화를 연구하는 '복합사회(complex society)'라는 개념을 창안하였다. 노만 요피(Norman Yoffee)의 설명에 따르면 '복합사회'는 (1) 상대적인 자치권을 갖추고 다양한 기능을 수행하는 하위체계가 있는 문화 (2) 중심성의 발달 (3) 건강과 사회적 지위를 기준으로 위계질서를 만들어 내는 사회적 불평등 (4) 통치자, 관리자, 서기, 군인과 같은 직업의 수적 증가 등 비교적 느슨한 기준으로 규정된다.[9] 그 발전 수준이 상당히 다양하고 복잡하게 자리 잡은 여러 사회를 포괄하는 것이 '복합사회'가 분명하지만, 한편으로 단지 수천 년에 걸친 역사를 이해하는 첫 번째 단계에 불과한 것임을 주의해야 한다.

초기 농경 공동체

앞서 논의한 바와 같이, 중국의 신석기시대 문화는 북중국에서 연평균 기온이 지금보다 3-4℃ 높고, 호수 수면은 4.5m 높은 양호한 기후 조건일 때 이루어진 것이다. 중국에서 신석기시대의 생활을 가능하게 한 세 가지 중요 발명, 즉 농경, 토기 제작, 그리고 정착 생활은 거의 같은 시기에 일어난 것으로 보인다. 흥미롭게도 토기 제작보다 2천 년 앞선 1만 년 전에 농경과 정착 생활이 이루어진 메소포타미아의 경우와는 다르다.

9   Norman Yoffee, *Myths of the Archaic State: Evolution of the Earliest Cities, States, and Civilization* (Cambridge: Cambridge University Press, 2005), p. 16.

북중국의 농경은 대부분 서기전 6500-5000년으로 추정되는 허난(河南) 동부와 허베이(河北) 남부의 츠산-페이리강(磁山-裵李崗) 문화의 출현과 거의 같은 시기에 이루어졌다는 것이 오늘날 일반적으로 인정되고 있다.[10] 그보다 이른 신석기 문화의 흔적은 1987년 허베이성의 유적에서 석기와 함께 출토된 소량의 원시 토기 파편을 통해서 확인된다. 이 유적의 방사성 탄소연대는 북중국 신석기 문화 중 가장 오래된 10,815-9,700 BP로 측정되었다.[11] 산시(山西) 북부의 어마오커우(鵝毛口)에서 석기 공방 유적이 발견되었는데, 대략 같은 시기의 것으로 이해된다. 이 유적은 구석기시대에서 신석기시대로 전환하는 시기에 속하는 것으로 추정되는데 이곳에서 일정한 모양을 갖춘 괭이와 낫이 출토되어 당시 농경이 이루어졌음을 시사하여 준다. 그러나 학자들은 확고하게 자리 잡은 농경 경제 도래 전의 이들 발견 자료를 일반적인 진화 사슬에 어떻게 소속시켜야 하는지 일치된 의견을 내지 못하고 있다.

츠산-페이리강 문화의 취락은 6헥타르를 넘지 못하고, 대개 약 1-2헥타르 정도로서 반지하 주거지와 저장 구덩이로 구성된 단순한 형태를 보여주고 있다. 토기는 그 형태가 단순하고 세 개의 다리를 가진 바리와 항아리가 일반적이며, 비교적 높은 온도에서 구워진 것이다. 표면 처리를 한 경우는 드물지만 느슨한 끈 모양이 눌린 경우도 있다(그림 2.2). 허베이의 츠산 유적에서는 기장으로 추정되는 곡식과 탄화물이 남아 있는 120개의 구덩이가 발견되었다. 허난 페이리강 유적에서도 탄화된 기장 시료가 출토되었다. 지금까지 츠산-페이리강 시기의 약 20여 곳의 유적이 황하 지역 서쪽 샨시성(陝西省)에서 동쪽 산둥성(山東省)에 걸쳐 발견되었는데, 이 중 많은 유적들이 '다수 지역' 이론에 부합되게 번성한 '지역적' 문화의 '기원지'로서 이해될 수 있는 탄화 곡물의 출토지이기도 하다. 이들 발견은 츠산-페이리강 문화가 황하 유역에서 광범위하게 이루어진 문화 발전의 첫 단계임을 의미한다. 그것들은 또한 서기전 일곱-여섯 번째 천년기(7000-5000 BC)의 북중국에서 이미 농경과 정착 생활이 광범위하게 확산되

10 고고학에서 무문자(non-literate) 문화는 일반적으로 유물이 처음으로 발견된 유적에서 이름을 따온다. 그러나 때때로 가장 대표적인, 대부분 가장 유명한 유적에서 이름을 따오는 변칙적인 사례도 있다.

11 허베이 난좡터우(南莊頭) 유적이다. 방사성탄소연대 측정방법은 1946년 시카고 대학의 윌리어드 F. 리비(Willard F. Libby)가 발명하였다. 탄소-14는 탄소동위원소의 하나로서, 모든 생물 유기체에 일정한 수준으로 포함되어 있다가 생명을 잃게 되면 이후 5,730년에 걸쳐 방사성동위원소가 절반으로 줄어든다. 따라서 남아 있는 탄소-14의 양을 측정하면 유기체의 연대를 측정할 수 있다. 방사성탄소연대 측정은 1960년대에 중국에 소개되었으며 지금은 중국 고고학에서 광범위하게 사용되고 있다.

1: 조리용기, 2: 석제 낫날, 3: 세발 그릇, 4: 석제 갈돌과 갈판, 5: 점복 거북 껍질, 6: 진흙에 압착된 벼 흔적

그림 2.2 페이리강과 자후 출토유물

어 있었으며 기장이 촌락 거주민의 초기 공동체가 경작한 주요 곡물이었음을 말해 주는 것이다.

　최근에 허난성 남부에서 5.5헥타르 면적의 자후(賈湖) 유적이 발견되었으며 기장 농경의 츠산-페이리강 문화에 속하는 것으로 보고되었다. 그런데 불에 탄 흙덩어리에서 서기전 6500-5500년에 속하는 것이 확실시되는 10점의 벼 흔적이 발견되었다(그림 2.2). 이 발견은 츠산-페이리강 공동체가 대체 식량의 전략을 수용하고 있었음을 보여주면서, 벼 재배가 처음으로 이루어진 곳이 어디인지에 대한 의문을 제기하고 있다. 같은 유적에서 고고학자들은 가장 오래된 거북 껍질을 발견하였는데 두 개의 고립된 계각(契刻) 부호가 새겨져 있는 것으로 보아 점복의 목적에 사용된 것으로 보인다.

　최초로 벼가 재배된 곳은 오랫동안(북부의 양사오 문화와 거의 같은 시기인) 서기전 5000년경 남중국 항저우만(杭州灣) 근처를 중심으로 한 지역이라고 생각되어 왔다. 이 시기는 벼를 재배한 다른 고대 세계인 남아시아 지역보다 최소 2,000년은 훌쩍 앞선 때이다. 이 시간상의 차이는 남중국에서 시작된 벼 농사가 북쪽으로 한반도와 남쪽으로 동남아시아로 전파되는 데 소요되는 시간과 같다. 그러나 양쯔강 주변 내륙 분지에서 최근 발견된 바에 의하면 벼 재배 시기는 최소한 2,000년을 더 거슬러 올라간다. 후난성(湖南省) 초기 신석기 유적 두 곳에서 방사성탄소연대 측정방법으로 서기전 7500-6100년에 해당하는 볍씨 탄화물이 토기에 담겨 발견되었을 뿐만 아니라, 중국 최초의 방어성벽으로 추정되는 해자 주변에서도 1만 5,000점에 달하는 알곡이 대량 출토되었다.[12] 후속 연구를 통해서 야생 벼 채집에 의존하던 경제에서 벼를 재배하는 경제로의 전이시기가 있었음을 알게 되었다. 장시성(江西省) 댜오퉁환(吊桶環) 유적에서 초기에 야생 벼가 채집되었고, 후기에 재배된 벼가 발견됨으로써, 인류 역사의 이러한 서사적 순간을 대략 서기전 1만 년경으로 획정해 준다.

최근 수년간 고고학자들은 중국에서 토기 제작 기술 발달이 이루어진 과정을 이해하려고 노력하여 왔다. 광시성(廣西省) 쩡피옌(甑皮岩) 동굴 유적을 발견하고 고고학자들은 초창기 토기 유물이 확인되는 층위를 연속적으로 살펴볼 수 있었다. 1만 2,000-1만 1,000 BP에 해당하는 I기 층위에서 거칠게 만들어지고 낮은 온도에서 구워진 몇 점의 두꺼운 토기 파편이 발견되었다. 1만 1,000-1만 BP(9100-8000년경 BC)에 해당하는 II기 층위에서는 표면에 무늬가 새겨지고 좀 더 잘 만들어진 토기 파편이 발견되었으며 이는 이전보다 높은 온도에서 구워진 것이었다(그림 2.3). 비록 쩡피옌 사회의 생계 형태는 어로와 채집에 기반을 둔 듯해도, 그 발견은 토기 제작이 어떻게 유년기를 거치며 발전해 왔는지에 대해 좋은 지침을 제공한다. 필시 북중국보다도 더 이른 단계에 말이다.

양사오 사회: 분절적 종족?

츠산-페이리강 문화 혹은 그와 비슷한 시기의 북중국와 남부의 문화와 관련하여 공동체 생활을 이해할 수 있는 제대로 된 자료는 충분치 않다. 물론 이것은 고고학의 현지 조사가 갖는 한계 탓도 있지만 북중국 내 정착 생활 범위가 상당히 넓은 반면, 인간

---

12   Gray W. Crawford, "East Asian Plant Domestication," Miriam T. Stark (ed.), *Archaeology of Asia* (Malden: Blackwell, 2006), pp. 83-84.

I단계 : 12,000~11,000 BP

II-III단계: 11,000~9,000 BP

그림 2.3 남부 중국에서 출토된 초창기 토기 파편

공동체의 규모는 아직 작고 유적지 정착 기간도 상대적으로 짧을 뿐만 아니라, 그 기간 마저 어김없는 계절적인 순환 농법으로 단절되었기 때문이라고 추정할 수 있다.

　양사오 문화의 특징을 보이는 유적은 샨시성(陝西省), 산시성(山西省), 허난성에 광범위하게 분포되어 있으며, 그 중심지는 세 개의 성(省)이 교차하는 지역 언저리에 위치한다. 양사오 문화의 지리적 범위 밖에 존재한 비슷한 시기의 문화로는 산둥의 베이신(北辛) 문화, 남쪽 양쯔강 삼각주의 허무두(河姆渡) 문화, 그리고 북동쪽의 홍산(紅山) 문화가 있다. 집중적인 조사를 통하여 양사오 문화의 범위를 더욱 확대하고, 몇몇의 지역적 유형을 확인하였을 뿐만 아니라 2,000년에 걸친 양사오 시대의 진화 과정을 3단계로 구분하는 데 성공하게 되었다. 이 시대의 토기 갖춤새는 다양한 형식의 조리용 그릇, 저장용 항아리, 물병 그리고 음식 담는 그릇 등으로 구성되면서 더욱 복잡해졌다 (그림 2.4). 특히 마지막 두 종류의 토기는 아름다운 무늬로 채색되었는데, 선호하는 무늬가 시간의 흐름에 따라 바뀌기도 한다. 예를 들어 초기 양사오 공동체에 의해 한때

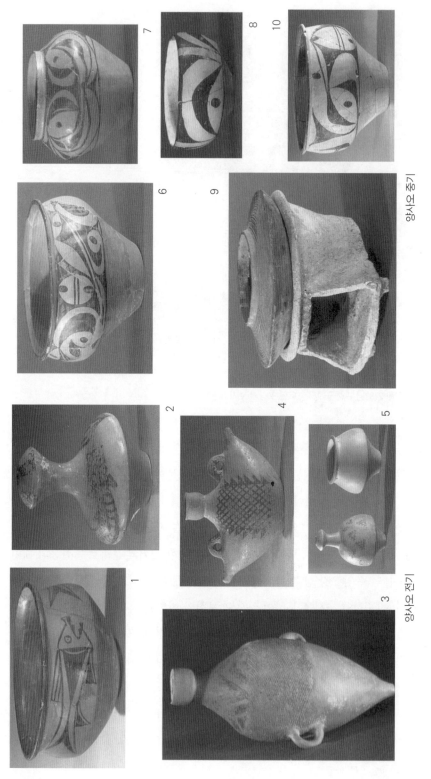

양사오 전기

양사오 중기

1: 대형 물그릇, 2: 물병, 3: 암포라(amphora), 4: 배 모양 물병, 5a: 물병, 5b: 저장항아리, 6: 대형 물그릇, 7: 큰 주둥이 항아리, 8: 소형 음식그릇, 9: 조리 그릇과 화로, 10: 대형 물그릇

그림 2.4 양사오 문화의 토기 형식

46

선호되었던 다양한 패턴의 물고기 무늬는 중기 양사오로 들어서면서 좀 더 추상적이고, 물결 모양의 기하학적 패턴으로 대체되었고 후기에는 이전으로 되돌아가 단색의 패턴이 양사오 사람들에 의해 선호되었다.

양사오의 많은 유적에서 대규모 발굴이 있었지만 가장 완벽한 모습으로 발굴된 양사오 촌락은 샨시성 웨이하(渭河) 중류 지역의 동부 시안(西安)에서 20km 떨어진 장자이(姜寨) 유적이다. 이 유적은 양사오 전 기간 동안 다섯 번에 걸쳐 활용된 정주 취락의 사례로서 마지막 단계는 다음 룽산(龍山) 시기와 연결된다. 양사오 전기의 정주 단계 첫 번째 층위에 해당하는 유구는 보존 상태가 양호한데, 약 20만m² 넓이의 대형 취락이 완전한 원형의 해자에 둘러싸여 있으며 그 바깥 3곳에 같은 시기의 공동묘지가 조성되어 있었다. 취락은 탁 트인 대지 한가운데에 위치하고 있는데 축사 울타리의 흔적이 2개소 발견되어 장자이 공동체가 동물을 사육했음을 보여준다. 중앙 광장의 주변에는 취락의 기본 구조를 형성하는 다섯 개의 주거지군이 발굴되었다. 각 주거지군은 중심 가옥과 여러 채의 소형 가옥, 여러 개의 저장 구덩이 그리고 토기 가마를 갖추고 있었으며, 아이 무덤을 포함한 경우도 있었다(그림 2.5). 대부분의 가옥들은 바닥이 지면보다 낮은 반지하식으로 화덕시설과 그보다 높은 잠자리 바닥면을 갖추고 있었다.

장자이 유적은 양사오 취락의 사회조직을 전반적으로 조망할 수 있는 관점을 제공한다. 마르크스주의 사회발전 이론에 근거하여 널리 인정받는 한 견해는 장자이가 루이스 헨리 모건(Louis Henry Morgan, 1818-81)이 아메리카 원주민들에 의거하여 설명한 "푸날루아 혼인(Punaluan marrige)"과 같은 방식을 수행한 전형적 모계사회를 대변한다고 주장한다.[13] 이에 따르면 다섯 주거지군은 다섯 씨족, 중간 크기의 가옥은 가족, 그리고 화덕을 비롯한 가정생활용 기본 설비를 갖춘 소형 가옥은 가족 내 딸 부부의 주거지로서 딸의 남편은 이웃 씨족 출신으로 설명된다. 세 곳의 공동묘지는 취락에 거주하는 세 씨족의 매장지로서 장자이의 총 인구는 500명 정도인 것으로 추정된다. 유사한 해석이 또한 웨이하 유역의 동쪽에 위치한 웬쥔먀오(元君廟) 묘지 유적에도 적용되는데, 그곳에서 1950년대에 초기 양사오 단계의 것으로 추정되는 총 51개의 무덤이 발굴되었다. 무덤은 두 씨족으로 구성된 한 부족의 것으로, 각 씨족은 각각 하나의 하위 묘역

---

13 푸날루아 혼인은 한 집단에 속하는 몇몇 형제가 각각 다른 집단 출신 아내들의 남편이 되고, 몇몇 자매가 각각 다른 남편들의 아내가 되는 결혼 형태이다. 이 결혼 관계는 뉴욕 북부의 이로쿼이(Iroquois)족을 사례로 모건이 서술하였다. 그러나 이는 19세기 후반 하와이의 관습이기도 했다.

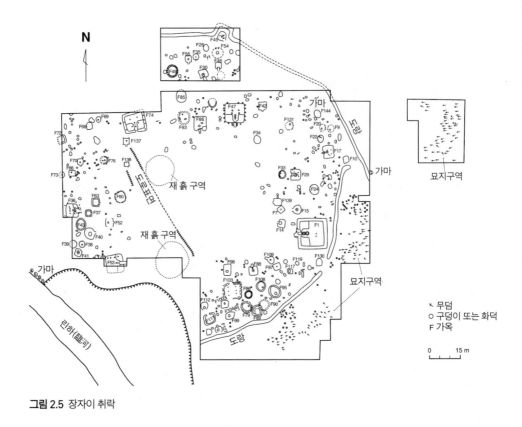

그림 2.5 장자이 취락

을 사용하였다. 그리고 각 무덤 구덩이에는 하나의 혈연 가족이 집합적으로 매장되었는데 이는 장자이와 같은 사회 구조를 반영한 것으로 보인다. 웬쥔먀오의 무덤 사회도 같은 묘역에 묻힌 아이들이 모두 여자라는 사실을 근거로 모계 종족으로 설명되고 있다.

양사오가 모계사회라는 주장에 대해서는 처음부터 논란이 있었다. 인류학자들은 모계사회가 절대로 인류 역사에서 흔한 것이 아니며 중국에서 이를 뒷받침한다는 고고학적 증거도 설득력이 없다고 주장하였다. 오늘날 일부 저명한 학자들에 의해 여전히 그러한 관점이 반복되기는 하지만 중국 고고학자의 대다수는 반박할 여지가 있다고 본다.[14] 그에 대한 대안으로 장자이의 소형 및 중형 가옥이 모두 개별적인 사회경제 단위이며, 대형 가옥은 전체 취락의 공용 공간이라는 분석이 최근 제시되었다. 그러므로 소형 가옥이 중형 가옥에 의한 모계 원리에 따른 통제를 받았다는 증거는 없다는

---

14   양사오 문명이 '모계적'이라는 관점은 최근 장종페이(張忠培)가 K. C. Chang and Xu Pingfang (eds.), *The Formation of Chinese Civilization: An Archaeological Perspective* (New Haven: Yale University Press, 2005), pp. 68, 71–72에서 강조하였다.

것이다. 그 분석은 장자이의 양사오 전기 취락 점유기간은 세 단계로 구분될 수 있으며, 전 기간에 걸쳐 가옥들의 원심성 배치에는 변화가 없음을 보여준다. 따라서 장자이 공동체는 마샬 살린스가 설명한 '분절적 종족 시스템'과 상당히 유사한 방식으로 운영된 것으로 추정된다.[15]

최근의 고고학적 연구는 양사오 후기에 취락 수준을 넘어선 사회 통합이 있었다고 새롭게 해석하고 있다. 1990년대 초부터 양사오 문화의 중심지인 허난성 서부 주딩웬(鑄鼎原)이라고 불리는 지역의 유적에 대하여 집중적으로 고고학 조사가 이루어지고 있다. 대략 350km² 정도의 지역에서 주요 거주 중심구역에 대한 지표와 발굴조사를 통하여 35개에 달하는 양사오 후기 취락이 식별되었다. 가장 중요한 유적인 시포(西坡)에서 다수의 대형 가옥이 발굴되었는데 가장 큰 106호와 240호 주거지는 16×15m의 크기이다. 시포 취락 바깥에서 이례적으로 큰 규모와 함께 풍부한 부장유물이 담긴 무덤이 발굴되었다. 유적은 물론 지역 전체의 거주 체계를 밝히려면 추가 발굴을 기다려야 하겠지만, 지금까지 파악된 정보만으로도 양사오 후기의 몇 세기에 걸친 사회적 발전 수준에 대한 인식은 이미 바뀌었다. 공동체 내에서의 부의 집중과 지역 수준에서의 사회적 통합이 분명히 진행되었으며, 정치적인 측면은 아니지만 경제적 측면에서는 강력한 이웃이 작은 취락을 지배하는 현상이 이미 발생한 듯하다. 이러한 양사오 사회의 새로운 면모를 분석하기 위한 새로운 이론적 도구가 요망되는데, 양사오 후기 사회가 이미 '수장사회'[16]의 초기 형태에 맞먹을 수 있어서, '분절적 종족 시스템'보다는 높은 발전 단계에 있었다고 보기도 한다. 이러한 의문에 대한 보다 분명한 해답은 장래의 발굴에 의해 결정될 것이다.

룽산 '읍락' 문화

서기전 3000년경, 북중국 공동체들은 이른바 '룽산 천년'이라는 새로운 발전 단계로 들어선다. 천년 이상 지속되는 이 시기에 찍히거나 새겨진 다양한 무늬를 갖춘 흑색

---

15   Yun Kuen Lee, "Configuring Space: Structure and Agency in Yangshao Society," the Columbia Early China Seminar 발표 논문, 2002.

16   Li Liu, *The Chinese Neolithic: Trajectories to Early States* (Cambridge: Cambridge University Press, 2004), pp. 189-191.

과 회색 토기가 광범위하게 제작 사용된다. 양사오 시기와는 달리 오늘날 룽산 문화는 적절치는 않지만 신석기 후기의 지역적 차이를 충분히 반영하고 있는 '산둥 룽산 문화' 또는 '허난 룽산 문화'라는 이름으로 분석되고 있다. 상대적으로 작은 지역 단위의 사회 통합은 양사오 후기에서 이미 나타난 현상인데 이 시기에 더욱 심화되면서 명백하게 규정된 위계를 갖춘 취락 연계망이 출현한다.

대규모 인구 중심지가 지역 취락 연계망의 허브에 위치하면서 흙을 다져 쌓은 성벽과 같은 새로운 고고학적 특징이 나타나는데 이는 양사오 취락보다 훨씬 더 복잡한 사회체계를 갖추었음을 의미한다.[17] 10개소 이상의 요새화된 룽산 '읍락'이 허난, 산둥, 그리고 산시에서 20세기 말 이전에 발견되었다.[18] 일찍이 발견된 사례 중 하나는 허난성 핑량타이(平粮臺)의 유적인데 다소 높은 구릉 상의 한가운데에 위치하면서 약 3만 4,000m² 넓이의 방형 광장을 둘러싼 성곽을 갖추고 있다. 중심 성채로 접근하는 도로는 남쪽과 북쪽의 두 개의 문을 거치지 않으면 안 된다. 핑량타이의 성곽 구역은 장자이 취락과 비교된다. 그러나 장자이의 대부분 주거 구역이 해자에 의해 둘러싸인 반면 핑량타이의 성벽은 지배층 계급이 거주한 핵심시설만 방어하고 있고, 외부의 일반 주거 구역은 그렇지 않다.[19] 어쩌면 그 성곽은 핑량타이 사회의 주민 집단을 두 개의 계급으로 구분하기 위한 것일 수도 있다.

지금까지 발견된 룽산 시기의 가장 큰 읍락은 산시성의 타오쓰(陶寺)에 위치한다 (그림 2.6). 실제로 서기전 2600-2000년으로 추정되는 타오쓰 유적은 이른바 산시 룽산 문화에 속하는 것으로 약 500년에 걸쳐 건설된 것으로 보인다. 타오쓰 전기에 보다 작은 성곽 구역이 유적의 북동쪽에 조성되었는데 그곳에 지배층 시설로 보이는 유사 궁정이 위치해 있으며 그 기초는 흙을 다져 축조되었다. 타오쓰 중기에 건설된 바깥 성벽은 타오쓰 전체 공동체의 행정 경계를 표시한 것으로 거주 구역과 주민 전체를 지배층의 통제 아래 두기 위해 확장되었음이 분명하다. 내부 구역의 4분의 1 면적이 지배층에 속하는 반면, 굴실 또는 반지하 주거지와 같은 평민의 주거시설은 유적 북동쪽에 치우쳐 두 성벽 사이에 집중되어 있다. 지배층과 평민의 무덤이 같이 있는 대형 묘역이

---

17   실제로 방어 성벽은 양사오 후기에 이미 출현했다. *Ibid.*, p. 94.

18   Anne Underhill, "Variation in Settlements during the Longshan period of North China," *Asian Perspectives* 33.2 (1994), p. 200.

19   Chang, *The Archaeology of Ancient China*, p. 266.

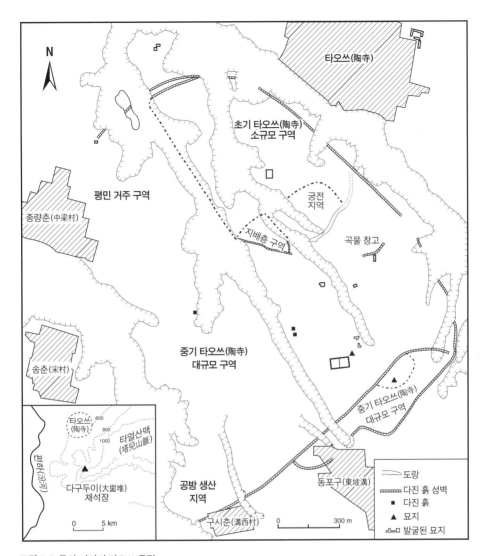

그림 2.6 룽산 시기의 타오쓰 읍락

외성의 남쪽 구역에서 발굴되었으며, 곡물 창고는 내부 궁정 구역에 근접하고, 또 다른 성벽으로 방어된 것으로 보아, 지배층이 관리한 것으로 보인다. 그러나 가장 중요한 것은 남쪽에 건설된 이중 구조 성벽의 독립구역인데, 이는 세계에서 가장 오래된 태양 관측소 중의 하나로 타오쓰 공동체 지성의 중심지라고 할 수 있다(상자 2.1).

　타오쓰가 마지막 시기에 남쪽 다른 대규모 유적의 주민이 일으킨 정치적 혼란으로 인해 무력으로 파괴되었을 수도 있다는 증거가 있다.[20] 어떻든 간에 타오쓰는 번성

20　Liu, *The Chinese Neolithic*, pp. 103-112.

하던 수백 년 동안에 산시 남부 펀하(汾河) 하류의 주요 문화적, 경제적 중심지였음이 틀림없다. 그것이 최소한 두 개 이상으로 계층화된 인구를 보유하면서 상당 수준 복합적인 사회적 체계의 특징을 가지고 있다는 점에 대해서는 어떠한 합리적인 의심의 여지도 없다. 더 이상은 아닐 수도 있지만, 적어도 타오쓰에서 점성가와 행정가 같은 직능별 역할과 집중화된 도시 행정의 발달이 이루어졌음은 모두 명백해 보인다.

또한 매장 유적을 통해 지속적으로 일어난 타오쓰의 사회적 세분화 과정에 대해서도 확인할 수 있다. 1,000기 이상의 무덤이 타오쓰에서 발굴되었는데 분명히 세 계급으로 구분될 수 있었다. 큰 무덤들은 3×2m 또는 그 이상의 크기로서, 목관을 갖추고 있으며 아름답게 채색된 토기, 보석 그리고 돼지 뼈를 포함한 100점을 훨씬 넘는 유물이 부장되어 있었다. 중간 크기의 무덤도 목관을 갖추고 있으면서, 토기, 보석 등 총 20-30점의 유물이 부장되어 있었다. 작은 무덤은 0.5m의 폭이 좁은 구덩이에 목관이나 부장유물이 전혀 없는 것들로 타오쓰 무덤의 90%를 차지했다. 만약 이러한 사실이 타오쓰 공동체의 부의 분포를 직접 반영하는 것으로 본다면 타오쓰 공동체의 90% 이상의 부가 상위 10% 인구에 집중되어 있다고 볼 수 있다. 이는 현대의 많은 산업화된 국가에서의 부의 집중보다 더 심각한 비율인바(2007년 미국의 해당 수치는 69.8%였다), 타오쓰는 계층화가 상당히 진전된 사회였음이 틀림없다.

상자 2.1 **타오쓰 태양 관측소**

이것은 21세기 가장 놀라운 고고학적 발견 중 하나이다. 2003년 발굴된 타오쓰 읍락의 남동 성벽에 인접한 좁은 구역에서 발견된 이 원형 건물은 처음부터 3단 형태로 축조되었다. 각각의 기단은 흙을 다져 조성한 담으로 경계를 구축하였는데, 중심에서 가장 바깥쪽 담까지의 거리는 25m이다. 가장 안쪽, 즉 중앙의 원형기단은 반경 12.25m, 바깥 원둘레의 반경은 25m인 것이다. 11개의 견고한 사각형 기둥이 중앙의 이 좁은 담을 따라 배치되어 있었으며, 그 사이로 10개의 좁은 틈이 있다(나중에 두 개의 기둥이 북쪽 끝에서 발견되어 총 13개의 기둥과 12개의 틈이 확인되었다). 이 견고한 기둥들은 기단 깊숙이 박혀 있기 때문에 발굴자들은 그것들이 단지 그 위에 얹혀진 석재 기둥을 지탱하기 위한 초석의 역할을 하는 것이라고 주장하였다. 12개의 틈 사이로 보는 시선은 기단 중심의 단일 관측점에 모이게 된다(그림 2.7).

층서적 증거에 의하면 건물은 아마도 타오쓰 중기에 건축되어 몇 세기 동안 사용되다가 서기전 2100년경 파괴된 것으로 추정된다. 발견된 이후 여러 해에 걸친 현장 실험 결과, 그 기단이 매년 두 개의 지점(하지, 동지)을 측정하는 태양 관측소로 이용되었음이 거의 확실하여, 고고학적으로 확인된 세계에서 가장 오래된 천문 관측소 중의 하나라고 할 수 있다. 천문 역사학자 데이비드 W. 팬케니어(David W. Pankenier)는 그 구조물은 태양력상 1년의 개략적 길이를 결정하고 일주일 미만의 단위로 달력에 표시하기 위하여 사용되었을 수도 있다고 주장했다. 그러므로 타오쓰 천문가들은 음력 월들과 양력 1년과의 관계에 관심을 가졌고, 결국 정상적인 일년 순환 주기에 음력과 양력을 결합시키기 위하여 13번째 윤달을 삽입한 달력을 만들게 된다. 이러한 체계가 상나라 후기에 해당하는 서기전 13세기경 중국에서 분명히 사용되었음이 갑골학 연구를 통해서 입증된 바 있다. 팬케니어는 더 나아가 보다 중요한 사실로서 타오쓰 천체 관측소가 시간 또는 천체 운동을 식별하기 위해 일정 표시를 창안 사용함으로써 달력을 관리하는 데 문자체계가 필요한 정황을 조성했을 것으로 주장하였다.[21]

사회 계층화 과정이 중국의 다른 지역에서도 동시에 진행되었음이 확인된다. 대략 북쪽의 룽산 문화와 같은 시기에 속하는 양쯔강 삼각주의 량주(良渚) 문화는 옥 생산으로 유명하다. 장쑤(江蘇) 쓰둔(寺墩)의 대형 분묘에서 50점이 넘는 아름다운 옥제 공예품이 대량 발견되었다. 옥 제품이 다량으로 부장된 무덤이 저장성(浙江省) 항저우만 근처 여러 유적에서도 발견되었는데, 이들은 분명히 지역 사회의 평민 무덤과 보통 격리되어 있는 지배층의 무덤이다. 2007년에 모자오산(莫角山)을 중심으로 타오쓰보다 약간 큰 량주의 성읍이 항저우구(區)에서 발견되었는데, 이미 알려진 다량의 유물을 부

21 David W. Pankenier, "Getting 'Right' with Heaven and the Origins of Writing in China," F. Li and D. P. Branner (eds.), *Writing and Literacy in Early China: Studies from the Columbia Early China Seminar* (Seattle: University of Washington Press, 2011), pp. 19-50, 특히 p. 27 참조할 것. 팬케니어는 또 다른 연구에서 그 기단이 제례, 아마도 일출에 대한 경배에 사용되었을 수도 있음을 강조하면서 과학적 의미가 내재되어 있는 observatory라는 영어 단어 사용을 자제할 것을 권고하였다. David W. Pankenier, Liu Ciyuan, and Salvo De Meis, "The Xiangfen Taosi Site: A Chinese Neolithic 'Observatory'?" 참조할 것.

그림 2.7 성곽 읍락에서 발견된 타오쓰의 태양 관측소[산시(山西), 2003년]

장한 무덤은 이 큰 읍락에 살았던 지배층 구성원의 것임이 분명하다. 이 발견으로 인해 북쪽의 룽산 문화와 동일한 시기에 남중국에서도 유사한 사회적 전환 과정이 진행되어 사회 복합성의 수준이 높아졌다는 주장이 제기되었다. 그러나 남중국에서 이러한 과정은 량주 문화가 지구상에서 불가사의하게 사라진 서기전 2000년경 갑자기 중단되었다.

최근의 고고학 발견들은 룽산 천년 읍락들의 사회생활이 그 주민들 사이에서 발생한 새로운 정치적 역학 관계에 의해 재조정되었을 뿐만 아니라, 필시 사회 지배층의 흥기와 연관되었을 수많은 새로운 기술적, 문화적 발명에 의해 더욱 풍요로워졌음도 보여준다. 이러한 새로운 진보 중 가장 중요한 것은 고품질의 토기 제작, 야금술, 그리고 아마도 초기 '문자'일 것이다.

고품질의 토기 제작

룽산 사람들에게 토기는 단순히 일상생활에 필요한 도구에 그치는 것이 아니었다. 오히려 특정 형식의 토기 제작 기술은 특히 동쪽 해안의 산둥 지역에 위치한 룽산 읍락의 지배층 생활을 윤택하게 할 목적으로 발달한 것임이 틀림없다. 이는 극도로 얇은

1-2: 산둥 룽산 문화의 계란 껍질 토기, 3: 타오쓰 출토 구리 종, 4: 딩공 출토 명문 파편, 산둥성, 룽산 문화, 5: 룽츄(龍虬) 출토 명문 토기 파편, 장쑤성, 량주 문화, 6: 옥 장식, 량주 문화

그림 2.8 룽산과 량주 읍락 문화

기벽으로 유명하여 이른바 계란 껍질 토기라고 불리는 것으로 개개 제품이 전문적인 기술이 요구되는 아주 섬세한 제작 과정을 거친 예술 작품이라 할 수 있다. 그것들은 종종 성벽으로 둘러싸인 대규모 읍락 유적에서 발견되었는데, 분명 지배층이 사용한 사치재로 아마도 그들의 의식 또는 종교 활동과 관련되어 있을 것이다(그림 2.8의 1-2).

야금술

최근의 고고학적 성과는 룽산 천년 동안 북중국의 광범위한 지역에 걸쳐 금속제품이 사용되었음을 분명히 보여준다. 전 세계적인 맥락에서 볼 때, 아나톨리아 지역에서 구리 광물의 최초 사용은 신석기시대 토기 연대와 같은 서기전 9000년경으로 거슬러 올라간다. 서기전 7000년부터 핀과 송곳 같은 소형 구리 제품이 메소포타미아에서 제작되기 시작했다. 서기전 4500년과 3000년 사이에는 동 하류지역의 주민들에 의해 상당수의 생활 도구와 무기가 구리로 제작되었다. 중국에서는 서기전 네 번째 천년기(4000-3000 BC) 초부터 서부 간쑤(甘肅)와 칭하이(靑海)에서 동부 산둥에 이르기까지 광범위한 지역에서 소형 금속제품이 발견되었다. 허난의 룽산 문화에 속하는 몇 개의 유적에서는 구리 광물과 파편이 발견되어 금속제품이 동 지역에서 제작되었음을 알려 주고 있다. 지금까지 가장 중요한 발견은 1983년 타오쓰의 성곽 외곽 구역에 위치한 중간 규모 무덤에서 발견된 동종이다(그림 2.8의 3). 이 종은 구리가 97.86%, 납 1.5%, 아연 0.16%의 금속학적 구성을 보이고 있는바, 거의 순수한 구리 제품이라 할 수 있다. 더욱 중요한 점은 진흙 주형을 활용한 정식 주조과정을 거쳐 제작되었다는 것인데, 이 방법은 서구에서는 당시 미처 개발되지 못했지만 이후 중국 청동기 제작의 주된 기술이 되었다.

초기 문자

학자들은 오랫동안 츠산-페이리강과 같은 이른 시기까지 소급되는 신석기 시대 토기에 새겨진 다양한 부호들에 매료되어 왔다. 적지 않은 학자들이 이 신석기 시대의 부호들에서 중국 문자 체계의 기원을 찾으려 했음에도 불구하고, 이러한 시도들은 궁극적으로 실패로 끝났다.[22] 그 부호들이 '문자'를 위한 최소한의 필요조건인 언어를 표현하거나 어떤 표시 체계를 형성하는 데 이용되었다는 기본적 사실에 부합하지 못했기 때문이다. 그러나 과거 15년간 고고학은 새로운 형태의 자료를 찾아냈다. 산둥 딩공(丁公)의 성읍에서 발견된 토기 파편에는 11개의 글자가 연속적으로 '읽히는' 형태를 갖추며 다섯 줄에 걸쳐 새겨져 있었다. 장쑤의 룽츄(龍虬)에서 발견된 량주 문화에 속하는 또 다른 토기 편에는 부호들이 두 줄로 배열되어 있었다. 오른쪽에는 각각 들소, 뱀, 새, 그리고 기타 짐승 등으로 추정되는 네 개의 독특한 부호들이 있고, 왼쪽에는 오른쪽의 짐승 각각을 가리키는 네 개의 추상적 부호가 있다(그림 2.8의 5). 이 도식부호들은 분명히 양사오 토기의 고립적인 표시보다는 높은 수준의 의사전달 상황을 보여 준다. 두 파편 각각의 도식부호는 내적으로 연계된 일련의 개념을 갖추고 있는데 그 개념들은 오직 언어를 통해서만 연결될 수 있다. 그러므로 비록 우리가 지금 '중국 문자'라고 부르는 체계의 원조는 아니더라도 이것들이 중국 문자의 초기 형태라는 것이 다수 의견이다. 그 언어들의 소속을 알 수 없고 아직 해독도 못하고 있긴 하지만, 그 출현은 분명 룽산/량주 지배층의 정신적, 행정적 필요에 의한 높은 수준의 문화가 적어도 룽산 천년의 일부 읍락에서 이미 성취되었음을 시사한다.

---

22 William G. Boltz, *The Origin and Early Development of the Chinese Writing System* (New Haven: American Oriental Society, 1994), p. 36.

룽산 '수장사회'에 대한 논의

앞서의 논의를 통해서 룽산 천년에 일어난 극적인 사회적 변화를 살펴보았는바, 그 과정에서 다음 두 가지 질문을 갖게 된다. 세계 다른 지역에서도 관찰되는 사회발전의 사슬 중 어느 단계에 이 변화를 대응시킬 것인가? 이 장의 서두에서 논의한 신진화론이 중국에 적용 가능한가? 룽산 사회를 '상고기 국가(archaic states)'로 재규정하려는 움직임이 중국 고고학자들 사이에서 있어 왔다. 산둥의 룽산 시기에 속하는 취락은 세 가지 등급으로 구성되어 있고, 성곽을 갖춘 읍락은 중앙집권화된 정치적 권력을 가진 '상고기 국가'의 중심에 해당한다고 이전부터 제시되었다. 원로 고고학자 장종페이(張忠培)도 이와 유사한 맥락에서 2005년에 남중국의 량주 문화가 국가의 정치적 권력을 특징으로 하는 문명의 단계에 진입했다고 주장했다. 이와 다른 주장은 룽산 사회가 '수장사회'의 특징을 갖고 있다는 것으로 이는 주로 서구학자들에 의해 지지받고 있다.[23]

실제로 고고학 자료를 통해서 파악된 룽산 사회의 높은 복합 수준은 인류학자들에 의해 처음 공식화된 사회발전 이론에 대해서 중요한 문제를 제기한다. 최근의 인류학 논저들은 '수장사회'와 '국가' 사이의 경계를 재규정하려 하고 있다. 앞서 기술한 권력 행위의 차이 이외에도 수장사회의 조직은 보통 혈연 구조에 기초한 반면, 국가의 그것은 반드시 그런 것은 아니라는 주장도 있어 왔다. 내부적으로 전문화된 압력 수단이 부족한 수장은 중심 권력을 대리인에게 위임하는 것을 피하고 하위 수장의 재지권력에 의존하는 반면, 왕은 재지세력의 권위를 해체시키기 위하여 자신들의 권력을 체계화하고 세분화시켰다.[24] 더 나아가서 몇몇 인류학자 사이에서는 수장사회가 사회 진화의 '막다른 곳'으로, 그것들이 단순히 국가 수준 사회로 발전할 수 있는 잠재력을 갖추지 못했다는 주장도 제기된다.

'수장사회'의 정의가 상당히 모호해서, 인류학자들이 자신들의 이론을 고고학적 실제에 부합되는 이론으로 다듬는 데 어려움을 겪을 것은 의심의 여지가 없다. 그럼에

---

23 Underhill, "Variation in Settlements," 197-228; Liu, *The Chinese Neolithic*, p. 191. 류리(劉莉)는 한 걸음 더 나아가 후기 양사오 문화를 '단순 수장사회'라고 간주한 반면 룽산 사회는 '복합 수장사회'라고 정의하였다.

24 Yoffee, *Myths of the Archaic State*, pp. 23-25.

그림 2.9 라자의 지진 참상과 중국 최초의 국수

도 불구하고 룽산 사회를 '수장사회'라고 하는 것을 수용할 만한 근거가 있다. 이론적 문제가 있음에도 불구하고 이 장에서 분석된 증거에 따르면 룽산 사회는 비교적 평등한 사회인 양사오 문화보다 분명히 사회적 단계상 높은 수준에 있다고 할 수 있다. '수장사회'가 양사오 사회와 잘 들어맞는 듯한 '분절적 종족 시스템'으로부터 발전한 필수불가결한 사회조직 형태라면, 그것은 국가 출현 이전 룽산 사회의 조직적 복합성을 부각시켜 주는 합리적인 용어라고 할 수 있을 것이다(상자 2.2).

상자 2.2 라자(喇家) : 4,000년 전 지진으로 파괴된 신석기 시대 마을

2000년 여름 칭하이성(青海省)의 성도 시닝(西寧) 남동쪽으로 약 190km 떨어진 황하 상류 북부 고원에 위치한 라자라고 불리는 마을 유적을 발굴하던 고고학자들은 구 지표면에 드러나는 것들에 놀라움을 금치 못했다(그림 2.9). 그들이 제일 먼저 본 것은 3.81×2.95×3.55m 규모의 반지하식 4호 주거지에서 왼쪽 다리를 꿇고 동쪽 벽에 기대어 있는 젊은 여자(28-30살)의 유골로, 주거지에서는 특이한 경우였다. 그 여자의 가슴 아래에는 1-2살배기 어린아이가 팔로 엄마의 가슴을 안고 있었다. 젊은 엄마는 분명히 위에서 짓누르는 엄청난 무게를 버티기 위해 왼쪽 팔로 바닥을 딛고 아이를 보호하면서 자신의 몸을 지탱하고 있었다. 구덩이의 서쪽 부분에는 두 무더기의 유골이 발견되었다. 또 다른 엄마(35-40살)가 세 명의 10대와 10살 미만의 아이들에 둘러싸여 구덩이의 남서쪽에서 함께 죽어 있었다. 그들의 북쪽에는 무리지어 서로 끌어안은 채 살려고 애쓰는 모습의 4명의 아이 시신이 있었는데 모두 13살 미만으로 제일 어린 아이는 3살밖에 되지 않았다. 시신 일부는 알 수 없는 힘에 의해 심하게 뒤틀려 있었다. 또한 이들보다 나이가 많은 40-45세의 남성은 주거지 입구 가까운 곳에 누워 있었고 또 다른 15-17살의 시신은 중앙 화덕 위에 구부린 채 있었다.

재앙으로 인한 죽음을 보여주는 현장은 중국 고고학에서 이곳이 처음이다. 지질학자의 도움을 받은 이 유적에 대한 지속적인 현지 조사의 결과 지하 웅덩이는 황토 굴실의 바닥으로 밝혀졌으며, 이 취락이 연속적으로 홍수의 범람을 당하기는 했지만, 굴실 붕괴의 원인은 대형 지진인 것으로 판단되었다. 마을에 미친 충격은 동굴 주거지와 그 동쪽 구역에 위치한 수십 채의 가옥 기초에 이를 정도로 광범위했다. 어떤 이유로 인해 여러 가족의 자식으로 보이는 아이들은 동굴 4호 주거지에 모여 있었고 지진이 덮치면서 그곳이 그들의 공동 무덤이 되었다. 붕괴가 이루어진 시점의 특이한 상황 때문에 세세한 촌락 생활의 모습이 보존될 수 있었다. 무엇보다 놀라운 것은 바닥에 있는 토기 그릇이 뒤집히면서 남겨진 중국 최초의 국수였다. 연구실의 초기 작업을 통하여 그 국수는 기장에서 추출된 전분으로 만들었다고 추정되었으나, 후속 연구를 통해서 밀가루로 만든 것임이 확인되었다. 토기 형식에 따르면 그 취락은 신석기 치자(齊家) 문화의 후기인 대략 4000

년 전에 해당하며 타오쓰의 천문 관측소보다 약간 늦은 시기의 것으로 추정된다.

라자 취락의 개방된 중앙 광장에서는 흙으로 만들어진 제단이 추가적으로 발견되었다. 취락 사제의 것으로 보이는 화려한 무덤이 흙 제단 한가운데에서 발견되었는데 15점이나 되는 아름다운 옥 제품이 출토되었다.

참고문헌

Chang, K. C., *The Archaeology of Ancient China*, 4th edn. (New Haven: Yale University Press, 1986).

Chang, K. C., and Xu Pingfang eds., *The Formation of Chinese Civilization: An Archaeological Perspective* (New Haven: Yale University Press, 2005).

Chen, Xingcan, "Archaeological Discoveries in the People's Republic of China and Their Contribution to the Understanding of Chinese History," *Bulletin of the History of Archaeology* 19.2 (2009), 4.13.

Crawford, Gray W., "East Asian Plant Domestication," in Miriam T. Stark eds., *Archaeology of Asia* (Malden: Blackwell, 2006), pp. 77-95.

Falkenhausen, Lothar von, "The Regionalist Paradigm in Chinese Archaeology," Philip L. Kohl and Clare Fawcett eds., *Nationalism, Politics, and the Practice of Archaeology* (Cambridge: Cambridge University Press, 1995).

Fiskesjö, Magnus, and Chen Xingcan, *China Before China: John Gunnar Andersson, Ding Wenjiang, and the Discovery of China's Prehistory*, Museum of Far Eastern Antiquities Monograph 15 (Stockholm: Ostasiatiska museet, 2004).

Liu, Li, *The Chinese Neolithic: Trajectories to Early States* (Cambridge: Cambridge University Press, 2004).

Underhill, Anne, "Variation in Settlements during the Longshan Period of North China," *Asian Perspectives* 33.2 (1994), pp. 197-228.

제3장 얼리터우와 얼리강: 초기 국가의 확대

신석기 문화의 발전에 대한 '다수 지역' 모델로는 국가 수준 사회가 다른 지역 전통들이 아닌 양사오 문화와 그 후계 문화인 허난과 산시(山西)의 룽산 문화 중심지에서 최초로 나타나게 된 이유를 설명할 수는 없다. 그렇다고 해서 국가가 출현한 이 넓은 지역의 발달 과정이 단선적이라는 것은 아니다. 타오쓰 '수장사회'의 권력은 수백 년간 융성을 누린 뒤에 결국 기울기 시작하였고, 그 공동체 주민들은 모두 인근의 다른 정치 중심지의 지배하에 들어간 것으로 보인다. 고고학자들은 황하 중류 유역과 다른 지역에서 이루어진 국가 이전(pre-state) 정치체들 사이의 경쟁 과정과 그 결과로 이루어진 지역 통합을 당대 시간 틀의 관점에서 이해하기 위해 많은 노력을 했다. 그러나 서기전 두 번째 천년기(2000-1000 BC) 초 '수장사회'의 한계를 넘어선 권력을 갖춘 새로운 사회가 허난 서부와 산시(山西)에서 출현했다. 얼리터우(二里頭) 국가 또는 문화가 북중국의 국가와 문명 형성에서 결정적인 지위를 확보한 것이다. 이로써 왕실 권력, 도시 문명, 확대된 정치 조직 그리고 강한 군사 억제력 확보로 특징지어지는 새로운 시대가 열리게 되었다.

'국가'와 '국가의 형성'

기본적으로 인류학적 개념인 '수장사회(chiefdom)'와 달리 '국가(state)'라는 용어는 서구의 지적 전통에서 긴 역사를 갖고 있으며[1] 학문 분야마다 상이한 의미를 가

1   중세 정치 철학에서 사용되는 '국가'라는 용어는 원래 오늘날 미국에서 사용하는 '합중국(State of the Un-

지는 현대 용어 중 하나이다. 법과 정치적 측면에서 접근하는 정치학의 관점에서 보면 '국가'는 '통치권'의 통합체로 규정되며, 따라서 '국민'이라는 현재단위가 그 소유자로 규정되는 현대의 '국민국가(Nation States)'라는 개념이 존재하는 것이다. 정치경제학자에게 '국가'는 강압적 권력을 부여받은 기관으로서 시민 개인에 대립되는 의미를 가지며, 개인적이거나 사적인 이익에 대비되는 집단적이고 공적인 이익을 대표한다. 그러나 대부분의 사회역사학자들이 갖고 있는 사회학적 관점에서는 '국가'는 영토, 통합된 정치질서, 법과 그것을 집행할 수 있는 강압적 권력, 그리고 통치권을 포함하는 다양한 자격을 갖춘 인간 조직체이다. 마지막으로 인류학적 관점에서 '국가'는 사회의 한 형태 또는 사회 발달상의 한 '단계'로서 '수장사회'와는 달리 보다 크고 복잡하다는 점에서 '국가 수준 사회'의 개념은 타당성을 갖게 된다.

사회는 국가와 같은 방식으로만 조직되어야 하는 것은 분명 아니다. 진화론을 인정하지 않는 관점에서 볼 때, 국가 또는 국가 수준 사회로 발전할 수 없는 부족 또는 수장사회와 같은 다른 사회조직도 존재한다. 그러므로 왜 국가가 발생하며, 어떤 사회들은 국가로 발달하고, 어떤 사회들은 그렇지 못한가, 그리고 국가로 발전하는 경로 중 무엇을 어떻게 선택하게 되는가 하는 의문이 생기게 된다. 이는 '국가의 형성'에 관한 문제이며 그 과정에 대해서는 다양한 설명이 시도되어 왔다. 어떤 학자들에게는 국가는 사회의 내부 투쟁의 필연적 결과이며 그러한 내적 갈등을 조정하거나 견제하는 수단으로 창안된 것이다. 또 다른 학자에게는 국가는 자연적인 힘이나 다른 사회가 던지는 보다 거대하고 지속적인 외부의 위협에 대응하여 등장하는 것으로 그와 같은 외부 위협을 극복하고자 하는 공동의 이익을 위하여 사회 구성원을 결속시키는 수단으로서 출현한 것으로 받아들여진다. 후자의 관점은 특히 북부 초원 지역의 유목민 제국의 출현에 대한 설명으로 최근 몇 년간 많은 관심을 받고 있다. 그리고 나머지 학자들, 예를 들어 고(故)장광즈 교수는 의례 체계를 재구성하고 집중화하기 위하여 그 사회가 보유 자원을 효율적으로 활용하고자 하는 내적 지향의 긴 과정에 걸친 최종 산물로서 국가가 등장한다고 이해한다. 이 모두는 고대 중국의 국가 발생을 연구하는 데 고려되어야 하는 중요한 이론들이다.

ion)'이라는 용어에서 볼 수 있는 것처럼 공동체, 백성, 또는 왕 등의 조건 또는 지위를 표현하는 것이었다. 그러나 15세기 이후 '국가'의 의미는 점차 정부 기구 또는 독립적 권력의 소유를 의미하는 것으로 진화하였으며, 여기서 오늘날 가장 일반적으로 사용되는 사회-정치적 조직 형태라는 의미가 유래했다.

얼리터우 문화와 '얼리터우 국가'

대부분의 학자들은 서기전 두 번째 천년기(2000-1000 BC)가 시작될 무렵 '국가'라고 불릴 만한 무언가가 중국 타오쓰 수장사회의 남쪽, 특히 허난 서부에서 실제 등장하였다는 데 동의한다. 이 새로운 발전의 시간적인 틀은 해당 문화의 유적에서 채취한 여러 탄소-14 표본의 과학적 연대 측정과 최신 정밀보정에 의해 서기전 1900-1600년으로 추정된다. 이 시기를 다른 세계와 비교하면, 메소포타미아의 바빌로니아, 함무라비 왕의 시기와 중복되며, 힉소스(Hyksos)가 나일강 삼각주에 침입하기 전의 이집트 중 왕조 시기에 해당한다. 신대륙의 경우 올멕 출현 직전이다. 달리 말하자면 이집트에서는 '국가'가 이미 천년 이상의 역사를 갖고 있었고, 메소포타미아는 천년이 채 안 된 시기이다. 그렇지만 중국에서는 이제 맞이하는 새로운 현상이었다.

1959년 가을, 베이징 소재 중국사회과학원 고고연구소는 그 무렵 역사적으로 전해 내려오던 상(商) 왕조가 고고학적으로도 입증된 사실에 고무되어 구전으로 전해 내려오던 그 이전 통치 왕조인 하(夏)에 대응될 가능성 있는 유적을 조사하기 위해 한 팀의 고고학자를 허난 서부로 보냈다. 안양(安陽) 이전 시기의 토기와 청동기가 이미 허난 중앙과 북부의 몇몇 유적에서 출토되었기 때문에, 자연스럽게 유사한 문화적 내용을 가진 (안양 이전 시기의) 유적도 그들 조사의 대상이 되었다. 조사 결과 10개소 이상의 유적이 발견되었는데 그중 현대 도시 뤄양(洛陽) 동쪽 20km에 위치한 얼리터우가 가장 관심을 끌었다. 현장 조사 기간 막바지 무렵에 조사단은 유적의 작은 구역에서 시굴 조사를 하였는데 그곳에서 유물이 다량 출토되는 유구를 통하여 이후 '얼리터우 문화'라고 불리게 될 새로운 문화의 존재를 확인하였다. 이후 얼리터우는 중국 내 국가와 문명의 출현과 관련된 연구의 중심지로 국제적 명성을 얻게 되었다. 그러나 유적 구조에 대해 분명히 이해하게 된 것은 지난 15년에 걸쳐 이루어진 세심한 고고학적 현장 조사를 통해서였다. 오늘날 우리들이 갖고 있는 얼리터우 문화에 대한 지식은 얼리터우 유적에 국한되지 않으며 동일한 문화 내용을 보여주는 더 넓은 지역, 즉 허난 동부, 산시(山西) 남부의 펀하(汾河), 그리고 허난 남부의 화이하(淮河) 상류 계곡 등의 유적까지를 그 대상으로 확장하여 포함시키고 있다(지도 3.1). 문화적 권역을 이렇게 확정짓는 것은 얼리터우 유적이 취락체계의 중심지로서 위계적으로 그 최상위에 있다는 것에 의심의 여지가 없음을 의미한다.

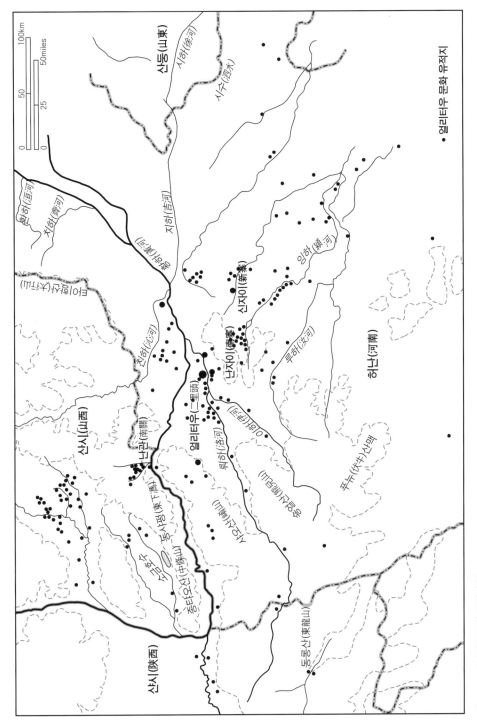

지도 3.1 얼리터우 문화 유적의 분포

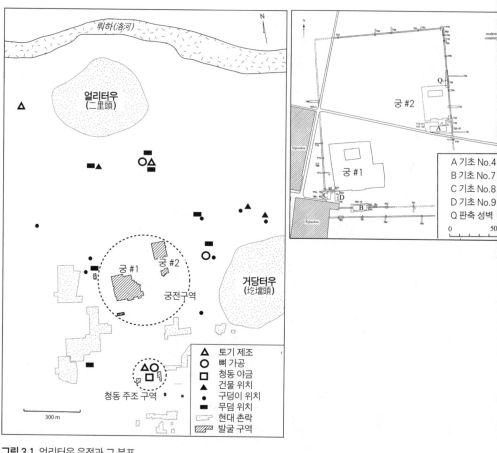

그림 3.1 얼리터우 유적과 그 분포

얼리터우의 중심 유적은 뤄하(洛河)의 남쪽에 있으며(그림 3.1) 동서로 2.5km, 남북으로 2km에 걸쳐 있다. 면적은 500만m²로 최소한 타오쓰의 2배이며 북중국 룽산 중심지보다 크다. 이 거대한 유적의 중심에 궁정 복합 단지가 있는데 방형의 성곽으로 둘러싸여 있으며, 그 안에 흙으로 쌓아 올린 11개소의 건물 기단이 발굴되었거나 장래 발굴을 위해 확인된 바 있다. 가장 두드러진 구조물은 1호와 2호의 기단으로 성벽으로 둘러싸여 독립적이면서 폐쇄된 단지 안에 있다. 1호 기단은 1960년대에 발굴되었는데 동서 108m, 남북 100m로서 원 지표면에서 약 1-2m 정도 북돋아져 있다. 기단의 전체 지표면은 그 가장자리를 따라 세워진 지붕이 있는 회랑으로 둘러싸여 있던 것으로 추정된다. 그 중앙의 북쪽에 치우쳐 한 단 올린 기단이 조성되어 있는데, 기둥 구멍의 배치로 보아 장방형의 건물이 축조되었던 것으로 보인다. 2호 기단은 궁정 구역의

1: 작(爵, 술잔), 2: 정(鼎, 솥), 3: 가(斝, 가열 주전자), 4: 터키옥 장식의 용 모양 유물(70.2cm), 정치적 권력을 상징하는 손지팡이로 추정, 5: 터키옥 상감 청동판, 6: 작

그림 3.2 얼리터우의 청동 그릇과 터키옥 패식

동쪽 성벽을 따라 배치되었으며, 면적은 약간 작으나 구조적으로는 1호 기단과 유사하다. 궁정 구역 외부에서 도로 세 군데가 발견되었는데 얼리터우 유적의 중심 구역을 가로지르는 도로 체계의 일부분을 이루고 있었다.[2] 궁정으로 가는 남쪽 문에서 발견된 운송 도구의 흔적은 중국에서 바퀴가 달린 수레가 사용되었다는 최초의 사례로서 의미가 크다.

  유적에서 발굴된 무덤은 대개 그 규모가 작다. 이는 얼리터우 사회의 지배층이 유적에서 떨어진 별도로 선정된 장소에 묻혔을 가능성을 보여주는 것이다. 2호 기단의 중심 궁정의 뒤 회랑에서 대형 무덤(5.2×4.25m)이 발굴되었는데, 오래전에 이미 전면 도굴당하였다. 다만 터키옥으로 장식된 70.2cm 길이의 용 모양 제품이 중간 규모의 무덤에서 발견되었을 뿐이다(그림 3.2의 4). 유적 내에서 쓰임새가 각기 다른 구덩이가 다수 발굴되었는데, 그중 궁정의 남쪽 성벽 바로 바깥에 위치한 한 곳에서 다량의 터키

---

2   R. Thorp, *China in the Early Bronze Age: Shang Civilization* (Philadelphia: University of Pennsylvania Press, 2006), pp. 21-61.

옥 조각이 발견되어 앞서 말한 터키옥 제품을 생산하였을 공방의 위치를 확인할 수 있었다.

청동 용기는 얼리터우에서 출토된 유물 중 가장 특출난 것이다. 그것은 중국의 야금술이 서기전 두 번째 천년기(2000-1000 BC) 초 상당히 진보된 단계에 이르렀음을 보여준다. 얼리터우 문화는 중국 최초의 청동기 문화로, 이 시기에 청동이 더 이상 소형 제품만 제조하는 데 그치지 않고 학자들이 분주법(분할 거푸집 주조)이라고 부르는 공정을 통해 높은 수준의 기술 복합도와 정교함을 보여주는 대형 용기 생산에까지 이르렀다.[3]

오늘날까지 얼리터우에서 많은 청동 무기와 생활 도구 이외에 약 15점의 청동 그릇이 발굴되었다. 잔의 일종인 작(爵), 주전자와 유사한 가(斝), 솥과 같은 정(鼎) 등이 확인되었는데, 이를 통해 상 왕조(1554-1046년경 BC)의 청동 그릇의 주요 기종이 얼리터우 청동기 문화에 기원을 두고 있음을 알 수가 있다. 청동 공방은 얼리터우 중심의 남쪽에 위치하였는데 이곳에서 진흙 거푸집과 구리 파편이 대량 발굴되었다. 청동 제품 이외에도 옥기를 비롯한 다른 사치재는 중요한 지배층 물품으로서 얼리터우에서 생산되고 사용되었다.

그러나 청동기는 사치재 이상으로 다양한 사회적, 정치적 의미를 갖고 있다. 뤄양 평원에는 자연적인 구리 광산이 없었기 때문에, 얼리터우 지배층이 청동 그릇과 무기를 만들기 위해 사용한 구리 광석은 산시(山西) 남부 종탸오(中條)산맥에서 채굴되었을 것이라는 주장이 최근 제기되었다. 이 지역은 얼리터우 주민들이 필요로 하는 소금이 산출되는 곳이기도 하다. 수백 km가 넘는 거리를 거쳐 안정적으로 자원을 공급하고 수송하는 것은 오직 국가 수준 사회의 조직력이 동원되어야만 가능하다. 얼리터우의 거대하고 복잡한 건물 단지는 중심지에서 1만 8,000명에서 3만 명 정도의 사람들을 동원할 수 있는 조직력을 갖춘 얼리터우 리더십을 말하여 준다. 더 나아가 청동기 생산 체제를 조직해서 제의와 정치적 용도의 제품을 지역 지배층에게 분여하는 것이 얼리

---

3   분주법을 적용하려면 구상한 청동기 모양을 우선 진흙으로 만들어야 한다. 그 다음 부드러운 진흙을 덧붙여 청동기의 외부 표면 모양이 찍히도록 한 뒤, 각 부분으로 분할하여 모형에서 분리한다. 이것들을 구워서 건조시킨 뒤, 주조 심형을 안에 두고 다시 조립하여 거푸집을 만드는데, 그 과정에서 일반적으로 모형보다 크기가 축소되기 마련이다. 청동을 녹인 주물을 심형과 거푸집 사이의 빈 공간에 부으면 청동 그릇 모양이 갖추어진다. 이 주조 방법은 청동기시대에 중국에서 고도로 발달한 주된 기술로서 밀랍 주조를 채택한 서구에서는 발달하지 못했다.

터우 국가의 가장 중요한 기능이었을 가능성을 보여준다.[4]

'얼리터우 국가'에 대한 주장은 물질적 증거가 전 세계의 다른 초기 국가의 것과 비교했을 때 강한 설득력이 있기 때문에 학자들에 의해 널리 받아들여지고 있다. 얼리터우 유적이나 다른 얼리터우 문화 관련 유적에서 문자로 된 당대의 증거가 전하지 않아 얼리터우가 '왕실 국가' 또는 다른 종류의 국가인지 여부를 판단하기는 어렵다. 3세기 정도의 기간 동안 얼리터우가 황하 중류 지역의 정치적, 문화적 중심지였던 것은 의심할 바 없으며 그 규모나 문화 발달 수준이 당시의 어떤 유적보다 월등하였다. 또한 최근의 고고학 조사를 통해 허난의 룽산 후기 문화에서 얼리터우 문화에 이르기까지 토기 형식이 지속되고 있음이 확인되었고 지금의 정저우(鄭州) 근처에서 두 문화가 오랜 기간 전환 과정을 거쳤음이 밝혀졌다. 이는 분명히 국가 수준 사회의 전환은 룽산 사람들의 세계, 특히 인근 샨시성(陝西省), 산시성(山西省), 그리고 허난성 지역에서 발생한 사회문화적 변화의 축적 결과라는 인식에 힘을 실어 준다. 그러나 얼리터우 문화는 또한 동부 해안의 신석기 문화, 특히 산둥 룽산 문화로부터 강한 영향을 받았음이 명백한데, 이 지역의 (토기) 문화가 얼리터우의 지배층에게 자신들의 청동 용기 주조를 위한 표준 형식을 제공했을 수 있다.

전승된 초기 역사로 본 국가 형성과 하 왕조에 대한 논쟁

중국에서의 국가 형성 과정은 일련의 전설 뒤에 가려져 모호하긴 하지만 하 왕조의 건국을 연상케 하는 전승된 역사 기록을 통해서 확인된다. 이 전승된 내용의 대부분은 서한 왕조의 사마천(司馬遷, 약 145-86 BC)이 저술한 『사기』에 체계적으로 제시되어 있다. 그는 『사기』의 첫 부분에서 황제(黃帝)와 전욱(顓頊), 제곡(帝嚳), 요(堯), 순(舜)을 비롯한 전설상의 오제가 선택받은 지도자의 자격으로 중국을 통치했다고 기술했다.[5] 그들의 시대에는 세상을 무력이 아닌 덕(德)으로 다스린 것으로 묘사되고 있으며, 정치적 리더십은 신화적 힘을 빌린 개인적 카리스마의 측면에서 받아들였다. 이 '오제' 개

---

4   Li Liu and Chen Xingcan, *State Formation in Early China* (London: Duckworth, 2003), pp. 57-84.

5   Sima Qian, *The Grand Scribe's Records*, vol. 1, *The Basic Annals of Pre-Han China*, William H. Nienhauser Jr. (ed.) (Bloomington: Indiana University Press, 1994), pp. 1-40 참조.

념은 서기전 5세기가 되어서야 나타났는데, 현대 학자들은 선양을 통한 계승의 신화적 전통을 춘추 후기나 전국 초기 빈번하게 자신들의 군주를 끌어내리려고 시도했던 경대부들의 정치적 기도에 대한 이념적 근거로 본다. 그렇지만 지역의 지도자들이 정치적 우위를 점하기 위해 서로 상쟁했던 다른 세계의 맥락을 통해서도 알 수 있듯이, 그 전통은 중국에서 국가 출현 전 사회적, 정치적 상황을 어렴풋이 반영하는 것이기도 하다.

이 시기의 마지막 황제인 순 황제 때 북중국 평원에 엄청난 홍수가 발생해 많은 사람이 죽었다. 그래서 황제는 우(禹) 혹은 '대우(大禹)'라고 불리는 유력 부족 집단의 수장을 불러 홍수를 방지하기 위한 관개시설을 축조할 것을 명하였다. 그래서 우는 중국 전역을 다니며 강을 정비하고 운하를 파서, 범람했던 강물을 동쪽 바다로 빠져나가게 하였다. 우는 사람들로부터 큰 존경을 받았으며 순 사망 이후 중국 전체의 지도자로 부상하였다. 그러나 우의 사망 이후에 권력을 승계한 지도자는 그와 달리 선택받지 않았는데, 우의 아들 계(啓)가 무력으로 권력을 차지하고 하 왕조를 세우게 된다. 전승을 통하여 전해지는 이러한 이야기는 계가 왕위를 계승하면서 중국에서 선양 전통이 끊어지고 세습 가문이 지배하는 중국 왕실 국가가 세워졌음을 알려 준다. 계 이후 하 가문의 왕조 통치는 16세대를 지나 하나라 마지막 왕 걸(桀)에 이르러 상 왕조에 의해 붕괴되었다. 하 왕조 초기의 왕실 통치는 "위대한 궁수 예(羿)"가 이끄는 중국 동부 지역의 부족에 의해 한 차례 중단된 적이 있지만,[6] 예가 측근에 의해 살해당하면서 중강(仲康) 왕으로 다시 이어져 이후 200년간 지속된다.

우와 하 왕조에 대한 최초의 언급은 서주(1045-771 BC)의 문헌으로서 대를 이어 전래된 『서경(書經)』의 일부와 『시경(詩經)』 중 몇 편의 시에서 볼 수 있다.[7] 이 전승 기록이 서주의 연대에 해당된다는 사실은 우에 대해 전해지던 전승과 아주 비슷한 이야

---

6 그 자체로서 매력적인 위대한 궁수 예의 이야기는 아마도 동쪽 해안 지역에서 발생하였을 것이다. 하늘에 10개의 태양이 동시에 떠오르는 위기가 닥치자, 예는 그의 주홍색 활로 태양 9개를 떨어뜨려 인간이 대화재로 완전히 파멸하는 것을 막았다. Anne M. Birrell, *Chinese Mythology: An Introduction* (Baltimore: Johns Hopkins University Press, 1993), pp. 77-79 참조.

7 『서경(書經)』과 『시경(詩經)』은 수천 년 유교 전통에 걸쳐 전해 내려오는 핵심적인 문헌이다. 간략히 살펴보면, 전자는 주 왕조의 공문서 28편을 모은 것으로 서주 가치의 구현이자 모범 정부의 표현이라고 할 수 있다. 후자는 305편의 명시 선집이다. 두 문헌 모두 늦어도 공자(551-479 BC) 시대에 존재한 것으로 보이며 서주 시대에 생성된 실질적 내용을 포함하고 있다. 두 문헌은 모두 7장에서 다시 상세히 다룰 것이다.

기가 담긴 청동 용기인 서주 중기에 제작된 빈공수(豳公盨) 명문이 2003년에 발견되면서 확인되었다(상자 3.1; 그림 3.3). 가장 오래된 하 왕조의 역대 왕 목록은 적어도 서기전 3세기 초에 속하는 『죽서기년(竹書紀年)』에서도 확인된다.[8] 실제로 이 목록은 무덤에 매장되어 있다가 서기 280년에야 재발견되었으므로 한 왕조의 사마천이 알 수는 없었던 것인데, 그는 자신의 책에서 『죽서기년』에 나와 있는 것과 동일한 순서로 하 왕조의 각 통치자를 서술하였다. 바꾸어 말하면 서주에서 한 왕조까지 하 왕조의 역사와 관련하여 일관되게 전하는 전승 내용이 있었던 것이다. 만약 하 왕조가 실존했다면 우리는 하 왕조 시대 직후인 상 왕조의 기록에서 관련된 내용을 확인할 수 있었을 것이다. 그렇지만 실제는 그렇지 못하며 상의 갑골문에서 상 왕조가 하 왕조를 정복했다는 내용도 찾아볼 수 없다. 그러나 점복 기록인 상의 갑골문은 상 국가에 영향력을 미친 세력들에 대해서만 겨우 관심을 표명했을 것이어서, 먼 과거에 존재하여 상왕의 삶에 더 이상 영향을 미치지 않는 적에 대해 역사적 호기심을 보였을 리가 없다. 이러한 사실만으로도 하 왕조의 역사성을 부정하는 갑골문의 증거력은 약화될 수밖에 없다.

상자 3.1 **빈공수(豳公盨) 명문과 역사의 기억**

이 희귀한 청동기는 형식과 장식된 무늬로 볼 때 서주 시대 중엽(950-850년경 BC)에 속하는 것으로 추정되는 가장 오래된 장방형 용기 수(盨)이다. 비록 홍콩의 고미술품 시장에서 구입되었지만 용기에서 확인되는 기술적 특징은 진품임을 보장한다. 2003년 초 베이징으로 회수한 후 세척하자 명문이 나타났는데, 하 왕조의 전설적인 시조 대우(大禹)의 덕을 기리는 긴 문장으로, 그의 존숭받는 통치에 관한 전승된 전통과 많은 부분 상통하여 모두를 상당히 놀라게 하였다(그림 3.3).

비록 이 명문이 하 왕조의 역사성을 입증하는 증거로 인정받지는 못하지만,

---

8   『죽서기년』은 원래 죽간에 써진 문헌으로, 서진 왕조(265-316) 때 허난성 북쪽에서 전국시대에 속하는 한 왕의 무덤에서 발견되었다. 비록 전국시대 문헌이지만 그 연대기는 역사의 시점까지 소급된다. 고대 중국 문헌의 전승과 관련된 문제에 대해서는 Michael Loewe (ed.), *Early Chinese Texts: A Bibliographical Guide* (Berkeley: Institute of East Asian Studies, University of California, Berkeley, 1993)의 관련 장들을 참고하기 바란다.

서주 시대에 이미 대우의 통치에 대한 구체적 믿음이 널리 퍼져 있었다는 것을 말하는 구체적 증거의 하나라고 할 수 있다. 보다 중요한 점은 국가와 문명의 초기 역사에서 우와 같이 우월한 덕을 지닌 문화적 영웅의 업적을 부각시켜 주나라 당대 왕권의 정당성을 부여하려는 정신 세계가 있었음을 이 명문에서 확인할 수 있다는 사실이다. 후자의 관점에서 볼 때 이 명문은 특이하게도 당시 여러 명문을 통해 알 수 있듯이, 숭배 대상이 대체로 주 왕조 조상들에 국한되었던 주의 종교적, 지적 체계의 지평을 넘어서는 것이었다.

하늘이 우에게 흙을 뿌리고 산맥을 넘고 물길을 내라고 명령하였다.

그래서, 그(우)는 농사지을 수 있도록 나무를 베어 냈고 복속된 사람들에게 세금을 매겼으며 두루 덕을 살폈다.

그는 스스로 [하늘의] 동반자가 되었으며 사람들 속에서 기뻐하면서 [그들의] 부모가 되어 왕권을 이루어 냈다.

그는 오로지 덕으로만 수양하였으며, 사람들은 밝은 덕을 사랑하였다.

[그는] 하늘 아래 모든 것을 걱정하였다.

[그는] 지순한 덕을 확산시키고 강화하기 위해 그리고 게으른 자들을 충분히 강하게 만들기 위해 그의 빛나는 선을 이용하였다.

[그는] 효성이 지극하고, 다정하고, 열린 사람이었을 뿐만 아니라 총명했다. [그는] 희생을 사랑함에 한결같았으며, 나쁜 마음은 하나도 없었다.

[그는] 덕을 사랑했고 결혼을 권했는데, 그것은 하늘과 조화를 이루며 정령들을 존경하는 것이었다.

[그는] 다시 운과 재산을 이용하여 평화 속에서 영원히 살았다(?).

빈공은 "사람들이 이 덕을 이용하기를 기원한다. 아무 후회 없도록!"이라고 선언했다.

고고학 자료를 통하여 입증되는 국가 수준 사회의 발달과 역사적 전승 기록으로 파악되는 왕조 왕실 국가의 건설이라는 두 과정 사이에 연관이 있는지 여부에 대하여 모든 학자들이 호기심을 가지고 알고 싶어 하는 것은 당연하다. 고대 중국 역사의 연대

그림 3.3 빈공수와 그 명문

기적 연구는 상(商) 왕조(1554-1046년경 BC) 시기를 기준 삼아 그로부터 3-4세기 전을 하(夏) 왕조 시기라고 분명히 하고 있다. 이것은 앞서 언급한 얼리터우(1900-1600년경 BC)의 탄소-14 측정 연대 범위의 시간 틀과 완벽하게 맞아 떨어진다. 실제로 여러 유적에서 얼리터우 문화층은 룽산 문화의 층위를 덮고 있으며 다른 유적에서는 상의 층위와 혼재하거나 중복된다. 더욱이 고대 자료에 근거한 역사지리학적 연구를 통해서 확인되는 하나라 왕들의 활동과 관련된 여러 중심지는 얼리터우 문화에 속하는 유적과 대부분 같은 지역, 즉 허난 서부, 산시(山西) 남부와 일치한다.[9] 간단히 말해서 여러 증거에 따르면 얼리터우 문화는 전승 기록에서 전하는 하 왕조의 시간과 공간상으로 같다는 것이다.

　이 시공간상의 일치는 중국의 많은 학자들과 아직은 적은 수이지만 서구의 학자들에게도 얼리터우 문화가 하 왕조의 물질문화이며, 얼리터우 유적이 그 수도라고 주장하는 적절한 근거가 되고 있다. 사실 과거 30년간 중국에서 이른바 '하 문화'의 구명을 자신들의 기본적인 조사의 전제로 삼은 연구가 적지 않게 발표되었다. 그러나 얼리터우 문화를 하 왕조와 동일시하는 것은 그 근거가 부족하다고 보는 학자들도 있는데, 일부 학자는 결과적으로 '의고사조(疑古思潮)' 운동에 뿌리를 둔 학문적 논쟁을 지속하

9　K. C. Chang, *The Archaeology of Ancient China*, 4th edn. (New Haven: Yale University Press, 1986), p. 319.

면서 이를 강하게 거부하는 글을 쓰기도 하였다(1장 참조). 동일시를 거부하는 가장 강력한 논점은 얼리터우 유적을 비롯하여 얼리터우 문화에 속하는 어느 유적에서도 하에 대한 역사 기록과 연관될 수 있는 문자 증거가 전혀 발견되지 않았다는 것이다. 그러한 명백한 문자 증거가 없으므로 얼리터우와 하를 연관 지을 수 있는 방법이 없다는 것으로 이러한 관점은 소수를 제외하고 서구의 학자들 간에 광범위하게 인정받고 있다.

그러므로 그 주제는 흥미로울 뿐만 아니라 학문적으로나 정치적으로 논쟁거리가 되고 있다.[10] 그러나 항상 증거보다는 이념에 근거한 정치적 색채를 띤 주장이나 비난으로부터 학문적 논의를 분리시키는 것은 우리의 지적 책임이다. 다른 한편으로 현재의 증거 상황을 현실적으로 파악하고, 모든 가능한 범위의 해석을 염두에 두고 있어야 할 필요가 있다. 무엇보다도 현재로서는 얼리터우나 이와 문화적으로 관련 있는 다른 유적에서 문자 증거가 발견되지 않아서 얼리터우가 실제로 하의 수도였다고 판단할 수 있는 방법은 없다. 그러한 증거가 나타나서 논리적 추론이 아닌 직접적인 관계가 밝혀지기 전까지 그 질문은 미해결인 상태로 남겨 두어야 한다. 반대로 현재 증거로는 그 당시 같은 장소에 존재했던 다른 정치체라는 것을 밝히지도 못했기 때문에 얼리터우가 하가 아니라는 것도 증명하지 못했다. 만약 누군가가 얼리터우가 하가 아니라고 강력하게 주장하고 싶어도 하와 관련 있는 증거가 전혀 없다는 사실이 그것을 뒷받침하는 유일한 논거라는 것이다. 당대의 문자 증거와 관련된 이러한 관점이 궁극적으로 인정받으려면 이 또한 하나라가 실존했다는 전제하에 문자 체계를 갖추고 있으며 필요한 기록을 생산하였다는 가정이 성립되어야 한다. 그러나 이에 대한 증거 또한 없는 것이다.

얼리터우와 하의 관계를 입증하거나 부인할 수 있는 확실한 근거가 없기 때문에, 우리는 고고학적인 기본 사실로 되돌아가서 일반적으로 합의된 주장을 논의의 출발점으로 삼아 받아들일 수밖에 없다. 즉 당대에 황하 중류와 하류 유역에서 얼리터우는 어떤 사회도 필적할 수 없는 권력과 부를 소유한 국가 수준 사회였다는 사실 바로 그것이다. 세계의 다른 지역을 연구하는 인류학적 관점에서 볼 때, 그러한 사회는 이후 북중국에 계속 살고 있는 사람들의 문화적 기억에 깊은 인상으로 남아 있을 가능성이 충분하다. 또한 얼리터우 사람들이 자신을 '하(夏)'라고 부르지 않았을 가능성도 있다.

---

10 얼리터우와 하의 관계에 대한 최근 논쟁의 요약을 보려면 Li Liu, "Academic Freedom, Political Correctness, and Early Civilisation in Chinese Archaeology: The Debate on Xia-Erlitou Relations," *Antiquity* 83 (2009), pp. 831-843을 참고하시오.

'하'라는 용어는 그들의 적에 의해 붙여진 후, 서주 왕조에 이르기까지 지속되어 '얼리터우―하' 논쟁의 초점을 흐리게 하는 원인이 되었을 수도 있다. 그러나 전승된 역사적 기록은 만약 우리가 그것을 액면 그대로 받아들이거나 피상적인 '얼리터우―하' 논쟁에 휘말리지만 않는다면, 인류학적 저술에서 잘 알려진 바처럼 독립적 수장사회라는 국가 이전 사회가 국가로 전환하는 실제의 역사적 순간을 알려 주는 것으로 보인다. 상 이전의 얼리터우 국가는 국가로의 전환이 있었다는 역사적 기록에 대응시킬 만한 일정 지역을 특정 시점에 지배하고 있었던 것이다. 결론적으로 말하면 단순히 공간과 시간의 중복이 아니라 상호 대응되는 역사적, 고고학적 과정이 동일한 시공간상에서 '하'라는 이름의 중국 최초 왕조의 전승 내용과 얼리터우 간의 가능한 관계를 이해하는 데 유용한 부분을 제공해 주었다는 것이다.

분명히 얼리터우가 하의 수도가 아니고, 전승 내용이 기록되지 않거나 보존되지 못한 다른 국가 수준 사회의 중심지일 가능성도 있다. 그러나 고고학이 우리 앞에서 보여주는 이 청동기시대 국가는 무엇인가 하는 의문이 남는다. 고고학적 연구가 상 이전의 황하 지역에서 유사한 권력과 부를 갖춘 다른 청동기 사회를 찾아내지 못한다면 얼리터우가 '하'라는 이름으로 알려진 초기 국가의 활동과 관련될 가능성은 입증할 수는 없더라도 배제될 수도 없는 것이다.

상 왕조의 건설과 상 초기의 이주

얼리터우 도시는 서기전 16세기 후반에 몰락했다. 최근의 체계적인 방사성탄소 연대측정법에 의하여 얼리터우 문화 유적의 마지막 시기의 끝이 서기전 1530년경으로 확정되었다. 이 연대는 역사학자들이 이전에 제시한 상 왕조의 첫 해인 서기전 1554년과 상당히 가깝다.[11] 상 왕조가 건설되면서 북중국은 왕실 왕조의 통치를 받게

---

11   David W. Pankenier, "Astronomical Dates in Shang and Western Zhou," *Early China* 7 (1981-2), pp. 3-37. 키틀리도 현재 서기전 1554년을 상 왕조의 첫해로 인정하고 있다. David N. Keightley, "The Shang: China's First Historical Dynasty," Michael Loewe and Edward L. Shaughnessy (eds.), *The Cambridge History of Ancient China: From the Origins of Civilization to 221 BC* (Cambridge: Cambridge University Press, 1999), p. 248 참고하시오.

되는 역사 시대로 진입하게 된다. 그 개략적인 역사는 실제 발굴된 기록자료를 통하여 입증이 된 상나라 왕의 명단(그림 3.4)으로 전하는데, 전해 내려오는 상 왕실의 계보와 상당히 일치한다. 비록 이 목록이 왕조 후기의 점복 기록을 토대로 재구성된 것이기는 하지만(4장 참조), 그 초기의 몇 세기까지 거슬러 올라가 적용되었던 규율과 조항을 증명한다는 점에 의심의 여지가 거의 없어 보인다.

사마천의 『사기』에 기록된 상나라 사람들의 기원에 대한 설명은 분명 신화적 요소가 있다. 그 설명에 따르면 상나라 사람들의 아버지 조상인 계(契)는 현조(玄鳥)가 낳은 알을 그의 어머니가 삼켜서 태어났다고 전하는데, 그러한 '현조(玄鳥)' 신화는 『시경』에서도 시를 통하여 기념되고 있다. 초기의 상 사람들은 교역 활동에 상당히 관여한 것으로 전하는데, 동부 평원의 빈번하게 홍수에 위협받는 지역에 살았기 때문인지 몰라도 하 왕조와 같은 시기에 여덟 번 정도 서쪽으로 이동한 것으로 전한다. 계 이후 6세 후손인 왕해(王亥)가 교역을 위한 여행 도중에 오늘날 허난 북부로 추정되는 지역의 욕심 많은 수장의 정치체를 방문하였는데, 그곳에서 간계에 빠져 살해되고 재산을 빼앗기게 된다. 그의 조카 상갑(上甲)이 그 정치체를 정복함으로써 그의 죽음을 복수하였다.

상갑은 왕조 이전의 첫 번째 시조[先公]로 나타나는데, 상 후기의 왕들은 빈번하게 그에게 희생 제물을 바쳤다(그림 3.4). 보다 상세한 정보는 없지만 상 사람들이 국가 세력으로 부상하는 데 있어 그는 결정적으로 중요한 존재였다. 5세대가 지난 뒤 상은 결국 갑골문에서 대을(大乙)이라고 알려진 탕(湯)의 지배 아래 주요 세력으로 성장하게 된다(그림 3.4의 K1). '박(亳)'이라고 알려진 곳을 도읍으로 삼고 동쪽 동맹세력의 도움을 받아 하 왕조를 정복하고 서기전 1554년경 상 왕조를 건국하였다. 그러나 전승 기록에 따르면 상 왕조를 건설한 뒤에도, 자연과 정치적인 여러 이유로 인해 상나라 사람들은 그의 정치적 중심지를 다섯 번이나 다른 곳으로 변경하였는데 그중 가장 중요시되는 곳은 중정(仲丁, K9)의 도읍 오(隞), 전갑(戔甲, K11)의 도읍 상(相), 마지막으로 반경(盤庚, K18)의 도읍인 은(殷, 지금의 안양) 등이다.

상의 갑골이 발견된 허난 북부 안양의 마지막 상나라 도읍을 제외하고 고고학은 아직 다른 상의 중심지 위치를 확인하지 못하고 있다. 더욱이 고고학 작업이 갖는 잠재적 한계 이외에도 전승 기록으로 전하는 이른바 '도읍의 이전'이 갖는 의미에 대한 해석상의 문제도 있는 것이다. 상의 일부 왕은 한 시기에 여러 거점을 건설하고 종종 그곳을 순

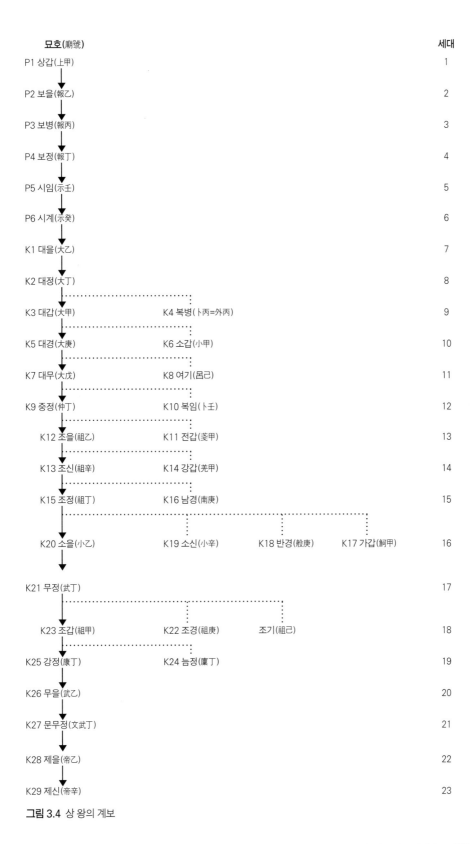

그림 3.4 상 왕의 계보

회하였을 가능성도 크다. 이러한 중심지 중 일부는 아주 소규모로 상나라 왕이 단지 짧은 기간에만 머물렀을 수도 있기 때문에 그곳이 도읍이었는지 여부를 고고학적 현장 조사를 통하여 판단하기는 어렵다. 그러나 얼리터우에서 가까운 두 곳은 상의 중심지였다는 강력한 증거가 있으며 이곳은 앞서 지적한 상의 도읍에 포함될 가능성이 크다.

청동기시대 초기의 도시 문명

얼리터우가 몰락할 무렵 두 개의 대규모 도시 중심지가 황하 중류 지역에서 형성되었다는 고고학적 증거가 있다. 한 곳은 얼리터우에서 5km 떨어진 옌스(偃師)이며 다른 한 곳은 동쪽으로 90km 떨어진 정저우(鄭州)이다. 토기의 형식적 변천 과정에서 살펴본 고고학적 연구 결과, 얼리터우에서 이 새로운 도시 중심지로 이어지는 변화가 있었음은 분명하지만 얼리터우 이후 이루어진 정치 중심지의 재배치와 서기전 16세기 중엽 상 왕조의 건설과 관련짓는 것이 가능한지 여부는 학자들이 거의 반세기 동안 매달리고 있는 수수께끼이다.

옌스상성(偃師商城)은 1980년대에 중요한 고고학적 발견이었다. 특히 뤄하(洛河)의 남쪽 제방, 얼리터우와 가까이 있다는 점은 자연스레 두 도시 간의 정치적 관계에 대한 궁금증을 갖게 한다. 1990년대에 계속된 조사를 통해서 옌스상성 성벽 건설이 두 단계에 걸쳐 조성되었을 가능성을 확인하였다. 초기 단계(I기)에는 20m 폭의 보다 좁은 성벽으로 둘러싸여 있는 '중앙 궁정 구역'으로 식별된 1호 건물군을 중심에 두고 1,100×740m 규모의 장방형 성곽 구역이 건설되었다. II기 중에는 도시가 북동쪽으로 확장되고 이 신규 구역을 방어하기 위한 성벽이 추가로 건설되었다. 이로써 도시 전체는 동서 1,200m, 남북 1,700m의 규모를 갖추게 된다. 옌스에서 이루어진 이와 같은 지속적인 건설 역사는 연이은 두 기간에 해당하는 건물 단지의 건축 유구가 다수 발굴되면서도 확인되었다(그림 3.5). 중앙 궁정 구역이 도랑을 통하여 외성을 두른 해자와 연결되면서 도시의 배수로 체계가 완성되었다. 도시의 남서쪽 모퉁이에서 약 100m 서쪽 거리 가까운 지점에 15기의 장방형 건물 기단군이 배치되었는데, 발굴자들은 도시의 중심 창고시설로 추정하고 있다. 외성으로 둘러싸인 도시의 북쪽 절반 구역에서는 다수의 다른 건물 기단들이 발견되었는데 종교의 중심지 기능을 했을 것으로 보인

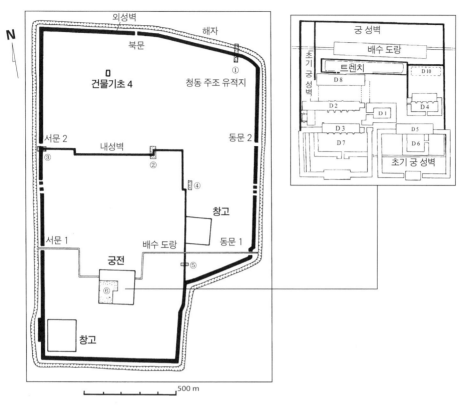

원내 숫자로 표시된 것은 1996–98년 사이에 발굴된 트렌치(시굴갱)이며, 세부 도면은 궁정의 기단 D1–D8과 D10을 확대한 것임.

그림 3.5 옌스상성

다. 청동기 주조 공방 유구는 북동쪽 모퉁이에서 확인되었다. 최근 방사성탄소연대 측정에 의하면 I기(건물 초기 단계)는 서기전 1605–1490년, III기는 서기전 1425–1365년으로 추정되고 있다. 이를 통하여 옌스의 전체 도시가 얼리터우의 몰락 이후 약 250년 동안 거주 구역으로 이용되었음을 알 수 있다. 이 기간 동안 옌스가 뤄양평원의 정치적, 문화적 중심지로 가장 두각을 나타내었지만, 그렇다고 하여 북중국에서 최고의 위상을 보여주는 곳이라고 할 수는 없다.

정저우상성은 1950년대 초기에 발견되었다. 지금까지 남북으로 1,700m, 동서로 1,870m 이어져 있는 성벽이 남아 있으며, 전체 면적은 317만 9,000m²로 옌스상성보다 규모가 크다. 이 성곽 구역의 존재는 40년간 알려져 있었지만, 이 성벽이 정저우의 옛 대규모 도시의 핵심 구역만을 둘러싸고 있었다는 사실은 1990년대에 시행된 새로

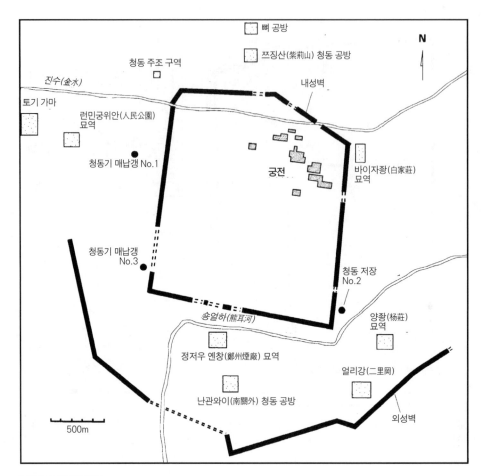

그림 3.6 정저우상성

운 조사를 통해서 비로소 밝혀졌다. 5,000m 길이의 외성이 남쪽 구역에서 발견되었는데, 이 성벽이 완전하였다면 2,000ha(그림 3.6)의 공간을 둘러싸고 있었을 것이다. 달리 말하자면 정저우상성의 전 구역은 거의 옌스상성의 10배에 달한다고 할 수 있다. 내성의 남쪽 바깥으로 500m 떨어진 곳에서 1953년에 유명한 얼리강(二里岡) 유적이 발굴되었는데 이 시기의 물질문화가 처음으로 확인되어 '얼리강 문화'라는 용어 사용의 계기가 된다. 층서적 증거에 근거하여 이 문화는 두 단계, 즉 얼리강의 상층과 하층 단계로 구분되는데, 후자에 이르러 정저우의 내성이 건설된 것으로 추정된다.[12]

그러나 정저우의 내성에서 발견된 고고학적 자료의 질적 수준은 옌스의 것보다

12   K. C. Chang, *Shang Civilization* (New Haven: Yale University Press, 1980), pp. 263-283.

그림 3.7 정저우 출토 청동 그릇

낮은데, 그것은 현대 도시가 그 위에 조성되어 그 지역에 대한 현지 조사가 상당히 어렵기 때문이다. 두 개의 성벽 사이에서 많은 거주시설, 묘지, 그리고 공방 등이 확인되었는데, 이곳에서 여러 벌의 청동 그릇이 부장되어 있는 20기 이상의 무덤과 단지 토기만을 부장한 수백 기의 무덤이 함께 발견되었다. 이들 무덤을 통해서 얼리터우와 달리, 비교적 큰 무덤에는 청동 그릇과 무기를 부장하는 것이 당시 어느 정도 일반화된 관습이었음을 알 수 있다. 한편 특별히 마련된 매납 구덩이에서도 청동기가 자주 발견되는데 그런 곳에서 정저우 청동기를 대표하는 걸작 몇 점이 나오기도 했다. 그중 가장 중요한 사례는 1974년에 두링(杜嶺), 1996년에 난순청(南順城) 거리의 매납갱으로, 이 구덩이에서 발견된 청동기들은 상당히 무겁고 기술적으로 발달한 것으로, 정저우의 청동기 제조업이 얼리터우보다 높은 수준에 이르렀음을 보여주고 있다(그림 3.7). 이러한 사실은 특히 어려운 제작 기술이 발휘되어야 하는 대형 장방형 용기를 통해서 더욱 잘 알 수 있다.[13]

15점의 탄소-14 표본에 대한 연대측정을 통하여 얼리강 하층 단계는 높은 정확도를 보이며 서기전 1580년과 1415년 사이에 속하는 것으로 추정된다. 이는 정저우의 내

13   Thorp, *China in the Early Bronze Age*, pp. 85-99.

성 건설이 옌스의 내성과 같은 시기에 시작되었는데 역사 연대기로 보아 상 왕조 초기 약 200년 동안 두 중심지가 상호 90km 거리에서 공존했다는 것을 의미한다. 비록 정저우에서 발견된 증거로는 명문이 새겨진 갑골 세 조각에 불과해, 이 거대한 도시를 상 왕조와 연결시킬 수 있는 당시 문자 기록은 불충분하지만,[14] 정저우에서 상 후기의 도읍인 안양으로 중심지를 옮기는 기간에 물질문화와 문자 시스템이 매우 연속적이라는 사실은 안양 직전의 도시 중심지 건설에 얽힌 역사적 맥락을 검토해야 할 논거를 학자들에게 제공하고 있다. 그것은 어떤 사람에게는 건국자 탕왕(K1) 이후 정치적 중심지인 도읍 박(毫)이지만, 또 다른 사람에게는 상 중엽의 통치자 9대 왕 중정이 건설한 상의 두 번째 도읍 오(隞)가 된다.[15] 최근에는 그 간격이 크게 줄어들어, 정저우 이후의 다른 중요한 유적을 상의 중기에 대응시키고, 상의 전기는 정저우상성의 해당 시간 틀에 대응시키는 것이 타당해 보인다(4장 참조). 그러나 역사상의 적절한 명칭은 아직도 정하지 못하고 있다.

정저우와 비교하면 옌스상성은 분명히 주변 혹은 이차 중심지이다. 그 문화적 복합성과 얼리터우와 지리적으로 가깝다는 측면을 고려하여 많은 사람들이 옌스를 정저우에 중심을 둔 상 국가의 요새로 생각하고 있다. 또한 뤄양평원의 주민들은 주로 상 국가가 당시 예속시켜 면밀한 감시가 필요한 하나라 사람들이었을 것으로 믿고 있다. 특히 하 자체에 대해서는 아직 결론을 내리지 못하지만, 뤄양평원에서의 어떠한 주요 정치적 변화로 인해 그곳이 동쪽의 더 큰 지정학적 주체인 상 국가의 영역에 통합되었는지 살피고 이를 얼리터우에서 옌스로 이행하는 과정을 보여주는 고고학적 증거와 어떻게 맞물리는지를 살펴야 할 것이다. 최근의 중요한 고고천문학 연구에 따르면 얼리터우 건물군의 방향이 약 6-10도 북서쪽, 그리고 옌스상성의 것은 약 7도 북동쪽으로 기울어져 있으며, 이와 같은 사실은 진북 방향으로 건물을 정렬시키는 데 기준으로 삼은 별자리가 서로 다르기 때문이라는 사실을 밝혔다. 옌스에서 보이는 후자의 방향(북동)으로 정저우와 안양을 비롯한 모든 상 유적의 건물이 맞추어져 있음이 확인되는데, 이는 상 문화 전반에 걸쳐 매우 자주 보이는 현상이라고 한다.[16] 이러한 사실은 토

---

14   정저우의 갑골문은 최근 Ken-ichi Takashima, "Literacy to the South and the East of Anyang in Shang China: Zhengzhou and Daxinzhuang," Li Feng and David Branner (eds.), *Writing and Literacy in Early China* (Seattle: University of Washington Press, 2011), pp. 141-172에서 검토되었다.

15   Chang, *Shang Civilization*, pp. 271-272.

16   David W. Pankenier, "A Brief History of Beiji (Northern Culmen): With an Excursion on the Origins of the Character Di," *Journal of American Oriental Society* 124.2 (2004), pp. 211-236.

기의 형식은 단절되지 않았으나 얼리터우에서 옌스/정저우로의 전환이 북중국의 정치-우주관 문화가 근본적으로 바뀌었음을 말해 주는 것이며, 구 정치체제가 전면 붕괴한 것은 아니더라도 새로운 왕조의 지배가 구축되었음을 강하게 시사하는 것이라고 할 수 있다.

얼리강의 확장: 물질문화를 통해 본 정치적 동정

우리가 아는 한, 상 이전 3세기 동안에 얼리터우는 청동기 제조업이 꽃피었던 곳으로 알려진 유일한 중국 사회였지만, 그 대도시를 벗어나면 사회생활은 기본적으로 이전 룽산 시기와 다를 바 없었다. 이러한 현상으로 인해 일부 학자들은 중국 고대 국가의 기본적인 기능은 청동 용기의 생산에 집중하고 지역의 지배층에 그것을 분배 관리하는 것이라는 주장을 하였다.[17] 그러나 이러한 상황은 얼리강 시기에 극적인 변화를 겪게 되는데, 단일 중심지에서 독점적으로 청동 용기를 사용하거나 생산하는 상황이 종말을 고하게 되는 것이다. 청동 용기는 산시(山西) 남부의 위안취(垣曲)와 양쯔강 중류 유역의 후베이(湖北) 중부의 판룽청(盤龍城)과 같이 정저우로부터 멀리 떨어진 곳에서도 발견되기 시작하였다. 그 제작이 옌스나 위안취 등 정저우 바깥의 지역 중심지에서도 이루어졌음이 분명하다.

얼리터우에서 먼저 발달한 청동 기술의 이러한 확산 과정은 실제로 허난 중앙과 서부 지역에서 더 먼 지역으로 퍼진 포괄적인 문화 확산 과정의 일부라는 주장이 고고학적 발견에 근거하여 제기되었다(지도 3.2). 표준 형식의 얼리강 토기가 웨이하 계곡의 서쪽 여러 유적에서 발견되었으며, 북쪽에서는 허베이 중부와 남부에서 동일한 토기군이 발견되었고, 남쪽에서는 양쯔강 중류 지역의 판룽청 성곽 도시와 연관된 유적에서 얼리강 문화가 분명히 존재했다는 사실이 확인된다. 얼리강 몇 세기 동안에 광범위한 문화적 균일화 과정이 발생하여 그 이전의 신석기 문화에는 없었던, 그리고 얼리강 이후에도 다시 볼 수 없는 거대한 규모의 지리 문화적 단위 집단이 탄생하였다. 물질문화와 정치적 단위 간의 관계는 절대로 단순 비례하지 않기 때문에 고고학에서 파

---

17   Liu and Chen, *State Formation in Early China*, pp. 133-137.

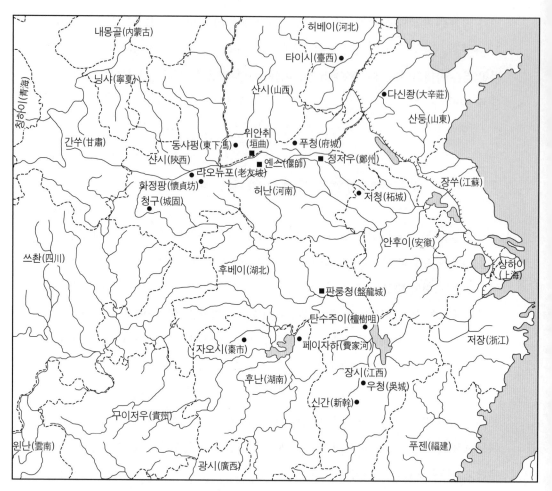

지도 3.2 얼리강과 당대 또는 그 무렵의 청동기 사회

악된 문화의 확대가 어느 정도 얼리강 상나라의 정치적 확대로부터 지원과 영향을 받았는지를 알 수는 없다. 보통 정치 시스템의 확장은 두 가지 형태를 취하는데 그 자체를 확장하거나 또는 복제를 하는 과정을 통해 다양한 수준의 경쟁적인 자치 단위를 생산한다. 얼리강 상나라의 확대는 두 경로를 모두 따랐을 수도 있다.

판룽청과 같은 일부 지역의 중심지는 실제로 북쪽으로 500km 떨어진 정저우에 근거를 둔 얼리강 국가와 직접적인 정치 관계를 가졌을 수도 있다. 후베이성(湖北省)의 양쯔강 북쪽 제방 근처 작은 언덕 정상부에 그 성곽 유적이 있다. 성곽 구역은 290 × 260m 넓이로 1970년대 발굴되었는데, 유적의 주된 구조물인 장방형 건물의 기단이 중심 북쪽에서 발견되었다. 원형 성곽 둘레 밖 여러 지점에서 대규모 무덤군이 발굴되었는데, 정저우에서 출토된 것과 동일한 청동 그릇과 무기가 출토되었다. 판룽청 구역에서 발견된 이 청동 그릇뿐만 아니라 토기의 형식도 정저우에서 발견된 것들과 거의 일치하는바, 이러한 고도의 유사성은 판룽청 유적이 얼리강 상 국가의 전초지일 가능성을 강하게 시사하고 있다.

보다 중요한 점은 북쪽에서 난양(南洋)분지를 거쳐 고대 윈멍(云夢) 늪지의 동쪽 양쯔강의 북쪽 제방으로 이어지는 고대 도로의 남쪽 끝, 후난성(湖南省)과 장시성(江西省)으로 건너가는 양쯔강 주요 지점에 판룽청이 위치하고 있다는 것이다. 최근에 장시성의 퉁링(銅陵)에서 구리 광산 유적이 발견되었는데, 이는 판룽청이 양쯔강 중류 유역에서 북쪽으로 구리를 운반하는 주요 거점으로 적합한 곳에 위치하였음을 의미한다(상자 3.2).

상자 3.2 **고대 중국의 광산업**

반세기 이상에 걸쳐, 고고학자들은 중국의 다른 청동기 사회들은 물론 상과 서주 국가의 청동 제조업을 지원하는 기술 시스템을 이해하는 데 중요한 진전을 보여주었다. 현대적인 지리학 조사를 통해 중국의 구리 광산이 가장 풍부한 곳이 양쯔강 남쪽 제방을 따라 이어지는 지금의 후베이, 후난, 장시성의 산맥임이 밝혀졌다. 1973년에서 1975년 사이 후베이성 양쯔강 제방으로부터 40km 거리의 다예(大治)시 서쪽 통루산(銅綠山)이라 불리는 산의 경사면에서 고대 광산 유적이 발견되었다. 통루산의 고대 광산 활동은 노지에서 채취하는 방식과 광산에서 채굴하는 방식 두 가지로 나뉜다. 지하 채굴은 나무 버팀목으로 지탱되는 수직 갱도에 연결된 수평 터널에서 이루어진다. 다섯 곳의 대규모 터널 밀집 구역을 조사하면서 고대 광부들이 음식을 담았던 토기는 물론 다량의 목제 및 청동제 도구와 운반용 바구니를 발견하였다. 광산의 주변 구역에서는 다수의 용해 유구가 산재해 있었고 그곳에서 수 톤에 달하는 찌꺼기와 용광로 유물이 발견되었다. 이는 구리 원석이 그곳에서 용해되어 (유적에서 발견된 모양과 같은) 구리괴 형태로 외부로 운송되었음을 의미한다. XI호 광산 유구에서 발견된 두 점의 목재 시료는 방사성탄소 연대측정 결과 3,140±80 BP와 2,750±70 BP로 추정되었으며 이는 서주 시기에 해당한다.

퉁링(銅嶺)이라는 고대 광산 구역은 다예시(大爺市) 남동쪽 50km 떨어진 장시성(江西省) 루이창(瑞昌)에 위치하는데 1989-92년에 발굴되었다. 여러 곳의 고대 광산이 이 지역에서 조사되었는데, 그 결과 지하 터널과 수평 통로를 지탱하는 데 동일한 수법의 목재 틀을 사용하였음이 확인되었다. 이곳 터널에서도 많은 숫자의 청동 도구와 목제 설비 그리고 광석을 운반하는 대나무 바구니가 발견되었다. 흥미로운 것은 판룽청에서 발견된 것과 매우 유사한 형식의 토기가 동일한 맥락에서 발견되었다는 것으로, 이들 토기는 북쪽의 얼리강 상층과 상 중기의 문화에 속하는 것이다(그림 3.8). 광산에서 발견된 다른 형식의 토기는 전국시대 후기까지 내려오는 것이다. 광산에서 추출한 20점 이상의 탄소 시료를 측정한 결과 3,330±60-2,365±75 BP의 연대가 확인되었는데, 이는 토기 형식에 기초한 연대관을 뒷받침한다. 그러므로 현지의 구리 광산에서 북쪽 상 중기 해당 시기부터 전국 시기까지 채광이 지속되었다고 추정된다. 초기 단계에 광산 활동이 장시성의 우청(吳城) 문화 또는 판룽청과 밀접한 소통을 하던 어느 상 지배층의 지역 공동체에 의해 관리되었는지 여부에 대해서 아직 해답을 얻지 못했지만, 이 지역이 정저우와 안양을 중심으로 한 청동기 산업의 번성에 일조한 구리의 주요 산지 중 하나임은 의심의 여지가 거의 없다.

옌스—정저우를 잇는 축에서 멀리 떨어진 지역에서도 얼리강의 영향을 받아서 다수의 청동기 문화가 점진적으로 발달하게 되지만, 얼리강으로부터 정치적으로 독립하고 문화적으로 차별화되었음도 또한 거의 분명하다. 양쯔강 중류 지역에서 얼리강의 정치적, 경제적 활동에 대응하여 장시 북부에서 성립하여 뚜렷한 위상을 확보한 우청 문화가 이에 포함된다. 동쪽에서는 또 다른 청동기 중심지가 산둥 북동부, 지금의 지난(濟南) 근처에 자리 잡고 있었다. 서쪽에서는 샨시 중앙 시안(西安) 근처에서 청동기 문화의 중심지가 확인되었다. 이들 지역의 청동기 문화 중심지들은 비슷한 시기에 일어나서 얼리강 후기를 지나 허난 중앙과 북부의 상 중기에 대응되는 시기에 번성하게 된다. 최소한 이들 유적지 중 일부는 새롭게 부상하는 국가 수준 사회의 중심지로서 발달하여 얼마 지나지 않아 상 왕조 이후에 상과 경쟁하게 되었다고 추정할 수 있다.

1: 고대 광산의 갱도 모습, 2: 광산 현장 용해시설의 구리 찌꺼기 층, 3: 바구니, 4: 목제 권양기, 5: 상 양식 토기의 력(鬲)

그림 3.8 장시성 퉁링에서 발견된 광산 유물

참고문헌

Chang, K. C., *The Archaeology of Ancient China*, 4th edn. (New Haven: Yale University Press, 1986).

_____, *Shang Civilization* (New Haven: Yale University Press, 1980).

Liu, Li, "Academic Freedom, Political Correctness, and Early Civilisation in Chinese Archaeology: The Debate on Xia-Erlitou Relations," *Antiquity* 83 (2009), pp. 831-843.

Liu, Li, and Chen Xingcan, *State Formation in Early China* (London: Duckworth, 2003).

Nienhauser, William H. Jr. (ed.), *The Grand Scribe's Records*, vol. 1, *The Basic Annals of Pre-Han China* (Bloomington: Indiana University Press, 1994).

Thorp, Robert, *China in the Early Bronze Age: Shang Civilization* (Philadelphia: University of Pennsylvania Press, 2006).

제4장 안양과 그 주변: 상과 당시 청동기 문화

고고학 유적 중 지난 반세기 이상 다양한 분야의 연구에 끊임없이 고대 중국 문명의 핵심을 이해할 수 있는 영감을 주는 자료들을 제공한 곳을 제시하라고 한다면 그것은 안양(安陽)이어야 한다. 허난 북부의 환하(洹河)를 따라 약 24km²의 면적에 걸쳐 있는 이 거대한 상의 중심지는 '중국 고고학의 요람'일 뿐만 아니라 한편으로는 상 왕국의 정치적 역사와 관련된 문헌적 과제를, 다른 한편으로는 물질문화의 성격을 규명하고자 하는 연구를 함께 수행할 수 있는 견고한 토대 역할을 한다. 새로운 세기가 열리자마자 안양에서는 상 국가와 문명에 대한 우리들의 지식을 심화시키는 다수의 새롭고도 놀라운 발견이 계속 이루어졌다. 1928년에 발견된 후 80주년을 기념하는 해에 '세계문화유산'의 지위를 인정받았는바, 안양은 그럴 만한 충분한 여건을 갖추었음은 물론이다.[1]

후기 상 왕조의 발견

한때 영광을 누리던 만주 제국이 패망하던 그해 베이징의 겨울은 추웠고 기근과 말라리아는 제국 수도의 거리에 만연했다. 1899년 말, 국자감 제주(祭酒) 왕이룽(王懿榮)은 지독한 병에 걸렸다. 그의 하인이 베이징 남부의 상가 약방에서 두 꾸러미의 처방약을 가져왔는데 그중 '용골(龍骨)'이라고 하는 것도 있었다.[2] 이미 전통적인 '금석

---

1   UNESCO *World Heritage List*, "Yin Xu" (Ruins of the Shang) (ref. 1114); http:// whc.unesco.org/ en/list/1114 참조.

2   갑골문 발견에 대한 다른 설명들도 있다. 다른 자료에 따르면 허난 북부에서 천(陳)이라는 산둥 출신 상인

문 연구'[3]에 대한 학식으로 널리 알려진 그는 뼈에 새겨진 고대 형태의 문자를 즉시 알아차렸고, 하인을 약방으로 되돌려 보내서 남아 있는 수백 점을 높은 가격에 모두 사들였다. 약 8개월 뒤 서구 연합군이 베이징을 침공했을 때, 도주하는 만주 왕실은 왕이룽에게 잔여 청나라 군대로 수도를 지키라는 전혀 불가능한 명령을 내렸다. 외국군대가 저항선을 뚫고 도시로 진입하자 왕이룽은 제국의 수도가 공격을 견딜 희망이 없음을 알고 황제와 그의 백성에게 충성을 다하기 위해 자살하였다. 그의 아들은 약 300점에 달하는 명문 있는 뼈들을 왕이룽의 친구인 유명한 학자 류어(劉鶚)에게 넘겼다. 류어는 서태후(西太后)가 수도로 돌아오자 중앙아시아로 망명하였으며, 그 수집품은 1903년에 갑골문의 첫 번째 출판에 해당하는 책으로 발간되었다.

문자가 적힌 고대 갑골이 발견되었다는 소식이 특히 베이징과 톈진(天津)의 지식층에 퍼진 것은 순식간이었지만, 정작 학자들이 상 왕조의 유물로서 그 뼈의 역사적 중요성을 이해한 것은 약 10년이 지난 뒤였다. 청 왕조가 무너지던 1911년 중국에서 가장 유명한 학자이자 수집가인 뤄전위(羅振玉)는 새로이 수집된 약 2,000점의 갑골을 소개하는 책을 출판하였으며 이로 인해 이 진기한 점복 명문의 내용은 더욱 풍부해졌다. 또 다른 갑골학의 선구적 학자인 왕궈웨이(王國維)는 갑골에 새겨진 몇몇의 제물 목록을 검토한 후 정복 이전 상의 선조까지 거슬러 올라가는 상 왕의 계보를 복원하여 1915년과 1920년 사이에 일련의 논문을 발표하였다. 그가 이 계보를 사마천의 『사기(史記)』에 기록된 상 왕실의 세계(世系)와 비교한 결과 오직 보정(報丁, 상갑 이후의 [선공(先公)] P4)(그림 3.4)만이 전승 기록과 위치가 다를 뿐이라는 사실을 확인하였다(『사기(史記)』에서 그는 상갑의 첫 번째 후계자이다). 또 다른 오류는 중정(仲丁, 9대 왕)의 아들인 조을(祖乙, 12대 왕)의 위상과 관련된 것인데, 후자 기록에는 전갑(戔甲, 11대 왕)의 아들로 되어 있다. 이러한 오류에도 불구하고 사마천이 기록한 상 왕실 계보와 관련한 정보

이 직접 베이징에 있는 왕이룽의 거주지로 가져왔다고 한다.

3   '청동과 석재 명문 연구'(금석학)는 학자들이 고대 제도를 해석하기 위한 방법으로 석비와 청동 그릇의 명문을 수집하고 연구하기 시작한 때인 북송 왕조(AD 960-1279)에서 처음 발달한 전통적인 중국 학문 분야이다. 송 왕조에 약 20개의 그러한 작업을 책으로 출판한 것으로 알려져 있고, 청 왕조 17, 18세기에 이 학문이 부흥하였다. 이 분야는 전근대 세계의 고고학적 근간 중 하나로 인정되고 있다. K. C. Chang, *The Archaeology of Ancient China*, 4th edn. (New Haven: Yale University Press, 1986), pp. 4-13; Bruce G. Trigger, *A History of Archaeological Thought* (Cambridge: Cambridge University Press, 1989), pp. 42-43 참고.

그림 4.1 안양 혹은 '은허'

는 상당히 정확한 것으로 판명되었다.

갑골의 원출처는 허난 북부의 오늘날 중소 도시인 안양으로 추적된다. 한 왕조의 자료에서 안양이 열여덟 번째 왕 반경(盤庚)의 도읍임을 분명하게 밝힌 증거가 있으므로 이는 그리 놀랄 만한 일은 아니다. 한나라 시대까지도 당시 안양 근처 환하 남쪽 제방 지역은 '은허(殷墟)'(그림 4.1)로 불렸다. 갑골문에 대한 연구가 진전되면서 무정(武丁, 21대 왕)부터 상 왕조의 마지막 왕까지 왕들의 점복 기록이 확인되었다. 천도 이후 반경 자신을 포함한 처음 세 왕에 대한 기록은 당시의 갑골문 자료에서 보이지 않는데 이 초기 왕들이 안양에 묻혔는지조차 확인되지 않고 있다. 그러나 신세기 초에 중요한 고고학 발견이 이루어지면서 이에 대해 모든 사람이 수긍할 만한 답을 얻게 되었다(아래 참조). 전승된 바로는 반경 왕이 틀림없이 오늘날의 안양 지역으로 역사적인 천도를 단행한 이후 왕조가 무너질 때까지 273년 동안 상나라는 도읍을 옮긴 적이 없었다. 그러나 이 후반부의 설명은 엄밀히 말해 정확한 것이 아니다.

상 후기의 중심도시: 왕실 생활과 경제력

갑골 자료와 역사 기록을 통하여 이미 습득한 안양 유적에 대한 개략적인 정황을 토대로, 1928년부터 중일 전쟁이 발발하는 1937년까지 안양에 대한 15차례의 대규모 발굴이 중앙연구원 역사언어연구소에 의해 기획되고 수행되었다. 전쟁 이전부터 전쟁 기간 동안 일련의 중요한 보고서가 발행되면서, 안양은 곧 고고학 유적지로서 세계에 널리 알려지게 된다. 1949년 이후 중국사회과학원 고고학연구소는 안양에서 발굴을 재개했으며, 이후 15년간 발굴이 계속되면서 중요한 성과를 얻게 되었다. 왕릉 구역에서 2기의 대형 무덤과 갑골이 대량으로 매납된 2기의 저장공(그중 1기에 대한 보고서가 최근에 출판됨), 그리고 수많은 청동기와 여러 형식의 유물들이 발견되면서, 상 문명의 중심지였던 이 대규모 유적과 그 물질적 부에 대해 지금은 상당한 수준의 이해가 가능해졌다. 안양 유적의 전체 구역은 24km²로서 다른 2차 수준의 거주 구역보다 최소 45배의 규모이며 당시 중원 북부에 존재했던 소규모 취락과 비교하면 대략 200배는 될 것이다.

이 거대한 도시 복합 단지의 중심지는 상 왕실의 성곽(그림 4.2) 가장자리를 따라 남동쪽으로 흐르는 환하(洹河) 아래에 위치하고 있다. 환(하)이라는 이름은 이미 상 왕조 시대에 사용되고 있었으며 상 갑골과 청동 그릇 모두에서 동일한 문자가 보인다. 비록 성벽은 발견되고 있지 않지만 궁정 구역은 남쪽과 서쪽에 있는 1,800m의 깊은 해자로 방어되고 있었다. 정저우상성 중심과 비교해서 보존 조건이 양호하기 때문에, 환하가 내려다보이는 완만한 구릉 위에 위치한 궁정의 내부 구조가 보다 분명하게 파악된다. 전체 궁정 단지는 53기의 대형 건물 기단으로 구성되어 있는데, 고고학자들은 이들을 3개 군으로 구분하고 각 군의 기능에 대하여 어느 정도 확신을 갖고 추정하고 있다. 중앙에 위치한 B군은 21기의 건물 기단으로 구성되어 있으며 전체 구역의 핵심인 것이 분명하다. 건설 초기에는 그 중앙에 두 기의 큰 건축 기단이 조성되어 있었는데, 나중에 85m 길이의 건축 기단(B8)이 그 위에 들어서게 된다. 여러 소형 매장 구덩이가 건물 아래 또는 단지 주변 특히 그 서쪽에서 발견되었는데 아마도 이 단위군의 최소한 몇 채의 건물은 의례/종교적 기능을 수행한 것으로 보인다. 이 건물에서 한때 상 왕들과 상 국가의 점복을 담당한 관리들이 업무를 수행했을 가능성이 높다. C군은 B군의 남서쪽 모퉁이 가까이에 있는데 주요 건물 기단 C1을 주축으로 하고 있다. C1은 소형 건물과 많은 제사갱에 둘러싸여 있었다. 발굴자는 C군이 B군보다 늦은 시기인 상 왕

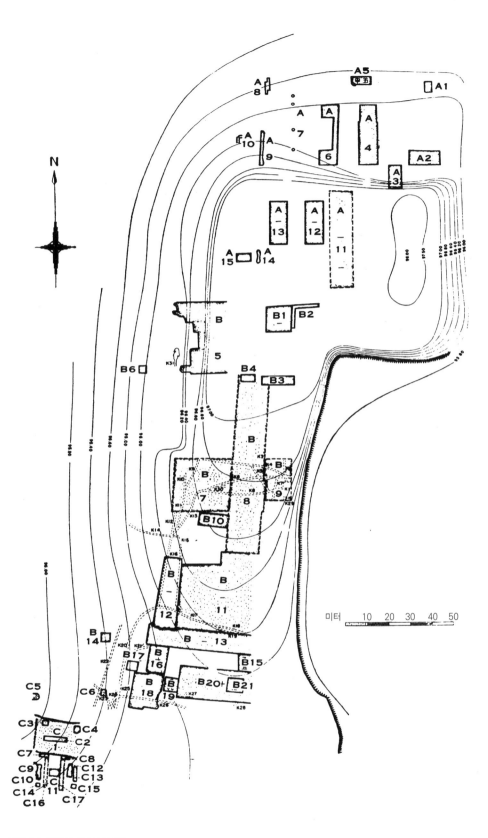

그림 4.2 안양의 상 왕실 궁정

조 후기 어느 시점에 건설된 것으로 추정하였다. A군은 B군의 북쪽에 15채의 건물로 구성되어 있으며 대부분 남북 방향으로 축조되고, 문은 동쪽으로 나 있다. 제사갱은 별로 발견되지 않았으므로, 발굴자는 이 구역이 상 왕과 그의 가족이 생활했던 공간으로 판단하였다.[4]

모든 목조 건축물들은 다져진 흙 기단 위에 조성되었다. 건축되는 과정에 의례적인 살해와 제사 활동이 수반되고, 건축 공사가 끝난 뒤에도 지속되었음이 분명하다. 성벽도 나무 기둥을 세워 만든 공간에 흙을 다진 판축기법으로 조성되었으며 조심스럽게 표면 처리되었다.

환하 북쪽 건너에는 시베이강(西北崗)이라 불리는 넓은 구역이 있는데 상 왕릉이 자리 잡고 있다(그림 4.3). 이 개방된 공간이 지금은 담으로 둘러싸여 야외 박물관으로 조성되어 있으며 이곳에서 두 개의 무덤군으로 구분되는 총 13개의 대형 무덤이 발견되었다.

서쪽 무덤군은 네 개의 긴 경사로를 가진 일곱 기의 무덤과 미완성의 거대한 구덩이로 구성된다. 약 200m 거리를 두고 동쪽 무덤군에는 네 개의 경사로를 가진 한 기의 무덤과 하나 또는 두 개의 경사로를 가진 네 기의 무덤이 있다. 1001호 무덤을 예로 들면 약 10×10m 크기로 구덩이를 파고 그 바닥에 나무로 짠 무덤방을 갖추었다. 방의 각 모퉁이에는 청동 단검을 가진 병사가 묻혀 있었으며, 경사로 바닥과 거대한 구덩이를 메운 토층에서 인간 유골도 발견되었다. 분명히 인간 희생은 상 문명의 중요한 특징이며 상 매장 관습의 주요 부분일 것이다. 그런 측면에서 이곳에서 가장 놀라운 광경은 동쪽 무덤군의 대형 무덤을 에워싸는 너른 구역에 제사갱이 조성되어 있다는 사실이다. 지금까지 2,500기 이상의 제사갱이 발견되어 그중 1,500기가 발굴되었는데 각 구덩이에서 (일부는 머리가 없는) 유골이 10기 내지 15기가 매장되어 있었다. 이들은 틀림없이 상 갑골문에 적힌 바처럼 거대한 무덤에 묻힌 상의 왕들에게 바쳐진 인간 희생인 것이다. 최소한 3만 명의 인간이 왕실 묘역에서 행해진 이런 종교적 제사 활동의 제물이 되었다.

학자들은 시베이강 무덤 자료의 문화적, 종교적 의미에 대해서는 잘 이해하고 있다. 그러나 (안양의 몰락 이후 이루어진 것으로 보이는 도굴 때문에) 왕실 무덤 자체에서 발

---

4   K. C. Chang, *Shang Civilization* (New Haven: Yale University Press, 1980), pp. 90-99.

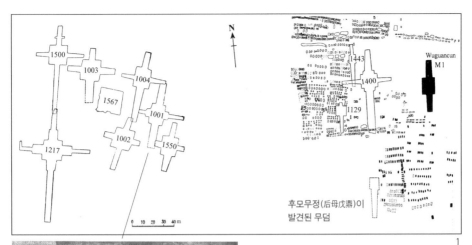

그림 4.3 상 왕실 묘역의 평면도(1)와 1001호 왕실 무덤(2)

굴된 유물이 별로 없어 무덤의 주인인 특정 왕을 식별하는 데는 의견의 일치를 보고 있지 못하다. 학자들 간에 의견이 갈리는 핵심적 부분은 크게 두 가지이다. 첫 번째는 네 개의 경사로를 가진 무덤들(총 8기)만이 상 왕의 것인지 또는 두 개의 경사로를 가진 구덩이도(총 3기) 왕릉으로 볼 것인지 여부이다. 두 번째는 상 왕 12명이 모두 시베 이강에 묻혔는지 아니면 일부는 동 왕실 묘역에서 제외되었는지 여부이다.[5] 토기의 서

5   예를 들어, 1975년에 버지니아 케인(Virginia Kane)이 처음으로 미완성의 1567호 무덤은 주나라 군대

열에 대한 30년 이상 축적된 새로운 지식에 근거하여 1981년 안양 고고학 팀은 안양에서 통치한 초기 세 왕, 반경(般庚), 소신(小辛) 그리고 소을(小乙)이 시베이강에 묻혀 있을 가능성을 부정했다. 이로써 네 개의 경사로를 가진 8기의 무덤만을 무정(21대 왕, 1001호 무덤)에서 제을(帝乙, 28대 왕, 1003호 무덤)까지로 식별하였고 미완성의 1567호 무덤은 마지막 왕 제신(帝辛)의 것으로 판단하였다.[6] 최근에 이루어진 고고학 조사를 통해 기왕에 알려진 궁정 구역의 건물 기단과 왕실 무덤보다 연대적으로 앞선 상 중심지가 안양 내 다른 구역에서 발견되었는바, 이를 통해서 처음 세 왕이 시베이강 묘역에 없었을 가능성이 더욱 높아지게 되었다(아래 참조).

상 후기의 기후가 지금보다 따뜻했음을 감안하면 지금보다 수량이 더 풍부한 환하는 틀림없이 상 중심지의 생명줄이 되었을 것이다. 갑골문에는 상 왕들이 환하의 신에게 반복적으로 제물을 바쳤던 것으로 기록되고 있다. 강은 또한 다양한 형태의 의례 활동과 오락 기능을 제공함으로써 상 왕과 그의 신하들에게 적절한 휴양지로 이용되기도 했으며, 이는 최근에 발견된 청동 거북, 즉 작책반원(作冊般黿, 그림 4.4)을 통해서 확인할 수 있다. 최근 고고학 현지 조사를 통해 왕실 궁정의 서부 경계에서 연못을 찾아냈는데 환하와 연결되어 있는 것으로 보아 상 왕이 환하로 배로 쉽게 나가기 위한 것일 수도 있다. 동쪽으로 건너가는 장소에 근접한 많은 유적에서 발굴된 사실을 통해서 알 수 있듯이 강의 양쪽 제방에 많은 소규모 가옥이 위치했다. 최근의 고고학적 조사를 통해 궁정 구역과 가까운 서쪽 제방에는 몇 블록에 걸쳐 상 왕실의 궁정을 비롯한 지배층의 거주 가옥이 있었음이 밝혀졌다. 더 나아가 먀오푸(苗圃)라는 남쪽 구역에서 고고학자들이 대형 청동기 주조 공방 유적을 찾아냈다. 안양의 여러 구역에서 중형 및 소형 규모의 무덤이 발견되었는데 그러한 무덤이 집중된 가장 큰 묘역은 궁정의 서쪽 너른 곳으로 이른바 안양의 '서쪽 구역'이라고 불리는 공간이다.

의 공격으로 죽은 마지막 왕 제신(帝辛)의 것이고 나머지 2개 또는 4개의 경사로를 가진 11기의 모든 무덤을 반경(18대 왕)에서 제을(28대 왕)까지의 것으로 규정하자는 주장을 했다. Virginia Kane, "A Re-examination of Anyang Archaeology," *Ars Orientalis* 10 (1975), 103-106, 108-110 참조. 장광즈는 두 개의 경사로를 가진 무덤과 네 개의 경사로를 가진 무덤 모두 왕묘라는 것에 동의하면서, 두 개의 하위 묘역은 반경으로 시작하는 상 왕의 무덤을 교대로 조성하기 위한 것이라고 주장하였다(서쪽 구역: 1, 3, 5, 7대 왕; 동쪽 구역 2, 4, 6대 왕). Chang, *Shang Civilization*, pp. 187-188 참조.

6   좀 더 자세히 말하자면 다음과 같은 체계이다. 1001[무정(武丁)] → 1550[조경(祖庚)] → 1400[조갑(祖甲)] → 1004[엽신(葉辛)] → 1002[경정(庚丁)] → 1500[무을(武乙)] → 1217[태정(太丁)] → 1003[제을(帝乙)] → 1567[제신(帝辛)].

특히 21세기에 들어오면서 수공업 생산 분야와 관련하여 안양 경제생활의 복합 정도를 살펴볼 수 있는 중요한 발견이 새로이 이루어졌다. 2003-4년에 380×100m 넓이의 대형 청동기 주조시설 단지가 안양의 서쪽 변두리에 위치한 샤오민툰(孝民屯)의 북쪽에서 발견되었다. 이곳에서 7만 점이나 되는 거푸집과 약 100점의 청동 용기 진흙 모형, 그리고 그 밖의 많은 유물들이 출토되었다. 이는 현재까지 발견된 상 왕조 시대의 청동 주조 유적 중 가장 큰 것으로서, 안양의 청동 제조 관련 조직, 생산 과정과 기술 등에 대해 앞으로 분석되어야 할 중요한 새로운 정보를 제공해 주고 있다. 곧 이어 2006년에는 안양 남부 구역의 먀오푸 북부에서 약 3만 4,000kg의 가공된 동물 뼈가 총면적이 1만 7,600m²로 추정되는 거대한 뼈 제품 공방의 일부에 해당되는 10m 폭의 시굴갱 내에서 출토되었다. 주로 소(일부는 돼지)의 뼈가 세척, 절단되어 가공된 다양한 형식의 도구가 이곳에서 출토되었다. 최근 분석에 의하면 뼈 가공 제품이 하루에 77점 생산되었는데, 공방이 계속 가동되었다면 150년간 400만 점의 제품이 생산되었을 것이다. 이렇게 많은 양이 생산되었다는 것은 이 공방이 안양 지역 지배층에 필요한 물품뿐만 아니라 안양 이외의 시장에서도 거래되는 제품을 생산하였을 가능성이 있음도 말해 준다.[7]

상자 4.1 **작책반(作冊般)의 거북: 명문 상 청동의 사례**

청동기에 문자를 새기기 시작한 것은 안양 초기부터이다. 그러나 안양 전체 기간 중 이야기가 있는 명문이 새겨진 청동기(대부분 후반기)는 몇 점에 불과하며 대부분은 가문 상징[족휘(族徽)]으로 보이는 단순한 부호로 구성되어 있다. 여기 소개하는 청동기는 머리부터 꼬리까지 21.4cm 길이의 거북 모양 주조 제품으로 등과 옆구리에 4개의 화살이 꽂혀 있는 형상을 하고 있다. 등 껍질의 중앙선을 따라 4줄의 33글자가 주조되어 있었다(그림 4.4). 명문의 내용은 안양의 역사적 맥락과 지리적 환경의 일면과 청동 거북의 기원을 잘 설명하여 주고 있다.

---

7   Roderick B. Campbell, Zhipeng Li, Yuling He, and Yuan Jing, "Consumption, Exchange and Production at the Great Settlement Shang: Bone-Working at Tiesanlu, Anyang," *Antiquity* 85 (2011), pp. 1279-1297 참조.

병신일(丙申日)에 상 왕이 환하에서 배를 타고 가다가 거북을 사로잡았다. 왕은 화살 4개를 거북에 쏘아 모두 맞추고, 제방으로 올라와 환궁한 뒤 거북을 작책(作冊, 문서제작자) 반(般)에게 주었다. 아마도 그는 왕과 여정을 같이 했던 것으로 보인다. 왕은 구두로 반에게 앞서의 이야기를 청동기에 새겨 보전할 것을 명령했다.

실제로 반은 왕의 행적을 기리기 위해 네 개의 화살이 등에 꽂힌 거북을 주조하였을 뿐만 아니라, 명문까지 주조기법으로 넣은 것이다. 배에서 치르는 궁술 의례는 다음 서주 시대에도 왕실의 놀이로 계속되었다.

그림 4.4 작책반의 거북

부호(婦好)의 무덤과 청동기 주조의 발달

1975년 안양에서 경탄할 만한 발견이 있게 되는데, 그것은 부호 무덤의 발굴이다. 이 발굴은 시베이강의 왕실 무덤에서 별로 발견된 적이 없어 실망한 고고학자들에게는 상당한 위로가 되는 것이었다. 왕실 무덤은 아니고, 규모도 작지만 무덤의 주인공은 안양에서 상당한 세력을 가졌던 상나라 왕 무정(武丁, 21대 왕)의 부인으로 정치적으로도 매우 활발했던 여성으로 믿어지고 있다. 왕의 통치가 기록된 갑골문에서 이 왕실 부인에 대한 정보를 풍부하게 얻을 수 있다. 무정왕은 점복을 쳐서 부호가 왕자를 낳을 것이며, 또한 그녀가 유명한 상의 장수를 대동하고 떠나는 군사 원정에서도 행운이 따를 것이라고 전하고 있다. 또 다른 명문 기록에는 안양에서 멀리 떨어진 곳으로 보이는

방정(方鼎)

준(尊)

정(鼎)

삼련언(三聯甗)

방이(方彝)

그림 4.5 부호 무덤에서 출토된 청동 용기

지역에서 병력을 모집해야 했던 그녀의 임무를 전하고 있다. 부호가 상 서쪽 강(羌)족을 정벌하기 위해 1만 명 이상의 병력을 인솔하였다고 적은 기록도 있는데, 그녀는 분명 안양의 전 시기에 걸쳐 가장 성공적인 왕실 여성이었다.

그녀의 무덤(5호)은 시베이강이 아니라 궁정 구역 서쪽의 C군에서 다시 서쪽으로 150m 떨어진 곳에 있다. 당시 재위 중인 왕 무정은 특별한 지위에 있었던 그녀와 밀접한 관계를 유지하며 그녀의 영혼을 가까운 곳에 있게 하고 싶었던 것으로 보인다. 무덤 구덩이 위에 그녀의 신전 토축 기단이 있었는데 무덤 도굴꾼들의 손을 피할 수 있었던 것은 바로 그 때문이었다. 거의 2,000점에 달하는 유물이 이 무덤에서 출토되었는데 그중에는 상당히 중요한 468점의 청동 그릇과 무기(그림 4.5) 그리고 755점의 아름다운 옥 제품이 포함되어 있어 안양에서 발굴된 무덤 중 가장 유물을 풍부하게 부장한 사례라고 할 수 있다.[8] 만약 도굴되지 않은 대형 무덤이라면 얼마나 많은 유물이 발

---

8   부호 무덤의 발견에 대해서는 Elizabeth Childs-Johnson, "Excavation of Tomb No. 5 at Yinxu, An-

I

II

III

IV

V

그림 4.6 막스 로어가 식별한 안양 출토 청동 장식 양식

견될 것인지는 이를 통해 누구라도 쉽게 상상할 수 있을 것이다. 일부 청동기는 부호를 '모신(母辛)'으로 칭하는 명문이 새겨져 있는데 아마도 그녀의 아들이 주조한 것으로 보이며 다른 것들은 그녀가 죽기 전 여러 제의 및 종교적 행사에서 직접 사용했던 것을 묻었을 가능성이 있다. 그것들은 상 왕조 후기의 높은 청동 제작 기술을 보여주고 있다.

안양 시기의 청동기에 대해서는 미술사학자 막스 로어(Max Loehr)가 5개의 양식으로 분류한 것이 널리 이용되고 있는데, 각 양식은 청동기 미술의 변천상 단순에서 복잡으로 발전하는 각각의 단계에 대응된다.[9] I과 II양식은 가장 이른 두 단계에 해당되는데, 얼리강(二里岡)에서 초기 안양 시기까지 널리 사용된 얕은 무늬에 폭넓은 단일 문양대가 특징이다. 그러나 부호의 무덤에서 발견된 것은 로어의 발전 모형 중 최종 단

yang," *Chinese Sociology and Anthropology* 15.3 (1983), pp. 3-125 참조.

9   Max Loehr, "Bronze Styles of the Anyang Period," *Archives of Chinese Art Society of America* 7 (1953), pp. 42-53.

계에 해당되는 가장 정교한 V양식으로, 이미 안양 초기에 속하는 부호의 청동 주조품에서 압도적으로 보이는 장식 패턴이다. 달리 말하면 로어의 분석은 방법론상으로 불완전하여 안양 청동 용기의 연대기적 순서를 판단하는 데 사용될 수 없으며 대신 형식 분류 체계로서만 가치가 있다는 것이다.[10] III-IV 양식 중 어느 것을 청동기에 적용할 것인지 선택은 예술가와 후원자의 취향에 달려 있는데 그것은 일정한 미적 기준을 달성하는 데 투여하고자 하는 경제적 자원 또한 감안하여 조정된 것이다. 반면에 연대 추정의 기준으로 보다 선호되는 것은 많은 고고학 연구에서 이미 입증된 바처럼 장송 의례의 맥락 속에서 확인되는 용기의 기종과 그 동반 상태의 변화에 대한 분석이다.

일반적으로 부호의 것과 같은 높은 수준의 안양 청동기는 기술적으로 이전 얼리강 시기보다 발달한 공정에서 생산된 제품이다. 예를 들어 다양한 형태의 식기(食器)와 주기(酒器)로 구성된 부호의 청동기는 주로 장방형의 동체를 채택하고 있는바, 이는 원형보다 제작하기 까다로운 것이다. 또 다른 중요한 진전은 부호 무덤의 부엉이 준(尊), 또는 세르누쉬(Cernuschi) 파리 시립 동양미술관이 소장하고 있는 이른바 '식인 호랑이'와 같은 3차원 동물 혹은 조류의 다양한 형태를 띤 청동 주조 제품이다. 그러한 아름다운 작품을 제작하는 것은 높은 미적 기준을 충족하고 고도의 정밀 작업을 수행할 수 있는 능력을 필요로 한다. 분명히 안양 왕실 공방의 장인들은 대형 주조 제품을 만들어 낼 수 있었는바, '후모 무(后母 戊)'를 위해 주조한 방정(方鼎)이 그러한 특별한 수준의 걸작품이다(그림 4.7). 1939년 발견된 이 대형 정은 현재 안양 현지 박물관에 전시되고 있는데, 높이 1.33m, 무게 875kg으로 세상에 알려진 가장 큰 청동 용기이다. 안양의 왕실 공방에서 사용된 제련로가 상대적으로 소형임을 고려하면, 점토 모형과 분할된 거푸집을 제작하는 생산 공정에 투입된 인력을 제외하더라도 이렇게 큰 청동 제품을 주조하기 위해서는 잘 조직된 생산 라인에서 1,000명 이상의 장인이 동시에 작업을 해야만 한다.

---

10   Robert Thorp, "The Archaeology of Style at Anyang: Tomb 5 in Context," *Archives of Asian Art* 41 (1988), pp. 47-69.

그림 4.7 후모무정(后母戊鼎)(높이 133cm, 폭 110cm)

상 중기의 설정

안양에서의 편년 기준은 크게 고고학과 역사학의 두 가지 방법을 통하여 설정되고 있다. 고고학적 방법을 적용할 경우 발굴된 유적에서 거주의 중복이 확인되어 하층(선행)에서 상층(후행)으로 이행하는 형식학적 변천의 전반적인 경향을 선행적으로 확인할 수 있는 경우가 종종 있다. 1959년 안양 고고학자가 환하 동쪽 다쓰콩(大司空) 촌의 근처에 위치한 취락 유적의 발굴을 통해서 처음으로 장기적인 거주 기간을 층위적으로 두 단계로 구분해 낸 경우가 바로 이에 해당한다. 그런 다음 상세한 시기 구분의 근거로서 형식적 서열을 보다 다듬어야 할 필요가 있는데, 그것은 주거지나 저장공과 같은 지하 유구에서 확보된 자료의 형식을 비교하고 연결시킴으로써 가능하였다. 다쓰콩 촌의 경우 그 다음 과정으로 유적의 전 시기를 연속하는 네 단계로 세분하는 작

102

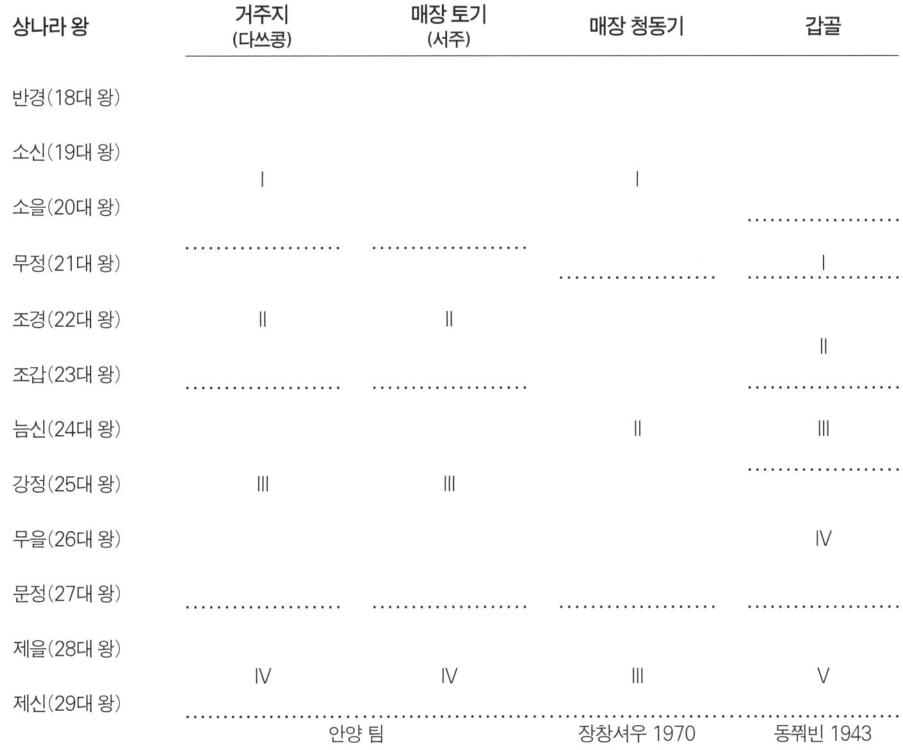

상나라 왕	거주지 (다쓰콩)	매장 토기 (서주)	매장 청동기	갑골
반경(18대 왕)				
소신(19대 왕)	I		I	
소을(20대 왕)				
무정(21대 왕)				I
조경(22대 왕)	II	II		
조갑(23대 왕)				II
늠신(24대 왕)			II	III
강정(25대 왕)	III	III		
무을(26대 왕)				IV
문정(27대 왕)				
제을(28대 왕)	IV	IV	III	V
제신(29대 왕)				
	안양 팀		장창서우 1970	동쭤빈 1943

그림 4.8 안양 시기 구분의 상호관계

업이 이루어진 바 있는데, 장기간 지속된 대형 묘지는 그러한 작업을 위한 이상적 여건을 마련해 주었다. 안양에서 무덤이 가장 집중된 곳은 궁정 구역의 서쪽과 환하 남쪽으로, 1969년에서 1977년 사이에 1,000기 이상의 무덤에서 여러 형식의 토기가 발굴되었는데, 이를 통하여 세 개의 연속적 단계가 구분될 수 있었다. 역사학적 방법은 동쭤빈(董作賓)이 상을 통치하던 왕과 관련된 이른바 ‘정인(貞人) 집단’의 식별을 근거로 수행한 갑골문의 연구가 대표적이다.[11] 이 연구에서 동쭤빈은 안양에서 출토된 갑골문의 시기를 다섯 단계로 구분하였다. 이 밖에도 장창셔우(張長壽)가 독자적으로 안양의 청동 그릇을 분석하여 제시한 3단계 구분안이 있다. 실제 발굴 맥락을 통해서 확인된 토기 형식과 갑골의 공반 관계, 청동기의 연대 추정을 토대로 하여 앞서의 3개 시스템이 서로 연결될 수 있는 것이다(그림 4.8).

11　‘정인 집단’은 동일한 거북 껍질 또는 뼈의 명문에서 일반적으로 점을 물은 정인의 이름으로 식별된 집단을 말한다. 정인 역할의 중요성은 5장에서 상세히 다루어질 것이다.

널리 인정받는 시기 구분 체계를 통하여 학자들은 안양의 여러 지점에서 나타난 여러 형태의 자료들을 다른 유적에서는 따를 수 없는 수준의 정밀도를 유지하며 체계적으로 분석할 수 있게 되었다. 그것은 또한 안양 이외의 지역에서도 연대 비교의 기준으로 빈번하게 사용되기도 한다. 안양에 국한하여 적용하더라도 이 시기 구분안은 오랫동안 고고학자들을 당황하게 만들었던 난제를 제시하였다. 즉 무정왕(21대 왕) 때 갑자기 대량으로 나타난 갑골과 그 이전 시기, 즉 대략 안양 상 왕조 가문의 첫 3대, 반경(盤庚), 소신(小辛) 그리고 소을(小乙)(18-20대 왕)의 것으로 추정되는 안양 출토 고고학적 유물 간의 연대상의 차이이다. 달리 말하면 고고학적 조사를 통하여 초기 세 왕(시기 I) 지배하 상의 유물을 찾아냈는데, 그 왕들의 점복 기록은 현재의 갑골 목록에서 찾아볼 수 없다는 것이었다.

그러나 지금은 이 질문이 만족스럽게 설명되고 있다. 1997년 고고학연구소(중국 사회과학원)와 미네소타 대학교의 조사단이 환하 북쪽과 시베이강 왕실 묘역의 동쪽 넓은 구역에서 현지 공동 조사를 수행하였다. 조사단은 안양 공항 근처에서 I기에 해당하는 상의 문화 유물이 집중되어 있다는 사실을 밝혀냈다. 조사단이 2년 후 시굴조사를 하였을 때 놀랍게도 10-20m 폭의 긴 성곽의 기초가 발견되었고, 1999년 말에 성곽의 사면 모두가 확인되었을 뿐만 아니라 상의 새로운 도시의 연대가 밝혀졌던 것이다.[12] 이 새로운 도시는 '환베이(洹北)상성'이라는 명칭을 갖게 되었는데, 이전에 안양이라고 알려진 구역의 외곽에서 북동 13도를 기준으로 동서 2,150m, 남북 2,200m 넓이에 걸쳐 있었다(그림 4.9). 이후 고고학자들은 도시의 내부를 조사하여, 도시 광장의 중앙 축을 따라 위치한 29기의 건물로 이루어진 건축군을 발견하였다. 2001년에는 이전에 조사되었던 환하 남쪽의 궁정 건물과는 구조적인 차이가 있는 1호 건물군이 발굴되었다(그림 4.10). 보다 중요한 것은 1호 건물과 같은 시기에 이용되었던 쓰레기 구덩이에서 토기 유물이 발굴되었다는 것이다. 이 토기 유물은 안양 초기의 I기보다 연대가 약간 앞서는 것들이었다.

따라서 이 새로운 도시는 환하 남쪽 궁정이 건설되기 전 안양의 상 중심지로 판명되었다. 강 북쪽에서 남쪽까지 토기 서열이 단절 없이 연속되었기 때문에 이 새로 발견된 도시는 무정왕 시기 이전인 것으로 별다른 의문 없이 추정될 수 있었다. 이 도시의

---

12   Anyang Work Team of the Institute of Archaeology, CASS, "Survey and Text Excavation of the Huanbei Shang City in Anyang," *Chinese Archaeology* 4 (2004), pp. 1-28.

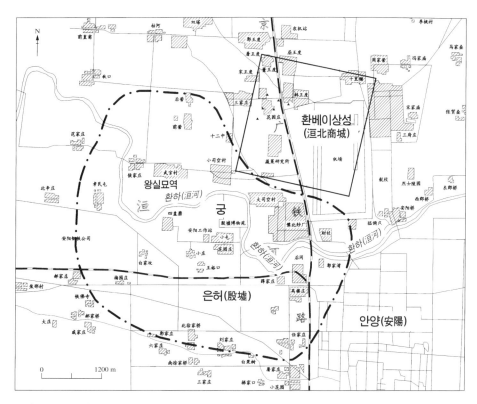

그림 4.9 환베이상성의 위치

그림 4.10 환베이상성 궁정의 1호 기단

어느 곳에선가 안양 초기의 세 명의 왕 통치 기간에 제작된 갑골이 있을 가능성이 아주 높다. 이로 인해 상 문화의 전반적 발전에 대하여 학자들이 여러모로 다시 생각하지 않을 수 없게 되었다. 1999년 환베이상성의 발굴 책임자였던 탕지건(唐際根)은 지금까지 확보된 고고학적 증거를 근거로 '상의 중기' 단계를 설정하자고 제안하였다. 안양에서의 연구를 토대로, 탕지건은 이후 북부 중원의 10여 개 다른 유적에서 '상의 중기' 단계의 존재를 확인하였다. 환베이상성이 정저우의 초기 상 중심지와 안양 환하 남부의 상 후기 중심지 사이의 분명하고 연속적인 전환기적 특징을 보여주기 때문에 '상의 중기' 제안은 학자들 간에 널리 받아들여지고 있다.

지역의 연계망

안양은 분명히 세상과 단절되어 동 지역 자체에 고립된 것이 아니었으며 상의 왕은 왕국 도성 이외의 지역에도 권력을 행사했을 것이다. 그러나 유적에서 문자로 기록된 증거가 발견된 것이 없기 때문에 상 국가의 정치적 연계망의 범위가 어느 정도인지 판단하기는 어렵다. 방법론적 관점에서 살펴보면 상나라의 정치적 통제 범위에 관한 이러한 질문은 기본적으로 상 국가 권력 관계의 건설과 왕실 통제의 달성이 어떻게 이루어졌는가와 연관된다. 다음에 논의되는 바와 같이, 상 국가 자체는 다양한 수준에서 정치적인 관련을 맺고 있는 공동체들로 이루어진 애매한 성격의 집합체로서 그들 공동체는 상 왕의 패권적 권력을 통하여 상호 느슨하게 연계되어 있었다(5장 참조). 어떻든 안양은 고고학적으로 이른바 '상 문화'라고 하는 동일한 물질적 실체를 공유하는 2차와 그보다 못한 소규모 유적까지도 광범위하게 연결시킨 취락망의 중심에서 최고 권력으로 자리 잡고 있었다. 그렇지만 고고학적 문화를 공유하는 취락이라고 하더라도 반드시 상 국가의 부분이라고 할 수는 없는데, 그것은 정치적 관계가 물질적 증거에 직접 반영되는 것이 아니기 때문이다.

고고학자들은 안양 북쪽 200km 떨어진 허베이(河北) 남부의 타이시(臺西)에 있는 유적과 같은 2차 취락 중심지를 발굴하였다. 상의 문화 유적 유물은 평원에 흙을 북돋아 만든 세 개의 언덕을 중심으로 한 10만㎡ 넓이의 지역에서 발견되었다. 한 언덕에서 고고학자들은 14채의 가옥을 발견하였는데 많은 수의 토기 항아리(일부는 마른 효모

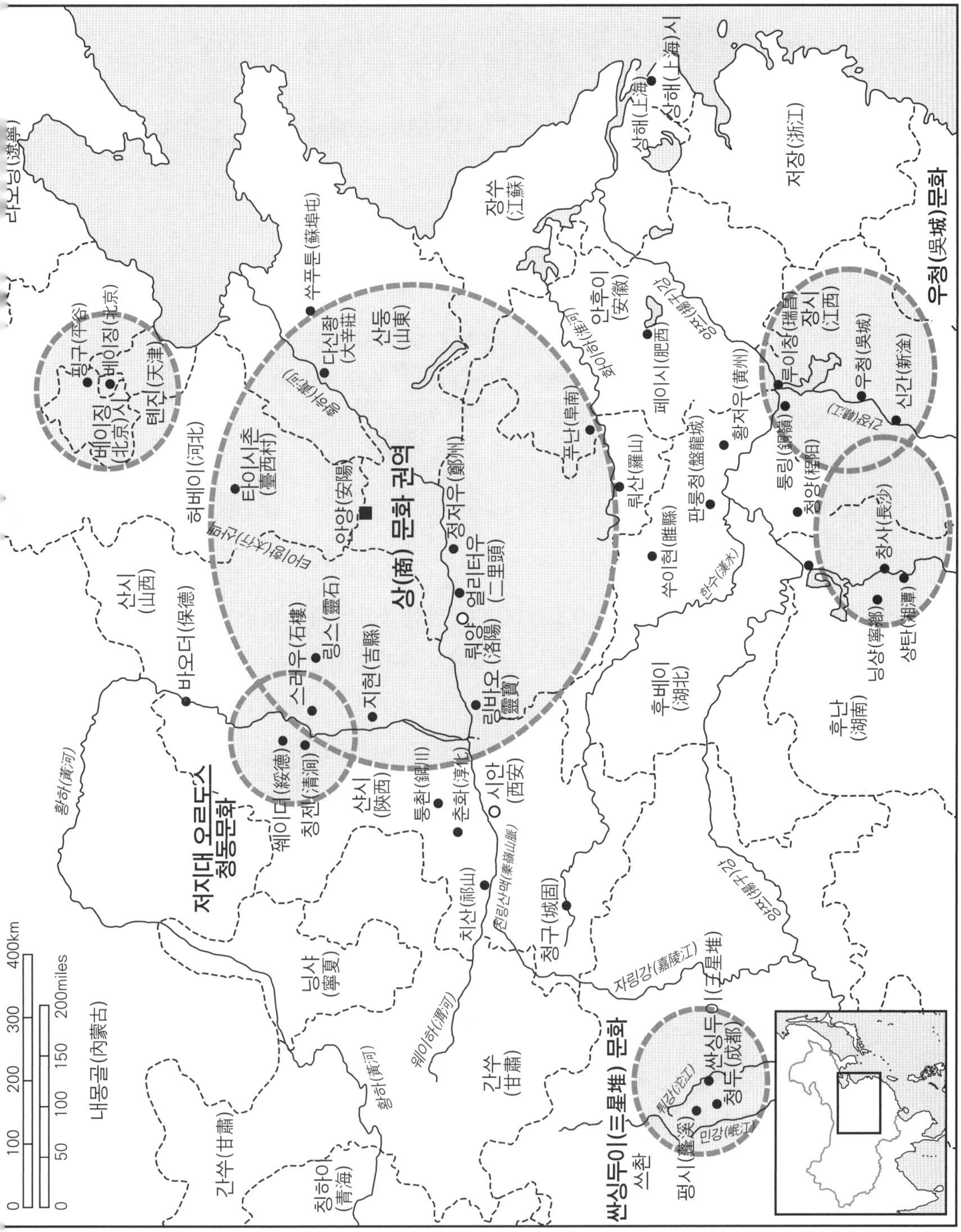

지도 4.1 상 후기의 외부 세계

랴오닝(遼寧)

베이징시(北京)·톈진(天津)
핑구(平谷)
[베이징(北京)]

허베이(河北)

다신좡(大辛莊)
쑤푸툰(蘇埠屯)
산둥(山東)
청저우(靑州)

장수(江蘇)
상하이(上海)

저장(浙江)

우청(吳城) 문화

싼싱두이(三星堆) 문화 — 청두(成都), 싼싱두이(三星堆)

상(商) 문화 권역
안양(安陽)
인쉬(殷墟)
정저우(鄭州)
얼리터우(二里頭)
뤄양(洛陽)
링바오(靈寶)

타이시촌(臺西村)
산시(山西)
스러우(石樓)
링스(靈石)
지현(吉縣)
싱탕(邢臺)

쉐이더(綏德)
청젠(淸澗)
산시(陜西)
퉁촨(銅川)
춘화(淳化)
시안(西安)

바오더(保德)
황허(黃河)

저지대 어도스 청동기 문화

안후이(安徽)
페이시(肥西)
뤄산(羅山)
쉬이현(睢縣)
판룽청(盤龍城)
황저우(黃州)
루이창(瑞昌)
장시(江西)
우청(吳城)
신간(新淦)
퉁링(銅陵)
창사(長沙)
닝샹(寧鄕)
샹탄(湘潭)

후베이(湖北)
한수(漢水)
후난(湖南)

내몽골(內蒙古)

황허(黃河)
웨이허(渭河)
산시(陜西)
치산(岐山)
청구(城固)
친링산맥(秦嶺山脈)
자링강(嘉陵江)
양쯔강(揚子江)

닝샤(寧夏)
간쑤(甘肅)
쓰촨
핑산(彭山)
민강(岷江)
퉈강(沱江)

간쑤(甘肅)
칭하이(靑海)

400km
300
200miles
200
150
100
100
50
0

그림 4.11 안양에 공급했을 것으로 추정되는 주류 생산 중심지 허베이 남부 타이시의 14호 건물 기단에서 출토된 토기 항아리

의 두터운 층을 갖고 있음), 여과용 그릇, 그리고 다양한 종류의 과일 유물이 담긴 다수의 작은 항아리가 발굴되었다(그림 4.11). 이는 타이시 공동체가 알코올 음료의 생산에 관여하였던바, 초기 안양에서 소비할 술을 공급하는 생산 중심지 중 하나였을 가능성을 시사하는 강력한 증거이다. 최근에 발견된 또 다른 유적인 산둥의 다신좡(大辛莊)은 안양 동쪽 240km 떨어져 있는데 얼리강 상층 시기에서 안양 후기까지의 시간적 범위에 걸쳐 있다. 명문이 있는 점복용 거북 껍질 14점이 여기서 발견되었는데 이것은 안양 이외의 지역에서도 문자를 알고 있었다는 매우 중요한 증거가 된다.[13]

위의 경우는 안양의 왕실 도성과 관계를 맺은 지역의 중심지 중에서 고고학자가 통상 접근할 수 있는 범위 너머에 넓게 위치한 것 중 단지 두 사례에 불과하다. 보다 빈번히 나타나는 사례는 해당 지역 지배층의 활동을 입증하는 청동 그릇과 무기가 부장된 무덤이다. 이들 지역 중심지와 안양은 동일 물질의 '상 문화'를 공유하는데, 그중 일부는 안양 또는 정저우에서 이주하여 지역적 속지를 형성한 상 지배층에 의해 사용되

---

13 Oriental Archaeology Research Center of Shandong University et al., "Inscribed Oracle Bones of the Shang Period Unearthed from the Daxinzhuang Site in Jinan City," *Chinese Archaeology* 4 (2004), 29-33.

었을 것이다. 다른 것들은 상 왕의 권위에 굴복했는지 여부와는 무관하게 상 국가에 참여했거나 경우에 따라 상과 교역 또는 협력한 지역 지배층이 자치적으로 운용한 집단의 본거지일 수도 있다. 다양한 지역 집단과 안양의 상 지배층 사이의 정치적 관계는 여러 수준으로 형성되었을 수도 있는데 이에 해당하는 지역은 상 국가의 통제력이 행사되는 북중국의 지정학적 연계망에 반드시 속한다. 상 국가가 어느 정도로 그렇게 할 수 있었는지 그리고 시간이 흐름에 따라 어느 정도 변화하였는지는 여전히 의문으로 남아 있다.

상 외부 세계의 독자적인 청동기 문화

상이 도읍을 안양에 두고 황하 지역을 지배한 수백 년 간, 해당 지역의 지역적 특성을 보여주는 다수의 청동기 사회가 상 국가의 세력권 밖, 특히 남중국에서 출현하는 것이 확인된다. 그러나 이러한 독자적인 청동기 문화들도 북중국의 상 문화와 접촉하였음이 분명하다. 그들이 북쪽으로부터 초기 청동기 문화 요소들을 처음 수용하고 지속적으로 확장하는 얼리강 문화에 대하여 직접 혹은 간접적으로 대응하면서 출현하였다는 사실에 대해서는 별다른 의문이 없는 것으로 보인다.

1989년 장쑤성 다양저우(大洋洲)에서 놀라운 발견이 있었는데 하상의 모래 속에서 480점의 청동 그릇과 무기를 포함하여 약 1,900점에 이르는 유물을 찾아낸 것이다. 청동기는 분명 북쪽 모델을 차용하였지만, 그릇의 손잡이에 종종 얹히는 3차원 호랑이 형상을 비롯하여 왜곡된 비율의 모양과 조밀한 장식 형태에서 강한 지역적 특성을 보여준다는 사실에서 문화적 융합 현상이 분명하게 확인된다(그림 4.12). 그것들은 북부 지역에서 얼리강 상층 시기부터 안양 후기에 이르는 기간에 대응되는 오랜 시간에 걸쳐 생산된 청동기 일괄임이 틀림없다. 같이 출토된 토기를 통하여 그 유적은 1970년대부터 알려진 그 지역의 우청(吳城) 문화에 속하는 것으로 파악되었다. 우청 문화는 얼리강 문화의 영향으로 발달한 지역 청동기 문화의 좋은 사례이다. 이 특이한 사례는 북쪽으로 약 180km 떨어진 퉁링(銅嶺)을 비롯한 양쯔강 중류 지역에서 상이 수행한 구리 광산 개발이 우청 문화의 발생을 유도하였을 가능성을 잘 보여준다.[14]

14   Robert Thorp, *China in the Early Bronze Age: Shang Civilization* (Philadelphia: University of

그림 4.12 장시성의 신간 출토 청동기

산시성(陝西省) 웨이하(渭河) 남쪽에서 높은 친링(秦嶺)산맥을 넘거나, 양쯔강 중류에서 우산(巫山)산맥을 넘으면 쓰촨분지(四川盆地)가 나타난다. 1980년대에 청두(成都) 평원의 싼싱두이(三星堆)에서 두 곳의 제물 구덩이가 발견되자, 쓰촨 고고학은 중국 전역 뉴스의 헤드라인 기사의 대상이 되었다. 청두 동쪽으로 약 30km 떨어진 곳에서 발견된 완전한 형태의 성곽 구역은 동쪽, 서쪽이 각각 1,600m, 남쪽으로 약 2,000m이며, 아마도 북쪽은 그보다 약간 작은 규모로서 정저우 내성과 거의 같은 크기를 보여준다. 이 싼싱두이의 구덩이는 도시의 남부 지역에 위치해 있으며(그림 4.13), 층위적 증거는 두 구덩이가 안양의 상 후기와 대략 같은 기간에 조성되었음을 시사하고 있다.

각 구덩이에서 출토된 유물은 매우 인상적으로 대략 수백 점의 청동기와 옥기, 수백 점의 상아 제품이 완전한 실물 크기의 인간 청동상과 함께 발견되었다. 유물은 일부러 불에 태워서 매납되었는데, 몇 점의 청동기는 실제로 일부 녹은 상태를 보여준다. 그러므로 이 두 구덩이는 유적에서 중요한 의식이 치러진 뒤 제물을 바치는 목적으로 만들어진 것으로 추정되고 있다. 1호 구덩이에서 출토된 인간 조각상은 아마도 중국 전체 청동기 중에서 완전한 모습의 실물 크기로는 유일한 청동기일 것이다. 높이

Pennsylvania Press, 2006), pp. 107-116 참조.

왼쪽: 싼싱두이 유적 지도, 오른쪽: 청동 인간상(높이 262cm 기단 포함)

그림 4.13 쓰촨 싼싱두이 발견 유물

172cm로 중국 남성의 중간 정도 키의 인물상이 방형 받침에 세운 채로 함께 주조되었다. 입상 전체가 인간의 실제 예복을 세밀히 묘사한 장식으로 덮여 있다. 이 조각상은 이미 일부 학자가 주장한 바와 같이 상아로 추정되는 무언가를 잡고 있었던 것이 분명

하다. 그러나 이것이 싼싱두이 유적에서 세워진 유일한 입상은 아니다. 처음에는 완전한 입상의 일부분이라고 생각되는 청동 두상(頭像)이 수십 점 발견되었는데, 몸통은 아마도 목재로 만들어진 것으로 보인다. 눈을 과장한 것은 싼싱두이의 또 다른 독특한 특징 중 하나인데 아마도 토착 종교 신앙과 관련 있을 것이다. 또 다른 특징적 유물은 2호 구덩이에서 발견된 높이 396cm의 청동 신수(神樹)이다. 이 나무 모양의 청동기는 이후 먼 후대인 한 왕조(206 BC-AD 220)로 추정되는 쓰촨 지역 발견 청동제 화폐 나무에서도 그 모습을 찾을 수 있다. 싼싱두이는 북쪽 상의 것과는 상당히 다른 문화적, 지역적 체계를 보여준다고 할 수 있다. 또 다른 측면에서 보면 비록 그 지역에서 생산된 것이지만 구덩이 두 곳에서 분명 상나라 양식을 본뜬 청동 그릇 무더기가 나온 것으로 보아 북쪽 지역 그리고 동쪽으로는 양쯔강 중류 지역과 접촉하였음을 추정할 수 있다.

북중국으로 다시 돌아가서, 산시(山西)와 산시(陝西)의 북쪽 지역에서 고고학자들은 황하 두 제방을 따라 청동기 사회의 존재를 오랫동안 조사하고 있었다. '저지대 오르도스(Ordos)'라는 이름으로 더 자주 불리는 이 지역은 반건조 기후에 높은 고도의 황토고원과 깊은 계곡이라는 특징을 갖고 있다. 1980년대 말 이 지역에서 수십 점이 넘는 청동기가 발견되었는데 모두 이 청동기 사회에 속하는 지배층 무덤으로 추정되는 곳에서 나왔다. 이 집단의 거의 모든 청동기가 상의 중심 지역에서 발견된 것과 유사하며 최소한 일부는 상 지역에서 수입하거나 약탈한 것이다. 그러나 독특한 지역적 문양을 보여주는 것도 있는데, 호(壺, 항아리)와 궤(簋, 뚜껑 달린 그릇), 그것들보다 많은 말, 뱀 그리고 다른 동물 모양의 자루를 함께 주조한 검과 칼 등의 청동 무기들이 그것이다. 지역적 모양새를 갖춘 그릇이 상나라에서 수입한 것으로 보이는 유물과 종종 짝을 이루어 무덤에 부장된 맥락이 확인되는 것도 흥미롭다. 더욱 중요하게도 고고학자들이 발견한 칭젠현(淸澗縣) 절벽에 판석으로 축조된 성곽은 이 지역 청동기 문화의 정치적 중심지의 위치를 알려 주는 것이다.

물질적 자료에서 반영된 상의 높은 영향력을 통해서 충분하게 파악되는 지리적 근접성으로 말미암아, 저지대 오르도스의 청동기 문화는 산시(山西) 남부 펀하(汾河) 계곡을 따라 상과 매우 밀접하게 접촉하였음이 분명하다. 실제로 이 청동기 문화와 관련된 극히 일부 집단이 상과 전쟁을 벌였을 가능성이 있다고 믿을 수 있는 많은 근거들이 있으며, 이러한 사실은 상의 갑골문을 참고하면 보다 분명하게 확인할 수 있다.

참고문헌

Anyang Work Team of the Institute of Archaeology, Chinese Academy of Social Sciences, "Survey and Test Excavation of the Huanbei Shang City in Anyang," *Chinese Archaeology* 4 (2004), pp. 1-28.

Bagley, Robert, "Shang Archaeology," in Michael Loewe and Edward L. Shaughnessy (eds.), *The Cambridge History of Ancient China: From the Origins of Civilization to 221 BC* (Cambridge: Cambridge University Press, 1999), pp. 124-231.

_____(ed.), *Ancient Sichuan: Treasures from a Lost Civilization* (Princeton: Princeton University Press, 2001).

Chang, K. C., *Shang Civilization* (New Haven: Yale University Press, 1980), pp. 69-136.

Oriental Archaeology Research Center of Shandong University et al., "Inscribed Oracle Bones of the Shang Period Unearthed from the Daxinzhuang Site in Jinan City," *Chinese Archaeology* 4 (2004), pp. 29-33.

Thorp, Robert, "The Archaeology of Style at Anyang: Tomb 5 in Context," *Archives of Asian Art* 41 (1988), pp. 47-69.

_____, *China in the Early Bronze Age: Shang Civilization* (Philadelphia: University of Pennsylvania Press, 2006), pp. 117-171.

제5장 비밀스런 갑골에 균열 내기: 상 후기의 문식성(文識性)과 사회

안양 환하 남쪽으로 정치적 중심지를 옮긴 상 후기에 이르면, 고대 중국에 대한 연구는 당대의 문자 증거라는 또 다른 발판을 확보하게 된다. 남겨진 유물에 제한적이나마 후대인들에 의해 회고 작성된 문서를 추가하여 당대 역사 주인공의 눈을 통해서 과거를 이해할 수 있는 자료를 갖게 되었다. 그러한 문자 증거가 제공하는 관점은 (인류정신의 산물인 모든 기록이 그렇듯이) 비록 편견이 없는 것은 아니지만 당대를 목격한 기록으로서 일반적으로 물질 자료로는 직접 확인할 수 없는 사건과 제도를 나름대로 설명할 수 있다는 점에서 상대적인 장점이 있다. 특히 갑골문은 상 왕들의 점복 기록이기 때문에 왕의 관심과 활동 및 상 왕실의 운영에 대해서 상당히 풍부한 정보를 제공하고 있다. 그러나 이 증거로 그 외 분야의 정보까지 기대하기는 힘들다.

문자와 사회 환경

오랫동안 안양의 갑골문은 가장 이른 중국 문자 체계로 알려져 왔다. 최근 발견된 신석기시대 토기 편(2장)의 문자로 추정되는 표식에 의해 이러한 가정이 흔들리고 있기는 하지만, 갑골문 이전 단계가 아직 확인되지 않았기 때문에 그 가정은 여전히 유효하다. 그러므로 갑골문이 '갑자기' 출현하였다는 점에 대해 여러 중요한 의문이 제기되고 있다. 첫 번째 의문은 갑골 문자 발달의 역사와 관련된 것이다. 완전하게 기능하는 문자 체계인 갑골 문자가 그 정도의 성숙한 단계에 이르려면 수세기는 걸려야 한다는 것이 대다수 연구자의 입장이다. 이런 관점은 대부분의 중국과 일본 그리고 많은 서구 학자들에게 널리 인정받는다. 반대 측 입장은 모든 문자 체계가 그렇듯이 갑골문은 엄격한 형성 규칙에 의해 제어된다는 사실에 근거한다. 그러한 규칙이 창안되고 문자의 원리가 습득되면 비교적 짧은 시기, 아마도 몇 세대 안에 이 규칙에 맞추어 전체 체계가 만들어진다는 것이다.[1] 향후 고고학 발견에 의해 이 논쟁이 끝나겠지만, 정저우 북쪽 황하 남쪽 제방 근처 상 중기의 제의 중심지로 보이는 유적에서 최근 발견된 토기 항아리에 쓰인 복수의 글자는[2] 안양 이전에도 최소한의 문자가 실제 쓰였다는 사실을 알려 주고 있다.

보다 근본적인 의문은 문자에 대한 사회적 여건에 관련된 것이다. 예를 들어 메소포타미아 문자의 경제적 역할이나 이집트의 정치적 역할과는 달리 종교적 성격의 점복 기록으로서 '갑작스럽게' 나타난 중국의 갑골문은 주로 종교적 역할을 수행하기 위한 초기 문자라는 의견이 유력하게 제시되고 있다. 이런 관점에서 영혼에 메시지를 전달할 필요성이 중국에서 문자를 발생시킨 첫 번째 요인이라는 주장까지 나왔다. 더욱이 일부 학자는 소위 예기에 주조된 서주 시대의 청동 명문조차 실제로 조상 영혼에 바치는 메시지라고 주장하였으며 이는 중국 문자의 종교적 역할을 한층 더 강조하는 것이다.[3] 그러나 최근 고대 중국 문자의 사회적 역할에 대해 새롭고 보다 완전하게 이해하려는 시도가 학자들 사이에 나타났다. 데이비드 키틀리(David Keightley)는 상 후기에 전하는 상당한 양의 문자 기록이 제의나 의식에 초점을 둔 것이 아니라는 사실을 지적한다. 그래서 자기 지시적 명문을 갑골, 청동기 또는 토기에 새기는 것이 가능했던 문화가 명문의 행위나 대상과는 무관하게, 발생한 사건을 자유롭게 표현하기 위해

---

1   William G. Boltz, *The Origin and Early Development of the Chinese Writing System* (New Haven: American Oriental Society, 1994), pp. 38-41 참조. 더 나아가 볼츠(Boltz)는 최근 연구에서 상이한 단어를 적는 특정 글자의 존재, 즉 소위 '다음(多音, polyphony)'이라는 현상이 있는 것으로 보아 비록 갑골 문자가 성숙한 시스템으로 보이긴 하지만 그 기원에서 아직 오랜 기간을 거친 것은 아니라는 것을 의미한다고 주장하였다. William G. Boltz, "Literacy and the Emergence of Writing in China," Li Feng and David Branner (eds.), *Writing and Literacy in Early China: Studies from the Columbia Early China Seminar* (Seattle: University of Washington Press, 2011), pp. 51-84 참조.

2   이는 1990년 발굴된 샤오솽챠오(小雙橋) 유적지이다.

3   Lothar von Falkenhausen, "Issues in Western Zhou Studies: A Review Article," *Early China* 18 (1993), pp. 146-147, 167.

다른 형식의 문자 기록을 만들었을 것임에 틀림없다고 주장하였다.[4] 후자의 관점은 로버트 베글리(Robert Bagley)에 의해 보다 상세히 논의된다. 그는 상 후기에 문자가 사용될 수 있는 다수의 맥락을 제시하였는바, 안양과 상의 외곽 도시들 간의 소통, 사람과 재화 목록, 교역, 왕실 원정, 사냥에 대한 기록 그리고 특히 계보 등이 이에 해당한다는 것이다.[5] 비록 상 후기에 이러한 활동에 대한 문자 증거는 전혀 없지만 서주 시기의 청동 명문에서 비종교적 목적의 행정, 상업, 그리고 다른 사회적 맥락으로 사용된 문자 서류와 관련한 다수의 자료를 제공받을 수 있다는 사실은 충분히 입증되어 왔다.[6] 그러므로 그 엄청난 숫자에도 불구하고 갑골문은 그 대부분이 현재 보유하고 있는 문자 기록으로는 여전히 확인되지 않는 상 사회에 대하여 단지 일부 한정된 시각만을 제공한다고 보는 것이 타당하겠다.

따라서 갑골에 반영된 언어, 그래서 최소한 안양 지역 지배층 사람들이 말로 사용하였을 이 언어는 문자상으로 중국적이며,[7] 이는 오늘날 중국의 여러 지역의 방언에서 사용되고 있는 단일 음절 문자의 고대 형식이라고 할 수 있다. 중국 문자 체계의 초기 발전 단계에 있는 갑골 문자는 현재 중국 글자 모양에서 볼 수 있는 형태론적 원리를 보여준다. 갑골에 표시된 글자는 손으로 새긴 것으로 상과 서주의 청동 명문보다 상당히 자유로운 서체를 보여준다. 현대의 전통적인 중국 글자에 익숙한 사람들에게는 상 갑골문에서 몇 글자를 알아보는 데 별 어려움이 없으나, 갑골 기록의 내용을 정확히 읽거나 해석하는 것은 상당한 전문적 훈련을 필요로 한다. 상 시기에 글을 배우는 일은 점복을 기록하거나 보존할 목적으로 세워진 왕실용 개별 공방의 맥락에서 이루어진 것으로 보인다는 주장이 최근에 제기되었다.[8]

4   David Keightley, "Marks and Labels: Early Writing in Neolithic and Shang China," Miriam T. Stark (ed.), *Archaeology of Asia* (Malden: Blackwell, 2006), pp. 184-185 참조.

5   Bagley, "Anyang Writing and the Origin of the Chinese Writing System," in Stephen D. Houston (ed.), *The First Writing* (Cambridge: Cambridge University Press, 2004), pp. 190-249 참조.

6   Li Feng, "Literacy and the Social Contexts of Writing in the Western Zhou," *Writing and Literacy in Early China*, pp. 271-301.

7   Edwin G. Pulleyblank, "The Chinese and Their Neighbors in Prehistoric and Early Historic Times," David Keightley (ed.), *The Origins of Chinese Civilization* (Berkeley: University of California Press, 1983), pp. 411-466 참조.

8   Adam Smith, "The Evidence for Scribal Training at Anyang," *Writing and Literacy in Early China*, pp. 173-205 참조.

왕실과 왕실 이외의 점복 전통

점복을 위해 사용된 재료는 두 가지로서 (1) 대부분 소이거나 때로는 물소의 어깨뼈(견갑골), (2) 거북 배 껍질(복갑)이다. 두 종류의 재료 모두 오래전부터 점복을 위해 사용되었는데, 룽산 시대에 속하는 대부분의 사례는 동물 뼈로서, 복골의 역사는 그만큼 거슬러 올라간다. 최초로 점복에 사용한 거북 껍질은 자후(賈湖)에서 발견되었는데 양사오 이전 시기(6500-5500년경 BC)로 소급된다. 왕실 정인(貞人)이 사용한 소의 어깨뼈는 지역 산물로 추정할 수 있는 증거가 충분한 반면, 안양에서 발견된 거북 껍질의 대부분은 남쪽 멀리 떨어진 지역에서 수입해 온 것일 수도 있다는 연구들이 있다.[9] 이러한 재료들은 점복에 사용되기 전에 세심하게 손질되는데, 어깨뼈의 경우 둥근 관절은 잘라내고 연결된 긴 척추는 제거된다. 복갑의 경우, 납작한 아래 껍질만 쓸 수 있으므로 등껍질을 연결하는 부위는 조심스럽게 잘라 낸다. 두 재료 모두 뼈나 껍질의 뒷면에서 타원형 홈들을 파내는데 이들 홈에 바로 붙여 앞면에 원형 홈을 내서 점복에 쓸 준비를 한다.

실제 점복의 과정에서 정인은 먼저 점을 칠 주제를 분명히 하기 위해 제일 먼저 답을 구하는 요청, 즉 질문을 한다. 그 다음 금속 막대기를 불에 뜨겁게 달군 뒤 타원형과 둥근 구멍의 연접 부분에 대면 연기가 피어오르고 그 열기로 인해 소뼈나 거북 껍질의 앞면에 한자 "복(卜)"자와 비슷한 모양의 균열이 생긴다(그림 5.1). 그 뒤 왕실 점복의 경우라면 왕이 균열 상태를 살펴보고 적절한 예언을 한다. 그 후에 뼈나 복갑에 생긴 균열 흔적 옆의 적절한 곳에 명문을 새겨 넣는다. 대부분의 경우 질문은 두 긍정문과 부정문으로 표시되는데 복갑에는 그 두 형태의 질문이 각각 양편에 새겨지고 드물지만 뼈의 균열 현상에 대해서도 새겨진다. 하나의 사안에 대해서 여러 번(때로는 세 번 내지 네 번) 질문해 쌍을 이루는 경우도 흔히 있는데, 동일한 내용의 점복을 반복한 명문에서 일자 기록을 검토함으로써 그 질문의 순서를 잘 이해할 수 있다. 이러한 사실은 1929년 안양에서 4점의 완전한 대형 복갑이 발견되면서 널리 알려지게 되었다. 이를 통하여 완전하게 서술된 복사(卜辭)는 4개의 부분, 즉 서문, 명사(命辭), 점사(占辭) 그리

---

9   David Keightley, *Sources of Shang History: The Oracle-Bone Inscriptions of Bronze Age China* (Berkeley: University of California Press, 1978), p. 12.

6834 正

그림 5.1 점복 기록이 적힌 거북 배 껍질 사례(HJ: 06834)

고 험사(驗辭)로 구성된다는 사실이 확인된다.

사례 1(HJ: 00902)

1. 기묘(己卯)일 균열을 내고, 곡(殻)이 물었다: "비가 오겠습니까?" 왕이 점을 쳤다:
   "만약 비가 온다면, 임(壬)일에 올 것이다." 임오(壬午)일에 정말로 비가 왔다.

2. 기묘(己卯)일 균열을 내고, 곡(殻)이 물었다: "비가 안 오겠습니까?"

사례 2 (HJ : 06834, 큰 문자) (그림 5.1) :

1. 계축(癸丑)일 균열을 내고, 쟁(爭)이 물었다: "오늘부터 정사(丁巳)일까지 우리가 주(周)에 피해를 줄 수 있겠습니까?" 왕이 점을 치고 말하였다: "정사(丁巳)일까지, 우리는 그들에게 피해를 주지 못한다. 다가오는 갑자(甲子)에 우리는 피해를 줄 것이다." 11번 째 날인 계해(癸亥)일에 우리 전차가 (그들에게) 피해를 주지 못했고, 그날 저녁과 갑자(甲子)일 사이 두기(斗期)에 우리가 (그들에게) 정말로 피해를 주었다.

2. 계축(癸丑)일 균열을 내고, 쟁(爭)이 물었다: "오늘부터 정사(丁巳)일까지 우리가 주에 피해를 주지 못하겠습니까?"

사례 3 (HJ : 00641) :

1. 계유(癸酉)일 균열을 내고, 환(亘)이 물었다: "하인(㠯)이 잡힐까요?" 왕이 점을 치고 말하였다: "만약 그들이 잡힌다면, 갑(甲)일 또는 을(乙)일일 것이다. 갑술(甲戌)일에 하인이 배를 타고 (강을) 건너 쩌우로 갔다. 그들에 대한 보고는 없었다. 15일이 지난 후, 정해(丁亥)일에 그들은 포박당했다. 12월.

2. 계유(癸酉)일 균열을 내고, 환이 물었다: "하인이 안 잡힐까요?"

첫 번째 사례에서, 왕의 예언대로 임오(壬午)일에 비가 와서 맞았다.[10] 두 번째 사례에서 상의 전차는 실제로 적대적인 정치체인 주(周)에 대해 갑자일에 피해를 주어 왕의 예언대로 되었다. 그러나 세 번째 사례에서 도망친 하인은 왕이 예언한 갑자일이나 을(乙)일에 잡히지 않았다. 정해일에 잡힘으로써 왕의 예언은 맞지 않았다. 어떻게 상 왕이 균열을 살펴보고 어떤 근거로 그가 그런 결정을 내렸는지에 대한 의문은 항상 제기되었지만 아직까지 알려진 것은 없다. 결과의 확인을 기록 첨부한 명문은 거의 없으며, 그렇게 거북 껍질이나 소뼈에 적힌 점복이 맞은 사례를 새긴 것은 특별한 정치

---

10 상은 날짜를 기록할 때 순서를 갖춘 두 종류의 용어를 조합했다. 첫 번째 순서는 오늘날 '천간(天干)'이라고 부르는 것으로 10글자, 즉 갑(甲), 을(乙), 병(丙), 정(丁), 무(戊), 기(己), 경(庚), 신(辛), 임(壬), 계(癸)이다. 두 번째 순서는 '지지(地支)'라고 하는 것으로 12글자, 즉 자(子), 축(丑), 인(寅), 묘(卯), 진(辰), 사(巳), 오(午), 미(未), 신(申), 유(酉), 술(戌), 해(亥)이다. 결합해서 사용하면, 모든 두 글자로 이루어진 날짜는 60일마다 반복된다. 그래서 이 시스템은 '육십갑자'로 불린다.

적, 종교적 의미를 가졌음이 틀림없거나 아니면 다른 것보다 상 왕이나 상 국가에 중요한 특정 사안이기 때문일 것이다. 사실, 대부분의 명문은 왕의 예언조차 기록하고 있지 않아(그 비율은 전체 점복 사례의 1.2%이다), 실제로 소뼈나 거북 껍질의 거의 모든 질문에 그 답은 기록되지 않았다.[11] 키틀리는 이것은 명문이 단순히 점복 의례 자체가 치러졌음을 기록하기 위한 것이었기 때문이라고 이해하고 있다. 그러나 분명히 다른 가능성도 있다. 예를 들어 왕은 틀릴 가능성을 피하기 위해 그가 하는 예언을 문자보다는 말로 하는 것을 선호하거나 왕은 자신의 판단을 혼자 알고 있기 위하여 정인에게도 알려 주지 않았을 수도 있다. 또한 이전에도 키틀리나 다른 학자들은 상 갑골에 적힌 점복의 질문은 결국 질문이 아닐 수도 있으며(그 문장들은 '?'가 붙은 의문문으로 해석되어서는 안 된다는 것이다), 미래의 일을 명령한 직설화법의 문장이라고 한다면 그것은 이미 '소망'을 표현한 것이므로 예언을 필요로 하지 않는다고 보았다. 그러나 일부 갑골에는 예언이 확인되므로, 요약하자면 다양한 점복 기록이 존재하지만 점복 과정에서 학자들이 아직도 충분하게 이해하지 못한 많은 측면들이 있다는 것이다.

중국 내외 여러 기관에 총 13만 3,092점의 갑골이 소장되어 있는데 그중 거의 절반이 안양의 강력한 왕 무정(武丁)과 관련된다. 갑골문의 연대를 추정하는 열쇠는 정인의 이름이다. 약 120명의 이름이 갑골에 기록되어 있는데, 같은 갑골에 적힌 이름들을 검토함으로써 이 정인들이 거의 같은 시기에 상 왕을 모셨다는 것을 알 수 있으며, 동쭤빈(董作賓)은 이들을 5개의 그룹으로 나누었다. 그런 뒤에 상왕이 명문에 말한 사당의 이름을 살펴보고 그는 다섯 그룹의 정인과 관련된 명문이 새겨진 각각의 단계를 정리하였다(그림 4.8). 동쭤빈이 처음 제시한 다섯 그룹의 단계에 약간의 수정이 있기는 했지만, 그러한 다섯 단계의 체계는 후대의 고고학적 발굴에 의해 그 정확성이 확인되어 학계에 널리 인정을 받게 되었다. 이를 통하여 전반적인 상 왕조 연구의 군건한 토대가 마련됨으로써, 한두 명의 왕과 관련한 다양한 주제를 연구하는 데 활용할 자료의 연대에 대하여 자신 있는 추정이 가능하게 되었다.

어떻든 간에 오랫동안 학자들은 현존하는 갑골문의 자료 중에 상 왕실 점복의 기록이 아니고 상 도성의 다른 지배층의 유사한 관행과 관련한 기록도 있을지 모른다고 의심을 해 왔다. 1991년 안양 궁정 구역 남쪽 화웬좡(花園莊)의 동쪽에서 약 1,583점의

---

11   Keightley, "Marks and Labels: Early Writing in Neolithic and Shang China," pp. 193-194.

그림 5.2 1991년 화웬좡 동쪽 구역에서 출토된 명문 귀갑(거북껍질)

복갑과 소뼈가 발견됨으로써 그러한 사실이 명확히 밝혀졌다(그림 5.2). 그것은 1973년 약 5,000점의 왕실 복갑이 왕궁 구역 내에서 발견된 이래 중화인민공화국의 건국 이후 두 번째로 중대한 명문 갑골의 발견이었다. 층위적 증거에 따르면 화웬좡 동쪽에서 발견된 새로운 갑골은 고고학적 자료의 시기 구분상 안양 I기 후반에 묻힌 것으로 추정된다. 그러나 왕실 점복과는 달리 화웬좡 동쪽의 복갑에 자주 등장하는 예언자는 '왕족'인데, 구덩이의 상한연대 추정치와 왕실의 점복 갑골에도 등장하는 특정 이름을 근거로 대부분의 학자들은 무정(21대 왕)의 형제로 이해하고 있다.

그러므로 화웬좡 동쪽 구역 갑골은 사실 왕실 정인의 주된 관행 이외의 점복 전통이 있었음을 알려 주고 있는 것이다. 왕실에 속하지 않는 14명의 정인 이름이 상 왕이라면 절대로 하지 않았을 정인 역할을 스스로 한 왕족을 위해 제작한 26점의 갑골에 등장한다. 화웬좡 동쪽 구역 갑골이 독특하다는 것은 여러 가지 측면에서 확인된다. 예를 들어 날짜와 '점을 치는' 뜻의 글자[卜] 앞 사이에 '늦은 오후[昃]'와 '저녁[夕]'과 같은 단어가 하루 중 언제 점복을 쳤는지를 밝히기 위해 나타나곤 하는데 이는 왕실 점복의 전통이 아니다. 둘째로 왕실 갑골에는 명문이 균열 부위 옆에 한 줄 한 줄 아래로 나란히 적혀 있는데, 화웬좡 동쪽 구역의 갑골에서는 그 배열이 아주 불규칙적이어서

대부분의 경우 명문은 관련된 균열 부위의 둘레에 새겨져 있다. 세 번째 화원좡 동쪽 구역 갑골에는 점복 기록의 끝에 '사용된' 또는 '사용되지 않은'이라는 용어의 사용이 공통적인데, 이러한 사용은 분명 궁정 구역의 왕실 갑골에서는 발견되지 않는다. 이러한 차이에도 불구하고 제물이 바쳐진 대상으로 기록된 조상은 왕실 갑골에 기록된 인물과 동일하다.

화원좡 동쪽 구역 갑골의 중요성은 그것이 안양 점복 문화의 복합적 특징을 들여다볼 수 있는 새로운 창을 열어 주었다는 데 있다. 그것들은 안양의 왕실 바깥의 점복 관행이 상 후기 궁정에서 봉사한 왕실 정인들에 의해 만들어진 기준과 관례에 집착하지 않았다는 사실을 보여준다. 이러한 관점에서 볼 때, 왕실 점술관리들이 위치하고 더 큰 규모로 점복을 수행하는 궁정 구역에서 약 300m밖에 떨어지지 않은 지점에서 그와 다른 독특한 전통이 있었다는 것을 알려 준 점에서 화원좡 동쪽 구역 갑골의 중요성은 무엇보다도 크다. 그러므로 앞서 논의한 독특한 문자와 언어적 특징은 점복이 매우 은밀한 절차를 거친다는 것을 잘 보여준다. 화원좡 동쪽 구역의 복갑에 이러한 기록을 남긴 정인들은 상 왕실의 점복 관련 기관에서 사용되는 표준 문자나 단어에 노출되지 않았을 수도 있는 것이다.

안양을 넘어서 남쪽의 정저우나 동쪽의 산둥 지역을 살펴보면 점복 문화의 다양성 정도는 더 커진다. 상 후기의 정저우는 상 사람들의 한 갈래가 거주했던 곳으로 보이며 산둥 지역은 다수의 상 동맹집단의 고향으로, 두 지역의 특징이 갑골의 명문에서 식별된다.[12] 그러나 서쪽으로 더 나가면 특히 샨시(陝西) 지역의 경우 안양과 동시대의 서주 전통의 점복은 뼈의 선택과 준비 그리고 점복 기록을 하는 지역 정인이 사용하는 언어와 서체 등의 여러 측면에서 상의 관행과 크게 다르다(6장 참조). 분명히 상 종족은 미래에 일어날 일을 판단하는 비밀스런 기술을 가진 유일한 사람들이 아니다. 점복과 관련된 문화들을 연구함으로써 청동기시대 중국의 종교적, 정치적 제도를 이해하는 지름길을 확보할 수 있는 것이다.

---

12 정저우와 산둥의 다신좡(大辛莊) 유적의 갑골에 대한 최근 분석을 보려면 Ken-ichi Takashima, "Literacy to the South and the East of Anyang in Shang China: Zhengzhou and Daxinzhuang," *Writing and Literacy in Early China*, pp. 141-172를 참조할 것.

상의 종교와 왕실 봉헌

갑골문에서 볼 수 있는 가장 중요한 주제는 왕실 봉헌으로서 실제로 상당히 많은 신들을 모시는 상나라 사람의 종교적 신념과 밀접한 관계를 갖고 있다. 상나라에서 최고의 신은 '상제[上帝, 또는 제(帝)]'였다. 상의 신이 갖고 있는 성격에 대해서는 의견이 상당히 갈라진다. 일부 학자는 상제가 상 사람의 시조, 아마도 전설상 인물 계(契)라고 하고, 다른 학자들은 유대-기독교 전통의 신과 아주 유사한 개념이라고 한다. 조상신에서 최고의 신성 권력으로 전환되는 단계에 상제가 있다고 보는 학자들도 있다. 갑골문을 보면 상 사람들은 자연과 인간의 현상 모두를 다스리는 권력을 보유한 상제에 대하여 근본적으로 긍정하였던 것으로 이해된다. 상제는 항상 상 왕이 강우, 풍작, 그리고 군사적 방어 등에 대해 답을 구하는 존재이다. 그러나 상나라 사람들이 상제의 의지에 대해 확신하지 못하는 경우도 종종 나타난다. 상 왕을 대신하여 상제가 어떤 재앙을 내릴지도 모른다는 걱정을 하는 경우도 있다. 그러나 한 가지 사실은 분명한데 상제에게는 제물을 절대 바치지 않았으며 그것은 상의 종교상 조상과 상제는 근본적으로 차이가 있기 때문이다. 어떻든 간에 최근 수십 년간, 학자들은 상의 갑골문을 통해서 상제의 개념을 받쳐 주는 천체관에 대한 이해를 높여 왔다. 특히 최근에 이루어진 두 연구를 통해서 모든 별자리가 회전할 때 그 중심이 되는 매우 비밀스런 하늘 공간인 천체의 북극을 상제와 동일시하였음이 제기됨으로써 상의 종교와 우주론적 관점과의 상호 직접적인 관계를 추정할 수 있게 되었다.[13] 상제 개념에 대한 이러한 천체 기원론은 그 근거가 견고해 보이는데, 상 왕 중 최소한 두 명, 즉 제을(帝乙, 28대 왕)과 제신(帝辛, 29대 왕)이 이 성스런 이름을 그들의 칭호로 채택한 것이 바로 그러하다.

상 왕으로부터 종종 희생 제물을 받는 여러 자연 신들에 대해서는 논란이 훨씬 적

---

13 2004년에 발표된 논문에서 데이비드 팬케니어는 갑골 문자 제(帝)가 작은 곰자리 제성(帝星, Kochab), 용자리(右樞, Thuban), 그 밖의 북극 주변에 위치한 별자리에서 기원한 것임을 보여주었다. 극점에 위치한 별이 없기 때문에 진북을 찾을 때 상 사람들은 이 별들을 이용한 것이다. David W. Pankenier, "A Brief History of Beiji (Northern Culmen), with an Excursus on the Origin of the Character Di," *Journal of the American Oriental Society*, 124.2 (2004), 229–235 참조. 2007년에 발표한 두 번째 연구에서 사라 알렌은 갑골에 표현된 신 제(帝)는 10개의 태양과 동일시되는 조상신들보다 높은 지위에 있다고 주장하였다. 따라서 상 사람들의 우주관에서는 북극만이 오직 상제로 인식되었다. Sarah Allan, "On the Identity of Shang Di and the Origin of the Concept of a Celestial Mandate," *Early China* 31 (2007), 1–46 참조.

그림 5.3 왕실 제물 봉헌이 연속적으로 기록된 사례(HJ: 22779)

다. 땅, 강(안양 동쪽 황하), 그리고 산[안양 서쪽 타이항산(太行山)]의 신들이 갑골에서 빈번하게 언급된다. 이 가장 중요한 세 자연 신에게는 소, 양, 그리고 돼지를 세트로 한 제물을 나무 태우는 의례와 함께 바친다. 그밖에도 비중이 낮은 여러 각 지역 신들이 있다. 그러므로 상에게 지리적 경관은 단순히 자연적 요소가 배치된 지리적 장소가 아니라 영혼이 사는 곳이자, 상 국가의 성공적 통치와 왕실의 흥복을 보장받으려면 그들의 도움을 빌 필요가 있는 곳이기도 하다. 특히 흥미로운 것은 바람[風]에 대한 제사이다. 바람은 상의 농업에 엄청나게 큰 영향을 미친다. 상은 바람의 특정 방향에 관심을 갖고 네 방향별로 이름을 붙였다. 그리고 상 왕은 종종 네 바람에 제물을 바치고 풍작을 기원하였다.[14]

　　그러나 가장 규칙적인 제사는 상 왕실의 조상에 대한 것으로 다섯 가지의 제물[갑

14　이 점에 관한 논의는 Aihe Wang, *Cosmology and Political Culture in Early China* (Cambridge: Cambridge University Press, 2000), pp. 28-37 참조.

골문에 소리 형태로 사용된 익(翊), 제(祭), 재(褱), 형(鬲), 융(彡)이 이에 해당됨]이 1년 동안 정해진 날에 바쳐졌다. 학자들에 따라 다섯 단어의 의미, 결국 제물의 내용에 대해 의견이 갈리지만 대부분 술, 동물, 인간 희생과 같은 물질재와 다양한 방식의 음악과 춤이 어우러진 갖춤새일 것이다. 왕조 이전 조상으로 10개의 천간 글자 중 첫 번째에서 이름을 따온 상의 첫 번째 조상 상갑(P1, 그림 3.4 참조)으로부터 제물 봉헌이 시작된다. 각 날짜에 붙여진 것처럼 10개의 천간 글자는 상의 일주일에도 붙여진다. 다섯 형태의 각 제물은 상 왕 계보의 조상에게 순서대로 바쳐지는데, 그러므로 갑골문에서 다섯 형태의 제물을 사용하는 것과 관련된 기록은 다음과 같이 읽을 수 있다.

사례 1 (HJ : 22779) (그림 5.3)

병인일 균열을 내고, [왕이] 물었다. "[다음날인 정묘일에] 왕[대정(大丁, 2대 왕)을 모시고 재(褱) 제물(형태 3)을 바칠 때 해로움이 없겠습니까?"

계유일 균열을 내고, 왕이 물었다. "다음날, 갑술일에 왕이 대갑(大甲, 3대 왕)을 모시고 재(褱) 제물(형태 3)을 바칠 때 해로움이 없겠습니까?"

정해일 균열을 내고, 왕이 물었다. "다음날, 무자일에 왕이 대무(大戊, 7대 왕)를 모시고 재(褱) 제물(형태 3)을 바칠 때 해로움이 없겠습니까?"

갑진일 균열을 내고, 왕이 물었다. "다음날, 을사일에 왕이 조을(祖乙, 12대 왕)을 모시고 재(褱) 제물(형태 3)을 바칠 때 해로움이 없겠습니까?"

경술일 균열을 내고, 왕이 [물었다. "다음날], 신해일에 [왕]이 조신(祖辛, 13대 왕)을 모시고 [재(褱) 제물](형태 3)을 바칠 때 해로움이 없겠습니까?"

이는 44일에 걸쳐 왕 계보의 직계, 즉 왕의 직접적인 조상인 다섯 왕에 대하여 후대부터 선대로 재(褱) 형태의 제물 제사를 수행한 내용을 1점의 같은 갑골에 기록 배치한 것이다. 갑골 학자들이 복원한 제사표에 따르면 이 왕들이 왕실 계보의 천간 순환에 따라 5주에 걸쳐 순서대로 모셔진다. 재(褱) 형태의 제물은 다음 세대의 조상에 계속 바쳐지는 것이 틀림없는데, 이를 일단 받은 각 조상에게는 또 다른 형태의 제물이 바쳐진다. 모든 조상에게 모든 제물을 전부 바치면 1년이 흘러간다. 그러므로 상 사람은 1년을 제사 주기인 '1사(祀)'라 부른다. 바로 이 점이 중요한바, 그것은 상 왕의 가장 중요한 종교적, 정치적 활동이며 그가 권력을 유지하는 데 필요한 방법이기 때문이다. 그러나 일부 다른 경우, 즉 어떤 조상이 왕에게 치통이나 어깨 통증 등의 불운을 갖다 준 것으로 인정되면 규칙에 없던 것이라도 그 조상에게 제물을 바쳤다. 그렇게 이미 죽은 조상에게 제물을 바치는 왕의 의무를 다하는 것은 규칙적이든 불규칙적이든, 다음에 상 국가의 행운과 왕 자신과 가족의 평안을 보장받기 위함이다. 재위 중인 왕은 왕실 조상 계보와의 연계 속에서 자신의 권력을 도출하고, 그들에게 지속적으로 제물을 바침으로써 그 권력을 유지한다. 실제로 상 국가 전체가 왕실 제사를 이행하는 데 매달려 있었던 것이다.

상 왕은 그의 조상에게 실제로 무엇을 바쳤을까? 가장 일반적인 제물은 술과 세 가지 형태의 가축, 즉 소, 양, 돼지의 표준적인 조합으로 갖추어진다. 그러나 적지 않은 경우, 상 서쪽에 사는 '강(羌)'이라 불리는 전쟁 포로를 조상에 대한 제물로 바치기도 하였다. 호사스럽게 치러진 제사의 전형적인 사례는 다음과 같다.

사례(HJ : 00301)
대정, 대갑, 조을(세 명의 선대 왕)에게 백 잔의 술, 백 명의 강족 포로, 그리고 3백 마리의 소, 3백 마리의 양, 그리고 3백 마리의 돼지를 제물로 바치다.

사례(HJ : 00295)
수백 명의 강족 포로를 (아버지) 정에게 바치다.

첫 번째 기록에서 100잔의 술, 100명의 강족 포로, 300마리 소, 300마리 양, 그리고 300마리 돼지가 한꺼번에 세 명의 조상 대정, 대갑, 조을에게 바쳐졌다. 두 번째의 경우에 아버지 정 혼자만 300명의 강족 포로를 제물로 받았다. 제물에 사용된 동물은 도살 후 집단으로 매장되지 않은 것으로 보아 제사에 바친 뒤 고기는 상 지배층에게 분배하여 소비된 것으로 추정된다. 그리고 그 남은 뼈는 아마도 안양에서 고고학자에 의해 발굴된 바 있는 뼈 제품 공방(4장)으로 보내졌을 것이다. 분명히 인간 희생은 식용으로 분배되지 않는 대신 특별히 준비된 매장 구덩이에 집단으로 묻힌 것으로 추정된다. 인간의 유골이 확인되는 2,000기 이상의 제사갱이 환하 북쪽 시베이강 왕실 무덤 주변에서 발견된 것이다.

상 왕실의 계보

갑골문의 연구는 우리에게 상 국가의 통치 장치, 특히 상 왕이 권력을 갖게 되는 방식, 고대 국가 또는 왕국의 핵심 제도를 들여다볼 수 있는 중요한 기회를 제공한다. 이런 관점에서 상은 왕실 계승을 제어하는 독특한 규칙을 갖고 있음이 확인된다. 갑골문의 정보를 바탕으로, 이러한 규칙이 어떻게 만들어지고 유지되었는지 그리고 시간이 경과함에 따라 어떻게 변화하는지를 명확히 파악할 수 있다. 이러한 변화의 결과로 향후 대부분 중국 왕실에 적용되는 장자 계승의 규칙이 점차 자리 잡게 된다. 이 과정을 이해하기 위해 우리는 상 왕의 명단을 면밀히 살펴볼 필요가 있다(그림 3.4).

왕조가 건설되기 전 상은 단순한 형태의 계승 체계를 따른 것으로 보인다. 그렇지 않으면 왕조 점복 기록이나 사마천의 『사기』를 통해 알 수 있는 것처럼 기껏해야 직접적인 계승 선상에 있는 조상들만 기억될 뿐이었다. 상갑(上甲)에서 시계(示癸)까지 6세대에 걸쳐 아버지를 계승한 것은 아들인데 중요한 점은 분명히 여러 아들을 두었을 터인데 한 세대에서 한 명만이 왕위를 계승할 기회를 갖고 있었다는 것이다. 그러나 탕[湯, 즉 대을(大乙) 1대 왕] 이후 왕위가 동일 세대의 형제간에 계승되는 새로운 규칙이 상 왕조에 수용되었다. 왕위에 오른 막내가 죽으면 왕위는 맏형의 장남에게 계승되고 다음 세대의 왕은 그 형제간에 계승되었던 것이다. 이 흥미로운 계승 방식의 이유에 대해서는 역사적 기록을 통하여 전승되지 않았지만, 상 왕조의 건설 당시부터 시작된 것으로 보아 성인이 왕위를 줄곧 계승하는 것을 확실히 하기 위해 그러한 규율을 만들게 되었고, 이는 상 국가의 정치적 통합에 중요한 역할을 하였다는 것이 합리적인 설명이라 하겠다.

대정(大丁, 2대 왕)에서 늠신(廩辛, 24대 왕)까지 약 12세대에 걸쳐 이 규칙은 준수되었다. 그러나 왕 계보를 자세히 살펴보면 왕의 순서가 역전되는 세 경우가 있는데, (1) 전갑(羌甲, 11대 왕)과 조을(祖乙, 12대 왕)의 세대, (2) 가갑(牁甲, 17대 왕)에서 소을(小乙, 20대 왕)까지의 세대 (3) 조경(祖庚, 22대 왕)에서 강정(康丁, 25대 왕)까지 두 세대의 경우가 그것이다. 이것들은 분명 왕조 초기에 설정된 표준적인 계승 규율에 위배된다. 즉 조을(12대 왕)은 자기 세대의 가장 어린 형제로서 맏형인 전갑의 아들에게 양위하는 것을 거절하고 자신의 아들 조신(祖辛, 13대 왕)에게 왕위를 넘겨주어 다음 왕으로 만들었다. 왕 무정(武丁, 21대 왕)이 형제 중 가장 어렸던 부왕 소을(20대 왕)에게서 왕위를 받은 경우도 마찬가지이다. 재미있는 것은 이 규율에 어긋난 두 경우가 상의 역사에서 중요한 정치적 변화가 일어난 때와 일치한다는 것이다. 조을은 그의 형 전갑이 도읍으로 삼고 통치하였던 상(相)에서 북쪽 형(邢)으로 천도하였다. 문무정(文武丁)은 상 후기의 가장 강력한 왕으로 그가 상의 수도를 환베이(洹北)상성에서 환하 남쪽으로 옮겼을 것이라는 주장이 새로운 고고학 증거에 근거하여 제기되었다. 무정(武丁)은 또한 그 세대의 유일한 왕으로(이는 그가 그의 권력을 자신의 아들에게 이양했음을 의미한다), 이전 8세대에 걸친 기간에는 없었던 일이다.

동생이 형의 왕위를 계승하는 표준적인 규율은 무정 다음에 다시 복구되었지만, 다음 두 세대에 걸쳐 동생들이 일단 왕이 된 뒤에는 왕위를 맏형의 가족에게 넘기는 것을 거절하여 왕의 순서는 다시 되돌아가게 된다. 무을(武乙, 26대 왕)이 왕이 되었을 때, 그는 무정과 마찬가지로 왕위를 동생에게 넘기는 것을 거절하고 바로 자기 직계에게 양위하였다. 다음 두 왕들도 그렇게 하여 상 왕조의 말기에는 아버지에서 바로 아들로 계승하는 새로운 규율(사실 왕조 이전 규율)이 확고히 자리 잡게 된다.

앞서 언급한 왕위 계승의 복잡한 상황 때문에 상의 조상 숭배에는 아들이 왕이 된 직계 왕과 자식이 왕위를 계승하지 못한 방계 왕들 간에 분명한 차별이 나타난다. 두 계통으로 구분된 왕들에 대해서 각각 다른 체제에 따른 제사가 모셔졌다. 예를 들어 직계 조상은 배우자와 나란히 모셔져 숭배를 받았으나, 방계의 경우는 그렇지 못했다. 그러나 다음 논의에서 보는 것처럼 왕권은 나중에 모계를 통해 방계 가족들에게 되돌아가기도 하는데, 이는 여성 가족구성원이 직계 왕과 결혼함으로써 이루어진다.

매우 오랫동안, 학자들은 어떻게 상 왕들이 10개의 천간(天干)에서 그들의 이름을 얻게 되었는지 궁금해 하였다. 상 왕들이 실제로 그들이 태어난 날 또는 그들이 죽을 때 그날(10개의 천간)에 해당하는 이름을 받게 된다는 주장을 받아들이면서 대부분의 논의가 진행되어 왔다. 사라 알렌(Sarah Allan)에 의해 보다 정교하게 다듬어진 그 첫 번째 입장은 역사적 기록을 갖추지 못한 상족들이 자신들의 과거를 신화 속에서 찾았다는 것이다. 그녀의 관점에 따르면, 상 왕들을 10개 태양의 후손으로 받아들이던 사실에서 보듯이, 상의 지배 종족(宗族)은 태양과 관련된 토템 신앙을 믿고 있다는 것이다. 상의 왕이 태어나면 그는 (실제 그가 태어난 날이 아닌) '탄생 의례'가 치러지는 날에 따른 천간 이름을 받았다. 일정한 의례를 통하여 그가 탄생한 날짜에 특정의 태양을 은유

적으로 연결시켰던 것이다[일(日)이라는 단어는 태양과 날짜를 둘 다 뜻한다].[15]

장광즈가 주장한 또 다른 이론은 갑골문과 고고학적으로 확인되는 여러 현상을 보다 적절히 설명한 것으로 보인다. 그는 상 왕의 열 개 천간의 배열을 살펴본 뒤 많은 규칙성을 발견하였다. 예를 들어 '정(丁)'과 '을(乙)'이라는 이름은 동일한 세대에서는 나타나지 않는다. 그러나 세대가 바뀌면 두 이름 중 어느 것도 두 세대에 걸쳐 연속적으로 나타나지 않는다. '갑(甲)'이라는 이름이 '을(乙)'이라는 이름과 같은 세대에 쓰이면 그 세대에서는 '정(丁)' 또는 '병(丙)'이 나타나지 않는다. '경(庚)'과 '신(辛)'은 양 집단에 다 사용될 수 있다. 이러한 사실로부터 장광즈는 상 왕들이 두 그룹으로 나뉘어져 있다고 주장한 것이다.

을(乙) 그룹	정(丁) 그룹
을(乙)	정(丁)
갑(甲)	병(丙)
무(戊)	임(壬)
기(己)	

이러한 분석은 상 왕실 종족의 내부 조직을 이해하기 위한 토대를 새롭게 제공하여 준다. 상 왕실 종족은 실제 열 개의 상이한 가문으로 구성되어 있으며 각 가문이 독특한 천간 이름을 갖고 있다는 가설이 세워진 것이다. 열 개의 왕실 가문은 더 나아가 두 개의 족외혼 그룹(을과 정)으로 통합되었는데 이들이 상의 왕권을 교대로 계승하였다. 장광즈는 남아시아, 태평양 지역 그리고 아프리카의 일부 사람들이 그러한 '순환 계승' 체제의 관습을 가지고 있음을 보여주는 인류학적 사례를 제시하였다. 더 나아가 그는 을 그룹의 왕이 정 그룹 가문의 여성과 결혼하여 태어난 아들은 어머니 가문에서 양육되므로, 그들은 아버지 가문이 아닌 정 그룹 소속으로 간주된다. 왕이 죽으면 그는 가문의 천간 이름으로 불리며 다음 왕이 바치는 제물을 받기 위한 왕실 제사 명단에 등재된다. 그러한 방식으로 왕권은 상 지배층인 두 대규모 집단 사이에 지속적으로 이동하는 것이다.[16] 4장에서 언급한 대로 장광즈는 환하 북쪽에 위치한 시베이강의 상 왕

---

15   Sarah Allan, *The Shape of Turtle: Myth, Art and Cosmos in Early China* (Albany: State University of New York Press, 1991), pp. 25, 54-56.

16   K. C. Chang, *Shang Civilization* (New Haven: Yale University Press, 1980), pp. 158-209.

실 무덤이 두 개의 구역으로 나뉜 사실에 이 이론을 확대 적용하였다.

상나라 정부 조직의 미발달

장광즈는 상 왕실 정부에 대해서 말하기를 스스로 '최고 샤먼'으로 자처하는 왕을 받드는 무속적 관리들에 의해 수행되는 상호 구분이 되지 않는 역할의 총체라고 하였다. 관료제도와는 상관없이 상의 왕은 여러 신과 소통을 통한 무속적 권력을 행사하였는데, 왕의 청동 그릇에는 그들 여러 신을 도와주는 동물의 형상이 묘사되어 있다. '샤머니즘'이라는 주제에 대해서는 의견을 달리하지만 상에 대한 서구의 권위자인 데이비드 키틀리는 종교적 관료가 막중한 역할을 맡아서, 상 왕실 정부의 주요 기구를 실제로 장악하였다는 것에 대해서는 동의한다. 상의 통치는 개인적 보좌관에 지나지 않는 여러 정인 집단의 도움을 받는 상 왕의 개인적 지배에 전적으로 의존했던 것으로 이해된다. 최근 몇 년간 상의 종교 연구에 적용하였던 접근 방법을 실제 통치 부문에도 동일하게 적용하기 시작한[17] 키틀리의 주장에 따르면 상나라 정부가 종교적 관료에 전적으로 의존하고 있지만, 다수의 전문 정인이 관련된 왕실 점복의 실제적 운용은 '초기 관료제'의 특징을 보여주고 있다는 것이다.[18] 그러나 그러한 주장은 실제로 모호하며, 비록 상 정부의 토대로서 중요한 종교 제도가 정부 제도로 직접 전환될 수 있는지에 대해서는 근본적인 의문이 제기된다.

상 후기의 청동기 명문에는 실제로 '문서 제작자'와 궁정 관리로 보이는 '감독자'와 같은 비서직 관리의 역할이 언급되고 있다. 또 다른 갑골문의 경우에는 '많은 관리들', '많은 말들', '많은 대장들' 등등과 같은 용어가 사용되고 있는데, 이러한 용어들은 일부 학자들에 의해서 '관리 직위'로 받아들여지고 있다. 그러나 이 용어는 특정 집단

---

17 키틀리의 초기 관점은 비록 상의 왕실 조상 숭배가 근본적으로 종교적인 것이라 하더라도 그 제도가 일상적으로 유지될 뿐만 아니라, 규율에 따라 조상들이 숭배된다는 점에서 일정한 '관료제적 논리'를 보여준다는 것이다. David Keightley, "The Religious Commitment: Shang Theology and the Genesis of Chinese Political Culture," *History of Religions* 17.3.4 (1978), pp. 214-220 참조.

18 David Keightley, "The Shang," in Michael Loewe and Edward L. Shaughnessy (eds.), *The Cambridge History of Ancient China: From the Origins of Civilization to 221 BC* (Cambridge: Cambridge University Press, 1999), pp. 286-288.

의 사람들이 갖는 기능이나 지위를 설명한 것으로 보일 뿐, 상급자와 하급자 간의 관계를 확인해 주지 못한다. 갑골문은 또한 비록 상 왕이 그가 관심을 가진 다양한 범위의 주제에 대해 점을 치고 상 국가의 실제 경영과 관련하여 많은 점복이 특정한 방법으로 치러졌다는 사실을 알려 주지만, 상 왕이 행정 관료의 형성에 조금이라도 관심이 있었다는 것을 보여주지는 못하고 있다. 이러한 상황은 상 정부의 초보적 성격을 반영하는 것으로 갑골 기록만으로는 설명할 수 없는 것이다.

그러므로 안양 말기로 가면서 확인되는 '문서 제작자'나 '감독자'와 같은 역할을 제외하면 특정 행정 사무는 분화되지 않았으며 정부의 관료적 구조는 상 후기 중까지 아직 가시화되지 못하였다. 아직 상 정부의 행정 기능이 종교적 역할과 명확히 분리되지 않았으므로 정인들이 때때로 왕실 궁정에 올라온 행정 문제를 처리하기도 하고, 상 왕의 의사결정을 돕기도 했다는 것이 가장 가능한 대답일 것이다. 실제로 데이비드 키틀리가 묘사한 바처럼, 상 왕과 왕실 궁정의 임시변통적인 성격이 상 왕실 정부의 초보적 수준을 잘 말해 주고 있다.[19]

종교 중심의 패권 국가로서의 후기 상

상 국가는 안양 바깥에 '상 중앙'을 둘러싸고 있는 동, 서, 남, 북 지역의 '4토(四土)'가 있다는 관점에서 이해된다. 이 말은 상 왕이 풍작 여부를 점치는 내용을 기록한 갑골문에서 확인되고 있다.

사례(HJ : 36975) (그림 5.4)
을사일에 균열을 내고 왕이 개인적으로 점을 치고 물었다. "금년 (우리의) 상에 풍년이 들겠습니까?" 균열 흔적을 읽고 나서, 왕은 말했다. 상서롭다. [그리고 물었다.] "동쪽 땅에 풍년이 들겠습니까? 서쪽 땅에 풍년이 들겠습니까? 남쪽 땅에 풍년이 들겠습니까? 북쪽 땅에 풍년이 들겠습니까?"

---

19 David Keightley, *The Ancestral Landscape: Time, Space, and Community in Late Shang China (ca. 1200-1045 BC)* (Berkeley: Institute of East Asian Studies, 2000), p. 58.

그림 5.4 '4토'에 대해 묻는 상 왕(HJ: 36975)

이들 지역과 상 도성 사이에 빈번한 소통이 이루어졌는바, 갑골문에 상 왕이 여러 적들로부터 공격을 받은 이 지역의 거주지를 안정시키기 위한 군사적 행동에 대하여 점을 쳤다는 사실이 확인된다. '4토'의 지도자들은 명문에 '후(侯)' 또는 '자(子)'라고 언급되는데 후자는 안양 근처에 사는 상족 집단의 지도자이다. 후는 상족일 수도 아닐 수도 있는 자치적인 지역 집단의 지도자였을 것이다. 상 왕이 왕실 사냥이나 응징적인 성격의 원정 등으로 군사적 능력을 지속적으로 과시함으로써 이루어지는 일종의 협상을 통하여 여러 지역 집단과 그 지배를 인정받는 안양의 상 왕실 궁정 간의 정치적 관계가 유지되었던 것이다. 실제로 특히 안양 후기에 상 왕은 도성에서 멀리 떨어진 곳으로 며칠간 사냥 여행을 떠났다. 이러한 사냥 여행은 여러 지역 집단이 상 국가를 받들게 하는 데 중요한 기능을 하였으며 상 국가의 정치적 전략의 핵심적 부분이었다.[20]

---

20 상 왕의 사냥 관습에 대해서는 Magnus Fiskesjo, "Rising from Blood-Stained Fields: Royal Hunting and State Formation in Shang China," *Bulletin of the Museum of Far Eastern Antiquities* 73 (2001),

이러한 방식으로 상 왕이 지역 집단을 굴복시키기 위해 갖추게 된 권력은 그의 군사력 이외에 다른 방도가 없기 때문에 '합법적'이라기보다는 '패권주의적'이라고 규정하는 것이 타당하다 하겠다. 그 수준보다 높은 (또는 더 지속적인) 정치적 관계를 지금까지의 증거로는 확인할 수 없으며, 따라서 안양의 왕실 중심지 이외의 지역에는 상 정부에 의해 세워지거나 통합된 정부가 거의 없다 하겠다. 그러므로 상 국가의 지리적 범위는 있다 하더라도 정말로 파악하기 힘들고 시간에 따라 급격히 변동하였다. 상 왕의 권력이 원거리의 지역 집단을 상 국가에 복속시켜 그들의 지도자가 '후(侯)'라는 직위를 수용하게 할 만큼 강력하다면 그 경계는 아주 멀리까지 확장되고 반면에 왕의 권력이 위축되면 급격히 축소된다. 달리 말하면 상 왕과 여러 지역 지도자 간의 관계라는 관점에서 상 국가가 이해되는 것이다. 갑골문에 따르면, 아마도 무정(왕 21)이 장기간 통치한 안양 초기로 추정되는 어떤 시점에, 상 후기의 국가 관계망이 서쪽으로는 편하 계곡과 어쩌면 웨이하 계곡까지, 동쪽으로는 산둥의 서부까지 이들 지역에 위치하였을 집단들은 군사 연합 작전에 참여하라는 상왕의 요청을 정기적으로 받았던 것으로 전해진다.[21] 그러나 무정 이후 정점에 달했던 상의 권력은 급격히 약화되어 상 후기의 대부분 기간에 왕의 활동은 황하 중류의 허난 중앙과 북부에 국한된 것으로 보인다. 상에 친밀한 여러 집단이 고고학에서 '상 문화'로 인식되는 문화적 배경을 공유하였을 것이다. 그러나 '상 문화'를 공유한 집단이라고 하더라도 국가의 구성원이라고 할 수 없는 바, 대부분의 정치적 관계는 단지 문자 기록을 통해서만 파악할 수 있는 것이다. 상 국가에서는 영원한 동료도 영원한 적도 없었다.

한편으로 갑골문에는 멀리 산시(山西) 서부, 산시(陝西) 북부, 허베이 북부, 그리고 산둥 서부에 자리 잡고 있는 소위 공방(舌方)이라는 적에 대하여 상이 빈번하게 군사 원정을 하였다는 기록이 있다.[22] 이러한 방의 주체들 중 일부는 때때로 상과 연합하였으며 그래서 그들의 지도자는 '방백(方伯)'이라는 칭호를 얻기도 했는데 왕조 이전 주나라의 지도자가 그런 경우이다. 그러나 전반적으로 그들은 상에 대하여 적대적인 관계에 있었다. 갑골문에 기록된 외국의 정치 주체에 대한 좋은 증거가 4장에서 언급된

pp. 48-192 참조.

21   David Keightley, "The Late Shang State: When, Where, and What?" *The Origins of Chinese Civilization* (Berkeley: University of California Press, 1983), pp. 540-543 참조.

22   Keightley, *The Ancestral Landscape*, pp. 66-67.

상 문화 영역의 주변에 위치한 지역 청동기 문화를 통해서 확인된다. 예를 들어 귀방(鬼方)과 아마도 토방(土方)까지도 산시(山西)와 '저지대 오르도스'의 샨시(陝西) 북부에 분포하는 상과 밀접한 청동기 문화를 공유하였던 것이다. 갑골을 연구한 학자들이 수십 년 전에 주장한 대로, 안양 후기의 명문에 상 군사 원정의 대상으로 종종 나타나는 인방(人方)이 최근 산둥 지역의 고고학적 조사를 통해 장쑤 북부의 서남 산둥에 안정적으로 자리 잡고 있었다고 주장된다. 상이 빈번하게 인간 희생으로 이용했던 전쟁 포로의 주된 원천인 강방(羌方)은 상의 서부 지역 중에서도 서쪽, 즉 황하 상류 지역의 샨시(陝西) 서부와 동부 간쑤에 위치한 것으로 보인다. 호방(虎方)은 지금의 장시와 후난인 양쯔강 남부 지역에 위치했다는 주장은 충분한 근거를 갖고 있는바, 그곳에서는 북쪽의 상 후기와 같은 시기에 지역 청동기 문화인 우청 문화가 발전하였기 때문이다.

이러한 여러 방(方) 정치체는 상과 밀접한 접촉을 가짐과 동시에 상 왕이 계획한 군사 원정에 대항하면서 나름대로의 외부 세계를 형성하였다. 외부의 독립적인 방 정치체와 상 사이의 관계는 전쟁의 빈번한 발발로 나타난다. 이들 중 일부 정치체는 국가 수준으로 발달하였을 것이지만 다른 정치체들은 수장사회 수준에 머물렀을 것이다. 그러나 상이 닿을 수 없는 먼 곳의 외부 정치체도 존재하였는데, 그중 하나가 국가 수준의 정치체 중심지였을 청두평원의 싼싱두이이다. 연구된 바에 의하면 최소한 상이 안양의 청동기 주조에 사용한 상당한 양의 구리가 적어도 멀리 쓰촨에서 가져온 것으로 전하는데, 안양과 싼싱두이에 중심을 둔 정치체 사이에 소통이 이루어졌다는 직접적 증거가 갑골문에서는 확인되지 않는다.

참고문헌

Allan, Sarah, *The Shape of the Turtle: Myth, Art, and Cosmos in Early China* (Albany: State University of New York, 1991).

Bagley, Robert, "Anyang Writing and the Origin of the Chinese Writing System," Stephen D. Houston (ed.), *The First Writing* (Cambridge: Cambridge University Press, 2004), pp. 190-249.

Chang, K. C., *Shang Civilization* (New Haven: Yale University Press, 1980).

Keightley, David, "The Shang," Michael Loewe and Edward L. Shaughnessy (eds.), *The Cambridge History of Ancient China: From the Origins of Civilization to 221 BC* (Cambridge: Cambridge University Press, 1999), pp. 286-288.

_____, *Sources of Shang History: The Oracle-Bone Inscriptions of Bronze Age China* (Berkeley: University of California Press, 1978).

_____, "Marks and Labels: Early Writing in Neolithic and Shang China," Miriam T. Stark (ed.), *Archaeology of Asia* (Malden: Blackwell, 2006), pp. 177-202.

_____, *The Ancestral Landscape: Time, Space, and Community in Late Shang China* (ca. 1200-1045 BC) (Berkeley: Institute of East Asian Studies, 2000).

제6장 명문화된 역사: 서주 국가와 청동 용기

　주(周) 왕조는 오랜 유교적 전통 속에서 높은 평가를 받으면서, 정치적 완성과 사회적 조화의 모범 사례로서 중국의 문화와 정치 역사에서 특별한 위상을 갖고 있다.[1] 어떤 측면에서 그러한 평판은 당연한 것이었다. 잘 기록된 초기 제국시대와 주 왕조를 단절시킨 (상과 같은) 또 다른 문명이 없었기 때문이다. 반면에 주 왕조는 특히 그 왕실 질서의 쇠퇴로 인해 제국 체제의 싹이 성장한 사회 문화적 환경을 창출했다. 그 속에서 모든 중국 철학의 제창자들이 생명력을 갖추게 되었다. 다른 한편으로 주 왕조는 상 왕조에 비교해서 볼 때 문자 문화의 가치가 충분히 조사되고 이해된 시기로, 더 일관된 방식으로 당대 기록 문서에 근거해서 정치적, 사회적 제도를 분석할 수 있는 기회를 부여해 준다. 관료제 행정에 대한 단서를 찾게 되고, 국가 개념이 왕정 개념과 구별되기 시작한 것 또한 이 시기이다.

선주(先周)의 탐색

　'주'가 상을 정복한 극상(克商) 이전에도 '주'라는 이름의 사람들이 존재하였는지를 묻는 것은 모순은 아니지만 상당히 불필요한 질문이다. 그럼에도 불구하고 중국의

1　주 왕조의 높은 지위는 '주(周)'라는 단어가 이후 중국 역사의 다섯 체제의 왕조 명, 즉 우문각(宇文覺)이 건국한 북주(北周, AD 557-581), 무측천(武則天)이 세운 무주(武周, AD 690-705), 곽위(郭威)가 세운 후주(後周, AD 951-960), 장사성(張士誠)이 세운 대주(大周, AD 1354-1367), 오삼계(吳三桂)가 세운 오주(吳周, AD 1674-1681)에서 쓰였다는 사실에서 알 수 있다.

상당한 지역을 통치한 적이 있는 다양한 체제의 왕조, 예를 들어 상, 주 그리고 진(秦)의 '이전' 또는 '원형'의 문화들에 대한 연구가 1970-1980년대에 중국 고고학의 주류를 이룬 바 있다. 이 연구들의 기저에는 고고학적 자료를 통해서 왕조 이전의 역사를 찾을 수 있으며, 물질문화를 규명하면 종종 모호한 기록을 통해 알 수 있는 것보다 더욱 이른 시기의 과거를 추적할 수 있다는 전제가 깔려 있다.

주 왕조는 이러한 작업을 수행하는 데 이상적인 기반을 제공한다. 주는 상 안양의 무정(21대 왕) 시기 갑골에서 자주 언급된다. 전해져 내려오는 주 왕실의 가계에 따르면 그 시작은 최소한 하 왕조 말 부패한 하나라의 체제에서 관직을 사임하고 오랑캐 속에서 살기 위해 들어간 부줄(不窋)에까지 거슬러 올라간다. 그뿐만 아니라, 전해져 내려오는 기록에 따르면 주 사람들은 그들의 초기 역사 대부분을 상 왕국의 서쪽에 있던 것으로 추정되는 빈(豳)(지도 6.1)이라고 불리는 지역에서 살았다. 과거 2,000년간 샨시(陝西)의 징하(涇河) 상류 계곡에 빈이 있었다는 사실에 대해서는 별 논쟁이 없었지만, 몇몇 현대 학자들은 '빈'과 '펀(汾)'하의 중국 고대 이름이 발음상 비슷하다는 것을 근거로 산시(山西) 남부 펀하 계곡이 주 사람의 고향이라는 주장을 하였다. 펀하설을 따르면 주가 상의 바로 이웃에 위치하여 자연스러운 추정이 되긴 하지만, 그 지역 고고학 유적 중 주 왕조 문화와 강한 연계를 보이면서 실제로 선주의 것으로 주장될 만큼 확인된 것은 없다.

반면에 고고학자들은 샨시 지역 중 주로 웨이하와 징하 유역에서 다수의 유적을 찾았고 선주 시기(상 후기와 동일 시기)로 추정되는 유물들을 발굴하였다. 이 유적들을 역사상 주나라 사람들과 관련시키는 것에는 학자들 간에 상당한 의견의 불일치가 있으며 다수의 유적에 대한 연대 및 시기 구분과 관련된 논쟁도 복잡하다. 이러한 논쟁 속에서도 징하 계곡 상류의 녠쯔포(碾子坡)(전기 층위) 유적은 일반적으로 웨이하 평원에서 발견된 대부분의 다른 유적보다 앞선 단계에 속하는 것으로 받아들여지고 있다. 그 연대는 토기 형식을 근거로 신중히 판단되었을 뿐만 아니라, 그 유적에서 발견한 명백하게 오랜 형식의 청동기가 안양에서 발견된 가장 이른 형식의 청동기에 대응된다는 사실을 통해서 확인된 것이다(그림 6.1). 더욱이 녠쯔포의 초기 연대를 지지하는 증거가 방사성탄소연대 측정의 분석 결과로서 제시되었는데 유적의 연대가 서기전 13세기 말 이전, 즉 대략 서주 왕조가 건설되기 2세기 전으로 추정되었다. 여러 측면에서 녠쯔포 토기군은 웨이하 계곡의 왕조 이전은 물론 이후의 주 문화에 계속되는 특징을 보

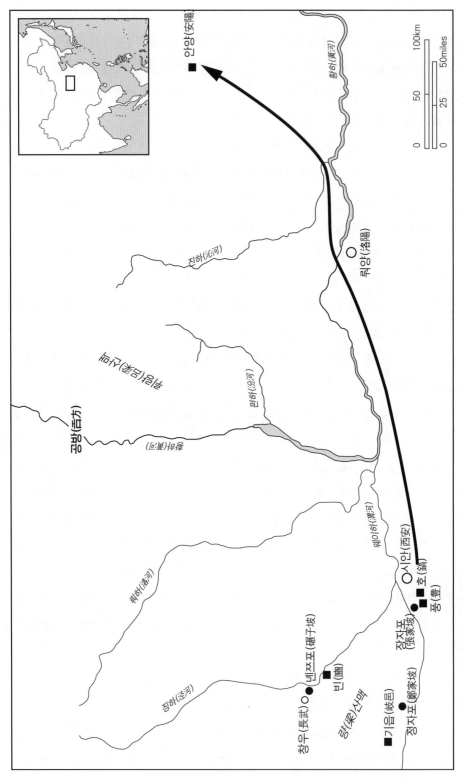

지도 6.1 선주 문화 유적지와 서기전 1045년의 주 정복 원정

1·2: 정(鼎, 가마솥), 3: 부(瓿, 술단지), 4: 갑골

그림 6.1 넨쯔포에서 출토된 청동기와 갑골

여준다. 특히 넨쯔포에서 점복을 위해 갑골을 준비하는 방식이 주 점복 관행과 강한 연관성을 보이는 반면 상의 전통과는 달랐다. 비록 넨쯔포는 빈의 유적이 아니더라도 징하 상류 계곡에 그 유적이 위치하므로, 주가 징하 상류 유역에서 벌인 활동에 대한 역사적 기록을 뒷받침한다 하겠다.

북쪽의 넨쯔포 초기 층위의 연대보다 보통 늦은 것으로 추정되는 왕조 이전 유적들이 웨이하 계곡에 위치했음이 분명하다. 이곳에서 세 가지 토기 제작 전통을 통해서 문화적 요소가 조합되는 전형적인 모습을 확인하였다(그림 6.2). (A) 샨시 지역에서 발달한 것으로 모아진 잎 모양의 세발 달린 력(鬲)과 어깨가 넓은 항아리로 이루어진 전

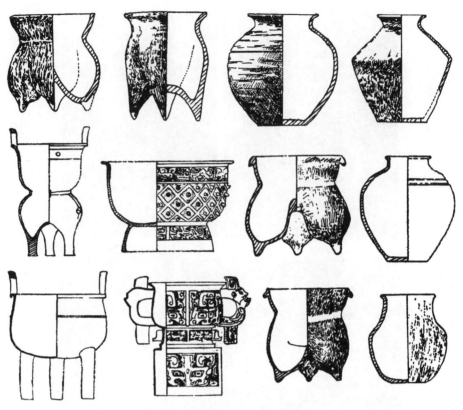

언(甗, 시루 솥), 궤(簋, 큰 그릇), 정(鼎, 가마솥) 등의 청동기와 력(鬲), 관(罐) 등의 토기

그림 6.2 선주 시기의 청동기와 토기의 사례

형적인 요소, (B) 갈라진 잎 모양의 세발 달린 력²으로 대표되는 북서쪽 지역에 기원을 둔 요소, (C) 명백히 동쪽 상 문화 전통으로 파악되는 뚜껑이 있는 움푹한 접시 궤(簋)와 굽 높은 접시 두(豆)로 이루어진 요소가 바로 그것이다. 거의 순수하게 B 또는 C 형식의 요소만을 보이는 몇몇 유적을 제외하면 이들 요소는 대부분 넓은 범위의 여러 지역에서 다양하게 혼합되어 어떤 유적이 주 혹은 주 이외의 사람들이 거주한 취락인지 여부를 판단하기 어렵다. 실제로 최근의 분석에 의하면 주 왕조의 물질문화는 선주 문화만큼 여러 요소가 혼합되어 이루어진 것이다. 선주 문화의 정체성 파악이 미진한 것

2 웨이하 계곡의 선주 시기의 토기 형식에 대한 논의는 Jessica Rawson, "Western Zhou Archaeology," Michael Loewe and Edward L. Shaughnessy (eds.), *The Cambridge History of Ancient China: From the Origins of Civilization to 221 BC* (Cambridge: Cambridge University Press, 1999) pp. 375-385 참조.

은 실제로 고고학적 자료가 암묵적이며 모호한 성격을 갖고 있기 때문으로 고고학자들은 자신들의 작업가설을 재검토할 필요가 있다.

그렇지만 고고학적 해석은 최소한 사회 실체의 한 부분을 반영한다. 즉 주가 상을 정복하기 전의 한 세기 동안 다양한 출신지의 사람들이 웨이하 평원에서 외부 경계지역과 교류하는 문화적, 정치적 네트워크 안에서 거주하였음을 알 수 있다. 그러므로 고고학은 주나라 사람의 물질적 정체성을 규명하기에 앞서 그들이 권좌에 오르게 된 문화적 맥락을 밝히는 데 진정으로 기여한 바가 적지 않다 하겠다. 앞서 언급한 왕조 이전의 유적과 관련된 서기전 12세기 후반 어느 때인가 사람들이 고공단보(古公亶父)를 따라서 움직인 역사적인 이주를 통하여 주 사람들의 중심지가 이미 웨이하 계곡의 서쪽 지역으로 바뀌었던 것은 분명하다. 다시 말해서 주 사람을 입증하는 근거가 되고, 상의 정복 이후 점차 북중국 전통의 주류를 차지하는 물질문화는 안양 후기 무렵 웨이하 계곡의 서쪽 지역에 분포한 여러 유적에서 이미 나타난 요소들로 구성되어 있었던 것이다. 그러나 각 유적을 주 사람 또는 다른 종족 집단의 것으로 특정하는 것은 언제나 논쟁거리가 될 수 있다.

실제로 전래된 주의 문헌 전승에는 고공단보의 손자인 문왕(文王) 시절 두 작은 정치체 사이의 영토 분쟁에 외교적으로 개입하고, 이후 징하 지역 상류로 군사 원정을 단행한 주의 북서 지역에서의 활동이 기록되어 있다. 문왕의 어머니는 상의 공주였고 부인 또한 동쪽 출신이기 때문에 주와 강력한 동쪽의 상 왕국의 관계에 대해서는 『시경(詩經)』에서 크게 칭송하는 기록이 전한다. 상과의 긴밀한 관계는 선주의 도성인 기읍[岐邑, 지금의 저우웬(周原)]에서 발견된 주 자체 제작의 갑골문에 생생하게 표현되어 있다(상자 6.1). 놀랍게도 이 갑골문은 왕조 이전 시기의 주 가문은 자신의 조상뿐만 아니라 가장 최근에 죽은 상 왕들을 포함한 상나라의 선조까지 숭배하였음을 분명하게 알려 주고 있다. 명문들은 주가 웨이하 유역에 지역 세력으로 확고히 자리한 뒤에도 적어도 일정 기간 상이 북중국의 막강한 세력이라는 정치적 현실을 인정했음을 명백하게 보여준다.

주의 상 정복

서기전 1059년 5월 말, 태양계의 다섯 주요 행성(목성, 토성, 화성, 금성 그리고 수성)이 치산(岐山) 기슭 주 도성의 북서쪽 하늘 적위 2°에서 7° 사이로 측정되는 좁은 공간에 모이게 된다. 주나라의 전승 기록에 적오(赤烏) 별자리가 지상에 있는 제단에 내려앉아 오성취(五星聚)가 만들어진 것으로 전하는 이날은 현대 과학을 통하여 상 마지막 왕의 재위 32년차에 해당하는 것으로 밝혀졌다. 이것은 오직 매 516년마다 일어나는 아주 드문 천문 현상으로 주에 대한 천명(天命)을 상징한 것으로 받아들여졌다. 이를 계기로 문왕은 왕권을 선언하였고, 이에 따라 공식적으로 상의 체제에서 독립하게 된다.[3] 더 중요한 것은 문왕이 하늘의 명령을 받았다는 믿음이 주 국가의 이상적 토대가 되었으며 서주 전 기간 동안 주나라의 명문으로 칭송되었다는 사실이다.

상자 6.1 **주의 갑골**

갑골문으로 유명한 것은 상이지만, 주나라도 갑골 점복을 실행한 것은 의심의 여지가 없다. 1950년대 이후 주나라 문화 유물이 보존된 층위나 유구가 있는 중국 동부 다수의 유적들에서 명문이 새겨진 골편들이 출토되었다. 그러나 이 유적들에서 출토된 유물은 그 수량이 아주 적었으며 그 명문의 문맥도 맞추기 어려웠다. 그보다 더 많은 주나라의 문화적 맥락을 가진 갑골 자료들 중에는 1977년 선주의 도읍인 저우웬(周原)의 건물 기단을 발굴할 때 두 구덩이(H11과 H31)에서 발견된 약 293점의 명문이 새겨진 조각이 포함되어 있었다. 이 발견 이후 갑골과 그것이 발견된 건물 구조물의 연대에 대하여 치열한 논쟁이 지속되었다. 대체로 이 유물들의 대다수는 서기전 1045년 주의 상 정복 이전에 생산된 것으로, 다시 말하면 안양의 상 후기 왕 통치 기간과 그 시기가 같다. 나머지는 서주 왕조의 초기 몇십 년 동안에 제작된 것이다.

이 파편의 명문에 기록된 주제는 광범위한데, 그 문맥을 정리하여 파악되는 내용 중에는 탕(대을, 1대 왕), 무정(21대 왕), 문무정(27대 왕), 제을(28대 왕)을 포

---

3   David W. Pankenier, "The Cosmo-Political Background of Heaven's Mandate," *Early China 20* (1995), pp. 121-176 참조.

함한 상나라의 조상과 죽은 왕들에게 바쳐진 의례용 제물에 대한 점복 기록이 포함되어 있다. 그러한 사실로 인하여 일부 학자들은 이 갑골은 상의 정인들이 제작한 것으로 정복 후 주의 도읍으로 옮겨졌다는 주장을 하였다. 그러나 그들의 물질적 특징을 보면 문장 양식과 서체에 이르기까지 여러 측면에서 안양의 갑골과 다르기 때문에 주나라의 문화적 배경에서 생산된 것임이 틀림없다. 저우웬 갑골에 언급된 또 다른 주제를 보면 문왕에게 바치는 제물, 왕실 사냥 여행, 그리고 하늘에 대한 보고 등의 내용이 있다. 초(楚) 국가를 언급한 세 점의 갑골편 중에서 두 점은 초나라 지도자가 주 중심지를 방문한 것에 대한 보고가 분명하다는 사실 또한 흥미로운 일이다.

명문이 있는 약 600점의 갑골 무더기들이 2003년부터 저우웬 서쪽으로 18km 떨어진 저우공먀오(周公廟) 유적에서 발견되었다. 이 새로운 갑골문은 의심할 바 없이 그 어느 것보다 내용이 다양하고 풍부한데 문왕과 그의 아버지 계력(季歷), 소공(召公), 필공(畢公), 무왕(武王)의 형제들, 그리고 많은 복골의 점복 예언자로 추정되어 가장 중요시되는 주공(周公) 등 주나라 초기 역사의 중요한 인물들의 이름이 언급되어 있다. 그러나 저우공먀오에서 새로이 출토된 갑골의 대부분은 아직 보고되지 않았다.

사례

계사일, 문무를 겸비한 제을(帝乙, 상 왕)의 사당에 제물이 봉헌되었다. 점복: "(주) 왕이 성탕(成湯, 주나라의 시조)에게 제물을 바치겠습니까? … 무속과 경배 … [그가] 세 마리의 양과 돼지를 안 바칠까요? 그 정도면 적절한데."

10년 정도에 걸친 문왕 통치 기간에 상에 우호적인 웨이하 유역의 공동체 대부분을 제거하여 주나라가 상 서쪽 변방에서 지역적 패권을 장악하는 데 성공한 것으로 보인다. 동쪽으로는 주의 군대가 산시(山西) 남부 몇몇 정치체를 공격하여 상의 중심지 가까이 접근하였을 수도 있다. 문왕이 죽기 직전인 서기전 1049년에는 웨이하 평원의 중심 지역을 차지하게 되면서, 주 세력의 성장을 상징하는 새로운 도읍 풍(豐)을 평수

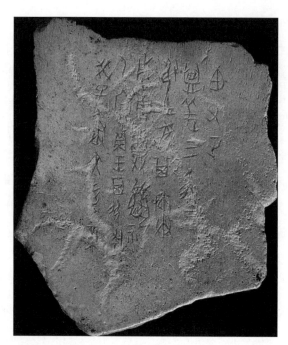

그림 6.3 주의 저우웬(周原) 갑골문 사례

(灃水)의 서쪽 제방에 건설하였다.

　　문왕 사망 이후, 주의 지배층은 상과 최종 전투를 벌이기 위해 상당히 서둘렀음에 틀림없다. 당시 상은 산둥 지역의 인방(人方)과 몇몇 다른 토착 정치체를 공격하기 위해 몇 차례의 중대한 군사 원정을 벌이고 있었다. 현대의 학자들이 전승 문헌과 청동기 명문에서 얻을 수 있는 정보를 종합해서 이 서사시와 같은 원정에 대한 몇 가지 중요 세부 내용을 규명하였다. 서기전 1046년 12월 중순, 아버지의 삼년상을 치른 무왕(武王, 전사 왕)은 주나라 군대를 이끌고 동쪽으로 원정을 떠나 서기전 1045년 1월 중순에 상의 도읍 안양 남쪽 외곽 목야(牧野)에 도착했다. 주는 자신들보다 수적으로 우세한 적에 맞서 서쪽 지역의 여러 부족 및 공동체와 연합하였다.[4] 전투는 분명히 매우 치열했을 것이다. 1978년 샨시에서 발견된 청동 예기 이궤(利簋)(그림 6.4)의 명문에 의하면 갑자일 아침에 시작해 다음 날 밤까지 전쟁이 계속되었으며 그 다음 날 아침에 주의 완전한 승리로 끝났다. 상의 마지막 왕은 그의 궁정으로 철수하여 연인과 함께 분신하였다.

4　　Edward Shaughnessy, "'New' Evidence on the Zhou Conquest," *Early China* 6 (1981.2), pp. 66-67 참조.

그림 6.4 이궤(利簋, 높이 28cm, 지름 22.0cm)와 주의 정복을 기록한 명문

이궤(JC: 4231)

무왕은 상으로 원정을 떠났다. 갑자일 아침이었다. 목성이 위에 있었고 [그날] 해질녘에 [그들을] 물리쳤다. 새벽에 우리는 상을 점령했다. 신미일에 왕은 관(管)의 주둔지에 있었으며 관리 이(利)에게 청동을 하사했다. [이(利)는] 그것으로 단공(檀公)에게 바치는 이 청동 예기를 만들었다.

서주 왕조의 토대가 된 이 역사적 전쟁은 중국 서부의 산맥과 계곡에 살던 부족 및 공동체의 연합세력과 그에 대항한 동부 평원의 상 및 상에 우호적인 집단 간에 이루어진 중대한 결전이었다. 이 결전에 따른 장기간에 걸친 영향을 충분히 예견하지 못한 무왕은 상나라 도읍 근처에 형제 두 명을 배치하는 일시적인 점령정책을 취하고 마지막 상 왕의 아들인 무경(武庚)을 명목적 통치자로 하여 상 사람들을 그의 지배하에 두었다. 주의 주력 부대는 왕과 함께 서쪽으로 복귀했다. 정복 2년 만에 서기전 1043년 무왕이 죽고 주공이 주 궁정의 실질적 지배자가 되자 그의 두 형은 무경 및 동부 평원의 이전 상에 속했던 세력을 끌어들여 서쪽 주 궁정 세력에 대항하는 전면적인 반란을 일으켰다. 동쪽에 대한 통제력을 회복하는 데 다시 3년이 소요되었지만 이로 인해 주는 상의 잔여 세력과 반란 의혹이 있는 세력을 제거하면서 허베이 북부와 산둥 서부 지역으로 그 영역을 넓혔다. 남쪽으로는 주의 군대가 화이하(淮河) 북부 지역까지 장악하였을 수도 있다.

서주 이후의 기록은 이러한 사건이 일어났을 무렵 성왕(成王)이 아주 어렸다는 것을 강조하는 경향이 있는데, 이는 어려운 시기에 지칠 줄 모르는 노력으로 주의 정치적 질서를 잡은 실질적 건국자 주공의 역할을 부각시키기 위한 것이다. 청동기 명문에는 성왕이 동방 군사 원정을 주도한 실질적 인물인 것처럼 묘사하고 있다. 어쨌든 주공과 죽은 무왕의 또 다른 형제인 소공(召公)이 모두 동쪽 지역에 대한 주의 통제력을 확보하는 데 탁월한 역할을 한 것에는 의심의 여지가 없다. 주공은 명문에 산둥 지역에 위치한 상나라 이전의 연합세력, 특히 엄(奄)과 박고(薄古)를 정복한 것으로 기록되어 있다. [태보(太保)라고 알려진] 소공은 주 궁정 내 역할이 주공을 능가하기도 하였는데 그는 상 체제에 충성한 것으로 보이는 동쪽 다섯 지역의 지배자를 평정했다고 알려져 있다.[5] 우리가 서주 국가에 대해 이야기할 수 있는 많은 것들은 무왕의 첫 번째 정복보다는 두 번째 정복의 결과라고도 할 수 있다.

왕실 도시의 연계망과 주의 물질문화

정치적, 종교적 에너지가 안양이라는 주요 도시 하나에 집중되었던 후기 상 국가와 달리, 주의 왕실 권력은 웨이하 평원 여러 곳에 왕실 중심지를 설치하는 네트워크를 갖추고 있었다. 왕조 이전의 도시 중 첫 번째 도시인 기읍(岐邑, 명문에는 '주'라고 언급)은 서주 시대(1045-771 BC) 전 기간에 걸쳐 번영을 지속하였다. 펑수(灃水) 서쪽 제방에 위치한 도읍 '풍(豐)'은 문왕 통치하에 건설되었고 강의 동쪽 제방에 위치한 도성 호(鎬)는 무왕 통치하에 건설되어 '종주(宗周)'라는 이름으로 청동기 명문에 언급되었다. 과거와 현재의 학자들이 이 중 몇 도시들을 청동기 명문에 언급된 주 왕실 중심지로 보는 것에 대해 의문을 제기하고 있긴 하지만, 그 지위와 위치에 대해서는 전반적으로 같은 의견을 갖고 있다. 앞서 세 읍 이외에도 청동기의 명문은 또 다른 읍 방(牶)이

---

5   서주 초기의 역사적 발달에 대한 논의는 Edward Shaughnessy, "The Role of Grand Protector *Shi* in the consolidation of the Zhou Conquest," *Ars Orientalis* 19 (1989), pp. 51-77를 보시오.

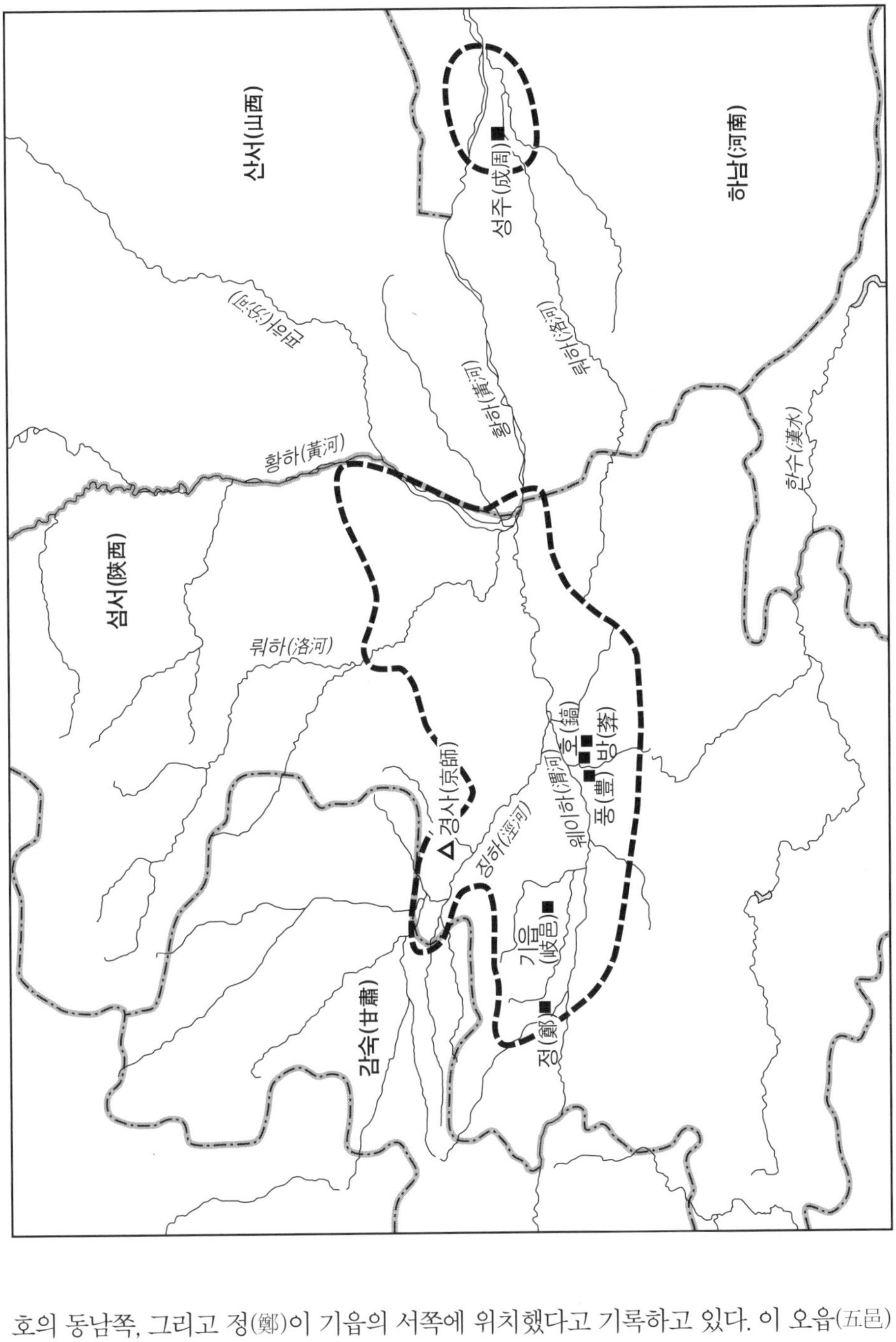

지도 6.2 주나라 중심 지역, 왕기(王畿)

호의 동남쪽, 그리고 정(鄭)이 기읍의 서쪽에 위치했다고 기록하고 있다. 이 오읍(五邑)들이 묶여서 최고 수준의 지역 정부 조직을 갖춘 '오성(五城)'이라는 이름으로 명문에 언급되었을 가능성이 아주 높다(지도 6.2). 오늘날의 뤄양(洛陽) 근처 동쪽에 주가 정복한 이후 신도시 성주(成周)가 건설되어 동부 평원의 서주 행정 중심지 역할을 하였다.

이 중 주 왕이 가장 빈번하게 관리들을 만나고 임명하며 국가 의식과 연회를 베푼 읍[서주 중기에는 정(鄭)]이 어느 곳인지 파악하는 것은 중요하다.

비록 기읍(주)에서 모든 왕실 조상의 사당이 모셔진 것처럼 사회정치적 기능이 약간씩 다를 수는 있지만, 이 읍들은 서로 비슷한 수준의 높은 복합도를 갖추었으며 주의 중심 역할을 수행하였던 것이다. 아마도 왕실 중심지로서 그 읍들이 갖는 특별한 정치적 지위 때문에 주 궁정은 오읍 모두의 전반적 책임을 담당할 관리들을 자주 임명한 것으로 전한다. 그들의 책임은 종교적인 봉사에서부터 지역의 안전까지를 그 대상 범위로 하였는데, 서주 후기에는 오읍들에 거주하는 농민 인구를 통제하는 책임을 지는 관리도 있었음이 확인된다. 명문에 따르면 이러한 책임은 특정의 읍에 속하는 관리들에게 부과된 정상적인 범위의 책임과 다르다는 사실이 분명하게 확인된다.[6]

이들 주요 읍에 고고학적 작업이 집중된 사실은 충분히 이해할 만한데, 풍, 호, 기읍의 세 읍 유적은 고고학적으로 확정된 반면, 방과 정의 위치는 여전히 탐색 중이다. 고고학자들은 세 곳의 중심 유적에서 많은 수의 궁정과 사원의 기단과 함께 세 읍과 관련된 거주 구역과 공동묘지에서 엄청난 양의 유물을 발견하였다. 각 범주의 물질 자료는 관심 영역별로 해당 연대를 판단하고 그 문화적 의미를 탐구할 수 있는 집중적인 연구가 이루어질 수 있는 토대가 된다. 더 나아가 중심된 유적에서 확보된 내용은 주나라 문명의 특징을 물질적으로 밝히는 데 도움을 준다.

다양한 형식의 동물 얼굴을 청동기의 장식으로 수용함으로써 서주 초기의 청동기 문화는 상나라 청동기의 엄숙하고 신비스러운 특징을 물려받게 된다. 고품질의 용기를 제작하기 위하여 주의 장인은 불룩한 가장자리와 크게 융기된 치레장식을 먼저 제작한 다음 그것을 용기 몸통을 주조할 거푸집에 삽입하는 공정을 거쳤는바, 이를 통하여 보다 정교한 모양의 청동기를 만들어 낼 수 있었던 것이다(그림 6.5). 전반적으로 서주 초기의 청동기는 윤곽을 내는 데 곡선이 좀 더 많이 표현됨으로써 상의 청동기에 비해서 더욱 우아하고 균형감 있게 보인다. 거의 모든 형식의 청동기가 상 후기에 만들어졌지만, 손잡이 항아리 가(斝), 술잔 고(觚)와 작(爵)과 같은 주기(酒器)가 집중적으로 제작 사용된 경향은 사라지고, 큰 솥 정(鼎), 뚜껑 있는 움푹한 접시 궤(簋)와 같은 일련

---

6   Li Feng, *Bureaucracy and the State in Early China: Governing the Western Zhou (1045. 771 BC)* (Cambridge: Cambridge University Press, 2008), pp. 165-170 참조.

그림 6.5 초기 서주 유(卣) 용기(높이 35.5cm, 폭 22.8cm)

의 음식을 담는 새로운 용기가 주로 등장하게 된다. 예를 들어 동일한 형식의 청동기라
고 하더라도, (이궤와 같이) 키가 높은 장방형의 기대 위에 올려진 접시 궤는 틀림없이
주의 창안물이다. 비록 중심 유적에 위치한 주조 공방에서 서주 초기의 장인들이 상나
라 전통에 크게 영향을 받은 방식으로 대부분의 작업을 하기는 했어도 그들은 상 선조
들과는 완전히 다른 양식의 갖춤새를 만들어 냈다(그림 6.6).

서주 중기 초 이후 주의 청동기 문화에 상당히 새로운 변화가 일어난다. 한때 상의
청동기 예술이 보여주고 서주 전기 청동기의 특징이기도 했던 신비로움은 사라지게

1·7: 준(尊, 항아리), 2·6유(卣, 단지), 3: 굉(觥, 술통), 4: 방이(方彝, 용기), 5: 궤(簋, 뚜껑 있는 움푹한 접시), 8·12: 정(鼎, 큰 솥), 9: 호(壺, 술 단지), 10: 화(盉, 물 주전자), 11: 보(簠, 곡물 함)(1-4: 서주 전기, 5-8: 서주 중기, 9-12: 서주 후기)

그림 6.6 서주 청동 그릇의 진화된 형태

된다. 짐승 얼굴이 표현되고 테두리와 치레장식의 복잡한 표면 구조를 가진 청동기는 보이지 않는다. 대신 장인은 관심을 돌려 자신들이 선호하는 모습을 보다 상세하게 평면상에 묘사하게 된다. 이러한 경향으로 인해 결국 과장된 깃털을 갖춘 다양한 형태의 새 모양이 창안되었는데, 이는 서주 중기 청동기의 가장 현저한 특징이다. 산시(陝西) 외곽의 지역 중심지에서는 좀 더 오래 남아 있긴 했지만, 그 시기에 한 벌의 주기들이 웨이하 계곡의 무덤에서는 완전히 사라지기 시작한다. 이로 인하여 식기와 일련의 세수용 수기(水器, 물그릇)가 딸린 청동 용기 갖춤새가 무덤 부장품의 거의 전부를 대체한다. 이러한 두 가지 변화로 상의 청동기 생산과 관련하여 오랫동안 지속된 전통은 사라지게 된다. 그러나 목왕(穆王)의 통치 직후 주나라의 청동 예술은 새로운 전환점을 맞이하는데 다양한 새 무늬 도안이 구조적으로 해체되면서 기하학적 형식의 상이한 추상적 도안이 점진적으로 발달하게 된다. 이 새로운 기하학적 도안은 대부분 굵은 단선 부조 방법을 구사하여 사방으로 자유롭게 반복적으로 표현되면서 청동기 표면의 장식과 같은 시선을 집중시킬 만한 이미지가 보이지 않게 된다.[7] 이 새로운 경향의 표현은 서주 후기 이전에 완전히 뿌리를 내렸으며 춘추시대 후기까지 지속되어 중국 청동기 예술을 지배하기에 이르렀다.

중심 지역에서 새로운 표준 모델이 발달한 주나라의 청동기 문화가 일찍부터 서주 국가의 넓은 지리적 공간에 걸쳐 보급된 것과 달리, 서주의 토기 문화는 근본적으로 여전히 지역적으로 차별화된 성격을 강하게 보여주고 있었다. 이미 상 문화의 궤(簋)와 두(豆) 같은 특정 기종을 왕조 이전 시기부터 받아들여 웨이하 토기의 전통을 형성하였지만, 무덤에서 발견되는 '세발 력(鬲) + 단지 관(罐)' 갖춤새는 상과는 전혀 다른 토기 문화를 보여준 바 있다. 실제로 주나라 전기의 전 기간에 걸쳐, 동쪽 평원의 토기 갖춤새는 상의 전통을 지속적으로 수용하고 있었다. 반면 웨이하의 주 중심 유적지에서 토기 문화는 그 기원이 다른 여러 형식을 수용하고 변형하는 긴 과정을 거친 것으로 보인다. 예를 들어 왕조 이전의 여러 유적에서 확인되는 세 가지 형식의 삼족기 력(鬲)은 주 도성 풍과 호에서 발견되는 토기 갖춤새 속에서 나름대로 자리를 잡게 된다 (그림 6.7). 이들 중심 유적지에서 서주 중기 기간에 무덤 부장 토기의 형식은 표준화와 단순화의 과정을 겪은 것으로 추정된다. 단일 유적 내에서의 형식적인 변화의 범위가 크게 줄어들면서, 웨이하 계곡에서 생산되어 사용된 토기 형식에서 확인되는 여러 유적 간의 차이는 점점 더 뚜렷해진다. 예를 들어 서주 후기 무렵, 제작 사용된 토기 형식의 차이를 웨이하 유역 서쪽의 저우웬과 중심지에 위치한 풍-호 지역 사이에서도 볼 수 있는 것이다.

---

7   Lothar von Falkenhausen, "Late Western Zhou Taste," *Etudes chinoises* 18 (1999), 143-178 참조. 서주 청동기의 도안 장식 발전에 대한 상세한 논의를 보려면 Jessica Rawson, *Western Zhou Ritual Bronzes from the Arthur M. Sackler Collections* (Washington, DC: Arthur M. Sackler Foundation, 1990), pp. 15-125 참조.

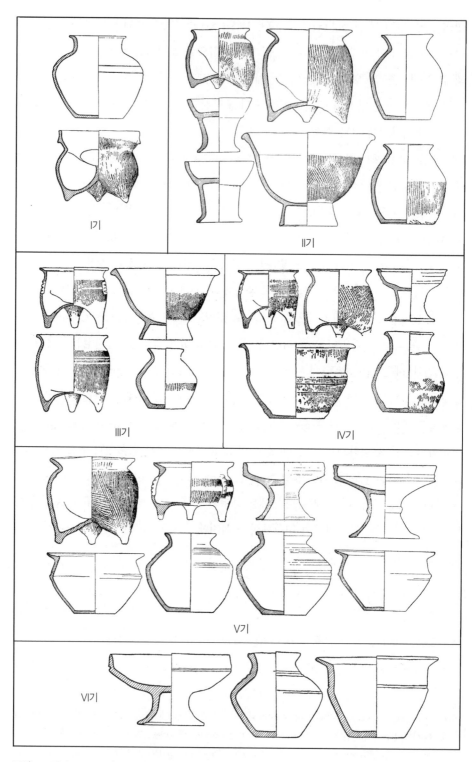

그림 6.7 장자포(張家坡)의 표준적인 무덤 부장 토기 갖춤새

'서구 봉건주의(Feudalism)'와 구별되는 '봉건(封建)'

오랫동안 서주 국가의 정치적 시스템은 서구 역사가에 의해 중세 유럽 봉건주의 이론적 틀 속에서 분석되어 왔다.[8] 이런 틀에서 서주 국가는 봉신(封臣)과 주 왕(周王) 간의 계약에 따른 의무를 통하여 느슨하게 결속한 원형(原形) 독립 정치체의 복합군으로 이해될 수밖에 없는 것이다. 주 왕실 정부는 왕의 개인적 고용인에 불과한 세습관리로 충원되었는바, 그러한 관계 속에서 주 왕은 자신의 좁은 영역을 넘어서면 별다른 권력을 행사할 수가 없게 된다. 그러나 최근에 이루어진 분석에 따르면 이러한 설명은 서주의 국가 체계를 잘못 이해하여 얻어진 것으로 밝혀졌다. 새로 발견된 다수의 명문에는 통치 기간 말기에서조차 주 왕은 여전히 웨이하 계곡에서 멀리 떨어진 곳의 전쟁에 지역의 군대를 동원할 수 있었던 것이다. 분명히 지역적 요소를 띠고 있으면서 주 왕과 왕실 관리에 의해 상당한 수준으로 작동되었던 국가 구조가 있었음은 사실이다. '서주 봉건주의(Western Zhou feudalism)'라는 개념의 실패는 1970년대 이후 유럽 역사 기술에서 그 타당성이 심각하게 도전을 받게 되면서 전 세계적으로 적용되는 사회정치적 모델로서 봉건제도(feudalism)가 근본에서부터 붕괴된 사실에서 비롯된다. 오늘날에 '서구 봉건제도(feudalism)'라는 개념이 여전히 중세 유럽의 보다 복잡한 상황을 설명하는 적당한 수단이라고 생각하는 학자는 아주 드물다.[9]

서주 국가를 특징짓는 시스템은 후대 전국시대 정치가들에 의해 '봉건(封建)'(글자 대로라면 경계를 짓고 국가를 세운다는 뜻)이라고 규정되었다. 그러나 용어에 사용된 두 글자는 모두 서주 청동기 명문에 기원을 둔 것으로 내용상 지역 국가[봉국(封國)]들을 세우는 것과 관련되어 사용된 것임은 분명하다. 여러 명문에서 봉국들의 건국 상황에 대한 기록을 볼 수 있지만 가장 자세한 명문은 1950년대에 발견된 의후측궤(宜侯矢簋)에 기록된 것이다(그림 6.8).

---

8   이러한 관점의 전형적인 사례가 다음의 글이다. Herrlee Creel, *The Origins of Statecraft in China*, vol. 1, *The Western Chou Empire* (Chicago: University of Chicago Press, 1970), pp. 317-387.

9   Li Feng, "'Feudalism' and Western Zhou China: A Criticism," *Harvard Journal of Asiatic Studies* 63.1 (2003), pp. 115-144.

그림 6.8 의후측궤와 명문

의후측궤(JC:4320)

사월 정미일이었다. [왕은] 무왕과 성왕이 수행한 상 정복을 그린 지도를 관찰하다가 동부에 위치한 국가들의 지리를 살펴보게 된다. 왕은 의(宜)의 사당에서 남쪽을 향해 서 있었다. 왕은 우후(虞侯) 측(夨)에게 책령을 내렸다. "의(宜)로 옮겨가 통치하라. [내가] 너에게 한 우(盂)의 고급 술, 옥으로 만든 찬(贊), 붉은 옻칠을 한 활 1장, 붉은 화살 100본, 검은 활 10장, 검은 화살 1,000본을 내린다. [나는] 300 […]의 비옥한 토지, 100과 […]의 […], 35촌락, 140의 […]를 내린다. [나는] 너에게 의(宜)에 있는 […]와 귀족 […] 7성(姓), 그리고 정(鄭) 지역 관리[백(伯)] 7명과 움집에 사는 사람 50명을 하사한다. [나는] 너에게 의(宜)에 사는 평민 600명과 […] 6명을 내린다." 이에 의후 측은 왕의 은덕을 찬미하며 부친 우공(虞公), 정(丁)을 위해 이 예기를 만든다.

그러므로 봉국은 주의 도읍 방어 목적으로 지역 정치체를 형성하는 데 필요한 모든 것을 주 왕으로부터 받았다. 그중 주목할 만한 것은 왕의 소유였거나 국가재산이었던 사람까지 받았다는 것이다. 주가 세운 봉국의 총 숫자를 기록한 명문은 없지만 전국시대 문헌의 목록에 무왕의 형제들과 아들 그리고 주공이 세운 26개 국가의 이름이 기록되어 있다. 주 왕과 지역 통치자 간의 이러한 혈통 관계는 위(衞), 진(晋), 노(魯) 그리고 연(燕)과 같은 다수의 주요 봉국들과 관련된 명문에서 확인된다. 그러므로 '봉건' 관행을 통해 주 가문은 실질적으로 중국 동부 전체에 걸쳐 같은 혈연에서 갈라진 세력을 세운 것이다. 더욱이 봉국은 무작위적으로 위치를 정한 것이 아니라(지도 6.3), 이전 상의 본거지, 즉 잠재적 위협이 되는 장소이면서 중국 동부의 교통로 주요 지점에 건설되었는데, 그들은 주 왕국을 방어하는 데 효율적인 연계망을 형성하였다.

서주 국가의 봉토 전략에 근거한 지역 국가 건설은 무엇보다 필요한 것이었다. 일단 건설되면, 봉국의 통치자는 각자의 행정적 결정에 대하여 전반적인 권리를 갖게 된다. 명문에 따르면 주 왕은 지역 통치자들에게 중앙 궁정에서 봉사하는 왕실 관리가 받을 수 있는 것보다 더 높은 수준의 대우와 호의를 베풀었다. 주 왕과 상당한 이해 관계가 얽혀 있는 지역에서의 통치권 승계를 제외하면, 중앙 궁정이 봉국들의 내정에 간섭하였음을 보여주는 증거는 없다. 지역 통치권의 승계는 주 왕과 봉국 간 첨예한 갈등을 초래할 수도 있는데, 이러한 경우 이(夷) 왕의 짧은 통치 기간 중에 일어난 산둥 제(齊) 나라의 사례에서 보는 바와 같이 내전에 의해 해결할 필요도 있을 수 있다. 그러나 봉국들은 독립 왕국이 아니라 서주 국가의 정치적 활동에 적극적으로 참여하는 존재이다. 규칙은 아니더라도 초기 서주의 명문에는 지역 통치자들이 특히 새로 임명된 경우에는 웨이하 계곡의 수도로 주 왕을 알현하는 것이 자주 있는 일이었음이 확인된다. 더욱이 청동기 명문에는 주 왕이 왕실 감독관을 봉국에 파견한 사실도 전하고 있는데 이는 서주 전 기간에 걸친 관행이었다. 그러므로 주의 체계는 정치적 통제를 달성하기 위하여 주 '영토'로 인식되는 지역의 모든 인구에 대한 행정 권한을 해당 지역의 대리인에게 위임하는 방식으로 설계되었다. 분명히 주 왕은 서주 국가 전체의 안전을 자신의 의무로 생각했고, 필요하면 그것을 방어하기 위해 군사적 지원을 할 의무를 지역 통치자에게 요구하였을 것이다. 지역 통치자는 높은 수준의 행정 자치권을 향유하였을 뿐만 아니라 서주 국가에 대한 의무 또한 부담하였다.[10]

그러나 시간이 흐르면서 지역 통치자의 혈통이 주 왕으로부터 멀어지면서 자연스럽게 주 왕과 지역 통치자 간의 연대가 약화되었던 것도 사실이다. 지역 통치자들은 자신의 뿌리를 각자의 지역 사회에 깊게 내리면서, 필연적으로 중심에서 멀어져 갔고 결

---

10 봉국들의 지위와 역할에 대해서는 Li, *Bureaucracy and the State in Early China*, pp. 235-270 참조할 것.

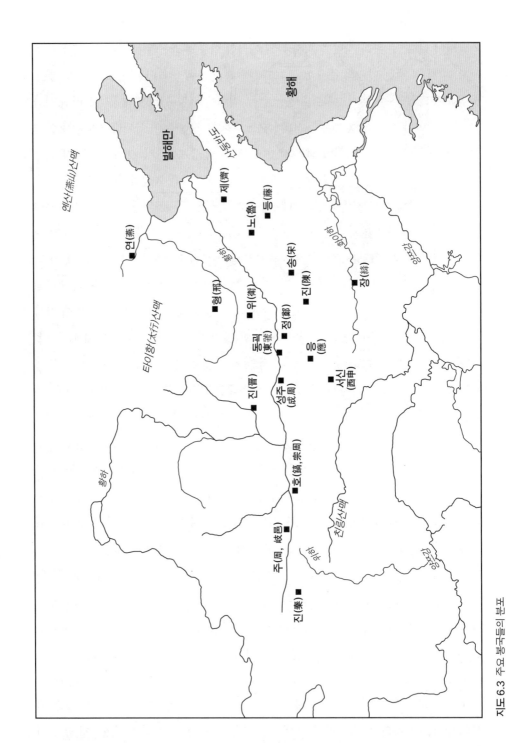

지도 6.3 주요 봉국들의 분포

국 서주 국가를 상당히 약화시키는 결과를 초래하게 되었다.[11]

11   서주의 몰락에 대해선 Li Feng, *Landscape and Power in Early China: The Crisis and Fall of the*

주 왕조 봉국(封國)의 탐색

1980년과 1990년대에 지역 국가들은 서주 고고학의 연구 대상이었다. 새로운 세기에 접어들면서 고고학자들은 위(衛), 응(應), 괵(虢, 허난), 노(魯), 제(齊), 등(滕, 산둥), 형(邢, 허베이), 연(燕, 베이징), 진(晉, 산시), 그리고 진(秦, 간쑤)을 포함한 아홉 개 봉국들의 일부 혹은 상당 부분의 문화유산을 확인하였다. 가장 체계적으로 조사한 대상은 진(晉)과 연의 유적이었다. 무왕의 아들에 의해 건설된 진(晉)의 중심지는 남부 산시(山西) 편하 계곡의 저지대에 위치하였는데, 1980년대 초기부터 고고학자들이 거주 구역과 무덤 구역을 발굴하였던 것이다. 주요 무덤 구역이 1992년 베이자오(北趙) 촌락 남부에서 발견되었는데 그곳에서 9명의 진나라 통치자와 그들의 배우자 무덤이 3열로 조성되어 있었으며 서주 전기에서 춘추 초기에 걸친 것으로 추정되었다. 최근에 남쪽구역에 위치한 대형 구덩이를 발굴하였는데, 진(晉) 통치자의 사후 세계를 위한 105마리의 말과 48대의 전차가 노출되어 장관을 연출하였다. 소공(昭公)의 아들이 건설한 연나라는 베이징 남쪽 류리허(琉璃河)에 위치한다. 그곳에서 여러 계급의 무덤이 있는 묘역뿐만 아니라 그로부터 멀지 않은 곳에 국가의 성곽 도시가 있었다. 가장 중요한 것은 대형 무덤(1193호)에서 발견되었는데, 주 왕이 초기에 연에게 분봉한 기록이 새겨진 두 점의 청동 그릇으로서, 이를 통하여 첫 번째 연 통치자의 무덤을 분명하게 확인한 것이다(그림 6.9). 이들 발견을 통하여 이전에 전승된 기록과 명문으로 알려진 봉국의 지리적 위치를 확인했을 뿐만 아니라 물질문화의 형성과 성격에 대한 중요한 새로운 시각을 가질 수 있게 되었다. 특히 서주 시대 봉국의 고고학적 발견을 통하여 동주 시대의 지역적 문화의 뿌리에 대한 새로운 개념을 확보한 것이 중요하다 하겠다.

일반적으로 웨이하 계곡의 주나라 수도와 그 거리가 상이함에도 불구하고 봉국들의 지배층 문화는 청동기 장식 도안의 측면에서 보면 주 왕조의 중심 대도시의 그것과 상당한 정도로 유사성을 보여준다. 통시적으로 지역의 청동기는 대도시에서의 변화경향을 똑같이 따르는 현상이 확인되는데, 이처럼 중심 지역에서 발달한 새로운 형식을 지역에서 신속하게 받아들이기 위해서는 긴밀한 통교가 전제되지 않으면 안 된다고 학자들은 주장한다. 실제로 봉국들의 물질문화와 관련된 이러한 현상은 종종 지역

Western Zhou, 1045-771 BC (Cambridge: Cambridge University Press, 2005), pp. 110-121 참조할 것.

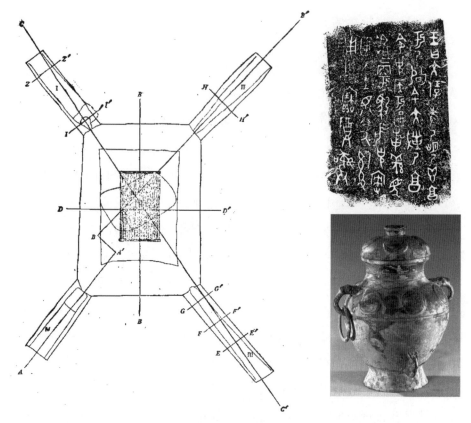

그림 6.9 류리허(琉璃河) 1193호 무덤과 출토된 극뢰(克罍)

중심지에서 많이 발견되는 서주 전기와 중기 전반의 청동기 명문에서 보듯이 지역의 통치자와 관리가 주 수도를 방문하였던 사실을 통해서 설명될 수 있다.

　여러 지역에서 생산된 청동기에 보이는 사소한 차이는 연구를 통해 규명해야 되겠지만, 서주 후기가 되면 큰 의미가 없게 된다. 그때에 이르면 일부 지역 중심지에서 웨이하 계곡에서 유행한 형식을 더 이상 받아들이지 않으면서 그 차이가 더 커졌을 뿐만 아니라, 또 다른 지역 중심지에서는 지역 자체의 토기를 모방한 새로운 형식의 청동 그릇을 만들기 시작하였기 때문이다. 어떻든 간에 실용성이 높은 토기와 같은 물품으로 대표되는 물질문화는 지역 전통과 밀접한 성향을 갖고 있으므로 상당한 다양성을 보여준다. 예를 들어 형나라와 연나라와 같은 지역 중심지의 토기 갖춤새는 정복 이전 상 문화와 강한 연계를 보여주고 있는데, 주나라의 제작 전통이 서주 중기 이후에 들어와서 비로소 멀리 떨어진 이 지역까지 유입되었던 것이다. 그러나 진(晉) 국가가 자리 잡은 편하 계곡의 토기 갖춤새는 근본적으로 웨이하 계곡의 그것과 동일하다.

그러므로 순수한 고고학적 관점에서 서주 국가의 형성에 대해서는 자체 전통이 강한 웨이하 계곡 너머의 여러 지역에 주나라의 지배층 문화 요소가 정착하는 과정으로 치환하여 접근할 수 있다. 서주 중기 초부터 여러 지역과 주나라의 전통이 점차적으로 융합되면서 동주 시대에 번성할 지역 문화의 토대가 마련되었던 것이다.

외부 세계와 초기 서주의 위대한 확장

주는 분명히 중국의 유일한 권력 가문은 아니었다. 앞 장에서 진보한 청동기 사회가 상 후기에 남쪽의 양쯔강 유역과 북쪽의 초원 지역에 존재하였으며, 그들의 후손이 서주 시대까지 존속하였음을 분명하게 살필 수 있었다. 봉국들의 건설을 통하여 주는 동쪽 평원의 외곽으로 이어지는 지리적 영역을 확고히 할 수 있었다. 왕조 후기에 변화하는 국경의 상황에 대처하기 위하여 제후국을 분봉하는 관행이 여러 차례 부활되었다는 증거가 있다. 그러나 다른 제도의 실행과 마찬가지로 그 과정은 대부분 상나라 정복 후 두 번째 왕인 성왕(成王)의 통치 기간에 완성된 바 있다. 정복 후 약 50년이 지난 강왕(康王)의 중기 무렵,[12] 당시 왕실과 지역의 군사 연합을 통하여 주의 영역을 견고하게 하면서 군사적, 문화적 확장을 위한 새로운 전선을 구축하게 된다.

청동기 명문들에 따르면 강왕의 통치 말기에 저지대 오르도스 지역에 있는 것으로 추정되는 사회를 정복하기 위해 북쪽으로 샨시(陝西) 북부와 산시(山西)의 거친 지형을 건너 2개의 원정군대가 파견된 것으로 전한다. 안양에서 발견된 갑골문에 따르면 상대방은 이전에 상 사람들과 전쟁을 벌였던 귀방(鬼方)으로 파악된다. 명문들에는 1만 3,081명의 포로와 소 352마리, 그리고 많은 수의 수레, 양, 그리고 기타 전쟁 전리품이 기록되어 있다. 이 원정이 북쪽 초원 지역 가장자리에서 200년간 번성해 온 청동기 사회를 붕괴시킨 원인이라고 볼 수 있는 것이다. 서쪽으로 가면서 웨이하 양식과 유사한 청동기와 토기가 부장된 전형적인 주나라의 무덤이 북쪽으로 닝샤(寧夏) 남부 평

---

12   최근에 발견된 청동기 명문은 성왕이 7년에 걸친 주공의 섭정 이후 최소한 28년을 지배했음을 보여준다. 반면, 강왕은 전통적으로 24년에서 30년 사이의 어느 기간을 통치한 것으로 보고 있다.

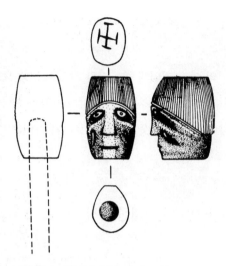

그림 6.10 저우웬에서 출토된 뼈 조각품

원에서도 발견되었다. 주 군대가 북쪽 및 북서쪽으로 더 나아가 신흥 유목민 또는 반유목민 사회들과 대적하면서 초원 북부의 가장자리에서 한때 활동하였을 가능성이 매우 높다.

고고학적으로 확인한 바에 따르면 북쪽 문화의 일부 후손 집단이 오르도스 붕괴후 남쪽으로 내려와 서주의 중심 지역까지 이동하였을 수도 있다. 최근에 산시(山西) 남부의 장현(絳縣)에서 그 무덤이 발견된 붕국(佣國)의 경우가 그러한 사례 중 하나이다. 또한 저우웬(周原)에서 발굴된 두 점의 작은 뼈 조각품에 묘사된 이미지에서 생생하게 볼 수 있는 것과 같이 멀리 서쪽 중앙아시아에서 몇몇 외지인들이 주나라에 왔을수도 있다. 그 뼈에 묘사된 그림은 틀림없이 코카서스인의 특징을 보이고 있는데, 제품 윗면에 '무당(무, 巫)'을 나타내는 글자가 있어 그가 마술사임을 나타내고 있다(그림 6.10).[13] 또한 인도와 서아시아 원산인 홍옥수와 파이앙스 제품이 서주의 중기 및 후기 무덤에서 자주 나타나는 것도 원거리 접촉을 보여주는 것이라고 할 수 있다.[14]

그러나 주 초기의 주된 확장 방향은 주가 '동쪽 야만인(동이, 東夷)'이라고 부르던

---

13   이 흥미로운 발견에 대한 연구는 Victor Mair, "Old Sinitic *Mʸag, Persian Maguš., and English 'Magician'," *Early China* 15 (1990), pp. 27-47 참조할 것.

14   Jessica Rawson, "Carnelian Beads, Animal Figures and Exotic Vessels: Traces of Contact between the Chinese States and Inner Asia, ca. 1000-650 BC," Mayke Wagner and Wang Wei (eds.), *Archäologie in China*, vol. 1, *Bridging Eurasia* (Berlin: Deutsches Archaeologisches Institut, 2010), pp. 5-12.

그림 6.11 소신래궤(높이 24.5cm, 직경 20.0 cm)와 동방 원정에 대한 명문

지역 거주민들을 대상으로 한 동쪽 산둥 반도였던 것으로 보인다. 이는 강왕(康王)의 통치 기간에 주로 해당되는바, 동쪽 멀리까지 일련의 원정이 이루어졌던 소왕(昭王) 초기까지 지속되었던 것으로 기록에 전한다. 이전 상나라의 수도 지역에 그 근거를 둔 왕실의 은팔사(殷八師) 군대를 동원해 동쪽 바다까지 진격한 정벌도 있었는데 그곳에서 병사들은 서주 국가에서 화폐로 쓰이던 많은 양의 조개껍질을 전리품으로 획득하였다 (그림 6.11).

소신래궤(小臣謎簋)(JC: 4238)

오호라! 동이가 감히 반란을 일으켰고 백(伯) 무보(懋父)가 은팔사(殷八師)를 이끌고 동이를 공격했다. [그가] 극사(㕬師)로 부터 군대를 이끌고 동쪽을 따라 해안 지역을 공격한 것은 11월이었다. 그가 목사(牧師)로 돌아왔을 때 백 무보는 공격하여 노획한 패(貝)를 군사에게 상으로 주라는 왕의 명령을 받았다. 소신 래는 그의 공을 인정받았고 패(貝)를 상으로 받았으며 그것으로 보물 제의 용기를 제작하였다.

몇몇 명문에서 주 왕이 산둥 서부에 위치한 지역 국가들의 지원을 받아 직접 그 지역으로 원정군대를 이끌었다고 기록하고 있다. 주의 군사 행군과 관련된 지역을 정확히 구별해 내는 것은 불가능하다. 그러나 이 원정이 전통적으로 '동이'의 본거지로 알려진 산둥 반도 동쪽 산악 지역을 정복하기 위한 것임은 명문을 통해서 분명히 알 수 있다. 동쪽 반도의 북쪽 해안 지역에 대한 고고학적 조사, 특히 이 지역에서 발견된 명문 청동기를 통해서 주 중심 궁정과의 정치적 관계와 산둥 동부에서의 주나라의 활동에 대하여 확실한 근거를 확보할 수 있게 되었다.

주 초기에 남동 지역, 특히 양쯔강 삼각주와의 관계는 역사적 논쟁거리이다. 어쨌든 간에 주가 태호(太湖) 주변 양쯔강 삼각주와 정치적으로 접촉했다는 명백한 증거는 없다. 이 지역은 후에 오(吳)나라의 핵심 지역으로 등장하는데 전승된 역사 기술에 따르면 그 왕실의 조상을 거슬러 올라가면 주 왕실에 연결된다. 그러나 이는 주나라의 이상이 아직 지배적인 서기전 5세기 초의 세계에서 오가 자신의 패권을 합리화하기 위해 억지로 연결시킨 것으로 보인다. 어떻든 주는 이른바 '회이(淮夷)'(화이하 지역의 원주민)와 일련의 전쟁을 치르면서 화이하 지역과 실질적으로 접촉하였다고 주장되고 있다. 이 전쟁은 서주의 전기와 중기 기간에 기록된 것으로 추정되는 많은 명문에 전하고 있다. 최근에 발견된 명문에 주공이 남쪽 국가들을 공격하기 위해 대규모 원정군을 조직한 것으로 기록되어 있어 화이하 지역과의 접촉은 보다 이전부터 있었던 것임을 알 수 있다. 그러나 성왕 이후 서주 중기가 시작되는 시기까지 '회이'와 전쟁을 치렀다는 명문은 없다.

전쟁은 서주 전기에 가장 빈번하게 명문에 기록되었던 주제로서 이는 왕조 첫 번째 세기에 주나라 지배층의 마음속에 전쟁이 얼마나 중요시되었는지를 보여준다. 그러나 소왕(昭王)의 통치 후기가 되어서야 주는 양쯔강 중류를 정복하기 위한 계획을 실행에 옮긴다. 5장에서 언급한 바와 같이 이 지역은 산둥 동부보다 더 긴 청동기 문화와 국가 건설의 역사를 갖고 있었으며, 주에 더 격렬하게 저항한 것으로 보인다. 소왕 19년에 '호방(虎方)'이라는 정치체를 겨냥한 두 번째 원정이 시작되었으나 주의 완전한 패배로 끝난다. 주나라 군대의 거의 절반에 해당하는 왕실의 육사(六師)가 한수(韓水)에서 전멸하였을 뿐만 아니라 원정 기간 중에 소왕 자신도 죽었다. 분명히 소왕 통치 말의 이 재앙을 기록하기 위해 청동기를 주조하지는 않았을 것이다. 그러나 왕의 최종적인 패배에 이르기까지의 전개 과정을 재구성하는 데 도움을 주는 충분한 명문들은 남아 전한다.

그의 궁극적인 실패에도 불구하고 소왕은 남쪽으로 영토를 크게 넓힌 왕으로 주의 명문에 기념되고 있다. 1980년에 고고학자들은 한수의 동쪽, 양쯔강 북쪽 황피(黃陂) 무덤 구역을 발굴하였다. 그 묘역의 무덤들은 주의 중심 궁정의 사람들과 밀접한 관련이 있음을 보여주는 명문 청동기를 포함한 주나라 문화 유물로 가득했다. 그러므로 비록 남쪽 확장이 토착민의 저항으로 저지되었어도 소왕 통치 기간은 주가 양쯔강 중류로 확장되는 중요한 시기였음을 알 수 있다.

참고문헌

Hsu, Cho-yun, and Katheryn Linduff, *Western Chou Civilization* (New Haven: Yale University Press, 1988).

Li, Feng, *Landscape and Power in Early China: The Crisis, and Fall of the Western Zhou, 1045-771 BC* (Cambridge: Cambridge University Press, 2005).

_____, "'Feudalism' and Western Zhou China: A Criticism," *Harvard Journal of Asiatic Studies* 63.1 (2003), pp. 115-144.

Shaughnessy, Edward L., "Western Zhou History," Michael Loewe and Edward L. Shaughnessy (eds.), *The Cambridge History of Ancient China: From the Origins of Civilization to 221 BC* (Cambridge: Cambridge University Press, 1999), pp. 292-351.

Rawson, Jessica, "Western Zhou archaeology," Michael Loewe and Edward L. Shaughnessy (eds.), *The Cambridge History of Ancient China: From the Origins of Civilization to 221 BC* (Cambridge: Cambridge University Press, 1999), pp. 352-449.

제7장 패러다임의 창조: 주 왕조의 관료제와 사회 제도

서주 왕조 시대에 들어서면서 오늘날까지 전해지는 고전 문헌의 핵심적 내용이 갖추어지게 된다. 또한 문자 그대로 수천 점의 명문 있는 청동 용기가 전하는데, 고고학 발굴과 무덤 도굴꾼의 무분별한 도굴 등으로 그 숫자는 지난 반세기 동안 계속 증가하였다. 상나라 명문 갑골 중 안양 밖에서 출토된 것은 그 숫자가 상당히 제한적인데에 비해, 명문 있는 청동기는 주나라에의 소속 여부와 관계없이 중국의 북부 전역과 남부 일부의 지배층 무덤과 주거 구역에서 발견되었다. 이를 통하여 서주가 중국 역사에서 읽기와 쓰기의 문식성(文識性)이 확산된 가장 중요한 시기였음을 알 수 있다.

또한 상의 점복 기록이 종종 단편적이고 대부분 비논리적인 반면 서주 시대의 핵심적인 수백 점의 청동기 명문은 그 길이가 현저히 길다. 많은 청동기의 명문이 조상숭배 등 종교적인 맥락에서 사용된 것이 사실이지만, 기록된 역사적 사건들은 대부분의 경우 청동기 자체가 사용되던 제사 의례와는 관련이 없다. 대신에 군사적 공로, 업무의 수행, 왕실의 명령, 결혼, 종족의 계보, 경제적 협약, 외교적 교섭, 법적 조약 등등 다양한 범위의 주제가 기록되어 있다. 분명 서주 사회에서 실제로 청동기가 종교적 장면에 국한되어 사용된 것은 아니다. 접근이 가능한 기록 증거물의 질적 수준이 높아지면서, 서주의 사회적 여건은 물론 정치와 의례 제도를 상나라의 경우보다 더욱 양호하고 일관되게 이해할 수 있게 되었다.

씨족과 종족: 주나라 지배층의 사회조직

주는 종족(宗族) 체계의 특징인 씨족 이름(성, 姓)을 도입한 중국 최초의 사람들이다. 씨족은 그 자체가 동일한 조상을 가진 혈연 집단으로 그 이름은 먼 조상이 모계로부터 기원한 사실을 반영하고 있다. 반면 종족은 멀지 않은 과거와 당대의 사회적, 정치적, 경제적 주체로서 상호 연대를 통해 씨족을 구성하는 주 지배층의 작은 단위이다. 청동기 명문에서 명백히 볼 수 있듯이, 관습적으로 주나라의 남성 지배층은 자신의 종족 이름(씨, 氏)을 갖게 되며, 여성 지배층은 보통 자신의 개인 칭호에 그들의 씨족 이름을 포함시킨다. 이러한 여성의 이름은 주 지배층 사이에 공통적으로 이루어지던 일부다처제 하에서 결혼 차별 원칙에 근거하였음이 청동기 명문을 통해서 확인된다.

학자들은 씨족 이름의 도입이 주의 연방에 속하는 다양한 종족 집단 간의 혼인 관계를 규제하기 위한 필요에서 나온 것이라고 주장한다.[1] 만약 이것이 사실이라면 씨족 이름을 창안한 것은 왕조 이전의 주 정치체가 주를 도와 상의 정복(6장 참조)을 성공시킨 웨이하 유역과 인근 지역의 다양한 종족 집단의 모임으로 이루어졌다는 사실과 깊은 관련이 있을 것이다. 예를 들어 주 왕실 씨족은 희(姬)라는 성을 사용하고, 서주 전체에 걸쳐 12명 중 절반 이상을 차지하는 주 왕의 첫 번째 부인은 서쪽 멀리 고대 강(羌)족 사람들의 후손인 것으로 보이는 강(姜) 씨족 출신이다. 희 씨족 구성원은 가장 많은 왕실 가문의 종족을 세웠을 뿐만 아니라, 압도적인 대다수의 동부 지역 국가를 장악하였음이 분명하다. 희와 강 씨 이외에 결혼으로 얽힌 약 10개의 다른 씨족들이 청동기 명문에서 종종 언급되는데, 서주 시기의 실제 씨족 수는 상당히 많았을 것이다.

그러나 사회적 결속의 실체는 씨족이 아니라 종족이다. 기초적인 사회 단위로서 주 지배층의 특별한 지위에 있는 몇몇 종족들의 역사는 왕위를 지속적으로 승계한 왕실 종족이 처음으로 갈라져 나온 왕조 이전 시기까지 거슬러 올라간다. 종족은 기본적으로 토지 자산과 사람들을 보유한 사회적 단위로서 주나라 사회의 정치적 권력과 경제적 이익을 놓고 서로 경쟁하는 주체인 것이다. 청동기 명문에 따르면 자연촌은 중심의 거주지와 그 주변의 경작지로 구성되는데 그러한[명문에 리(里)로 표현된] 거주 형태

---

[1]   주 국가 형성에서 종족 시스템의 역할에 대한 최근 논의는 Edwin Pulleyblank, "Ji and Jiang: the Role of Exogamic Clans in the Organization of the Zhou Polity," *Early China* 25 (2000), pp. 1-27을 참조할 것.

에 맞추어 토지가 활용된 것으로 전해진다. 대부분 종족은 농민이 생계 활동을 꾸려 나가는 다수의 작은 마을을 통제하였다.

장자 상속의 관습 아래 각 세대의 장남만이 종족의 우두머리가 될 수 있었으며 다른 아들은 각각 개별 가족을 구성하고 종족의 공동 조상을 모시는 사당에서 제사를 지냈다. 명문에 따르면 종족의 중심지와 그들 자산의 대부분은 비옥한 웨이하 평원의 시골 지역에 있었지만, 대부분의 세력 가문은 주 왕실 중심지에 그들의 거주지를 갖고 있었는바, 그러한 이유로 그곳에서 가문 구성원이 만든 청동 용기가 종종 발굴되었던 것이다(6장 참조). 시간이 지나면서 종족에서 갈라져 나온 집단이 새로운 종족으로 발전하기도 한다. 종종 귀족 종족 사이에 토지의 매매나 교환이 이루어지는데 이는 필연적으로 종족 재산의 분할을 초래한다. 종족의 중심지에서 멀리 떨어져 있는 취락은 새로운 분절 종족의 근거지가 되는 경향을 보여준다.[2]

후대의 유교 문헌에서 규정된 종족 분할 과정을 보면 종족의 장남 이외의 아들들은 매 다섯 세대가 경과할 때마다 분가해서 새로운 종족을 세우는 것으로 되어 있다. 이로써 증가하는 종족 인구를 관리 가능한 수준으로 유지할 수 있었다.[3] 자연스럽게 최초의 종족과 파생 종족 사이에 차별이 생기는데, 종족의 구조상 전자는 후자에 복종을 요구한다. 청동기 명문은 엄격한 '다섯 세대' 규칙이 준수되었는지 여부를 확인시켜 주지 않지만, 직계 종족과 방계 종족의 차별이 실제 서주에 존재했음을 입증할 근거는 충분히 제공하고 있다. 또한 방계 종족이 법적 분쟁으로 주나라 궁정의 판결에 넘겨질 경우 직계 종족이 대신하였다는 증거도 있다. 그러므로 종족 관계는 서주의 사회관계에 기본적인 논리의 기반을 제공한다고 할 수 있다.

이러한 계보의 규칙은 개인 간의 관계에 대한 근거까지 제대로 제공해 주지는 못하지만, 종족은 물론 왕실의 경우에도 적용된다. 초기 서주 시기에 많은 봉국들을 건설

---

2   종족 분화 과정은 웨이하 계곡의 서쪽에 있던 정(井) 종족의 사례에서 가장 잘 볼 수 있다. 중기 서주 기간에 정 종족은 이미 가문의 형제 중 '정백(井伯)'과 '정숙(井淑)'이라고 불리는 두 연장자를 중심으로 분할되기 시작했는데 이후 이 단어는 두 하위 종족을 나타내는 의미로 사용되었다. '정숙' 하위 종족은 서주 중기에 정(鄭) 읍과 주 도읍 풍(豊)에 거주하였는데, 이후 '정 정숙'과 '풍 정백'으로 분할되었으며 이 용어는 각각의 분파 구성원을 가리킬 때 사용되었다.

3   유교적 의례 문헌의 이 규칙과 주(周) 종족 시스템의 적합성에 대한 최근 논의는 Lothar von Falken-hausen, *Chinese Society in the Age of Confucius (1000-250 BC): The Archaeological Evidence* (Los Angeles: Cotsen Institute of Archaeology, 2006), pp. 64-70을 참조할 것.

할 때 적용된 '봉건'제도는 왕실 종족의 분가 과정이라고 볼 수 있다. 서주의 전 기간을 통해 주 왕의 장남 이외 아들들은 산시(陝西) 왕실 영토의 토지를 계속 받아 새로운 종족을 세우거나 몇몇 경우에는 새로운 봉국의 통치자가 되기도 했다. 그들은 왕실 가계상의 지위 때문에 주 도읍에 있는 왕실 종족에 복종할 것이 요구되었다.

이념과 종교

상—주의 교체는 역사학자들에게는 오랫동안 '혁명'의 하나로 받아들여졌다. 이 혁명의 이념적 토대로 주는 상 사람들의 '상제(上帝)'와 대립되는 '천명(天命)'이라는 개념을 창안하여 그 명분으로 삼았다. 최근 상 왕조에서 말하는 '하늘(天)'의 성격과 관련하여 연구가 진행되면서 주의 이념이 상과 대립된다는 이론은 수정되었다.[4] 상의 왕실 점복 사례 기록에 비해 주의 사례는 많지 않은 탓에 주의 신앙은 상의 경우만큼 알려져 있지 않다. 그럼에도 불구하고 의인화된 신으로서 '하늘', 즉 우주의 궁극적 힘은 분명히 주가 발견한 것으로 추정된다. 현대 학자들은 이런 개념이 창안된 사실의 근거를 천문학을 통해서 설명하였다. 서기전 1059년에 주 수도에서 태양계 다섯 개의 주요 별들이 모인 것을 뚜렷하게 볼 수 있었는데 주 사람들은 그것을 분명한 천명의 신호로 인정하고 심리적으로 적지 않은 충격을 받았다(6장 참조).[5] 이 사건이 계기가 되어 천명을 받은 문왕(文王)이 왕권을 선포한 사실이 서주 초기의 청동기 명문에 기록되어 전한다.

그러므로 주의 정복은 단순한 군사 정벌이 아니라, 이념 나아가 심리 전쟁이기도 했다. 『사기』의 본문에는 마지막 상 왕이 사악하고 편집광적인 폭군이며 그의 관리들

---

4   이 이론은 원래 크릴이 제시하였으며 많은 학자들이 지지했다. Herrlee Creel, *The Origins of Statecraft in China*, vol. 1, *The Western Chou Empire* (Chicago: University of Chicago Press, 1970), pp. 81–100; Cho-yun Hsu and Katheryn Linduff, *Western Chou Civilization* (New Haven: Yale University Press, 1988), pp. 101-111 참조할 것. '하늘'이라는 개념의 연구에서 로버트 이노는 상에서 이미 존재했던 하늘-신과 같은 '하늘'의 가능성을 지적했지만, 상 이념의 상제와는 궁극적으로 다르다. Robert Eno, *The Confucian Creation of Heaven* (Albany: State University of New York Press, 1990), pp. 181–189 참조.

5   David W. Pankenier, "The Cosmo-Political Background of Heaven's Mandate," *Early China* 20 (1995), pp. 121-176 참조.

은 해이한 알코올 중독자로 상의 멸망에 대해 전적으로 책임을 져야 했다고 비난하였으며, 따라서 주가 하늘을 대신해 벌을 내릴 의무를 부담할 수밖에 없었다고 전한다. 『사기』에 의하면 비록 주 국가가 오래된 정치체이긴 하지만 새로운 사명을 부여받았다는 것이다. 악의 상나라 체제를 전복시키고 '신민(新民)'을 탄생시키는 것은 하늘로부터 부여받은 사명으로 이 위대한 사업을 감히 반대하는 자는 그에 따른 벌을 받게 되었다. 이러한 천명의 개념은 주공에 의해 이론화되었는바, 현명한 왕이 왕국을 다스렸을 때 상 왕조는 물론이거니와 상에게 정복당하기 전 하 왕조 또한 천명을 받들었다는 것이다. 따라서 정복된 상은 자신들의 왕과 관리가 스스로 천명을 어겼기 때문에 주를 비난할 입장이 되지 못하였다.

서주 시기 전체에 걸쳐 청동기 명문에는 주의 정복사업 착수의 신성함을 칭송하여 왔으며 그러한 정복으로 태어난 주 국가는 하늘의 뜻을 실현할 기관인 셈이었다. 천명은 오직 한 번만 하늘로부터 받을 수 있었기 때문에, 문왕을 제외한 후대 왕들은 천명 수임자로서의 지위를 다시 주장할 수 없었다. 그래서 왕으로 인정받기 위해서는 무엇보다 문왕과 계보적으로 연계된 사실이 중요한바, 그 정당성은 개국 왕의 좋은 선례에 따라 선정을 베풀어 천명을 받듦으로써 유지되는 것이다. 한편으로 하(夏)에서 상(商) 그리고 주(周)로 천명이 이전되었다는 역사 이론은 실제 주의 체제가 미래에 어떻게 될지 의문을 품게 만들었다. 바꾸어 말하면 천명은 지배의 정당성을 부여하였지만, 또한 주 왕이 책임 있는 행동을 하지 않을 경우 언젠가 붕괴할지 모른다는 걱정을 준 것이다. 그러므로 주의 기록에 따르면 특히 왕조 후기부터 그러한 일이 언젠가 일어날 것이라는 두려움이 사라지지 않았다고 한다.[6]

상제(上帝) 또는 제(帝)의 개념과 그의 하늘과의 관계는 주나라의 우주론과 종교와 관련하여 가장 뜨거운 논쟁의 초점이다. 저우웬에서 출토된 왕조 이전의 주나라 갑골문은 주가 분명 상나라의 상제 개념을 채용하였음을 보여준다. 5장에서 언급한 바와 같이, 태초의 신은 아마도 천추(天樞, 북극)였을 것이다. 주가 신에 대해 어떠한 태도를 갖고 있든 간에 상을 정복한 이후 주의 지배층이 그들 자신의 정치적 목적에 맞추어 신에 대한 개념을 상당한 수준으로 재조정한 것으로 보인다. 한편으로 신은 하늘로부터 받았던 인간과 자연에 대한 무소불위의 힘을 잃게 되었으며, 다른 한편으로 주는

---

6   이 점에 대해서는 Eno, *The Confucian Creation of Heaven*, pp. 23-27 참조.

그들의 계보 관계를 조작하여(『시경』의 생민(生民)이라는 시에서와 같이) 자신들을 신에 직접 연결시킴으로써 상제를 그들의 수호신으로 탈바꿈시킨다. 더 나아가 후대의 전승을 보면 주의 여성 선조 강원(姜嫄)을 전설적인 제곡(帝嚳)의 첫 번째 부인으로 하고, 그의 두 번째 부인을 상의 여성 선조로 설정하여 주가 보다 유리한 지위를 차지하게 하였는바, 이러한 조정은 장자 상속의 주나라 관습으로부터 영향을 받아 이루어진 것이 틀림없다. 따라서 주의 기록에서는 비록 하늘이 궁극적인 우주 질서를 의미하지만, 왕조의 쇠락 이후 점차 재앙, 죽음 그리고 파괴로 묘사되고, 그와 정반대로 제는 주 왕의 후원자이자 주 사람들의 보호자이지만 절대로 불행의 원천을 뜻하지 않았다. 하늘과 제의 공존은 주나라 신앙의 중요한 특징이다.

신은 주 사람들의 보호자일 뿐만 아니라, 세속에서 물리적으로 소멸하여 상제의 궁정으로 오르게 될 사후의 주 왕을 맞이하기도 한다. 선왕들은 상제의 궁에서 그를 수행하다가, 때때로 후손들이 다스리는 세속에서 자신을 숭배하는 의식이 치러지는 때에는 자신의 사당에 내려오기도 한다. 그래서 조상 숭배는 주 국가의 기반을 조성하고 주 왕과 그 후손인 여러 지역 통치자를 정치적, 종교적인 '연방체제'로 묶는다. 조상 사당에서 치러지는 의례 행사는 자주 이루어졌지만, 청동 명문에는 간략히 기록되었기 때문에 학자들은 주 사당 시스템을 복원하는 데 노력을 많이 하였다. 비록 가까운 미래에는 답을 구할 수 없는 의문이 남아 있기는 하지만, 확보된 정보를 신중히 분석한 결과 기본적으로 두 개의 단지로 나뉜 왕실 사당의 조직을 개괄적으로나마 알 수 있었다. 첫 번째 단지는 '태묘' 또는 '주묘'[주 혹은 기읍(岐邑)에 위치하였기 때문]로 불리는데 아마도 왕조 이전 시기의 태왕(太王, 또는 古公)이 중심 사당에 모셔져 있고 계왕(季王), 문왕(文王), 무왕(武王) 그리고 성왕(成王)의 사당이 계속해서 이어져 조성되었을 것이다. 상 왕조의 정복 이후 모든 주요 왕실 도시들은 물론 봉국들의 중심 거주지에서는 이 사당 단지를 모방하여 주 지배층 내 공동 조상 숭배 의식이 거행된다(그림 7.1). 두 번째 단지는 강왕(康王)(조상 태왕으로부터 6번째 왕)의 사당으로부터 시작되어 '강묘'라고 불리는데 그의 사당을 중심에 배치하고 소왕(昭王), 목왕(穆王), 이왕(夷王), 그리고 려왕(厲王)의 사당이 추가되었다.[7] 비록 목왕과 이왕 사이의 세 왕과 려왕 이후 두 왕이

---

7   주 사당 체계에 대한 새로운 고찰에 대해서는 Martin Kern, "Bronze Inscriptions, the *Shijing* and the *Shangshu*: The Evolution of the Ancestral Sacrifice during the Western Zhou," John Lagerwey and Marc Kalinowski (eds.), *Early Chinese Religion*, Part 1, *Shang through Han* (1250 BC-220

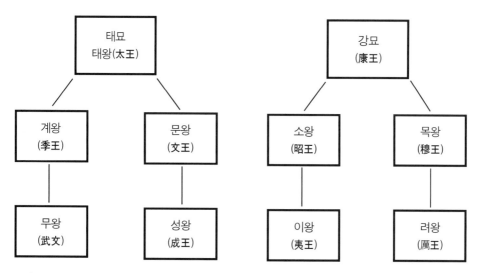

그림 7.1 주의 조상 사당 체계 구성

다른 사당을 구성하였는지 또는 한자리에서 경배되었는지는 모르지만 명문은 강 사당을 선두로 하여 다섯 사당이 군을 이루었고, 그들은 모두 한 장소, 즉 주 혹은 기읍에 위치한다. 이 다섯 사당의 집단적 배치는 이후 유교 문헌에 나타나는 '다섯 세대 규칙'을 보여주는 최초의 모델일 것이다.

조상 숭배는 왕실 가문에만 허용된 것은 아니었으며 왕실 수도에서 멀리 떨어진 여러 종족의 중심지에 위치한 종족 사당을 비롯한 주의 지배층에 널리 실행된 관습이다. 실제로 현재 우리가 보유한 제의용 청동기 중 절대적인 대다수가 종족들이 제물을 차리는 데 사용하기 위해 주조된 것인데 주 왕이 주문한 것은 그중 일부에 지나지 않는다. 과거에 문왕이나 무왕을 모셨던 그들의 '인척 조상'을 통해 [왕실 후손뿐만 아니라 희(姬)씨가 아닌 왕실 배우자까지도 포함한] 종족들이 왕실 가문에 연결되었으며, 주 왕실 가문에 일차적으로 연결된 사실이 그들 후손의 사회적 지위를 결정한다는 주장이 최근에 제시된 바 있다. 왕실 가문에 봉사하거나 그들과 동맹을 일찍이 맺었던 사실을 제의 행사를 통해 구체적으로 알릴 필요가 있었으며 그러한 이유로 종족 조상에 바칠 여러 제의 용

AD) (Leiden: Brill, 2009), pp. 156-164 참조. 컨(Kern)은 주 사당의 재배치는 이른바 '서주 중기의 개혁'에 중요한 역할을 하였을 수도 있다고 지적하였다. 강 사당과 서주 청동기에 대한 연구의 중요성에 대해서는 Edward L. Shaughnessy, *Sources of Western History: Inscribed Bronze Vessels* (Berkeley: University of California Press, 1991), pp. 199-201 참조.

기를 주조하려고 하였던 것이다.[8] 달리 말해 종족 사당에서 이루어지는 조상 숭배 의식은 물론이거니와 종족 구성원도 참여하는 왕실 단지 내에서의 종교적 의식 모두 그 기저에 깔린 근본 논리는 '인척 조상'을 숭배하고 지속적으로 기억해 내는 것이다. 이러한 종교적 관습은 서주 사회에서 사회 질서를 만들고 유지하는 데 결정적 역할을 하였다.

왕실 통치기구의 관료제화

왕실 정인의 역할에 중점을 둔 것으로 보이는 상의 통치기구와는 전혀 다르게, 주의 중앙 통치기구는 왕조 초기부터 '경사료(卿史寮)'라는 이름의 행정부처를 구성하는 사토(嗣土), 사공(嗣工), 사마(嗣馬) 등과 같은 실무 관리들의 역할에 중점을 두었다(이 문장의 한자 '嗣'는 '司'와 통용되는 서주시대의 금문서체임-역주). 상 왕실의 점복 제도가 이미 관료제의 원초적인 원리를 보여주었다는 키틀리의 주장에는 여러 의문점이 있지만, 설혹 그렇다고 하더라도 중요한 의미는 갖지 못한다. 오히려 상나라에 현실적으로 행정을 목적으로 하는 관료제는 구축된 적이 없었다는 것이 확실해 보인다. 주나라의 경우 통치기구 아래에서 문서 기록을 작성 보관하는 많은 수의 서기와 작책(作冊)이 행정 관리들을 지원하였다. 오직 작책만이 상 왕조 시대에도 있었던 것으로 다른 모든 직위는 주 시대에 이르러서야 비로소 만들어진 것이다. 주나라가 역사적인 정복사업을 치르면서 통치 문제에서도 새로운 접근 방법을 적용한 것으로 보이는바, 상보다 훨씬 넓은 지역 공간에 걸쳐 식민지를 운영하고 군대를 지원하기 위하여 민간 행정을 정교하게 다듬을 필요가 있었기 때문이다. 서주 전기에 통치권자인 주 왕의 백부 또는 숙부, 그렇지 않으면 형제 중에서 한 명 또는 경우에 따라서 두 명의 공(公)이 정책을 입안할 수 있는 권력을 갖고 각 부처를 확실히 통제한 과두제 방식으로 통치기구를 운영하였다. 상당한 영토가 확장되었던 서주 전기에 국가의 문제는 강력한 의지를 가진 공들이 이끈 이러한 통치기구에서 처리되었던 것이다.

서주 중기까지 주나라의 중앙정부는 분명히 관료화의 과정 중에 있었던바, 이는

---

8   Nick Vogt, "Between Kin and King: Social Aspects of Western Zhou Ritual" (Ph.D. dissertation: Columbia University, 2012), pp. 35-48, 67 참조.

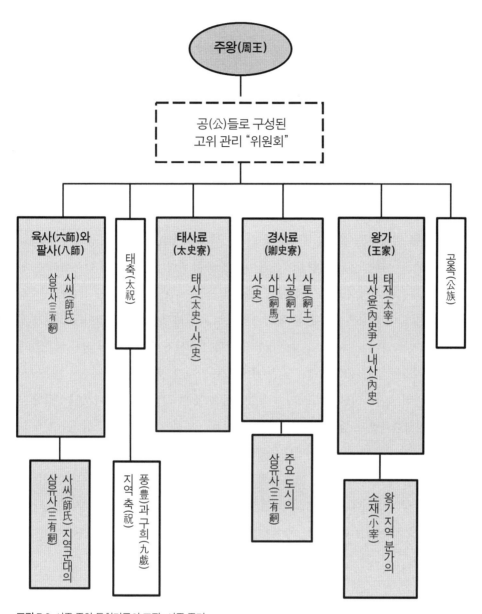

그림 7.2 서주 중앙 통치기구의 조직: 서주 중기

먼저 중앙 통치기구를 세 개의 동등한 부처로 구분한 사실을 통해서 확인된다(그림
7.2). 경사료는 세 명의 사(嗣)가 운영하는데, 그들을 다수의 관리가 보좌한다. 명문에
서 그것과 짝을 이루는 것으로 전하는 주나라 통치기구의 중심적인 비서 조직이 태사
료(太史寮)로서, 많은 하급 비서[사(史)]를 거느린 태사(太史)가 이끌고 있다. 이와는 별
도로 태재(太宰)가 이끄는 행정 시스템이 왕가와 그들의 지역 분가를 관리하는 업무를

관장하게 되면서 발달하였다. 아울러 태사료에서 분리되어 내사(內史)가 발달하였는데, 이는 내사윤(內史尹)이 이끄는 비서 조직으로서 주 왕이 거처하는 궁정 내부에 있으면서, 왕에게 올라온 다양한 사안에 대하여 그를 보좌하였다. 또 다른 주요한 발달은 군사 체계에서 확인되는데, 서주 중기에 팔사(八師)와 육사(六師) 양자 모두 거대한 행정 시스템으로 발달하여, 군대 소유 재산과 토지를 운용하는 관리를 고용하게 된다. 이러한 조직 위에 다섯 또는 여섯 명의 고위 관리 집단이 고정된 서열을 갖고 정책의 결정자이자 법적 문제에 대한 재판관으로서 활동하였는바, 이는 공적인 지배가 확대되었음을 의미한다.[9]

관리를 임명하는 절차도 관료화되었다는 사실은 중요한데, 이를 통하여 '책명금문(冊命金文)'이라는 새로운 형식의 명문이 등장하게 된다. 약 100개의 명문에서 주 왕의 여러 시설과 개별 관리가 관장하는 관청 건물군에서 관리가 임명된 사실이 꾸준하게 전해진다. 이 의식은 대부분 주 왕이 전적으로 주관하였으며 통상 고위 관리자가 후보자들을 인솔하여 궁정에 입실해서 왕을 알현하면 내사가 왕의 명령이 적힌 글을 대독하였다. 임명된 자는 왕실 명령을 받은 뒤 집으로 가져가 청동기에 그 사실을 명문으로 남긴다. 관리의 자격이나 각 부서의 수칙방식 등을 볼 때 그 임명의 전 과정이 상당한 수준으로 정형화되었다. 왕실의 임명을 받은 사실을 기념하기 위하여 주조한 청동기의 다양한 명문(전하고 있는 사례는 아마도 서주 중후기에 제작된 것 중 일부분으로 추정된다)은 주 지배층이 정부 복무에 대하여 높은 사회적 가치를 부여하였음을 강하게 시사한다(상자 7.1). 서주 중기 이전에 청동기에 기록된 많은 명문들은 군사적 업적이나 왕실로부터 받은 선물을 기념하기 위한 것으로, 왕실 임명의 실제 절차를 기록하기 위한 것은 아니다.[10]

상자 7.1 **책명금문의 사례: 송정(頌鼎)**

한 벌로 추정되는 최소한 세 점의 반구형 정(큰 솥)에 149자의 긴 문장이 주조되어 있다. 이 정들은 양식상으로는 다우정(多友鼎)(그림 7.3)과 비슷하지만 그것보다 약간 뒤에 만들어진 것이다. 이 문장에는 강(康) 사당 단지의 한 구역인 소왕(昭

---

9   Li Feng, *Bureaucracy and the State in Early China: Governing the Western Zhou (1045-771 BC)* (Cambridge: Cambridge University Press, 2008), pp. 42-95 참조.

10   왕실 임명 의식에 대한 최근의 논의에 대해서는 *ibid.*, pp. 103-114 참조.

王) 사당에서 치러진 임명 의식 사례가 기록되어 있는데, 가장 상세하게 기술된 것 중 하나이다. 이 청동 주조 제품을 만든 송(頌)이라는 사람은 최소한 2점의 정과 2점의 궤의 다른 명문에서도 보이는 사송(史頌)과 동일 인물인 것으로 알려져 있다.

3년 5월 기사패(既死霸)의 갑술일이었다. 왕은 주 강묘의 소왕 사당에 있었다. 새벽에 왕은 태실에 들어가 자신의 자리를 잡았다. 태재 홍(弘)이 송(頌)을 오른편에 대동하고 문에 들어서 안뜰의 중앙에 섰다. 내사윤이 왕명 문서를 받았고 왕은 사괵생(史虢生)을 불러 그를 통해 송에게 책명 문서를 내렸다. 왕은 "송!, [나는] 너를 성주(成周) 20가구의 창고를 담당하고 왕실 시종을 동원해 새로운 창고 건물을 검사하고 감독할 직위에 임명한다. [나는] 너에게 비단으로 단을 댄 상의, 붉은 무릎 받침, 주홍색의 팔찌 장식, 방울 달린 깃발, 재갈 달린 굴레와 재갈 멈추개를 하사하겠다." 송은 왕실 책명의 죽간을 받아 [자신의 몸에] 지니고 그의 머리를 땅에 대면서 절을 하고 [안뜰에서] 나왔다. 그리고 다시 돌아와 옥으로 된 홀(笏)을 바쳤다. 송은 감히 천자의 빛나고 더없는 은혜를 찬양하며, 이에 나의 돌아가신 거룩한 아버지 어머니 공숙(龔叔)과 공사(龔姒)를 위한 제기 정(鼎)을 제작하였다. 효도를 행하고, 평화로운 조화, 순수한 축복, 부의 충만, 그리고 영원한 명령을 기원하는 데 사용할 것이다. 만세에 걸쳐 송이 장수를 누리고, 끝없이 천자를 모시기를 바란다. [송(頌)의] 자자손손 [이것을] 보물로 사용[할 것이다]!

관료제의 특징은 통치기구에 봉직할 관리 선발 과정에서도 잘 나타난다. 전래된 문헌 기록에 서주를 세습 관직의 시기로 묘사하는 경향이 있지만, 이와는 달리 청동기 명문에는 주 왕에 의한 세습적 임명에도 불구하고 왕은 가족 중 과거에 정부 관리를 한 적이 없는 사람을 관리로 지명하거나 아버지나 할아버지와는 다른 관직에 임명함으로써 시스템을 조절할 수 있는 상당한 재량도 갖고 있어 상황이 보다 복잡함이 묘사되고 있다. 이러한 경향은 주나라 통치기구에서의 승진과 같은 또 다른 관행과 잘 어울린다. 명문을 좀 더 분석해 보면 젊은 지배층은 보통 장년 관리들을 보조하도록 임명되었으며, 그 후 몇 년간의 복무 후에 충분한 재량권이 부여된 직위에 승진되었다. 비록 가족의 배경이 중요하긴 했지만, 개인적 자질도 정부 직책에 임명하는 데 중요한 고려 요인이 될 수 있었다. 또한 서주 중기에는 적어도 관리로서 우수한 실적이 관료제 승진

그림 7.3 다우정(多友鼎)과 주 도읍 북쪽 징하(涇河) 주변의 네 곳에서 험윤(玁狁)과 치른 전투를 기록한 명문

경로를 통한 승진 자격 조건이 된다는 기대를 가질 수 있도록 시스템이 구축되었음이 현재 갖고 있는 증거를 통해서 확인된다.[11]

비록 관료주의적 경향은 서주 후기에 이르러서도 계속 두드러지지만, 주나라 통치

11　*Ibid.*, pp. 190-234.

기구의 관료화가 추진되는 전반적인 과정은 서주 전기 동안 주로 일어난 군사적 확장에 대응한 조치는 아닌 것으로 보인다. 오히려 대대적인 영역 확장이 종료된 이후 대내적 조직을 재편성하기 위한 자연스러운 과정인바, 왕조가 쇠퇴하면서 더욱 심화된다. 이러한 유형의 관료제 발달은 고대 세계에서 많이 볼 수 있다. 그러나 지역의 지배기구는 관료화의 영향을 받지 않았으며, 춘추시대의 전기로 내려와서도 대부분 개인적이고 비관료적인 상태로 남아 있었다는 사실에 주의하여야 한다.

서주 중기의 전환

역사학자, 미술사학자, 그리고 고고학자들은 서주 중기에 일어난 변화에 대해 각각 다른 방식으로 접근하고 있다. 고고학자들이 먼저 서주 지배층 무덤에 부장된 청동기의 갖춤새에 주목하여 전기에 유행한 주기(酒器)가 중기에는 식기(食器)로 전환되는 사실을 확인하였다. 더 나아가 미술사학자들은 중기에서 확인되는 청동기의 변화는 일종의 '제의 개혁' 또는 '제의 혁명'에 의해 비롯되었을 수 있다는 가설을 세웠다.[12] 이러한 변화는 상에 뿌리를 둔 청동 예술의 전통을 새롭게 구축하는 데 더없이 확실하고 중요한바, 서주 중기 말에 이르러 주나라 청동 예술은 전적으로 새로운 모습을 갖게 되는 것이다(6장 참조). 그러나 결정적으로 찾아내지 못한 정보 중 하나는 이 청동 예술의 변화가 주의 정치적 의례 시스템을 담당한 행위자(혹은 행위자들)에 의해 수행된 체계적 변화인지, 아니면 장인들 사이에서 점이적으로 생겨난 '유행'을 주의 지배층이 단지 받아들인 변화인지 여부에 관한 것이다. 주의 의례 시스템에서 실제 어떠한 상황이 발생하였는지 밝혀지기 전까지는 '개혁' 이론은 잠정적인 상태로 남게 된다.

최근 서주의 의례 전통과 관습에 대하여 수행된 체계적 연구를 통하여 청동 예술의 변화를 제약했을 수도 있는 최소한의 근거를 다시 찾아내기 위한 첫 번째 걸음을 내딛게 되었다. 이 분석에 따르면 서주 중기는 상으로부터 유래한 많은 의례 기술과 결

---

12 Jessica Rawson, "Western Zhou Archaeology," Michael Loewe and Edward L. Shaughnessy (eds.), *The Cambridge History of Ancient China: From the Origins of Civilization to 221 BC* (Cambridge: Cambridge University Press, 1999), pp. 414-434 참조. Lothar von Falkenhausen, "Late Western Zhou Taste," *Etudes chinoises* 18 (1999), pp. 155-164도 볼 것.

합한 관행, 그리고 주 왕을 중심으로 여러 종족의 구성원들이 동참한 의례에서 탈피하여 주 지배층의 내적 차별화를 꾀하기 위한 제의 시스템으로 변화를 꾀하던 시기였다. 지배층에게 명예와 특권을 충분하게 줄 수 있는 전쟁을 중단했던 서주 전기 이후 일정기간에도 이러한 새로운 경향으로 말미암아 주 왕은 계속 지배층에게 일정 지위를 나누어 줄 수 있었다. 그렇게 하여 실제로 새로운 체제는 주 왕의 권력을 강화시켰을 뿐만 아니라 주 지배층의 결속을 유지할 수 있게 하였던 것이다. 주의 의례 전통에서 이러한 중대한 변천은 목왕 재위 말까지 지속되었다. 이때 실상 의례 기법의 다양성이 최고조에 이르렀고, 그 이후 많은 것들이 급격히 자취를 감추고 만다.[13] 유사한 경향이 서주 중 후기의 청동 예기에서 새로운 기준과 디자인을 통하여 확인되는데, 그것은 개인적 서열 및 지배층의 지위와 보다 밀접한 관계를 반영한 것이다.

전체적으로 보았을 때, 서주 초기에 이루어진 대대적인 영역 확장이 마감되면서 이후 100년간 다른 방향으로 진입한 서주 국가와 사회의 틀이 마련된 것으로 보인다. 통치기구와 의례 관습에서 서주 중기에 일어난 광범위한 사회정치적 변혁의 두 가지 측면을 확인할 수 있다. 왕실 가문의 역사로 보면, 주의 다섯 왕의 총 통치 기간이 귀족 가문의 3세대보다 짧다.[14] 짧은 통치 기간은 왕조 이래 처음 있었던 비정상적인 승계 사건 때문일 것이다. 효왕(孝王)은 그의 조카 의왕(懿王)을 승계하여 주의 8대 왕이 된다. 서주 중기에는 대외 관계에 있어 왕조 처음으로 외부로부터의 깊숙한 침입을 겪게 되는데, 그것은 화이하 지역 토착민 집단에 의한 것으로 이를 통해 오늘날 뤄양에 해당하는 주의 동쪽 도읍의 안전이 심각하게 위협을 받았다.

왕실 권력이 쇠약해지면서, 이왕(夷王)의 통치 기간 중 왕실 정벌의 대상이었던 제(齊)와 같은 일부 지역의 야망에 찬 통치자에 의해 주 중앙 궁정과 봉국 간 관계 또한 도전을 받아야 했다. 이러한 사실은 주 궁정이 더 이상 그들의 적을 국경 너머에 묶어 두거나 지역 통치자를 왕실 이해와 보조를 같이하게 할 수 없었다는 것을 암시한다. 영역확장사업의 중단 때문에 발생한 가장 중요한 충격은 사회적 수준에서 볼 때 확장된 영토에 새로운 지역 정치체를 수립하기 위하여 웨이하 유역의 인구를 이동시킬 기회가 없어졌다는 것이다. 청동기 명문에 따르면 주 왕은 더 이상 종족에 일정구역의 토지

---

13   Vogt, "Between Kin and King: Social Aspects of Western Zhou Ritual," pp. 316, 329-332 참조.
14   이는 선(單)종족을 말하는데 2003년 메이현(眉縣)에서 그들의 청동기가 발견되었다. 그중 반(盤)의 명문은 11명의 주 왕들의 통치와 관련된 가문 혈통을 완전하게 보여주고 있다.

를 하사할 수 없었으며, 그 대신 흩어져 있는 경작지를 조금씩 줄 수밖에 없었다는 사실이 확인된다. 한편으로 종족은 그러한 조각난 소규모 토지를 거래하였으며 이로 인해 앞에서 언급한 종족의 분화 과정이 더욱 가속화되었다. 이러한 전환은 외곽의 대규모 토지가 고갈되어 토지 자원에 대한 경쟁이 심화되었음을 말해 주는 것이다. 토지 소유권에 대한 갈등이나 심지어 토지 생산물의 강탈 사고에 대한 보고가 주나라 궁정에 접수되기도 하였는데, 관련된 법적 소송에서 승소한 자가 만든 청동기에서 그 기록을 볼 수 있다. 서주 중기에 왕실이 다스리는 영역에서 일어난 경제적 자원에 대한 극심한 경쟁과 사회적 갈등이 그 명문에 생생하게 기록되어 있다. 현재까지 확보된 증거에 의하면 한마디로 서주 중기는 사회정치적 전환의 중요한 시기였다고 할 수 있는 것이다.

서주 국가의 성격

6장에서 언급한 바와 같이, 서주 국가는 오랫동안 중세 유럽과 비교하려는 잘못된 관점에서 서구식 봉건주의(feudalism)의 체제로 접근되었으며, 이로 말미암아 서주의 정치적 체계를 연쇄적으로 잘못 해석하는 결과를 초래하였다. 무엇보다 중요한 것은 예전의 학자들이 서구와 비교하여 주 왕과 여러 지역 통치자 간의 관계를 유럽의 영주와 봉신의 관계처럼 계약을 통한 호혜성에 바탕을 둔 것이라고 믿게 오도하고, 주의 봉국의 성격을 '봉건 영지(feudal fiefs)'라는 관점에서 해석하였다는 사실이다. 이 두 가지 주장은 모두 사실이 아니다. 또한 '도시국가'나 '영토 국가'와 같은 다른 사회정치적 모델도 서주 국가의 성격을 규정하는 데 부적절하다고 밝혀진 바 있다.[15]

비교론적 관점에서 서주 국가의 성격을 파악하기 위해, 나는 앞에서 주나라가 위임의 규칙에 따르는 읍들로 이루어진 국가라고 설명한 적이 있다. 한편으로 주의 정치 철학에 따르면 당대 주나라 왕들은 천명의 수령자이면서 왕조의 진정한 건설자인 문왕에서 시작되었다고 하는 권력으로 통치를 하였다. 다른 한편으로 주 왕은 그의 대리인이라고 할 수 있는 여러 지역의 통치자에게 그의 행정적 권력을 위임하였다. 그러한 정치적 시스템에서 주 왕은 지역 통치자에게 국가 내 각자의 지역 문제에 대한 정책을

---

15 Li, *Bureaucracy and the State in Early China*, pp. 271-299 참조.

결정할 권리를 완전하게 인정하였다. 그렇다고 하여 지역 통치자가 '주권을 가진' 독립된 통치자는 아니었다.

주 왕이 그의 정치적 권력을 지역 봉국들에게 부여하는 권력 위임의 주요 경로는 왕실 종족의 혈연 구조를 통해서다. 그러므로 지역 통치자는 서주 왕의 지역 대리인일 뿐만 아니라, 공통 조상 제례를 통해서 서로 관계가 인식된 왕의 종족[또는 희(姬)씨 성의 국가가 아닌 경우에는 혼인으로 맺어진 배우자]의 구성원이기도 했다. 그들은 주 왕에 충성할 의무가 있었고, 규모가 더 큰 서주 국가의 경영에 참여하였다. 그것은 왕의 실질적 군사 능력에 대한 두려움 때문이기도 하였지만, 도덕적 법적 의무를 명령할 수 있는 그들 자신의 권력 그리고 공동의 조상에 바치는 존경심의 근원을 잘 알고 있었기 때문이다.

서주 국가의 근본적 사명은 북중국 계곡과 평원에 산재한 수천 개의 읍(邑)을 다스리는 것이었다. 이들 취락은 서주 국가의 정치적 권력과 여러 지역 대리인에 의해 거대한 연결망으로 조직되었다. 그것은 취락을 기반으로 한 국가이면서 동시에 혈연으로 이루어진 체제였다. 서주 국가가 읍들이 다층적으로 연결된 거대한 네트워크에 기반을 둔 것으로 이해할 수 있다는 사실은 두 가지 중요한 지정학적 관점을 시사한다. (1) 국가는 지리적으로 경계선이 뚜렷한 토지단위의 총체로서 존재하는 것이 아니라 그 통제 하에 있는 다수 취락이 실체적으로 존재함으로써 구현되는 것이며, (2) 국가는 분명하게 확인되는 취락들로 이루어진 복합군으로서 존재하는바, 국가의 권한이 미치는 '영토'에는 빈 공간이 개재되어 있다는 것이다. 각기 다른 봉국에 속한 취락 복합군 사이에도 소속이 중복되는 공간이 존재하는 것이다(그림 7.4). 봉국들의 이러한 존재 여건은 (8장에서 논의되는 바와 같이) 정치적 권력이 쇠락한 뒤에 서주 국가에서 발생한 사회경제의 전반적인 변화에 대하여 논의를 시작할 중요한 근거를 제공하여 주고 있다.

서주 통치의 별개 구역인 샨시(陝西) 중심지에서 이루어지는 왕실의 지배를 살피면 그 국가의 공간적 구성이 동쪽 지역 국가의 일반적인 존재 방식과는 약간 다르다. 수도 풍(豊), 호(鎬), 그리고 기읍(岐邑)과 같은 왕실 도시는 정치적 권력과 사회적 통합의 중심으로서의 기능을 수행하였다. 왕실 중심지 주변에는 종족의 사회적, 경제적 연대를 통해 왕실 중심과 연결되는 여러 종족의 근거지가 위치한다. 명문에서 보이는 바와 같이, 각 종족의 중심은 보통 웨이하 계곡의 시골 지역에 위치하는데, 종족의 생산 활동이 이루어지는 다수의 부속 취락으로 둘러싸여 있다. 서주의 후기 무렵에 산(散)과

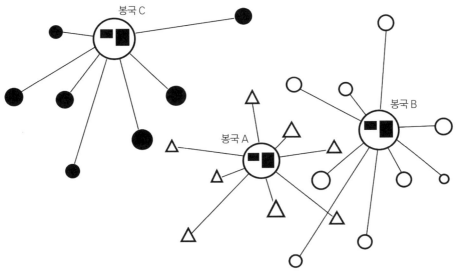

그림 7.4 주의 지방 봉국들의 존재 상황

같은 웨이하 계곡 서부의 일부 유력한 종족은 이미 그들의 취락을 다스리기 위한 중심적 통치기구는 물론 내부적으로 다층화된 취락 조직을 발달시켰던 것이다.

문식성(文識性)의 확산과 고전 문헌의 창조

고고학적 증거에 따르면 서주는 중국 혹은 동아시아에서의 문식성의 확산에 결정적인 역할을 한 시기로 추정된다. 상(商) 문자의 분포가 지리적으로 한정된 것과는 대조적으로 서주의 청동 용기와 무기는 중국 북부는 물론 남부의 일부에 이르기까지 발견된다는 것이 그러한 확산의 좋은 예이다. 이러한 차이는 웨이하 평원의 주나라 지배층이 먼 곳으로 이주할 때 자신들에게 예속된 상의 지식층도 대동하였는바, 이로 말미암아 읽고 쓰는 문화가 여러 지역 중심지로 널리 퍼지게 된 것으로 보인다. 그러나 문식성은 단지 지리적 측면에서 확산된 것이 아니라, 서주의 여러 사회적 영역에 걸쳐 영향력을 발휘하였다. 쓰기가 주나라 통치기구의 행정처리에 결정적인 역할을 했으며 주 왕의 관리 임명은 문서로 전달되는 것이 일반적이었음이 청동기 명문을 통해서 확인된다.

100점이 넘는 모든 임관 관련 명문의 핵심 정보는 분명히 후보자가 왕실 궁정에서 받은 임명장에 근거한 것이다. 청동기 명문은 또한 소멸성 재질에 표현된 문서들이 왕궁 바깥에서도 광범위하게 유통되었음을 보여주는데, 특히 재화나 부동산 매매와 같은 중대한 경제적 결과를 초래하는 행위들이 그러했을 것이다. 귀족 종족들은 이러한 거래 시에 토지 대장이나 필시 계약서까지도 사용하였을 것이다. 그러한 거래에 대한 증거, 또는 영토 조약의 원본 문서에 대한 부본으로 청동 그릇이 주조된 분명한 사례가 있다.[16] 군사적인 맥락에서 원정 기간 중 일부 명령 불복종 병사의 위법행위에 대한 기록 작성을 관리에게 지시한 사례도 있다.[17]

더욱이 청동기 명문은 그 자체가 문식성이 광범위하게 확산된 증거이다. 많은 청동 용기가 조상 사당에서 사용되었고 그 청동기 기록은 각 종족 구성원이 보게 된다. 어떤 것은 가정 내부의 장소에서 이루어지는 여러 친목 모임에서 사용되었는데, 그 자리에서 청동기에 주조 기록된 조상 은혜나 가문의 새 구성원이 이룩한 공적 내용이 친척이나 친구에 의해 칭송된다. 두 가지 경우 모두에서 명문 있는 청동 그릇이 서주 사회에서 문식성의 유지는 물론 그 확산에 필요한 독자층을 창출하는 데 이바지하였다. 비록 문자 기록이 소수 지배층의 소유물로 남아 있긴 했지만, 의미가 완전한 긴 문장이 적힌 청동 제품을 만들기 위해 사회적 집단의 상당수 사람들이 읽는 법과 서예를 깨쳐야 했다.

청동기 명문을 통해서 알 수 있는 문식성의 상황에 전적으로 부합하듯 일부 소멸성 재료에 기록된 작품들이 서주의 멸망 시점까지 명백히 살아남아서 공자의 시대까지 전해졌을 것이다. 이 중 가장 중요한 책으로는 『역경(易經)』, 『서경(書經)』, 그리고 『시경(詩經)』이 있다. 이러한 문헌들은 주로 유교적 전승을 통하여 전해졌기 때문에, 편의적으로 '유교 고전'이라고 불리며 중국 문명은 물론 다른 지역에도 엄청난 영향을 미쳤다. 그러나 최소한 이 문헌들 중 상당한 분량이 공자가 태어나기 약 300년 전에 갖추어진 것으로, 따라서 그 기원이 유교와는 상관이 없음에 주의하여야 한다.

---

16 이것은 유명한 산씨반(散氏盤)의 명문 사례로 측(夨) 정치체와 영토적 갈등을 해결하기 위한 회담 후 산(散) 종족이 주조한 것으로 두 정치체는 샨시성(陝西省)의 웨이하 서쪽 지역에 있었다. 회담 중에 원본 조약이 체결되었다.

17 서주 문식성의 성격에 대한 최근 논의는 Li Feng "Literacy and the Social Contexts of Writing in the Western Zhou," Li Feng and David Branner (eds.), *Writing and Literacy in Early China: Studies from the Columbia Early China Seminar* (Seattle: University of Washington Press, 2011), pp. 271-301을 참조할 것.

『역경(易經)』

이 책은 가장 '고대'적인 '고전'으로 일반적으로 상호 별개의 점복 기록 군을 모아 놓은 것으로 이해되고 있다. 이들 기록 중 일부는 주의 왕조 이전까지 거슬러 올라가는데 저우웬에서 출토된 갑골문과 같은 기원을 둔 자료를 토대로 만들어진 것으로 보인다. 각 기록 군은 괘사(卦辭)에 의해 설명된 괘상(卦象, 유사한 구성이 상말주초의 청동기에서도 보임)으로 시작한다. 이 괘사 다음에는 6개의 효위(爻位)가 나타나는데 각각은 괘상의 각 행(또는 숫자)과 연결된다.

이러한 문장들은 서주의 중후기 중 어느 시기에 통합본을 만들기 위해 모은 것으로 보이며, 그 작업이 완성된 뒤 실제 점복에 대한 설명서로 사용되었다. 그러나 그것이 어떻게 사용되었는지, 혹은 사용되어야 하는지는 2,000년간 의문으로 남아 있다. 최근에 발견된 상하이 박물관의『역경』원고에 의하면, 최소한 서기전 4세기 이전에 이미 이 책이 오늘날까지 전해진 것과 유사한 형태를 갖고 있었음이 확인된다.[18] 이미 한 왕조의 초기에 공자의 해석으로 추정되는 10개의 주석이 덧붙여졌다. 이 책에 대한 또 다른 주석들이 1973년에 서기전 1세기 중반으로 추정되는 한 왕조 무덤에서 발견되었다.

『서경(書經)』

정확히 말해서 이것은 고대의 정부 문서를 모은 것으로, 문왕과 무왕이 세우고 주공이 확립한 서주의 가치관을 구체화하고 이상적인 통치기구의 모델을 명확하게 제시한 것으로 이해된다. 책의 맨 앞부분은 일반적으로 '오고(五誥)'라고 불리는데 서주 왕조 초기 몇십 년에 걸쳐 궁정 사관이 기록한 원본으로 모두 주공(周公)과 관련되어 있다. 이 정부 문서가 청동기에 주조되었는지 여부는 알려져 있지 않다. 아마도 그 내용이 지배층 개인의 생애와 직접 연결된 내용이 아니기 때문에 주조되지 않았을 것으로 보인다. 그러나 이들과 청동기 명문 사이에는 분명히 상고기의 언어 수준에서 보면 유사성이 있다. 이들 문서기록의 언어는 전국시대에 그 이전의 하와 상 왕조를 회고하면서 기록한 같은 책의 마지막 부분과 극명하게 대조된다.

---

18   Edward L. Shaughnessy, "A First Reading of the Shanghai Museum Bamboo-Strip Manuscript of the *Zhou Yi*," *Early China* 30 (2005-6), pp. 1-24 참고.

초기 서주에 대해 언급할 목적으로 쓴 약 7개 장의 또 다른 편은 아마도 왕조의 후기 중엽에 작성되었을 것이다. 언제 어떻게 『서경』의 여러 문서가 책으로 엮어졌는지에 대해서는 아직도 논쟁 중이다. 전통적으로 공자가 이 글들을 취사선택해서 책으로 만든 것으로 알려져 있지만 현재 이를 입증할 증거는 없다. 그러나 각 편에 있는 문장들이 '하서(夏書)', '상서(商書)', '주서(周書)' 등이라는 이름으로 자주 인용된 것으로 보아 여전히 별개로 전승되다가, 서기전 4세기 말경에 완결된 문헌의 일부분으로 통합되기 시작한 것으로 보인다.

『시경(詩經)』

세상에서 가장 오래된 명시 선집으로 3개 분야, 즉 '아편(雅篇)'['대아편(大雅篇)'과 '소아편(小雅篇)'], '송편(頌篇)', 그리고 '국풍(國風)'으로 구분된 305편의 시를 모은 책이다. 시들이 쓰여진 상황에 대해서는 확실하게 알려진 것이 별로 없기 때문에 각각의 시에 대한 정확한 시기를 추정하는 것은 불가능하다. 그러나 대부분의 현대 학자들은 그 시들이 쓰인 시기를 다소 여유 있게 잡아 서기전 1000~600년으로 추정하고 있다. 상하이 박물관이 소장한 전국시대 문헌에서 공자(551~479 BC)가 이 시들에 대해 체계적으로 주석을 달았다고 기록된 것이 최근 발견되었기 때문에, 현재의 문헌과 유사한 시들이 서기전 6세기경에 유통되었던 것으로 보인다.

이 책의 마지막 부분은 '국풍'으로 서기전 7~5세기에 여러 지역 국가들에서 대부분 수집된 것으로 보이는 총 160편의 시가 실려 있다. 비록 '아편'에 실려 있는 모든 시가 전부 '국풍' 이전의 것은 아니더라도 상당히 오래전 것이다. '소아편'에 실린 많은 시가 서주 후기에서 전국시대 초기까지 주 궁정과 관련된 개인이 쓴 것으로 정치적 정서가 분명하게 드러나고 있는데, 그 내용을 통해서 서주 후기의 청동기 명문에 기록된 역사적 사건을 확인할 수 있다.

'대아편'은 상당히 이른 시기에 쓰였을 가능성이 있는 시 몇 편이 포함되어 있으며, 반면에 '소아편'의 다른 시들은 상당히 늦은 시기에 쓰인 것으로 보인다. 반면 주의 '송편'은 수도의 조상 사당에서 읊어진 것이다. 그래서 책에 실린 일부 시들은 주가 상을 정복하던 당시부터 내려온 것일 수 있으며, 다른 시들은 주 조상의 덕을 회고하며 찬양하는 것으로 비교적 나중에 지어진 것이다. 이러한 시기상의 불일치에도 불구하고, 305편의 시는 서기전 6세기 초부터 주 왕조의 사회와 문화에 대한 중요한 관점을

제공한다.[19]

서주의 종말

서기전 9세기의 대부분과 8세기 초에 서주 국가는 여러 측면에서 시련을 겪고 있었다. 남동쪽에서는 무왕 때부터 대대적으로 침입하기 시작했던 화이하 지역의 집단이 이후 통치 기간 동안에도 주의 안전을 계속 위협하였다. 그러한 불안은 여왕(厲王) 통치 시기에 화이하 지역과 산둥 남쪽의 여러 집단이 일으킨 총체적인 반란으로 이어지게 된다. 그 이전 양쯔강 중류 유역에서 주나라의 안전을 담당한 것으로 보이는 후베이 북부 악(鄂)의 통치자의 반란이 도화선이었을 수도 있다. 그러나 '험윤(玁狁)'이라고 불리는 북서 고지대 사람들이 가한 새로운 위협은 보다 더 큰 압박이었고 주의 중심지 매우 가까운 곳까지 쳐들어왔으며, 서주 중기 말부터 주의 지배층은 이들 침입자들과 일련의 긴 전투를 벌이게 되었다. 『시경』과 다우정(多友鼎) 청동기 명문을 보면 주 수도에서 단지 100km 밖에 떨어지지 않은 징하(涇河) 계곡을 주된 교전지로 한 장기 전투와 분명 연관지어 기술한 내용이 확인된다(그림 7.3). 그러한 위험스런 상황에 직면하였지만 봉국들은 동쪽으로 멀리 떨어져 있고 당시 왕실 궁정으로부터 상당히 독립적이었기 때문에 주 왕은 거의 지원을 요청할 수 없었다. 반면에 주 궁정은 내부적으로 지배층의 결속을 와해시키는 여러 정책적 논쟁으로 곤란을 겪고 있었다.

주나라 마지막 왕인 유왕(幽王) 11년(771년 BC)의 서주 왕조의 종말에 대해서는 널리 알려져 있는바, 전승 문헌에서 아주 극적인 방식으로 그 내용이 전한다. 이 서술에 따르면 유왕에게는 포사(褒姒)라는 젊은 애첩이 있었는데, 그 성격을 드러내지 않아 절대로 웃지도 않았고 말도 자주 하지 않았다. 어떤 이유인지 그녀에 빠진 유왕은 그녀를 기쁘게 할 수백 가지 방법을 시도하나 결국 실패한다. 어느 날 북서 오랑캐가 주 수도를 공격했다는 잘못된 보고가 올라왔다. 유왕은 급하게 수도에서 가까운 여산(驪山)에 올라 동쪽 지역 통치자에게 자신을 구하라는 봉화를 피운다. 그러나 많은 통치자들

---

19   세 문헌에 대한 내용과 문헌적 역사에 대해 좀 더 보려면 Michael Loewe (ed.), *Early Chinese Texts: A Bibliographical Guide* (Berkeley: Institute of East Asian Studies, University of California, 1993), pp. 216-228, 376-389, 415-423의 관련 부분을 참조할 것.

이 왕실 수도 지역에 몰려왔을 때 그들은 어떠한 적도 볼 수 없었고, 각각의 경계를 침범하며 엄청난 혼란을 일으켰다. 산 아래에서 일어난 이 거대한 혼란을 보면서 포사는 웃음을 터뜨렸다! 마침내 그의 여인을 웃길 수 있는 방법을 찾은 유왕은 그래서 봉화를 반복해서 올렸고, 결국 더 이상은 도와주러 오는 자가 아무도 없게 되었다. 몇 년 후 오랑캐가 실제로 주의 수도를 공격했을 때, 유왕은 어떠한 도움도 받지 못하였고 여산 아래서 죽임을 당했다. 서주 왕조는 그래서 갑작스런 종말을 맞이하였던 것이다.

최근의 비판적 분석은 이 설명이 근본적으로 허구라는 것을 보여주었다. 서주 왕조를 몰락케 한 문제의 원인은 오랜 기간 통치한 선왕(宣王, 827-781 BC)에서 유왕에 이르는 세대 교체에 있다. 선왕 시기에 유력한 지위를 차지했던 '황보(黃父)'가 이끄는 고참 관리들과 새로이 부상하는 유왕과 그의 지지자들 간에 벌어진 격렬한 정치적 투쟁이 그것이다. 이 두 세력은 서기전 777년 공식적으로 결별하여 전자는 도읍을 떠나 동쪽으로 이주하였다. 태자 역시 이때 징하 상류에 있었음이 거의 분명한 모친의 나라 서신(西申)으로 피신했다. 유왕은 일차적인 정치적 승리의 이점을 이용하여 주 중앙 통치기구를 재편하고, 몇 년 후 왕실 군대를 보내 서신을 공격하여 왕자를 요구하였다. 이는 애첩 포사가 낳은 다른 어린 상속자의 승계를 확실히 하기 위한 조처였다. 그러나 왕실 군대는 북서 국경에서 주의 오랜 적이었던 험윤(獫狁)의 지원을 받은 서신(西申)과 증(曾) 두 국가의 연합군에 패배하였다. 이어 북서쪽 연합군은 징하 계곡으로 내려와 서기전 771년 1월에 주의 왕실 수도를 함락하고 달아나던 유왕과 그 일행을 여산 아래에서 죽였다. 이로써 서주가 몰락한 것이다.[20]

---

20   서주의 몰락에 대한 정치적 역학의 최근 재해석을 보려면 Li Feng, *Landscape and Power in Early China: The Crisis and Fall of the Western Zhou, 1045-771 BC* (Cambridge: Cambridge University Press, 2005), pp. 193-232 참조할 것.

참고문헌

Li, Feng, *Bureaucracy and the State in Early China: Governing the Western Zhou (1045-771 BC)* (Cambridge: Cambridge University Press, 2008).

_____, *Landscape and Power in Early China: The Crisis and Fall of the Western Zhou, 1045-771 BC* (Cambridge: Cambridge University Press, 2005).

Hsu, Cho-yun, and Katheryn Linduff, *Western Chou Civilization* (New Haven: Yale University Press, 1988).

Shaughnessy, Edward L., *Sources of Western History: Inscribed Bronze Vessels* (Berkeley: University of California Press, 1991).

Loewe, Michael (ed.), *Early Chinese Texts: A Bibliographical Guide* (Berkeley: Institute of East Asian Studies, University of California, 1993).

제8장 패자와 무사: 춘추시대의 사회 변모

(770-481 BC)

서기전 771년에 서주가 붕괴한 이후, 3세기 동안 일어난 역사적 사건들은 서사적인 시대 명칭이 붙은 『춘추(春秋)』[보다 상세한 내용은 『춘추좌씨전(春秋左氏傳)』에 전함]에 연대순으로 기록되어 있다.[1] 공자가 이 책의 저자인지 여부는 모르지만, 그는 이 시기의 끝까지 생존해 있었으며, 연표가 끝나는 서기전 481년에서 3년이 지나 세상을 떠났다. 그는 자신이 살았던 시대의 문화를 배태한 과거로서 서주와 그 이전을 회고하였으며, 그럼으로써 서주 시대(1045-771 BC)에서 공자가 살았던 춘추시대(770-481 BC)로의 이행은 고대 중국의 역사를 '상고'와 '상고 이후'로 구분하여 학술적으로 개념화하는 데 더없이 좋은 경계를 제공한다.[2] 이 경계를 전후로 하여 발생한 변화는 광범위하고 근본적인 것으로 그로 말미암아 황하 사회는 총체적인 재편과정을 거치면서 위대한 제국을 탄생시켜 새로운 시대가 열리게 된다.

---

1   『춘추』는 서기전 722년과 481년 사이에 노(魯)나라를 중심으로 중국에서 일어난 역사적 사건에 대하여 군주(공)의 재위 단위로 구분하여 간략히 설명한 기록이다. 이 문헌은 노나라의 공식 연대기를 전재한 것이라는 점에는 의심할 여지가 별로 없어 보인다. 현행본 『춘추』는 『춘추좌씨전(春秋左氏傳)』(실제로 서기전 468년까지 기록됨)에 맞추어 시기를 구분한 뒤 해당 해의 앞부분에 첨부되었는데, 전국시대(480-221 BC) 이후 100년 또는 그 이상이 지난 뒤 작성되었다. 『춘추좌씨전』은 『춘추』 연표에 기록된 사건들을 상세히 서술한 것이다. Michael Loewe, *Early Chinese Texts: A Bibliographical Guide* (Berkeley: Institute of East Asian Studies, University of California, 1993), pp. 67-76.

2   전국시대 철학자 한비자(380-233 BC)가 제안한 시대 구분 체계에 따르면 상-서주 시기는 그가 명명한 '하고(下古)'에 속하는데 이 시기는 '상고(上古)'(전설적 황제의 시기)와 '중고(中古)'(하 왕조와 그 이전 세기) 다음 시기이다. 한비자에 대해서는 10장을 참조할 것.

188

이전의 학계에서도 이러한 변화에 대한 분석을 위한 가치 있는 토대가 학문적으로 다양한 영역별로 구축되었지만, 변화가 일어나는 논리적 순서와 상호 복잡한 관계가 충분하게 이해된 것은 아니었다. 이는 크게 보아 서주 시대 후기의 정치적 사회적, 시스템을 춘추시대의 모든 연속적인 변화의 시작점으로 보는 부정확한 이해에서 비롯된 것으로 보인다. 6장과 7장에서 논의한 바대로 최근의 학계에서 습득된 서주 국가에 대한 새로운 지식에 근거하여 이제 춘추시대의 이러한 변화에 대해 재평가하고 사회적 변천의 기원을 논리적으로 설명할 수 있게 되었다.

패권 제도: 권력의 지정학과 균형

춘추시대의 역사는 새로 등극한 평왕(平王, 이전에 추방된 주의 태자)이 서기전 770년 허난 서부의 뤄하(洛河)와 이하(伊河)의 합류점에 있는 뤄양에 주 왕실 궁정을 재건하고 천도한 때부터 시작된다. 그 천도는 서쪽의 주나라 방어 체제의 붕괴, 특히 징하(涇河) 상류 계곡의 손실에 따른 필연적인 결과였다. 또한 서괵(西虢) 종족이 오늘날 샨시(陝西)와 허난을 구분하는 좁은 통로 근처에 당시 새로운 근거지를 건설한 뒤, 이들이 주나라 옛 도읍 지역에서 스스로 왕이라고 주장하는 또 다른 인물을 지원하여 새로운 궁정과 정치적 갈등을 일으키게 하면서 촉진되었다. 그러나 자신들의 터전인 고향에 자신들의 보물인 청동제기를 매납 은닉하고 있던 웨이하 지배층을 서쪽에서 동쪽으로 재배치하는 것은 상당히 긴 시간이 소요되는 엄청난 규모의 이주 사업이었다. 주나라 이외의 여러 집단이 웨이하 계곡에서 주 지배층을 몰아내고, 이주한 다음에 일어난 춘추시대의 정치적 전환은 서쪽 고지대에서 중앙 및 동부 평원으로 인구를 이동시키는 중국 역사상 하나의 중요한 파동을 초래하게 된다.

이에 따라 이후 500년 동안 중국은 정치적 군사적 갈등에 휩쓸리게 되고, 동쪽에서 자신들의 공고한 거점을 위해 많은 노력을 기울였던 신생 국가들이 행동할 적절한 기회가 만들어진다. 가장 전형적인 경우가 정(鄭)나라인데, 선왕(宣王)의 형제 한 명이 왕으로부터 웨이하 계곡의 서쪽 지역에 있는 왕실의 중심지 중 하나인 정(鄭)을 받아 세운 국가인 것이다. 정나라의 환공(桓公)은 동쪽 수도 성주(成周)에 자리한 주의 궁정에서 오랜 기간 사토(司土)로 복무한 것을 활용하여 성주 외곽의 임시 이전지로 자신의

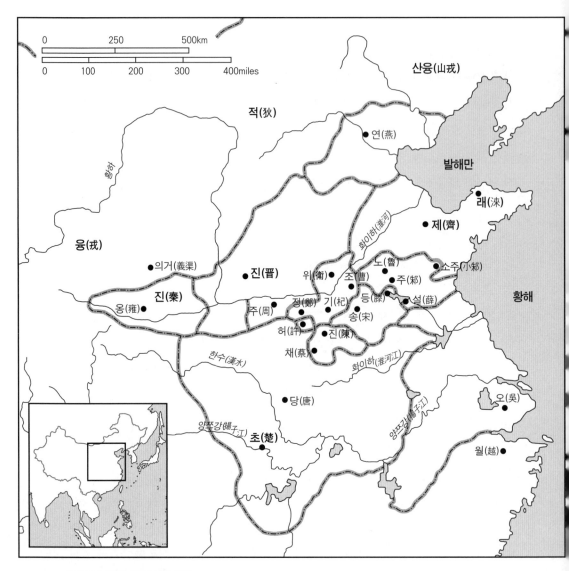

지도 8.1 춘추시대의 주요 국가

재산을 단계적으로 옮겼다. 서주의 몰락 이후, 그의 아들 무공(武公)은 서기전 767년에 소국 회(鄶)와 동괵(東虢)을 정복하고 두 국가의 영토에 걸친 자리에 정나라를 재건설한다(지도 8.1). 이 전환은 위험한 서쪽 웨이하 계곡에서 그 나라의 재산을 철수했다는 것뿐만 아니라 서쪽 왕실에 소속된 원래의 지배 종족이 동쪽 지역 국가 계급의 구성원 자격을 획득하였음을 의미한다. 다음 반세기 동안 정은 중국 전체에서 정치적으로 군사적으로 가장 활발한 나라로 부상하게 된다. 국내의 갈등이 원인이 되어 더 오래된 국가인 허난 북부의 위(衛)와 처음으로 분쟁을 일으키게 되는데 위는 정나라 공(公)의 정치적 경쟁자를 지지했던 적이 있었다. 위(衛)는 송(宋)과 진(陳)에 도움을 요청하여 서기전 719년 정의 동쪽 관문을 연합하여 공격한다. 반면 정은 더 크고 부유한 산둥 서쪽 지역의 제(齊)와 노(魯, 서기전 715년 이후)를 동맹세력으로 확장하여, 강한 세력의 축이 된다. 그러나 정은 내적 불안정과 사방의 공격에 노출될 수밖에 없는 중앙 평원이라는 취약한 전략적 입지가 모두 원인이 되어 결국 쇠락하고, 장기적인 지배가 불가능하게 되었다.

이로써 장기적으로 춘추시대의 정치는 외곽에 위치한 더 강대한 국가들의 야망에 의해 결정되었다. 이러한 국가들의 대부분은 주나라 세계의 주변에 위치하였으며 산맥과 강이 있어 방어가 용이하고 경제적으로 개발이 더딘 주 왕실과 관계없는 집단을 배후에 두고 있거나 아예 그 가운데에 있었다. 그들은 외부로 확장하거나 개발이 더딘 주변 지역에서 사회적, 경제적 자원, 그중에서도 중원의 국가와 경쟁하는 데 필요한 가장 중요한 인구를 흡수하는 데 유리한 전략적 이점을 활용하였다.

첫 번째로 이 목표를 달성한 주변 국가는 제(齊)였다. 발해만 근처 산둥 북서쪽에 위치한 제나라는 전통적으로 생선과 소금의 자연산물 보유량이 풍부하여 중앙에 위치한 국가들에게 용이하게 팔 수 있었던 것으로 알려져 있다. 이러한 사실은 최근에 고고학적 조사를 통해 염전이 발해만 지역에서 발견됨으로써 강한 설득력을 갖고 있다.[3] 서기전 6세기 중엽, 제는 동쪽 해안의 기(紀)와 래(萊) 나라를 병합하여 산둥 반도의 대부분 지역에 대한 실질적인 통제력을 강화하였다. 이는 이전에 상—서주 시대에도 적극적으로 활동하였던 '동이'가 지금은 제나라의 새로운 시민이 되었음을 의미한다. 서기전 662년 북적(北狄) 부족민이 형(邢)과 위(衛)를 격파하면서 중원으로 몰려오던 때, 오직 제만이 황하 남쪽 제방을 따라 오늘날 뤄양의 왕실 수도로 가는 모든 길에 요새를 세워 '중국 동맹'을 구축할 수 있는 군사력과 정치적 영향력을 갖고 있었던 것이다. 2년 전 융(戎)족이 베이징 근처 연(燕)나라를 공격하였을 때, 제의 환공(桓公)은 연을 구하러 개인적으로 그의 군대를 이끌고 가 대응한 바 있다. 서기전 656년 남쪽 국가 초(楚)의 정(鄭)에 대한 공격을 성공적으로 물리친 뒤, 그는 초를 공격하도록 많은 지배자

---

3   이는 최근 집중적인 고고학적 조사로 상 왕조에서 한 왕조까지 존재했던 것으로 추정되는 넓은 지역의 소금 생산지를 포함한다.

를 연합하여 이끌었다. 서기전 651년에 환공은 허난(河南) 동부 규구(葵丘)에서 회맹(會盟)을 하기 위하여 다른 지역의 6개 국가를 초청하였는데, 쇠약해진 왕실 권력에 직면한 주 왕은 사절을 보내 왕실이 환공의 중국(즉 이전 주) 국가의 임시 지도자인 '패(覇)', 즉 패권 지위를 인정한다는 임관 문서와 아울러 왕실 호의의 징표로서 문왕과 무왕 사당에 쓸 제물 고기를 환공에게 보내기도 하였다.

이후 상당히 긴 기간 동안 패권에 대한 다툼은 주로 편하 계곡의 강력한 북쪽 국가 진(晉)과 양쯔강 중류 계곡에 자리 잡고 부상한 남쪽 권력 초(楚) 간에 일어났는데, 둘 다 서기전 6세기 후반까지 각자가 위치한 영역의 대부분을 정복하였다. 진(晉)의 패권은 문공(文公) 때인 서기전 632년 성복(城濮) 전쟁에서 초를 물리치고 그해 열렸던 회맹에서 패권 지위를 왕실로부터 인정받으면서 시작되었으며, 다음 세대에도 그 패권이 유지되다가 서기전 621년 그의 아들이 죽으면서 끝났다. 초의 패권은 서기전 597년 진(晉)을 물리친 목왕(穆王)에 의해 확립되었는데 약 20년 뒤 진의 국력이 부흥할 때까지 지속되었다. 수십 년 동안 진과 초의 다툼에서 심한 고통을 겪은 중원의 소규모 국가들은 두 초강대국 간 평화 조약을 중재하기 위해 노력하였으며 이 노력은 결국 서기전 546년 실현되어 이후 30년간 그들 간에 큰 전쟁은 피한다는 조약을 체결하게 된다. 그러나 진과 초는 그들 자신의 세력이 약화되고 새로운 두 패권 국가 오(吳)와 월(越)이 남동쪽 양쯔강 삼각주에서 부상하는 것을 보게 된다. 가장 세력이 강했던 시기에 오와 월은 군대를 북쪽으로 보내서 중원에서 국가 간 회담을 개최하였다.

위에서 개략적으로 서술한 역사적 전개 과정은 여러 방면에서 진지하게 연구할 만한 의미와 가치가 있다. 역사정치학자들은 성장의 불균형적인 기회, 그리고 특히 새로운 주변 영토를 획득할 기회에 고무되어 강국이 차례로 부상하다가 쇠락 과정에 빠지게 되는, 그래서 '세력 균형과 확장 비용 상승의 메커니즘'이라고 일컫는 지속적 구조 안에서 그러한 전개 과정이 일어난다고 이해하였다. 이 역사적 과정은 중국에서는 정말로 희귀한 경우이지만 유럽의 현대 초기의 역사적 발달과는 상당히 일치한다.[4] 역사학자에게 패권 제도란 권한의 새로운 구조로서 패권을 가진 대군주에 의해 보장된 새로운 형태의 정치적 통일이다.[5] 마찬가지로 패권의 역할은 입증된 군사적 실력, 그리

4   Victoria Hui의 *War and State Formation in Ancient China and Early Modern Europe* (Cambridge: Cambridge University Press, 2005), pp. 55-64 설명 참조.

5   Cho-yun Hsu, "The Spring and Autumn Period," Michael Loewe and Edward L. Shaughnessy, (eds.),

고 국가 간 회담에 다른 통치자의 참석을 요구할 수 있는 영향력 이상의 것으로서 합법적이며 궁극적 권력인 왕의 부재 시 사회적 질서를 만들고 유지하는 데 기여하였다. 패권의 정치적 역할은 종전의 연구를 통하여 어느 수준까지 이해되고 있지만, 최근의 연구들은 특히 패권 역할의 제도적 측면에 관심을 두고 그 성과를 제시하고 있다. 예를 들어, 서기전 651년 규구의 회담에서 제의 환공과 다른 6개의 지역 통치자 간에 합의한 내용을 보면 자신들의 군사적 동맹에는 별 관심을 보이지 않고 있으며, 대신 동맹 국가의 국내 정책과 관련된 사회적 규범을 조성하거나 어떤 경우에는 "첩은 정실부인이 될 수 없다"는 규정과 같이 지배층의 가정 문제에도 개입하는 등 광범위한 원칙을 제시하고 있다는 것이다.[6] 또 다른 연구에서는 전통적으로 서주의 것으로 유명한 '오등작(五等爵)'조차 패권 시스템의 부산물로서 춘추시대에 국가의 상대적 지위를 규정하고 패권국가에게 바칠 공물의 기준을 결정하기 위해 실행된 것이라고 주장한다.[7] 보다 일반적인 관점 또는 아마도 더 큰 맥락에서 역사를 본다면, 춘추시대는 기존 문명의 중심이 아닌 그 주변에서 기존 문명으로부터 경험을 얻은 새로운 권력이 주변 지역의 새로운 자원에 기반을 두고 부상하는 상황을 보여준다고 하겠다. 이러한 과정은 현재와 과거의 세계 역사에서 많은 유사 사례를 볼 수 있다.

현(縣)의 등장: 행정 체계의 재설정

춘추시대의 사회적 제도가 어떻게 변화하였는지를 이해하기 위한 열쇠는 현(縣) 시스템의 등장에서 찾을 수 있다. 진나라 통일 이후 중국 제국의 핵심적인 행정 사회기반인 소위 '군현제'의 기원으로서 현의 중요성은 현대 역사 기술이 시작되면서 충분히

The Cambridge History of Ancient China: From the Origins of Civilization to 221 BC (Cambridge: Cambridge University Press, 1999), pp. 556-557. 참조.

6   Cho-yun Hsu, "The Spring and Autumn Period," pp. 556-557.

7   전체 다섯 작위(종종 불어 duke, marquis, earl, viscount, 그리고 baron과 비교되는 공(公), 후(侯), 백(伯), 자(子), 그리고 남(男)은 이미 서주 시기에 나타나는데, 그것들은 서열 시스템을 구성하는 것이 아니다. 춘추시대에 이 다섯 작위가 묶여 이른바 '오등작(五等爵)'이 되었다. Li Feng, "Transmitting Antiquity: The Origin and Paradigmization of the 'Five Ranks'," D. Kuhn et al. (eds.), *Perceptions of Antiquity in Chinese Civilization* (Heidelberg: Edition Forum, 2008) pp. 103-134 참조.

인정되었던바,[8] 최근에 학자들은 다양한 연구를 통해서 이 시스템의 역사적 세부 내용을 밝혀냈다. 그러나 그 사회적 충격에 대해서는 단지 피상적으로만 이해되었을 뿐이다. 전국시대의 문헌, 특히 『춘추좌씨전』에는 춘추시대 초기 이후에 유력한 국가들의 현에 대해서 7장에서 언급한 전통적 귀족 종족 국가들과는 근본적으로 다른 새로운 형태의 지리적 행정 단위로 명백하게 서술하고 있다. 그 문헌에서는 현은 다양한 이름으로 불리는 지사가 국가 통치자에 의해 임명되고 중앙 궁정에 대한 책임을 지면서 다스린 사실을 분명히 하고 있다.

서기전 10세기에서 8세기 초까지 주 왕이 산시(陝西) 웨이하 계곡의 왕실 영역 중 특정 지역에 대한 책임을 부여하면서 그 지역 관리를 사토(司土) 또는 사공(司工)이라는 일반적인 명칭의 관리로 지명하였음이 서주 청동기의 명문에서 확인되고 있다. 비록 주 왕실의 관습에 대해서 지역 통치자들이 잘 알고 있다 하더라도, 현은 서주의 초기 왕실 행정 시스템과는 직접 연관이 없었음을 보여준다. 현의 성격과 그 정치적 위상은 역사와 정치 지리적 맥락을 통해서 더 잘 설명될 수 있다. 서기전 740년에서 690년 사이에 초(楚)의 무왕(武王)은 서쪽 국경의 작은 정치체를 정복하였는데,[9] 과거에 그랬던 것과는 달리 자신의 친척이 아닌 자를 직접 왕을 대신하는 지사로 임명하였다. 이후 초나라는 허난 남부의 난양분지(南襄盆地)에 있는 이전 주나라의 여러 봉국을 정복하여 현으로 삼았다.[10] 이러한 사건들이 일어나기 전에도 당시 웨이하 평원의 서부 지역으로 옮긴 진(秦) 국가는 서기전 688-687년에 간쑤 남동 지역과 산시 동부에 다수의 현을 설치하였다.[11] 진 국가에서는 서기전 7세기에서 6세기 동안 새로이 정복된 지역의 많은 현에 대한 지배권이 지사에게 이양되었다. 요약해서 말하면 초기 현들은 모두 전략적으로 중요한 국경 지역에 설치되었으며, 실제로 그중 많은 곳이 새로이 정복된 영토의 토지와 인구를 통합하였다. 이들은 통상 이주가 처음 시행된 처녀지이기도 했는데, 국가는 자유노동 인력으로부터 세금을 거두어들이기 위하여 이러한 새로운 지역을 개척하는 데 힘을 기울였다. 철이 중국에 유입되고 이어 철제 도구가 사용됨으로

---

8   서구에서 중국 관료 행정의 기원으로서 현에 대한 연구는 헐리 크릴(Herrlee Creel)의 논문이 많이 알려져 있다. Herrlee Creel, "The Beginning of Bureaucracy in China: The Origins of the *Hsien,*" *Journal of Asian Studies* 22 (1964), pp. 155-183 참조.

9   이는 권(權)이라 불리는 정치체로 한수 계곡 후베이 북부의 오늘날 이청(宜城)에 위치하였다.

10   남신(南申), 식(息), 려(呂)를 말한다.

11   간쑤 동부 지역 상규(上邽)와 산시(陝西) 동부 지역의 두(杜)와 정(鄭)이라는 현이다.

써 이러한 과정은 더욱 박차를 가하게 된다(상자 8.1).

'현(縣)'은 '걸치는' 또는 '거는'이라는 의미를 가진 글자로 명문에 기록된다. 그러므로 현은 국가에 군사적으로 중요한 의미를 갖는 '미확정' 지역이라고 할 수 있다. 서주 이후 토지 등급에 지속적으로 영향을 미쳤던 구 국가 모델 아래서는 통치자는 새로이 정복한 지역을 아들이나 형제들에게 포상으로 주어 그들의 재산으로 귀속시켜 왔다. 현은 새로이 획득되고 정복된 지역을 혈연구조를 통해 국가 통치자가 귀족에게 토지를 재분배하는 전통적 과정으로부터 벗어나 귀족에게 "잠시 맡겨진" 관리 가능한 단위이다. 달리 말하면 현은 국가와 최고 통치자의 직접적 통제를 받아야 하는 유보된 토지 단위이다. 다른 국가와 경쟁하기 위하여 국가 통치자는 이러한 통치 단위를 자신이 직접 임명한 지사가 관리하도록 함으로써 언제든 이용할 수 있는 조세 수입과 노동력의 공급원으로서 자신이 직접적으로 처분할 수 있는 체제 하에 두는 것이 필요했다. 초나라의 현은 작은 국가 수준과 동등한 규모인 최소한 100대의 전차에 해당하는 군대를 제공할 능력이 있는 것으로 기술되고 있다. 서기전 5세기경 주요 국가들의 정확한 현의 상대적 숫자를 계산하려고 시도한 이전의 연구에 따르면 초(楚)가 30곳, 진(晋)이 45-50곳 그리고 진(秦)이 40-50곳 정도의 현을 가졌던 것으로 추정된다.[12]

상자 8.1 중국 철기의 시작

철기 제작은 제국 이전의 중국에 광범위한 사회적, 정치적 영향을 미친 가장 혁신적인 기술상의 진보였다. 이전에도 낮은 온도에서 철을 다룰 수 있었지만, 극도로 높은 철의 용융점(1,538℃) 때문에, 인간 사회가 용융 방식으로 이 재료를 다루는 것은 1,000년간 청동을 사용한 뒤에나 가능하였다. 세계의 다른 지역과 마찬가지로 중국 철의 역사 초기에는 운철을 사용한 것이 특징인데, 상 중기(1300-1200 BC)의 문화적 맥락에 있는 허베이성의 타이시(臺西)에서 발견된 최초의 철이 그것이다. 철의 용해 기술에 대한 첫 번째 증거는 서기전 800-750년경으로 추정되는 허난 서부의 싼먼샤(三門峽) 괵국(虢國)의 지배층 무덤에서 발견된 철제 검 또는 철제 손잡이가 달린 3점의 청동 검이다. 춘추시대 말(481 BC) 이전으로

---

12   4세기의 진(秦)의 수치는 알려지지 않았지만, 서기전 4세기 중엽 상앙의 개혁 이후에는 41개였다.

추정되는 약 100점의 철제유물이 중국 동부에서 보고된 바 있다. 분석 결과 용해와 주탕 기술은 서기전 5세기 초 무렵에 이미 보급되었음을 보여준다. 그러나 전반적으로 볼 때 여전히 춘추시대 중국의 사회생활에 청동기가 보다 중요한 역할을 하였다.

전국시대에 이르러 여전히 의례와 연예의 목적으로 청동 주물 용기가 사용되었지만 철이 검, 극(戟, 미늘창), 화살촉과 같은 무기 그리고 도끼, 정, 삽, 망치, 괭이, 낫과 같은 농공구 등을 주조하는 데에 가장 광범위하게 사용하는 금속으로 대체하게 된다. 철은 투구와 전차 부품 그리고 마구를 제작하는 데에도 사용되었다. 후난의 창샨(長山)과 후베이의 장링(江陵)의 초나라 무덤에서 출토된 것과 같은 몇몇 형식의 용기는 철로 제작되었다. 많은 국가가 정부가 직영하는 공방에서 철제 이기와 무기를 대량 생산하였다. 고고학자들은 20곳 이상의 철 생산 유적지를 찾아냈는데 그곳의 전체 또는 일부가 전국시대로 편년이 되며 대부분 국가의 도성에 위치해 있었다. 비록 청동, 옥, 뼈를 재료로 한 제품도 같이 생산하기는 했지만, 예를 들어 연의 도성인 허베이성 이현(易縣) 등과 같은 몇몇 국가의 도성에서는 분명히 다수의 철 생산의 중심지를 갖고 있었다(그림 8.1). 연나라 도성 이현의 유적지 중 하나인 제21지점에서 1,678점이나 되는 철제 이기, 무기 그리고 다른 형태의 철제 유물들이 다량의 철괴, 주형, 그리고 파편과 함께 발굴되었다. 철의 대량 생산과 다양한 활용은 많은 국가에서 농업 생산량을 극적으로 증가시켰고 전쟁에서 상호 모두의 살상력을 증대시켰다.

그러나 그들은 새로운 형태의 사회정치적 조직으로서 특징적 요소를 공유하는데 그중 가장 중요한 것은 개별 농민들이 직접 부담하는 일반적인 조세와 군사 복무이다. 전통적 종족이 정복되어 현 체제로 전환되는 과정에서 그들의 권력은 남아 있다고 하더라도 최소한으로 국한되었다. 현 제도를 통해 국가는 이전 어느 때보다 농민에 가까이 갈 수 있었고 농민도 그러했다. 특히 진(晉)의 경우, 몇몇 현은 짧은 기간 동안 관리 가문의 구성원이 통치한 적이 있긴 하지만, 그러한 조치 사례는 다소 드물었으며, 실제로 이 시대의 정치적 상황에서 한 가문이 여러 세대에 걸쳐 현을 장악하는 것은 불가능하였다. 여러 문헌에서 지사가 부정행위를 이유로 왕의 명령에 의해 전출, 해고되거

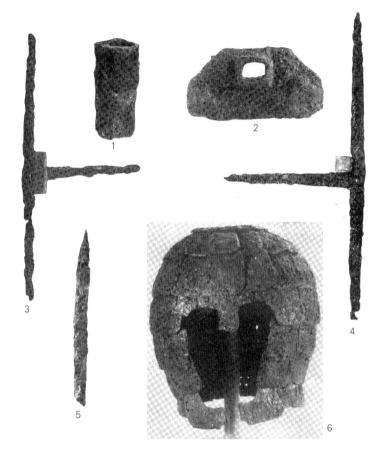

1: 무기의 마구리, 2: 괭이, 3·4: 극(戟, 미늘창), 5: 단검, 6: 투구

그림 8.1 허베이성 연나라 하도(下都)에서 출토된 철제 유물

나 처형된 사례를 볼 수 있다. 관리에게 현을 하사한 경우에도, 대상이 되는 현에서 취할 수 있는 조세의 할당량을 증여한 것에 지나지 않았다. 이는 서주 시대에 전통적인 귀족 종족이 받은 세습적 자산과는 크게 다르다. 간단히 말해서 현 제도의 창안과 확산은 당시까지 국가와 백성 사이를 중재하였던 종족 조직에 토대를 둔 고대 중국 사회를 전반적으로 재편성한 것이다. 중국의 사회정치사에서 현의 출현이 전환점이 된 것은 의심할 바 없다. 서주의 몰락에 따른 국가 간 전쟁이 주변 지역을 현으로 전환하게 하는 동인과 통치자가 그러한 현의 상태를 유지하고자 하는 근거를 제공한 셈이다.

종족 시스템의 붕괴와 사(士) 신분의 부상

과거 연구의 대상에서 계속 빠진 것이 전통적인 종족 시스템에 미쳤을 수도 있는 현의 파괴력이었다. 문화적으로나 제례적인 측면에서는 지속되었지만 왕실 권력의 종말과 서주 국가의 붕괴와 함께 주의 세계는 도덕적 기반을 상실하게 되었다. 춘추시대 지배층이 치른 전쟁은 국가 간 전쟁만 아니었는바, 그보다 더욱 빈번하게 가까운 내부 세력과 싸워야 했다. 그래서 국가 간 전쟁과 외교 이외에도 그 기간 중 자신의 관료에 의해 살해당하는 국가 지배자나 국내 관리들에 의해 살해당하는 관료들의 이야기도 자주 듣게 된다. 내부 분쟁은 사회의 공통된 특징이지만, 그것은 춘추시대라는 특별한 사회정치적 상황 아래서 새로운 성격을 갖추게 된다. 더 이상의 상층부의 게임이 아니었으며 점차 사회 하층부의 한 요인으로 자리 잡게 된 것이다.

거의 반세기 전에 쉬조윈(許倬雲)은 귀족제도가 붕괴하는 시기에 이루어진 이러한 신분 상승 운동에 대한 증거를 분석하였다. 춘추시대 초기에 정치적으로 활약했던 약 500명의 인물 중 국가 지배층의 아들이거나 형제의 수는 53%를 차지하였지만 춘추시대 말에 이르러 그 비율은 언급하기 어려울 정도로 미미해졌다. 이러한 감소 현상이 나타나는 시기에 대부분 국가 지배자와 혈연관계가 없는 관료 가문이 부상하였는데 춘추시대 중엽에 그들은 대부분의 국가에서 지배력을 확보하였다. 사(士)라고 불리는 하급 지배층의 숫자도 지속적으로 증가하였는데(아래 참조), 기록조차 찾을 수 없던 수준에서 춘추시대 말에는 대략 전체의 22%에 달하는 비율로 증가하였다. 전반적으로 볼 때, 이후 전국시대(서기전 4세기 중엽까지) 100년간의 통계를 기준으로 한다면, 출신이 분명하게 알려지지 않은 개인들이 당시 관직의 60-70%를 차지할 정도로 그 숫자가 늘어났다는 것이다.[13] 이러한 분석은 서기전 8세기에서 4세기 중에 중국에서 일어난 심각한 사회변화를 잘 반영하였다고 할 수 있다.

더욱 베리 블레이클리(Barry B. Blakeley)가 수행한 지역적인 분석에 따르면 송(宋), 정(鄭), 노(魯), 초(楚)와 같이 지배자와 방계 혈통 세력이 상대적으로 강세를 보이는 보수적인 많은 국가들과 진(晋), 제(齊), 주(周)와 같이 3세기에 걸쳐 (지배자와 아무런

---

13   Cho-yun Hsu, *Ancient China in Transition: An Analysis of Social Mobility, 722–222 BC* (Stanford: Stanford University Press, 1965), pp. 25-39 참조.

혈연관계가 없는) 독립적인 종족이 상당한 수준의 지배력을 가졌던 국가들 사이에 각각 수행한 사회적 변혁에서 차이가 나타났다.[14] 블레이클리는 제나라와 같은 경우 다양한 수준의 관직에서 출신을 알 수 없는 사람들의 비중이 커졌으며, 비록 하급 관직에 주로 해당되기는 하지만 노와 초나라 같이 보수적 국가들에서도 그들의 숫자가 점차 증가하였음도 보여주었다.

이 역사적 과정을 이해하기 위해서는 블레이클리가 분석한 보다 진보적인 국가 중 하나인 진(晉)의 상황을 면밀히 검토해야 한다. 서기전 7세기에 진(晉)의 공(公) 가문과 취위(曲沃)에 있는 그 소종(小宗)과의 초기 분쟁으로 진(晉)의 기존 방계 종족 대부분이 제거되는 결과가 초래되었다. 얼마 지나지 않아 자신이 총애하는 혜공(惠公)의 승계를 확실히 하기 위하여 다른 아들들을 모두 추방한 헌공(獻公)은 앞서 승리를 거둔 무공(武公)의 아들들이 세운 새로운 분가 종족을 서기전 671년에 절멸시켰다. 서기전 636년 문공(文公)이 복귀하면서 진이 급속히 재기하여 패권을 장악한 뒤, 진의 정치적 지도는 완전히 다시 그려지게 되었다. 이후 공의 긴 추방시절 동안 그를 수행했던 가신들이 권력을 견고하게 장악하였으며, 그 다음 세기에는 이들 상호 간에 투쟁이 지속된다.

서기전 607년에 관료 가문인 조(趙)씨 집안은 영공(靈公)을 살해하고 공의 가문을 실질적으로 통제하였으며, 다른 영향력 있는 몇몇 가문을 제거하였다. 서기전 6세기 초 격렬한 정치적 투쟁에서 다수의 다른 관료 가문들이 몰락하였으며 단지 6개 귀족 [한(韓), 조(趙), 위(魏), 범(范), 중행(中行), 그리고 지(智)]만 남았다. 서기전 514년경에는 이들이 공동으로 기(祁)와 양설(羊舌) 가문을 한꺼번에 몰락시켜 그들의 영토를 열 곳의 새로운 현으로 전환시켰다. 서기전 490년 조 가문은 범과 중행 가문을 제거했으며, 30년 후 지 가문도 진(晉) 분쟁에서 최종적으로 살아남은 한, 조, 그리고 위 가문에 의해 해체되었다. 춘추시대 많은 국가를 둘러싼 정치적 분쟁은 진정 고도의 자기 파괴적 과정으로서 전반적으로 전통적인 종족 시스템에 치명적 타격을 주었다.

내부 갈등이라는 맥락에서 볼 때 현이 전통적인 종족 시스템을 잠식하는 역할은 두 가지 방식으로 접근할 수 있다. 첫 번째로 앞에서 언급한 진(晉) 국가의 서기전 514년 사건에서 볼 수 있는 것과 같이, 국가 간 전쟁의 결과로서 창안된 현의 제도가 전쟁

---

14   Barry B. Blakeley, *Functional Disparities in the Socio-Political Traditions of Spring and Autumn China* (Leiden: Brill, 1980), pp. 107-113.

을 통해서 얻을 수 있었던 경제적, 군사적 이익을 얻을 목적으로 국내의 적으로부터 몰수한 토지를 재편성할 때 국가 지배자 또는 관료가 언제든지 활용할 수 있는 모델이 되었다는 사실이다. 그렇게 수익성 있는 현 단위를 획득하는 것이 국내 전쟁의 목적 중 하나라는 사실이 터무니없는 것은 아니다. 기록상 이러한 사실이 명백하게 드러나 있지는 않더라도, 국내 분쟁의 결과 현은 주변적 존재에서 점차 국가의 내부적 존재로 등장했다고 볼 수도 있다.

두 번째로 현들은 경제적 관점에서 볼 때 종족 집단과 경쟁적인 관계에 있었다. 현에서 종족의 전통은 미약했고 농민들은 국가에 조세 납부와 군의 복무 이외에는 다른 의무를 부담하지 않았다. 비록 국가마다 상황은 다를 수 있지만 다수의 국가가 실제로 현의 행정적 통제 아래 주변의 처녀지를 편입시킬 때 조세를 면제한 사실이 확인되고 있다. 따라서 경제적 기회와 개인적 자치권을 유지하고 종족 최고권자에 대한 의무를 지지 않을 목적으로 본래의 종족에서 이탈하고자 하는 농민들을 유인할 중요한 수단으로 사용되었을 수도 있는 것이다. 지성사 연구를 통해 우리는 춘추시대에 통치자와 관료는 백성이 역외로 유출되는 것을 우려하였으며, 유동적인 주민들을 농경 생산에 복귀시키기 위한 방법을 모색하였다는 것을 알고 있다.[15] 산시(山西)의 허우마(侯馬)에서 출토된 맹서(盟書)에는 조(趙)씨 가문 분파의 우두머리였을 계약자가 토지와 백성을 인수할 수 없도록 금지한 특정 명문의 조항들이 기록되어 있다(상자 8.2 아래). 그러한 조항을 서약한 목적에 대해 학자들 간에 의견일치를 보고 있지는 못하지만,[16] 이 명문에서 혈연 구속에서 벗어난 상당수의 농민이 있었고, 이는 국가의 사회적 문제가 되었다는 부정할 수 없는 사실이 확인된다.

'관리', '전사', 그리고 '귀족 가문의 관리인' 등 다양하게 정의되는 '사(士)' 신분의 부상은 앞에서 언급한 격렬한 정치적 분쟁과 심각한 사회경제적 변화의 맥락에서 이해되어야 한다. 서주에서도 하급 귀족 계급이 주 왕실 정부의 사무실을 사용하였음을 7장에서 서술한 바 있다. 그와는 달리 춘추시대에 '사', 즉 '임무를 수행하는 사람'으로서 자기 정체성을 가진 사회집단의 구성원들은 자신의 종족이 존재하더라도 세습적인

---

15   Robin McNeal "Acquiring People: Social Organization, Mobilization, and Discourse on the Civil and Martial in Ancient China"(박사학위논문: University of Washington, 2000), pp. 78-107.

16   Susan Roosevelt Weld, "Covenant in Jin's Walled Cities: The Discoveries at Houma and Wenxian" (박사학위 논문, Harvard University, 1990), pp. 401-405.

권력이 아닌 오직 국가나 권력자에 제공할 수 있는 임무에 자신들의 생존이 달려 있다고 규정하였다.

공자 자신이 그 좋은 사례이다. 그의 조상 가문은 송(宋) 나라의 공(公) 씨에 그 기원을 두었지만 서기전 692년에 권력을 가진 화씨(華氏)와 갈등을 겪게 되면서 그의 조상은 이웃 국가 노(魯)로 도피한다. 그 이후 공씨 집안은 '사' 지위로 떨어지게 되고 공자 자신의 아버지는 노나라 장씨 가문에 소속된 전사로 일하게 된다. 이러한 일은 춘추시대에 아주 흔한 일이었다. 그들의 토지와 사람들이 다른 종족이나 정복 국가의 현에 통합되어 종족이 해체되고, 국가와 통치자가 자신들의 정부를 위해 봉사할 재능있고 용감한 젊은이를 찾는 상황에서, 미래를 위해 의지할 수 있는 것은 오직 교육과 무사 정신을 특히 중요시했던 자신의 귀족적 유산밖에 없었다. 분명히 평민에서 '사' 지위로 오른 사람도 있었다. 그 대표적인 사례가 공자의 제자였다고 알려져 있는 유명한 증자(曾子)이다.[17] 정치적 변화가 급격한 시기에 '사'라는 신분은 원래는 귀족제도에서의 하급 지위를 의미하였지만, 더 이상 단순하게 출생 때부터 주어지거나 당연시되는 사회적 정체성을 의미하는 것은 아니었다. 그러나 이에 대해서는 다른 시각도 있으며 진지한 토론과 지속적인 조정이 필요하다.[18]

종종 그들의 신분과 관련하여 출신의 가능한 차이와 애매모호함이 있음에도 불구하고 강한 자기의식을 가진 사회집단으로서 '사'가 춘추시대 후기에 존재하였고, 그 사회적 역할을 증대시켜 왔다. 일반적으로 이들 집단은 스스로 사회 지배층의 최하층에 속한다고 생각했지만, 그들의 지위는 확실히 평민보다는 높았다. 그러나 시간이 지나면서, 많은 '사'는 실제로 국가 권력 내 높은 수준으로 올라가는 데 성공하였고 그로 인해 '사'의 개념은 사회적으로 지적, 정치적 지도자로서 점차 높은 도덕적 원칙과 다소 '과장된 자존심'을 지키려는 공약을 공유하는 사람들을 지칭하게 되었다.[19] 맹자가 말했듯이, '사'만이 경제적 환경의 변화에도 불구하고 자신의 양심을 계속 지켰으

---

17 증자는 참외를 재배했다고 전해진다. 또 다른 공자의 제자인 민자건(閔子騫)은 아버지를 도와 길거리에서 수레를 밀었다고 전해진다.

18 이 관점은 앤드류 메이어(Andrew Meyer)의 최근 논문에서 자세히 기술되고 있다. Andrew Meyer, "The Baseness of Knights Truly Runs Deep: The Crisis and Negotiation of Aristocratic Status in the Warring States," The Columbia University Early China Seminar on October 1, 2011 참조.

19 Yuri Pines, *Envisioning Eternal Empire: Chinese Political Thought of the Warring States Era* (Honolulu: University of Hawaii Press, 2009), pp. 115-135 참조.

며, 반면에 평민은 그것을 완전히 상실하였다. 맹자 시기에 '사'는 광범위하게 존재했고 사회의 역동적인 요소였다. 상당히 강력한 정치적 인물은 자신의 수행단에 다수의 '사'를 포함시켰고 새로이 부상하는 관료제 국가들은 '사'에게 자신들의 재능을 사용하고 보여줄 기회를 확대 제공하였다.

법적 사고의 전환: 정치적 계약의 출현

또 다른 주요 변화가 법적 관행과 체계에서 발생하여 성문 법전의 출현으로 이어진다. 그러나 이러한 법적 시스템의 변화는 춘추시대의 넓은 역사적 맥락에서 이해되어야 한다. 서주의 왕실 궁정은 관심을 가진 법적 문제를 다루는 데 적극적인 역할을 하였으며, 종종 귀족 종족 사이에 발생한 분쟁에 대하여 고위 왕실 관리가 판결을 내린 사실이 청동기 명문을 통하여 확인되고 있다. 종족 내 구성원 간 분쟁은 종족 지도자의 자치적 판단에 완전하게 위임되었다. 그러나 분쟁이 종족이나 하위종족(下位宗族)의 구성원과 다른 종족 구성원 간에 발생한 것이라면, 그 종족의 지도자는 그 구성원을 대신해서 궁정에 서곤 했다. 서주 시대의 법적 적통에 대한 지금까지의 평가에 따르면, 대부분 공통된 문화적 전통, 가치 그리고 경험을 근거로 한 법적 시스템 안에서 법이 운영되었으며, 항상 당대의 사회문화적 기준과 정치적인 합법화 과정을 통해서 정당성을 부여받을 수 있었다.[20]

그러나 종족 시스템의 쇠락과 종족 지도자의 권력 약화는 점차 전통적 종족의 기반이 된 법적 시스템의 알맹이가 빠지는 결과를 초래하게 된다. 일반적인 관점에서 볼때 여러 지역의 종족이 단계적으로 소멸함으로써 국가는 새로 편입된 시민들과 직접적으로 접촉을 하게 되었다는 것이다. 이러한 현상은 현 단위에서도 매우 중요하지만, 국가의 수도와 같은 보다 중심적 거주 구역에서 도시 기능과 상업 활동의 확장이 이루어지면서 새로운 법적 시스템의 보호와 통제를 필요로 하는 이른바 '국인(國人)'이라고 불리는 새로운 자유 시민 계층이 나타난다. 종족 지도자의 정치적 필요에 따른 조정

---

20 이런 관점은 Laura Skosey, *The Legal System and Legal Tradition of the Western Zhou* (ca. 1045-771 BCE) (박사학위논문: University of Chicago, 1996), pp. 284-287 참조할 것.

을 거치지 않고 글로 적어 시민에게 규제 사항을 직접 공고하는 개념이 점차 많은 국가에서 수용되었다. 비록 대부분의 중국 역사를 통해 법령들이 시민들에게 권리를 보호하여 주기보다는 규제함으로써 국가의 이익을 보전하기 위하여 만들어진 것이라는 법 사학자들의 주장이 정당하기는 하지만, 이러한 법의 성문화가 고대 중국의 법사상에 중대한 초석이 되었다는 것 또한 부정할 수 없다. 종족의 구성원이 되지 않아도 생활을 꾸려 나가고 자신의 행위를 책임질 능력이 있다고 국가가 인정한 개인 시민의 '자치권'을 일깨우는 효과가 있었다. 분명히 능력 있는 시민은 시스템의 계략을 알아채고 자신의 이익을 보호하기 위해 그것을 이용할 수 있었던 것이다.

따라서 서기전 536년에 유명한 재상 자산(子産)은 정(鄭)나라 백성의 행동을 통제하기 위하여 '법률 조항'을 거대한 청동 정(鼎)에 명문으로 주조할 것을 명령하였다. 약 20년 뒤 등석(鄧析)이라는 어떤 개인이 그 국가에서 일련의 새로운 법률 조항을 죽간에 적었다는 이유로 처벌받았다. 서기전 577년과 531년 사이에 패권 국가인 진(晉)에서, 범씨(范氏) 가문 출신 관료에 의해 법률 조항이 제정되고 그 내용이 서기전 514년에 조앙(趙鞅)에 의해 청동 정(鼎)에 주조되었다. 남쪽의 보수적인 국가 초(楚)에서조차, 백성이 정부를 피해 숨는 것과 군사가 싸움에서 도망치는 것을 막기 위하여 왕들이 다수의 법률 조항을 공포하였다고 전해진다. 이러한 사실은 개별적인 건에 그치는 것이 아니라, 시민 생활에 직접 개입하기 위하여 적극적인 역할을 취한 국가에서는 일반적으로 나타난 경향임을 보여준다. 그러나 당대 현존하는 종족의 구성원과 관련된 문제의 경우, 특히 힘이 있는 관료가 새로이 세운 종족이라면, 다수의 기록에서 볼 수 있는 것처럼 그 문제가 종족 혹은 국가 어디의 법적 관할에 속하는지에 대하여 논란이 되기도 하였다.

종족 안에서 공동 조상에 대한 제사를 주관하는 종족 우두머리와 구성원들을 결속시켰던 전통적인 사회적 규범이 약화되면서, 계약, 즉 '충성 맹세[盟]'에 의해 보장되는 새로운 형태의 정치적 관계가 도입된다. 춘추시대에 그러한 '충성 맹세'는 종종 국가 간 회담에서 동등한 국가 통치자들 간에 이루어졌는바, 패자(覇者)에게 자신의 충성을 맹세한 것이었다. 점진적으로 정치적 계약관계의 관습은 춘추시대 후기에 종족이 점차 허약해지는 것을 대처하기 위한 전략으로써 종족 사이의 정책으로 채택되었다.

1965년 옥제와 석제 판에 붉은 글자로 쓰인 다수의 조약 명문이 진의 수도였던 산시(山西)의 허우마(侯馬) 외곽, 그리고 1976년 더 많은 수량의 그러한 명문 석판이 허난 북부의 원현(溫縣)에서 발견되었다. 전자는 진 국가의 여러 소규모 종족 구성원이 서기 전 424년 이전에 강력한 조(趙) 종족의 지도자인 조가(趙嘉)에게 충성을 서약한 것을 내용으로 한다.[21] 무엇보다도 흥미로운 것은 서약을 통하여 대부분 적으로 규정된 대상이 명문에 '조(趙)'라는 성을 가진, 아마도 조씨 종족의 소규모 분파의 우두머리임에 분명한 인물이라는 사실이다. 이러한 정치적 계약 이면에 깔린 사회적, 문화적 의미는 의미심장하고 복잡하다. 한편으로는 의심할 바 없이 명문은 다른 종족과의 경쟁 관계 속에서 견고한 전통적 결속력이나 위상을 유지하기 위한 노력을 말하고 있다. 다른 한 편으로는 전통적 유대가 더 이상 공동 우두머리에 대한 종족 구성원의 자발적이고도 무조건적 지지를 보장하지 못한다는 이유만으로 그러한 정치적 계약이 이루어진다는 것이다. 그러므로 종족의 우두머리는 문서 계약에 기반한 조(趙)와 비조(非趙) 양자를 포함하는 보다 더 넓은 사회정치적 관계를 구축할 뿐만 아니라, 종족의 결속력을 유지 하기 위한 유일한 방법으로 초자연적인 정령에 의한 감시를 수용할 필요가 있게 된 것 이다. 역설적이게도 그렇게 하여 구축된 동맹은 종족 그 자체가 갖는 특정의 반란적 요 소를 억제하는 것을 목표로 삼게 된다.

상자 8.2 허우마(侯馬) 출토 맹서 석판

약 5,000점에 달하는 옥제와 석제 유물이 산시성(山西省) 허우마의 진 도읍 동쪽 3.5km 떨어진 작은 묘역에서 1965-6년 사이에 326개의 구덩이에서 발굴되었다. 이 옥제와 석제 유물은 맹세 의례 중 희생 제물로 쓰인 소, 말 그리고 양 등 가축과 함께 특별하게 준비된 작은 구덩이에 묻힌 채 발견되었다. 붉은 글씨의 식별 가능한 서약 문장이 적힌 약 600점의 석판이 묘역 북서 구역의 43개 구덩이에 집중되어 있었다(그림 8.2). 쓰여진 문장의 대부분은 '종맹류(宗盟類)'(1호갱 9호 유물 사례)라고 불리는 범주에 속하는 것들로, 조씨 종족의 구성원과 비구성원인 서약자가 맹서를 주관한 조가(趙嘉)에게 개인적 충성을 서약하는 내용이 적혀 있다. 다른 범

---

21 크리스핀 윌리엄스(Crispin Williams)의 새로운 분석에 따르면, 허우마의 맹서는 서기전 441년과 424년 사이에 묻혔다. Crispin Williams, "Dating the Houma Covenant Texts: The Significance of Recent Findings from the Wenxian Covenant Texts," *Early China* 35 (2012).

주의 것으로 '위질류(委質類)'가 있는데 적이었던 조니(趙尼)와 이전에 동맹을 맺었던 자가 그 관계의 종료를 선언하고 새로운 주군 조가에게 개인적 복속을 서약하는 내용이 적혀 있다(156호갱 출토 20호 유물 사례). '납실류(納室類)'는 해체된 적의 가문에 속한 사람과 재산을 작은 문중이 그들의 소유물로 통합하는 것을 금지하기 위한 것이며, '저주류(咀呪類)'는 서약 조건을 위반하려는 서약자에게 특정의 손해를 제시하는 내용이다. 이러한 문장 기록을 통하여 춘추시대 후기의 정치적 역학뿐만 아니라 사회적 관계에 대하여 새로운 관점을 갖출 수 있게 되었다.

1호갱 9호 유물 사례

[만약에] 나, 호(胡)가 내 주군을 모시는 데 나의 가슴과 생명을 다하지 않거나 당신에게 한 서약과 정궁(定宮)과 평시(平邿)에 부여된 명령을 감히 준수하지 못한다면 선견지명이 있는 선대의 지배자가 즉각 나를 찾아내서 나의 문중을 파멸시킬 것이다. 또한 여하한 경우에도 감히 신의를 깨거나 [동맹]을 무산시키는 일을 초래하여 결국은 두 재실을 지키는 임무를 저해하거나, 조니와 그의 후손들이 진나라 영토의 회복을 꾀하는 것을 지원하고 다른 사람들이 그들에게 서약케 하는 파벌에 동조를 할 경우도 그러할 것이다.

156호갱 20호 유물 사례

[나] 안장(盦章)은 주군의 거소에서 서약을 하노라. [나]는 [동맹]의 경계를 뛰어넘어 조호의 진영이나 그의 자손들, 혹은 [22개의 적들]과 소통하거나 다른 사람들이 그들에게 서약케 하는 파벌에 동조를 할 경우, [또한 만일 나] 장이 가(嘉, 당신) 혹은 당신 후손들에게 신체적으로 해를 끼치거나 [또는] 어떤 형태로든 [앞서 언급한 적들]을 진나라의 영토에 풀어줄 경우, [선견지명이 있는 영혼들]이 끝까지 [만반의 자세를 갖추고] 나를 찾아내고, 나의 문중을 파멸시킬 것이다. 또한 이 서약을 한 이후에 무당, 점쟁이, 기원자, 서기들로 하여금 진나라 선대 통치자의 종묘에 짐승 희생이나 음식을 바치거나 정기적으로 봉헌물을 받치도록 [독려]하는 데 실패한다면 [선견지명이 있는 영혼들이] 끝까지 [만반의 자세를 갖추고] 나를 찾아내고 나의 문중을 파멸시킬 것이다. [내가] 민발(閔發)의 후손들을 길에서 만나, 죽이지 않는다면, [선대]의 통치자가 나를 찾아낼 것이다.[수잔 웰드(Susan Weld)의 영문 번역을 수정함]

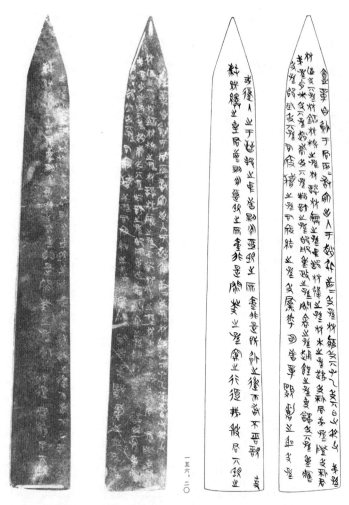

그림 8.2 허우마에서 출토된 156호갱 20호 맹서 석편

종족(種族) 관계와 화하(華夏) 개념의 출현

춘추전국시대는 사회정치적 변화가 지속됨에 따라서 북중국 사람들이 스스로를 보는 방식이 극적으로 바뀌었던 때이다. 이러한 변화는 주나라 세계의 바깥과 관련이 없다고 할 수 없다. 실제로 주 왕조가 설립되면서 시작하여 서기전 5세기 초까지는 중앙아시아에서 발생한 유목민의 생활이 점차 동유럽과 동아시아로 확산된 시기이기도 하다. 서주의 붕괴 이후 주 왕실 궁정이 웨이하 평원에서 동쪽 뤄양으로 이전하자 북서 고지대 융족(戎族, 융은 호전적임을 의미함)이 이전 서주 중심 지역으로 이동하기 시작하

였다. 그들 융족 다수가 샨시(陝西) 동부의 황하와 웨이하의 합류 지역 인근을 차지하였다는 기록이 있다. 이 집단 중 일부는 뤄양의 왕실 수도 근처 허난 서부까지 이동하였을 가능성이 있다(지도 8.1 위).

북부와 북동부 지역에서 적(狄)족으로 파악된 집단은 타이항(太行)산 지역을 따라 내려와 주 국가의 형(邢)과 위(衛)를 지도에서 지우면서 허베이와 허난 북부의 무종(無終)과 선우(鮮虞)라는 정치체를 세웠다. 예를 들어 키가 매우 컸던 것으로 보이는 장적(長狄)을 비롯한 몇몇 부족들은 서기전 7세기 말 허난 동부와 산둥 서부의 공간을 차지하였을 수도 있다.[22] 서기전 7세기 말 주 영역의 핵심 지역 국가들은 융족과 적족이 이웃 세력으로 자리 잡고 있음을 알아차리고 있었다. 진(秦)과 진(晋) 같은 주변 국가는 전통적으로 여러 융족 사람들에 의해 항상 둘러싸여 있었던 것으로 알려져 있다.

융족 또는 적족의 정치체와 주에 속한 현지 국가들 사이의 관계는 아주 복잡했다. 그들 사이의 전쟁은 다양한 형태로 전개되었는데, 몇몇 융족 또는 적족 집단들이 주의 국가와 동맹을 맺고 다른 주 국가를 공격했던 사실을 빈번하게 확인할 수 있다. 서기전 520년 자조(子朝) 왕자에 의해서 왕실 궁정에서 분란이 발생한 기간에 융족은 주 왕의 왕권을 회복하기 위해 출병한 진(晋)의 군대에 합류하였다. 한 세기 전 왕위를 주장하던 왕자 대(帶)는 주 도성을 공격하고 양왕(襄王)을 왕실 도성에서 몰아내기 위해 적족의 군대를 고용하였다. 주 국가들 사이에서 외교를 성공적으로 수행한 융족 또는 적족 정치체도 있었다. 융족 또는 적족 정치체와 주 토착 국가 간의 정기적인 접촉에도 불구하고 종족과 문화적 차이는 양쪽에 모두 분명하게 남아 있었으며 이는 '강씨(姜氏)'라고 알려진 융족의 경험을 통해서 확인되고 있다.

『춘추좌씨전』에 적힌 그들 우두머리의 말에 의하면 융족은 원래 아주 먼 서쪽에 자리 잡고 있었다. 진(秦) 국가의 야망에 의해 자신들의 땅에서 쫓겨난 뒤 그들은 동쪽 진(晋) 지역, 아마도 산시(山西) 남부로 이주해서 진(晋)에 의존하여 살았다. 융족은 화폐를 사용하지 않았고 다른 언어를 사용하였으며, 음식과 의복도 달랐다. 서기전 627년에 융족은 유명한 효산(崤山) 전쟁에 병사를 보내어 진(晋)과 함께 진(秦)의 군대를 전멸시켰다(11장). 진과 오랫동안 연합했음에도 불구하고, 서기전 559년의 회맹에서

22　다양한 융(戎)과 적(狄) 집단의 이주에 대해서는 Jaroslav Průšek, *Chinese Statelets and the Northern Barbarians in the Period 1400-300 B.C.* (New York: Humanities Press, 1971), pp. 70-87, 119-149 참조.

진과 함께 "동맹 서약"에 동참하려는 그들의 권리가 진의 관료들에 의해 단호히 무시되자, 융(戎)의 족장은 이에 대해 심각한 항의를 표명한 바 있다.

그러한 종족과 문화의 공생 여건이 고고학 자료를 통해서 확인될 수 있다면 아주 흥미로울 것이다. 그러나 고고학을 통해서는 북중국에서 서로 섞여 있는 문화의 규모와 정도를 규명하는 작업에 한계가 있다. 이러한 역사적 과정을 설명해 주는 증거는 대체로 두 종류이다. 첫 번째는 웨이하 계곡 바오지(寶鶏)의 이먼춘(益門村)에서 발견된 무덤에서 출토한 것으로 북부 초원의 유목 문화권에서 통상 보이는 금제 유물과 철제 이기, 무기와 마구 등이다. 진(秦) 지역으로 이주한 기마 지배층의 무덤으로 이해하는 데에는 그만한 이유가 있다. 두 번째의 것으로 바닥이 둥근 솥[복(鍑)], 화려한 동검, 그리고 허리띠 장식과 같은 북부 초원 양식의 다수 청동기가 진(秦)과 진(晉) 영역의 무덤에서 발견되었다. 이것들은 진(秦)과 진(晉) 지배층이 한때 자신들에게 적합하거나 받아들일 수 있어 수입했던 것으로 보인다.[23] 고고학자들이 고고학적 자료를 근거로 역사기록을 통해 제시된 문화와 종족의 융합에 대하여 큰 그림을 그려 내야 했지만, 그것은 춘추시대의 인구 이동에 대한 피상적인 인식에 그치고 말았다.

주의 유산을 공유하는 국가의 토착민을 지칭하는 '화하(華夏)'계 인구집단들이 '외래' 문화의 요소를 인정하든 안하든 전승된 문헌 자료에는 융과 적에 대한 문화적 편견이 광범위하게 기록되어 있다. 융은 인간이 갖는 감정을 전혀 갖추지 못한 새나 짐승으로 비하되고, 본성이 탐욕스러운 것으로 이해되었다. 그들의 피와 기(氣)는 주의 세계에서 살고 있는 일반적인 인간과는 다르게 형성되었다는 것이다. 그러나 그 기저에는 분명히 종족과 문화적 편견이 개입되어 있으며 융과 적 두 단어는 춘추시대 후기에 영어의 '야만인(barbarians)'에 해당하는 의미로 자주 사용되었는바, 이는 북중국에 살던 사람들이 자기를 심각하게 재정의하는 과정의 산물이기도 했다.

'화하(華夏)'라는 단어의 '하(夏)'는 중국 국가의 기원을 의미하며 '화(華)'는 샨시(陝西)의 주 수도와 허난 뤄양의 동쪽 수도 중간 지점에 있는 화산(華山)을 뜻한다. '야만인'들이 밀려와 같은 지리적 공간에 섞이던 시대에 그들에게 정체성을 공유하게 하는 것은 서주에서 찾는 공동 기원의 관념이었다. 이러한 방식으로 바라본다면 춘추시

---

23   Lothar von Falkenhausen, *Chinese Society in the Age of Confucius (1000-250 BC): The Archae-ological Evidence* (Los Angeles: Cotsen Institute of Archaeology, 2006), pp. 224–233 참조.

대는 중국[화하(華夏)] 국가의 개념이 형성되어 확고해진 결정적인 시기로서 그것은 '야만인'을 철저히 개념적으로 배제하는 비싼 대가를 치르고 얻어진 것이었다.[24]

---

24   이 점에 대해서는 Li Feng, *Landscape and Power in Early China: The Crisis and Fall of the Western Zhou, 1045-771 BC* (Cambridge: Cambridge University Press, 2005), pp. 279-296; Falkenhausen, *Chinese Society in the Age of Confucius*, pp. 164-167 참조.

참고문헌

Blakeley, Barry B., "Regional Aspects of Chinese Socio-Political Development in the Spring and Autumn Period (722-464 B.C.): Clan Power in a Segmentary State" (박사학위논문, University of Michigan, 1970).

Creel, Herrlee, "The Beginning of Bureaucracy in China: The Origins of the *Hsien*," *Journal of Asian Studies* 22 (1964), pp. 155-183.

Falkenhausen, Lothar von, *Chinese Society in the Age of Confucius (1000-250 BC): The Archaeological Evidence* (Los Angeles: Cotsen Institute of Archaeology, 2006).

Hsu, Cho-yun, *Ancient China in Transition: An Analysis of Social Mobility, 722-222 BC* (Stanford: Stanford University Press, 1965).

_____, "The Spring and Autumn Period," Michael Loewe and Edward L. Shaughnessy (eds), *The Cambridge History of Ancient China: From the Origins of Civilization to 221 BC* (Cambridge: Cambridge University Press, 1999), pp. 570-576.

Li, Feng, *Landscape and Power in Early China: The Crisis and Fall of the Western Zhou, 1045-771 BC* (Cambridge: Cambridge University Press, 2005), Chapter 6.

McNeal, Robin, "Acquiring People: Social Organization, Mobilization, and Discourse on the Civil and the Martial in Ancient China" (박사학위논문, University of Washington, 2000).

Weld, Susan Roosevelt, "Covenant in Jin's Walled Cities: The Discoveries at Houma and Wenxian" (박사학위논문, Harvard University, 1990).

제9장 영토 국가들의 시대: 전국시대 국가의 정치와 제도(480-221 BC)

주 왕실이 동쪽으로 천도한 이후 몇 세기에 걸친 전반적인 정치적, 군사적 상황은 마치 큰 물고기가 작은 물고기를 먹는 것과 같은 특징을 보였다. 만약 춘추시대에 '패권'을 잡고 존경받는 지위에 오른 지배자가 잔인한 군사적 현실을 직면해야 하는 전국시대에도 주에서 갈라진 형제 국가의 정복 여부를 결정할 때 조금이라도 여전히 연민을 느낀다면, 그러한 애정 섞인 감정은 발상부터 정치적 순진함을 드러내는 잘못된 표식으로 보였을 것이다. 당초 기록을 통해 대략 60에서 70개 이상으로 확인되던 국가 중 직전 3세기에 걸친 갈등을 겪으면서 서기전 5세기 초까지 살아남은 것은 겨우 20개 남짓에 불과했다. 같은 서기전 5세기의 말에 이르면 약 20개만이 여전히 생존을 위한 투쟁을 하고 있었다. 그러한 무자비한 정복과 합병의 추세는 서기전 4세기 말에는 더욱 심화되었고 서기전 3세기 초에는 7개의 강력한 영토 국가, 즉 위(魏), 조(趙), 한(韓), 제(齊), 진(秦), 초(楚), 그리고 연(燕)이 중국을 지배하고 몇 개의 작은 정치체가 그 사이에 낀 다극화된 세력 구조가 비교적 안정적으로 형성되었다(지도 9.1).[1]

주요 국가들이 정치적, 사회적 개혁을 통해 차례로 발흥하여 지배력을 확보하게 되는데 그 국가들의 규모가 모두 상당 수준에 이르렀기 때문에 적에게 쉽게 먹히지 않았다. 중국이 7개의 거대한 살인 기계로 조직되는 돌이킬 수 없는 상황을 맞이하면서, 당시 철학자와 정치가들이 명시적으로 표현한 대로, 누구에게도 바람직하지 않고 이

---

1 이에 해당하는 국가들로는 주(周, BC 367에 동주와 서주로 분할), 송(宋), 노(魯), 등(滕), 그리고 주(邾)가 있다.

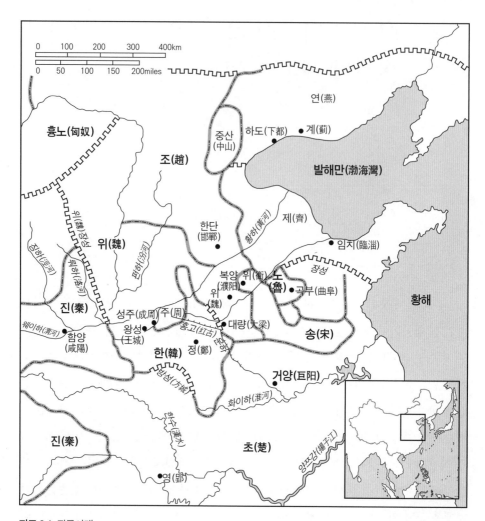

지도 9.1 전국시대

상향과도 거리가 먼 현실이 되었다는 인식이 고조되었다. 실제로 많은 통치자가 나머지 모든 국가를 정복하여 단독 지배자가 되고자 하는 야망을 품고 있었다. 결국 서기전 221년 진(秦)의 왕에 의해 이러한 야망이 현실화되면서 진(秦) 제국의 기초가 마련되었던 것이다. 그러므로 전국시대는 미래의 제국에서 활용될 기술과 제도가 점진적으로 발달하는 때라고도 볼 수 있다.

'영토 국가'의 개념

국가를 정의할 때 '영토'는 언제나 통치권과 연결되는 필수적인 요소이기 때문에 얼핏 '영토 국가'라는 용어는 중복된 개념으로 들릴 수 있다.[2] 그러나 사회정치적 조직으로서 국가는 여러 상이한 공간적 형태로서 존재하는바, 중층화된 취락군이 분명한 경계 없이 존재한 서주 국가가 그중 한 사례이다. 고대 중국의 경우 '영토 국가'의 출현이 취락기반 국가라는 개념으로 적절하게 규정될 수 있는 전제 조건에서 이루어진 것인지 아니면 '도시-국가'의 확장을 통해 이룩된 것인지에 대해서는 의견이 엇갈리지만 역사학자들은 보통 '영토 국가'를 발전과정상 제국 이전 단계로 추정하는 경향이 있다. 비록 '도시-국가' 시스템이 춘추시대의 전기에서 중기로 이어지는 짧은 기간에 동부 평원의 핵심 지역에서만 존재한 것이 사실이긴 하지만, 저자는 상과 서주 중국의 정치적 경제적 상황을 고려해 보면 '도시-국가' 모델은 대체적으로 적합하지 않다는 의견을 갖고 있다.[3]

일반적으로 정치 사회적 발전과정상 높은 단계로서 '영토 국가'는 상시적인 행정 통제권을 행사하는 비교적 작은 핵심(수도)을 포함한 상대적으로 더 큰 연속된 영토 주체를 의미한다. 그것은 보통 군대에 의해 방어되는 명백한 경계가 있어 그곳을 통과할 때 엄격한 검문을 받게 되며, 그 안에서는 정치적 질서가 단순화되고 통일된 곳이다. 통상적으로 완전성이 갖추어진 영토적 통합성과 절대적인 정치권력의 통제로 말미암아 '영토 국가'는 제국에 가장 먼저 도달할 수 있는 자격을 갖춘 선두주자인 셈이다.

서기전 5세기에서 3세기 사이 고대 중국에는 실제로 세습적 왕이 지배하는 경계가 분명한 영토적 실체가 있었다.[4] 더욱이 '영토 국가'를 규정짓는 요인으로 중국 특유

---

2   브루스 트리거(Bruce Trigger)가 초기 국가에 대해 쓴 유명한 인류학적 연구를 보면 '영토 국가'는 사회 정치적 조직 두 모델 중 하나(다른 하나는 '도시 국가')로서 기존의 부족 사회로부터 발달한 것이다. Bruce Trigger, *Understanding Early Civilizations: A Comparative Study* (Cambridge: Cambridge University Press, 2003), pp. 94-113; *Early Civilization* (Cairo: American University in Cairo Press, 1993), pp. 10-12 참조.

3   Li Feng, *Bureaucracy and the State in Early China: Governing the Western Zhou (1045-771 BC)* (Cambridge: Cambridge University Press, 2008), pp. 284-287 참조.

4   '왕'(王)이라는 호칭은 서기전 336년 영토 국가 위(魏)에서 처음 사용되었으며 서기전 323년, 모든 주요 국가들은 왕실 호칭을 사용하였다. 왕실 호칭은 원래 당시 동등한 자 중에서 오직 한 명에게만 그 지위를 물

의 물리적 특징이 하나가 더 있는데 국가들의 경계를 따라 건설된 토성 혹은 석성이 바로 그것이다. 고대 중국의 당대 역사가와 정치가들은 그와 같은 눈길을 끄는 구조물의 정치 군사적 중요성을 놓치지 않았는바, 그 건설과 관련한 내용을 체계적으로 기록하여 후세에 남겼다.

가장 초기의 것은 이른바 '장방형 성곽[방성(方城)]' 형태로서 중원에서 양쯔강 지역 초(楚)나라의 중심지로 들어가는 입구를 방어할 목적으로 건설되었다. 성벽의 건설은 춘추시대에 시작되었는데, 단계적으로 확장되어 서기전 3세기 초까지 300km가 넘는 3면을 장방형으로 구축하였다. 제나라의 성벽은 '장성(長城)'이라는 이름을 얻은 최초의 구조물로서 서기전 5세기 말에서 4세기 초 사이에 건설되었는데 산둥산맥 중앙의 범위를 넘어 황하 제방까지 400km 이상의 길이로 건설되어 산둥 제 국가의 남쪽 한계를 획정하였다. 위(魏) 국가가 서기전 4세기 중엽 서쪽의 진(秦) 국가로부터 자신의 영토를 방어하기 위하여 샨시(陝西)의 뤄허(洛河)를 따라 또 다른 성벽을 건설하였다. 위(魏) 또한 허난 중앙의 한(韓)나라를 막기 위해 짧은 구간의 성벽을 건설하였다. 조, 연 그리고 작은 중산(中山)과 같은 국가들은 모두 다른 국가로부터 방어할 목적으로 전략적 경계선에 성벽을 쌓았다. 특히 진(秦), 조 그리고 연과 같은 국가는 북쪽 유목민으로부터 자신을 방어하기 위해 북방 초원 지대 북부에 장성을 건설하였다(그림 9.1). 그리고 이 성벽으로 이루어진 초기 구획은 서기전 221년 중국 통일 이후 북쪽 경계를 방어하기 위한 진(秦) 제국의 장성 건설의 기초가 되었다. 전국시대에서 내려온 문헌에서 우리는 종종 정치인과 외교관이 국가 사이의 성벽을 통과할 때 통행료를 지불하였다는 내용을 확인한다. 영토 국가의 부상은 8장에서 이미 논의된 바와 같은 이전 세기에 있었던 국가 간의 전쟁이 낳은 결과임은 의심의 여지가 없다.

따라서 왕실의 권력에 의해서 결속된 중층화된 취락 군(群)이라는 서주 국가의 모델에서(7장 그림 7.3) 영토 경계가 분명한 새로운 국가(그림 9.2)로 변모하는 지리정치학적으로 중대한 전환이 3세기에 걸쳐 이루어지게 된다. 틀림없이 현(縣)은 새로운 영토 국가 건설의 기초 단위였다. 8장에서 이미 밝힌 바와 같이 현은 국가 간 전쟁과 국내 갈등의 결과로 종족(宗族)의 구조가 해체되면서 나타난 단일 행정 조직의 작은 영토 단위였다. 현 제도가 이전 국가의 중심지에 멀리 떨어진 주변 지역에도 확산 적용되

려준 주 왕에 의해 독점되던 것이었다.

그림 9.1 닝샤(寧夏) 자치구 구웬(固原)의 진(秦)나라 장성

면서, 자연스럽게 영토 국가를 형성하는 결과를 초래하게 되었다. 그러므로 영토 국가로의 전환은 군사 정복 과정과 동시에 국가의 중앙 집권 체제의 확장을 통해 내부 사회를 재조직하는 것을 의미한다.

정치 군사적 발달

영토 국가의 가장 중요한 목적은 새로운 영토를 획득하는 것이고 이것은 대부분 전쟁으로만 달성되었다. 영토 국가는 이 목적을 무엇보다도 우선시하였기 때문에 이 시대에는 대규모의 희생을 수반하는 일련의 군사적 승리가 국가의 중요한 역사적 발

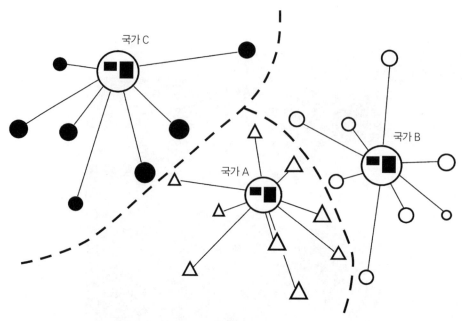

그림 9.2 그림 7.4의 취락기반 국가와 비교한 영토기반 국가

전으로 표현되었다. 출토 문헌들을 보면 많은 국가에서 유명한 군사 원정을 기년 표식으로 활용한 사실이 확인된다. 통계적인 연구 결과에 따르면 서기전 535년에서 286년 사이에 국가 간의 전쟁이 총 358회, 연간 1.37회의 빈도로 발생했음을 보여주고 있다.[5] 실제로 역사 기록에 따르면 둘 이상의 국가 사이에 큰 전쟁을 치르지 않고 2년을 지낸 적은 거의 없으며, 1년에 여러 번의 군사 정벌이 일어난 해도 많았다.

그토록 엄청난 전쟁의 빈도는 국가의 정책과 백성들의 정신 상태에 심각한 영향을 미쳤다. 이전의 패권국가인 진(晉)을 분할했던 세 관료 가문 중 하나가 다스린 위(魏)가 전국시대 초의 100년 동안 주도권을 장악하였다. 위(魏) 국가는 서기전 445년 문후(文侯)의 통치 기간에 정치가 이회(李悝)를 등용하여 체계적인 개혁을 단행하였다. 개혁의 세부 사항을 적은 당대 기록은 전하고 있지 않지만, 한(漢) 왕조의 문헌에는 농업 생산을 극대화하도록 토지 이용을 규제하고 시장가격을 안정시키며 성문법에 의한 법적 시스템을 구축하는 등 광범위한 수단을 마련하였음이 틀림없다고 기록하고 있다. 개혁에 힘입어 통치자 문후는 유명한 장수 오기(吳起)를 보내 서기전 413년 진(秦)

5   Chiang Chi Lu, "The Scale of War in the Warring States Period" (박사학위논문: Columbia University, 2005), pp. 74-75.

을 공격하였고 황하 서쪽의 거대한 지역을 빼앗았다. 위는 한(韓)과 조(趙)와 군사적으로 연합한 다음 동쪽으로 제(齊)의 장성을 거세게 공격하여 서기전 405년 통치자의 항복을 받아 냈다. 위의 군사 지배력은 멀리 허베이 북부의 중산(中山)까지 미쳤는데 그곳을 정복하기 위해서 위의 군대는 실제로 서기전 406년 조(趙) 국가 영토를 가로지르기도 했다. 이러한 승리들로 견고해진 위의 패권은 서기전 4세기 초 수십 년간 안정적으로 유지되었던 것이다.

그러나 위가 황하 남쪽 지역을 점령한 것을 질투한 조(趙)가 서기전 383년 위(魏)의 통치자 문후가 죽은 지 13년 되는 해, 허난 북부 위(衛) 국가를 공격함으로써 위(魏), 한(韓), 조(趙)의 동맹은 붕괴하였다. 위(衛)를 구원하기 위하여 위(魏)가 북동쪽으로 주력부대를 이동시킨 틈을 타서 바로 전에 초(楚)로 망명했던 오기는 초(楚)의 군대를 이끌고 신속하게 북중국 정벌을 단행하고 위(魏)의 주력부대를 산시(山西) 남부에 있는 그들의 수도 안읍(安邑)으로부터 차단시켜 실질적으로 위(魏)를 둘로 분할시켰다. 갈등 관계에 있는 다섯 국가가 서로 일련의 분쟁에 휘말리는데, 이로 말미암아 북중국의 세력 균형은 완전히 바뀌게 되었다. 전반적으로 상황이 바뀌면서 특히 서기전 364년에 진(秦) 국가에 의해 6만 명이 몰살되는 직접적인 또 다른 군사적 재앙으로 말미암아 위(魏)는 산시 남부에서 서기전 362년 허난 동부의 대량(大梁)으로 천도하였는바, 이것이 전국시대 역사의 분수령이 되었다.

서기전 4세기 후반, 위(魏)의 권력이 기울어지면서 서쪽의 진(秦)과 동쪽의 제(齊)에게 그의 길을 내주었다. 진은 서기전 359년과 338년 사이에 상앙(商鞅)의 개혁으로 위대한 사회적, 정치적 변혁을 성취하였다. 서기전 340년 개혁가 상앙이 직접 군대를 이끌고 위(魏)를 격파하여 위의 공자 앙(卬)을 포로로 잡았으며, 위의 황하 서쪽 제방의 넓은 지역을 빼앗았다. 상앙이 물러난 후에도 진(秦)은 위와 일련의 전쟁을 계속하여 위에 속했던 샨시(陝西) 동부의 읍락들을 모두 점령하였다. 진은 다른 방면으로 북쪽 '오랑캐'의 정치체인 의거(義渠)를 정복하여 그 영토를 북쪽으로 오르도스 저지대까지 확장하였고, 서기전 316년 남쪽으로는 토착 국가 파(巴)와 촉(蜀)을 병합하여 쓰촨 전 지역을 확보하였다. 서기전 4세기 말 진은 위(魏), 한(韓), 그리고 조(趙)를 합한 것과 같은 넓이의 영토를 확보하였으며 전국시대에 대적할 만한 상대가 없는 초강대국으로 떠올랐다. 동쪽에서 제는 장애자 사령관 손빈(孫臏)이 탁월한 전략을 고안하여 서기전 354년 계릉(桂陵), 서기전 341년 마릉(馬陵)에서 위의 군대를 물리쳤다. 연나라 북쪽에

서 일어난 국내 소요를 틈타 제의 군대가 서기전 314년 연의 수도를 정복하였다. 서기
전 4세기 말 수십 년과 3세기 초 수십 년간에 걸쳐 국가 간 정치는 '연횡(連衡)'과 '합
종(合從)'이라고 알려진 두 개의 국가 간 전쟁 전략의 갈등 속에 휘말렸다. 간단히 말해
서, 이것은 서쪽의 진(秦)의 세력과 동쪽의 제(齊) 세력으로 점차 양극화된 세계에 적응
해야 하는 중앙의 많은 국가들의 중심 전략에 관한 논쟁이었다. '연횡' 전략은 동쪽 국
가 각각의 관점에서 본 것으로 (진을 언급하는 경우가 더 많지만) 초권력 중 하나를 끌어
들여 다른 국가와 분쟁 발생 시 자신을 보호케 한다는 것이다. '합종' 전략은 서쪽 진과
동쪽 제의 위협으로부터 중간에 끼어 있는 상대적으로 약한 국가들이 스스로를 방어
하기 위해 연합해야 한다고 강조한다.

실제로 '연횡' 전략은 일반적으로 진(秦)의 외교사절에 의해 제안된 것으로 서기
전 320년 진(秦)-위(魏) 동맹에 의해 증명된 것과 같이 진(秦)의 영토적 야망에 부합된
다. '합종' 전략을 사용한 사례로는 서기전 318년 위(魏), 한(韓), 조(趙), 연(燕), 초(楚)
의 다섯 국가가 연합하여 진(秦)을 공격한 것을 들 수 있다. 그러나 진(秦)의 재상 장의
(張儀)는 곧 동맹을 분열시키고 위와 한을 진의 진영으로 끌어들여 그의 '연횡' 전략을
발전시켜 초와 제를 향한 강력한 제재수단으로 활용하였다. 이를 통하여 서기전 312-
311년에 초(楚)에 엄청난 군사적 재앙을 주고 단숨에 그 세력을 약화시켰다. '합종' 전
략은 또한 이후 서기전 296년과 287년에 동쪽 국가들이 진에 대항하는 2회에 걸친 전
쟁에서도 그 사례를 찾아볼 수 있다. 그러나 2년 후 진을 끌어들인 조, 연, 한(韓)이 제
를 공격할 때는 동일한 전략을 구사하여 제를 완전히 무너뜨리게 되었다. 전국시대의
이런 전략이 실행되면서 결국에는 진(秦)이 유일한 초권력으로 남게 되는 결과를 낳게
된다.

간략히 말해서 전국시대는 세계 군사의 역사상 중요한 한 페이지를 기록하였다고
볼 수 있다. 전쟁 이후의 상황과 권력의 지속적인 재편이 중대한 정치적 지혜와 군사
전략의 발전을 가져온 것은 물론 중국 역사상 외교의 가장 훌륭한 몇몇 사례를 남겼다.
공통된 문화와 언어의 배경을 가진 전국시대의 다국가 시스템에서 국가 간의 갈등 역
학은 지금도 국제 관계에 여전히 적용될 수 있는 기준과 외교관행을 제시한 현대 초의
유럽 정치의 그것과 매우 유사하다.[6]

---

6   Victoria Hui, *War and State Formation in Ancient China and Early Modern Europe* (Cambridge:

새 국가의 근간으로서 소농(小農)

서기전 7세기에서 5세기에 걸쳐 이룩된 사회적 전환이 미친 영향 중 가장 중요한 것은 중국 사회가 수십만의 소규모 농민 가구를 근간으로 전면적으로 재편성되었다는 사실이다. '소농'은 부부와 직접적 혈연관계를 가진 가족, 즉 부모와 자식들로 이루어진 10명 이내의 가구를 말한다. 그들은 보통 자신이 소유하거나 임차한 토지를 경작한다. 그러한 독립적 사회 단위인 핵가족은 고대의 메소포타미아와 지중해 세계에서 경제적인 토대를 이루었지만, 중국에서는 전국시대 국가의 맥락에서 나타난 새로운 현상이었다.

고대와 현대 어느 시대의 역사학자이건 상당한 숫자가 이른바 '정전제(井田制)'를 서주 시대에 기원을 둔 토지 소유 모델이라고 이야기하여 왔다. 유교적 전통에서 두 번째로 위대한 인물인 맹자(孟子)가 설명한 바에 따르면 원래 이것은(10장 참조) '우물'이라는 뜻을 가진 중국 한자 정(井)처럼 토지를 9개로 분할하여 여덟 가족이 바깥쪽 토지를 각각 하나씩 경작하고 가운데의 '공공' 토지 구역은 공동으로 경작하여 종족의 우두머리와 가족이 사용할 비용을 제공하는 시스템인 것이다. 이러한 이론은 주나라의 경제적 관계의 특징으로서 중국의 전통적인 역사 기술을 통하여 지난 2,000년간 반복적으로 언급되었다. 이에 따라서 마르크스의 역사 기술에서는 춘추시대의 사회 변혁에 대하여 '정전제'에서 자유농민 가구의 사유제도로의 전환이라는 관점에서 접근한다. 서주 시대에 대해 우리가 알고 있는 정보에 근거하면, 그렇게 엄격한 토지관리 시스템이 존재했을 가능성은 거의 없는 것으로 이해된다.[7] 그러나 '정전제'에 대하여 유교적으로 접근한 해석은 실제로 서주에서 이루어졌을 관행의 두 가지 측면을 어느 정도 정확하게 전하고 있다. (1) 최소한 이론적으로라도 종족이 토지를 소유하고 있으면서 그 대부분을 종족 전체가 이용할 수 있도록 하고, 일부의 토지를 분할하여 소속된 개별 가구에 배정하는 시스템 내에서 (2) 세금 등에 대신하여 노동력을 제공하였다는

Cambridge University Press, 2005), pp. 54-108.

[7] 일부 학자들은 그러한 엄격한 토지 구역에 대한 유교적 관념은 전국 시대 새로운 국가가 표준 토지단위를 제공한 것이 현의 농민들을 해방시키기 위한 정책에 기인한 것으로 추정한다. 서주 시대까지 거슬러 올라간다고 하는 의견도 있지만 그것은 시대착오적이다. Michael Loewe and Edward L. Shaughnessy (eds.), *The Cambridge History of Ancient China: From the Origins of Civilization to 221 BC* (Cambridge: Cambridge University Press, 1999), p. 609 참조.

것이다. 구성원에 의해 공동으로 경작되는 종족 소유 토지는 조상을 모신 사당에 봉헌하는 것을 포함한 종족의 '공적인' 기능을 유지하기 위한 재원이었다.

　이를 시발점으로 하여 토지 소유권을 비롯하여 토지 관련 경제적 관계 전반에 걸쳐 중대한 변화가 일어나게 된다. 문헌에 따르면 전국시대 정치가와 철학자가 당시 소작농의 상황에 대해 논의할 때, 자유농민의 소규모 가구, 즉 최근 본 종족에서 떨어져 나온 가족이 논의 대상이었음은 분명하다. 그리고 농경의 기본 생산 단위로서 그러한 소규모 가구 농민들이 가진 토지의 사유권은 영토 국가들의 경제적 토대로 간주되었던 것이다. 서기전 4세기 초엽 위(魏) 국가를 개혁하여 강성하게 만든 이회(李悝)가 주장하였다고 전해져 오는 농경이론에 따르면, 5명의 식구를 가진 남자가 100무(畝)의 토지 단위를 소유하는 것이 국가 조세 산정의 기초가 되어야 한다고 분명히 기술하고 있다. 한 명의 농부가 경작하여 다섯 명의 식구를 먹여 살릴 수 있는 통상적인 규모에 대해서 역사학자들은 고대에 통용된 단위로 계산하여 약 5.14에이커(오늘날의 31.2무)라고 추정하였다.

　일부 국가에서는 국가의 재원인 조세를 계산하는 근거로 삼기 위하여 법으로 소규모 농민 가구의 규모를 엄격하게 통제하였다. 서기전 4세기 중엽에 진(秦) 국가의 개혁 기간에 상앙은 2명 이상의 성인 남성 가구에 두 배의 세금을 부과하였다. 나중에는 (여전히 사회적으로 생산 연령에 해당되는 것으로 추정되는) 아버지와 성인 아들이 한 가구에서 사는 것을 금지하였다.[8] 일부 학자들은 이것을 행정 전반의 질서를 강화하기 위하여 가족의 견고함을 해체하기 위한 방법이라고 이해하지만 이 정책을 통하여 얻어지는 국가의 경제적 이익은 명확하다. 사회사의 관점에서 보면 이것은 아마도 중국에서 소작농 가족의 규모를 국가가 법적으로 규제한 최초의 사례일 것이다. 어떠한 경우이든 간에 이러한 진(秦)의 관행은 영토 국가라는 상위구조를 지탱하기 위한 초석으로서 소규모 농민 가구가 중요하다는 사실을 강하게 일깨워 주고 있다.

8　Derk Bodde, "The State and Empire of Ch'in," Denis Twitchett and Michael Loewe (eds.), *Cambridge History of China*, vol. 1, *The Chi'in and Han Empires, 221 BC-AD 220* (Cambridge: Cambridge University Press, 1987), p. 37.

농민의 통제: 법률, 조세와 보편적 서열화

농민의 사회적 지위가 변화한 사실에 대해서는 앞에서 논의하였는데, 과연 국가와 관련하여 그것이 진실로 의미하는 바는 무엇일까? 소규모 농민들은 이제 전통적인 종족의 간섭을 받지 않으며 독립적이고 스스로의 생활을 계획할 수 있는 능력을 갖추었을 뿐만 아니라, 농업의 생산도 조절할 수 있고 자신들의 행위에 대하여 책임을 질 수 있는 새로운 국가 시민으로 변모한 것이다. 동전의 앞뒷면처럼 국가는 당시 개인 농민과 직접 접촉하고 그들의 복지에 대하여 도덕적 책임을 지게 된다. 한편으로 국가는 전쟁에서 최고의 승리를 성취하기 위해 간절히 원하는 대규모 인력의 공급원을 소규모 농민 집단에서 구한다. 국가와 농민 간의 관계는 여러 방식으로 구현될 수 있지만 법률, 조세 그리고 군사 복무 규정을 공포하는 것이 가장 중요하다. 그와 같은 기여에 대하여 보상할 수 있도록 보편적인 서열 체계가 설계되었는데, 이를 통하여 국가와 농민 간의 연대는 오랫동안 지속될 수 있었다.

8장에서 논의된 바와 같이 서기전 6세기 초 법령이 만들어지고 국가의 새로운 시민들에게 공지되기 위해 청동 용기에 주조된 사실을 여러 차례 확인하였다. 그러나 존재하였다고 하더라도 수세기를 거쳐 기록으로 오늘날까지 남아 전승된 법령은 하나도 없다. 진(秦)에 의한 중국 통일 이후 서기전 216년경으로 추정되는 후베이 쉐이후디(睡虎地) 무덤에서 1975년 법령 기록이 발견된 이후 학자들은 그중 일부 법령이 비록 서기전 4세기 중엽으로 거슬러 올라가는 상앙의 개혁에서 시작된 것은 아니더라도, 전국시대 후기에 실제로 사용되었을 수도 있는 진(秦) 제국의 법 조항 기록 중 일부라고 추정하였다. 그러나 이것은 있을 수 있는 추론일 따름이다.

예를 들어 정(鄭)과 진(晉)과 같은 국가들의 경우 그 이전 몇 세기 동안에 시행된 법적 관행과 관련된 전래 기록 중에 지금까지 남아 있는 단편들을 보면 법령은 공공 안전을 중심으로 구성된 것으로 알려지고 있다. 이 모호한 정보 중 가장 분명한 단서에 의하면 법경(法經)이라는 기록은 서기전 4세기 초 위(魏) 국가의 개혁가 이회(李悝)가 만든 것이라고 전해진다. 그 규범은 6개 항목으로 구성되었으며, 각각 절도, 신체적 상해, 그리고 정부로부터 도피와 같은 위법 행위에 대하여 규정한 것으로 알려지고 있다. 아울러 궁정에서의 판결 절차와 여러 가지의 법령 그리고 처벌의 증감에 대한 규정도 포함된 것으로 보인다. 이러한 조항들의 일부는 분명히 쉐이후디에서 출토한 진 제국의 법령과 일치한다. 그러나 불행하게도 이러한 조항들의 세부내용은 전해지지 않는다. 전국시대의 것 중 실제로 법 전체 또는 그 조항이 전승된 사례는 하나도 없다. 그럼에도 불구하고 성문화된 법전에 근거한 법적 시스템이 분명히 진의 통일 이전에 존재하였다고 하는 기본적 관점을 갖게 하는 정보는 충분하다.

다행히 1987년 후베이성(湖北省) 장링(江陵) 근처 무덤 출토 자료를 통하여 서기전 316년으로 확실하게 연대를 추정할 수 있는 바오산(包山)의 2호 무덤에서 전국시대 초(楚)나라 남부의 법적 관행에 대한 구체적인 정보가 기록된 죽간이 발견되어 세상의 빛을 보게 되었다. 대부분의 바오산 죽간에 실제 법적 사례에 대한 설명과 정부에 처음 소송을 제기한 뒤 진술한 날이 적힌 '일정표'가 기록되어 있었다. 예를 들어 초(楚)의 중앙 궁정에 넘어온 대부분의 사례들은 최초 소송 접수부터 진술 승인에 이르기까지 범죄가 주장된 지역에 따라 보통 대략 10일에서 90일 정도 이내에 진행되도록 일정이 수립되어 있었다. 이 기간 중에 지방 관리와 때로는 중앙에서 파견된 특별 감독관은 재판이 다시 열릴 때까지 사건을 조사하도록 명령받았을 것이다. 원고와 피고 모두 증언을 뒷받침하기 위해 증인을 신청할 수 있었으나 가까운 친척은 제외되었다. 때때로 어떤 사건은 재심의 기회가 부여되었으며, 필요하면 궁정의 명령을 받아 다른 관리에게 이송되었다. 그러나 어떤 사건이 다른 관리에게 보내지기 전까지는 시간이 제한되었던 것으로 보인다.[9] 바오산의 죽간은 초나라의 법적 절차 규정이 높은 수준에 이르렀음을 보여주는 것이다.

바오산의 죽간에서 높은 관심을 끄는 또 다른 내용은 국가가 조세 추정을 위한 기반을 마련하고자 시행한 인구 등록의 정확성이다. 초나라 현의 지사는 인구 등록과 관련된 기록을 확인하라는 명령을 받았다. 기록에서 어떤 내용이 빠진 경우, 특히 젊은 사람이 누락되었다면, 지역의 하급 관리는 이를 조사해야 했으며, 그렇게 하지 않을 경우 처벌받았다. "부정확한 등록을 방치"하거나 "젊은 사람을 등록하지 못한" 위반과 관련된 내용은 쉐이후디의 진(秦) 법 조항과 아주 유사하다. 정부로부터 달아난 사람들을 다루는 항목은 이회의 법경 조항을 연상시킨다. 확장되는 관료체제와 국경에서의 군사 작전을 지원하기 위해서는 가용자원을 극대화시켜야 하는데, 이러한 목적에서

---

9   Susan Roosevelt Weld, "Chu Law in Action," Constance A. Cook and John S. Major (eds.), *defining Chu: Image and Reality in Ancient China* (Honolulu: University of Hawaii Press, 1999), pp. 87-95.

보면 정확한 인구 등록은 신생 국가에 분명히 절대적으로 중요하였으며, 다른 국가에서도 그러했을 것임은 의심의 여지가 없다.

그러나 토지세의 실제 수치를 대략적으로라도 추정하는 데 필요한 정보는 미흡한 수준에 머물고 있다. 이회의 농경론이라고 전해지는 바에 따르면, 토지 조세의 10% 세율은 5인 가구의 소득과 소비를 계산하여 얻어진 기준으로 받아들여지고 있다. 병법가 손무(孫武)가 서기전 6세기 진(晋) 국가 북부에서 토지를 소유한 관료 가구에 부과된 토지세율 20%는 매우 높기 때문에 이 가구들 중 일부는 필연적으로 몰락할 것이라고 말한 기록 문서가 발굴되기도 했다.[10] 정반대의 경우로, 정치 철학자 맹자는 5% 토지세율은 너무 낮아서 토지 생산량이 낮고 관리 숫자가 적은 '오랑캐' 국가의 상황에 해당되며, 중국[화하(華夏)] 세계의 상호 경쟁적인 국가들이 관료제도와 의례제도를 유지하는 데 불충분하다고 주장하였다. 이러한 정보에 근거하여 일부 학자들은 전국시대 기간 중 조세율은 다소 차이는 있지만 10% 정도였을 것으로 추정하고 있다. 그러나 이는 단지 최대한 실제에 가깝게 접근한 추측일 뿐 그 이상은 아니다.

군사 복무는 소농의 의무였다. 사실 많은 초기의 현들은 지역 거주 농민들을 전쟁에 동원할 목적으로 만들어진 것이다. 그러나 전쟁 규모가 점진적으로 커지면서 보통 몇 개의 현을 통합한 '군(郡)'이라는 단위가 군사 작전에 투입될 소작농을 동원하기 위한 정규적인 행정조직으로 변모하게 되었다. 군사 복무 연령이나 기간에 대해 말해 주는 기록은 없지만, 그 기간 중 사상자의 숫자를 보면 어떤 경우에는 현 또는 군의 남성 인구 전체가 전투에 투입된 것으로 이해된다. 예를 들어 서기전 260년 유명한 진(秦)과 조(趙) 사이의 장평전쟁(長平戰爭)에는 하내군(河內郡, 오늘날 허난 북서부)의 15세 이상 모든 남성이 진(秦)에 의해 동원되었다. 그러나 이는 전쟁의 극단적 상황에 직면한 진(秦) 국가의 비정상적 조치로 보고된 것이기 때문에 그렇게 어린 연령의 남자를 군대에 동원한 것은 전국시대 국가의 정상적인 관행은 아니었을 것이다.

명분상으로 남성 인구 전체가 징집 대상이었으며, 그들은 군사적 기여도에 따라 차별없이 보상을 받았다. 예를 들어 진(秦) 국가의 경우, 보병의 초기 서열은 성과[工事]에 따라 20등급으로 구분되었다. 적 한 명의 머리를 벤 공훈으로 100무(약 5에이커)

---

10   『오문(吳問)』이라는 이름의 문헌으로 손무(孫武)와 관련된 두 권의 문헌 중 하나인데 전통적으로 그가 쓴 것으로 알려진 『손자병법』과 함께 1972년 서한 시기(206 BC-AD 8)로 연대가 추정되는 산둥성 인췌산(銀雀山)의 무덤에서 발견되었다.

의 토지와 한 등급 승진의 보상을 받았다. 등급은 시간이 지남에 따라 누적될 수 있었고, 법적으로 위반을 한 경우 그 대가로도 활용되었다. 전통적인 귀족의 등급과 달리 이 새로운 등급제도는 군사적 공헌만 있으면 모든 평민에게 적용되었다.

통치기구의 관료화와 절대 군주

7장에서 논의한 바와 같이 서기전 9세기부터 주 국가의 중앙 통치기구는 점차 관료화되었고 그에 따라 샨시(陝西)의 왕실 지배 공간에서 새로운 바람의 정치적 사회적 생활이 이루어지게 되었다. 그러나 많은 지역 국가들의 정부는 구조적으로 서주 전기 중앙 정부의 기능과 역할을 모방했으면서도, 춘추시대 전기 내내 개인적이고 비관료제적인 수준에 그대로 머물고 있었다. 그러므로 서주 국가가 해체된 이후 중국에서 관료제화의 물결이 두 번째로 밀려왔을 때 그 제도가 영토 국가를 창출하고 경영하는 데 핵심적인 기법임을 스스로 증명해 보인 셈이다.

전국시대 기간 중 민간 행정을 위해 널리 존재했던 직위는 명칭은 달라도 모두 지사였다. 상앙의 개혁 이후 진(秦)에서는 약 350명의 지사가 있었다. 그들을 지원하기 위해 보좌관[진(秦)에서는 승(丞)] 또는 비서[한(韓)과 위(魏)에서는 어사(御史)]라는 비서직 관리가 대부분의 국가에서 토지 등록과 기타 형태의 서류 업무를 위해 각 현에 배치되었다. 진(秦)과 같은 보다 관료주의적인 국가에서는 군사 및 치안 문제를 처리하기 위해 군수(郡守)의 직위가 설치되었고 한(韓)에서는 사리(司吏)가 법적 문제를 검토할 임무를 담당하였다. 그들 아래에 특정의 하급 관리가 촌락 수준의 임무를 맡기 위해 배치되었다. 보통 군수가 통솔하는 군(郡)이라는 군사행정 단위는 보편적인 것은 아니어서, 그 제도가 있는 국가에서도 군사적 중요성을 가진 국경 지역에서만 존재하였다. 상(相)의 직위는 이미 춘추시대에 등장하였는데, 전국시대에는 중앙 관료제의 우두머리 역할을 상시 수행하였다. 초(楚) 국가 남부에서는 이 직위를 영윤(令尹)이 수행하였는데, 그는 원래 군사 관리지만 당시에는 중앙 정부에서 군사와 백성에 대한 책임을 모두 맡았다.[11] 국가의 중앙 정부에는 사(士), 사토(司土), 사마(司馬)와 같은 민간과 군사 담

11　Barry B. Blakeley, "Chu Society and State," *defining Chu*, p. 56 참조.

당 직위가 있었는데, 모든 명칭은 서주 관료제에서 가져온 것이나 그들의 임무는 국가와 시기에 따라 다양했다.

많은 국가에서 기능적 직위가 발달한 것 이외에도, 전국시대는 관료제를 제어할 메커니즘이 창안된 것으로도 널리 알려져 있는데, 지금까지 알려진 증거를 보면 이는 서주 관료체제에서는 없었던 요소라고 말할 수 있다. 그중 하나가 '연례보고서'로서 전국시대에 대부분의 국가들에서 취한 행정 관행의 표준이 되었다. 토지 규모, 조세 할당, 현 곡물창고의 재고에 대한 통계수치, 성별과 연령별 명세가 딸린 관리, 학자, 농부들의 명부, 그리고 지방 치안 현황 등과 같은 다양한 항목들이 그 내용에 포함되어 있다. 그 문서들은 아마도 현의 어사가 목간에 기록한 뒤 왕이나 상(相)의 검토를 받기 위한 제출 마감 시기인 매년 12월까지 현의 지사가 개인적으로 직접 수도로 가져간 것으로 전해진다. 그러한 시스템은 국가가 사용 가능한 자원을 점검하고 관료제의 업무 성과를 평가하기 위한 것이었다. 분명히 1년 내내 왕은 자주 특별 감독관을 파견하였고 필요할 때에는 간혹 왕이 직접 현의 상황을 살펴보러 가기도 했다.

전반적으로 전국시대 관리들은 일정한 급여를 직무 성과에 따라 받았고 승진과 처벌이 규정된 표준 시스템의 적용을 받았다. 현 단위에 파견된 모든 관리들은 중앙 궁정에서 임명을 받았으며 만약 불법행위로 유죄가 결정되면 언제라도 해임될 수 있었다. 부여된 직위에 따르는 목표를 달성하지 못할 경우 관리들을 처벌하여 효과적으로 통제하는 방법에 대해 신불해(申不害)나 후대의 한비(韓非)와 같은 고위 사상가들이 왕에게 조언한 바 있다(10장 참조). 철학적 문헌에서 제시된 그들의 주장은 실제 적용하기에 다소 잔인하긴 했지만 전국시대 왕들이 무엇에 관심을 가졌는지를 잘 보여준다 하겠다.

일반적으로 전국시대 왕들이 춘추시대의 통치자보다 막강한 것으로 이해되는데, 그 이유가 국가의 통치자로서 왕(王)이라는 칭호가 이전의 '공(公)'과 다르다거나, 명령할 수 있는 군대의 규모가 커서가 아니라, 국가 권력구조 안에서 권력을 장악한 정도를 평가의 잣대로 삼았기 때문이다. 당시 모든 관리의 운명은 (예를 들어 이전 시대의 세습적 권리에 근거를 두기보다는) 왕으로부터 받은 호의에 달려 있었기 때문에[12] 많은 국가

---

12   이러한 관점에서 전국시대 왕들이 종종 '외국인'을 국가 관료제 최고 지위에 임명했다는 것을 주목할 가치가 있다. 자신들을 뽑아 준 국가에서 사회적 뿌리가 없는 경우 그 관리들은 자신을 고용하고 쉽게 제거할 수도 있었던 왕에게 전적으로 충성했으며 또한 왕에 의해 쉽게 제거되기도 했다.

에서 왕은 유일한 권력기관이었다. 이 권력은 그가 통치하는 군사와 농민들뿐만 아니라 그를 도와 통치하는 관료들에게도 절대적이며 간섭받지 않고 행사되었다.

전쟁의 변천

앞에서 지적한 바와 같이, 전국시대에 전쟁은 가장 중요한 사회생활의 한 단면이자 국가의 기본원리이고, 정부 정책의 방향을 보여주는 나침반이었다. 전국시대 말경(3세기 BC), 국가 전체가 전쟁을 목적으로 조직되었다고 해도 전혀 과장이 아닐 정도가 되었으며 이는 모든 국가가 마찬가지였다. 서기전 4세기에서 3세기까지 중국 역사상 이만큼 호전적인 시기도 없었다. 반면 전국시대의 3세기 거의 대부분에 걸쳐 그 자체가 인간과 물질 요소에 의해 조건 지워진 사회적 행동으로서 전쟁은 그 목적과 방식의 양면에서 전에 없던 근본적인 변화를 겪게 된다.

서주와 춘추시대 대부분의 기간에 전쟁은 주로 전차에서 싸우는 귀족이 갖는 특권이었다. 때로는 평민도 전장에 나갔는데 보통 종족 지도자가 모는 전차를 따라가며 싸웠다. 그러므로 서주의 명문 기록에는 유명한 육사(六師)와 팔사(八師), 상설 왕실 군대 이외에도 종족(宗族)을 중심으로 조직된 부대가 주 중앙 정부에 의해 전쟁에 투입되었다는 사실이 전해진다. 더욱이 말이 끄는 다수의 전차로 구성된 부대를 유지하는 데에는 많은 비용이 소요되었으며, 전쟁에 사용되는 청동 무기는 평민은 거의 보유할 수 없는 것들이었다. 이러한 것들은 전쟁의 규모를 제한하는 중대한 요소로 이로 말미암아 춘추시대 대부분 귀족들이 수행할 수 있는 능력 범위 안에서 전쟁 규모가 결정되었다. 그러나 서기전 5세기부터 철기가 광범위하게 사용됨으로써 전쟁은 당시 대부분 새로운 현의 자유농민이었던 평민도 경제적으로 여유가 있어 참전이 가능하게 되었다. 그리하여 신생 국가들은 적을 제압하기 위하여 적극적으로 농민들을 전쟁에 투입하였다(그림 9.3). 학자들은 전국시대 전기에 이룩된 많은 개혁의 실제 목적은 말 그대로 군 복무 대상을 전체 인구로 확대하여 그 대부분 소농들로 구성되는 군대를 조직하는 데 있었다.[13]

13   Mark Edward Lewis, *Sanctioned Violence in Early China* (Albany: State University of New York Press, 1990), pp. 54-61.

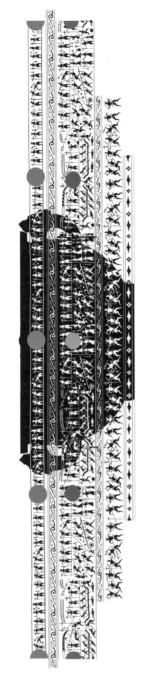

높이 30.1cm, 직경 54.6cm로 허난 북부 산뱌오전(山彪鎭)에서 출토됨

그림 9.3 전투장면이 새겨진 감(鑑)−수반

이러한 변화의 결과, 병사의 모습은 극적으로 변하였고 군대의 규모도 크게 팽창하였다. 전쟁은 더 이상 전사들 간의 싸움기술 경쟁이 아니라 단지 적을 압도하기 위해 국가가 투입하는 병력의 규모가 중요시되었다. 춘추시대의 전쟁은 대부분 수천 명의 병사 간의 싸움이었다. 문공이 지배하던 진(晉) 국가의 상비군은 세 개의 편제(상, 중, 하)로 구성되었으며 각각은 약 1만 2,500명 정도 또는 그 이상(총 3만 7,500명 정도)의 병사로 충원된 것으로 추정된다. 초의 왕실 군대도 셋으로 구분되었는데(좌, 중, 우), 총 병력은 진(晉)과 비슷했다. 이들은 춘추시대에 가장 강력한 군대였다. 전국시대 후기에 들어서면서, 가장 강력한 국가인 진(秦), 제(齊), 그리고 초(楚)는 각각 100만 명에 근접한 병력을 보유한 것으로 알려져 있다. 주요 국가 중 가장 약한 국가인 한(韓)은 총 30만 명의 부대를 보유하였다.[14] 단일 교전 중 한 쪽의 병사 수가 10만 명에서 20만 명인 경우는 드문 경우가 아니었으며 전사하는 병사 수가 30만 명에 달하는 경우도 많았다. 더욱이 농민-군사는 최소한의 훈련만 시켰기 때문에, 필요할 때 국가는 참전이 가능한 전체 남성 인구를 간단하게 전장에 투입할 수 있었다.

극단적인 사례가 서기전 260년 진(秦)과 조(趙) 사이의 전쟁이었다. 오늘날 산시(山西) 남동부 창핑(長平)이라는 협곡에서 조의 총사령관 조괄(趙括)이 전사하자 40만 명의 조 병사는 항복할 수밖에 없었다. 엄청난 수의 포로를 진으로 이동시키는 것도 큰 문제였다. 그래서 진 사령관 백기(白起)는 240명의 젊은 병사만 살려서 동쪽 국가들에게 공포를 불러일으키게 하고, 나머지 조의 병사 모두 체계적으로 죽이라는 명령을 내렸다. 비록 학자들은 진 군대가 죽일 수 있는 조 병사들의 숫자가 그렇게 많았을 것인지를 의심하지만, 다른 광범위한 통계를 분석한 연구에 따르면 서기전 4-3세기의 26개 주요 전쟁에서 패한 국가에서만 총 180만 명의 사망자가 발생하였다고 한다(승리한 국가들의 사망자 통계는 제외).[15]

분명히 전쟁의 수행 방식도 변하였다. 보병은 그 어느 때의 전차부대보다 더 철저한 파괴력을 갖추게 되었다. 철제 무기의 사용은 농민의 참전을 가능케 했을 뿐 아니라 살상능력도 제고시켰다. 더욱 전국시대 군대의 살상 능력은 쇠뇌의 도입으로 한층 더 높아졌는데 쇠뇌로 인해 궁수는 금속제 발사 장치를 갖춘 중앙 주축대에 화살을 장착

---

14   Lewis, "Warring States Political History," pp. 626-627.

15   Chiang Chi Lu, "The Scale of War in the Warring States Period," pp. 107-110.

228

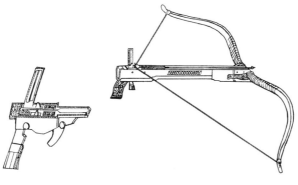

그림 9.4 쇠뇌

하여 겨냥이 정확하고 신속하게, 그리고 한 번에 여러 개의 화살을 쏠 수 있었다(그림 9.4). 쇠뇌는 남쪽에서 발명되어 춘추시대 말기 초(楚), 오(吳), 그리고 월(越) 군대가 처음으로 사용하고 전국시대 중엽에 북쪽 군대에서도 널리 사용하게 되었다. 또 다른 군사적 '발명'은 기마병으로, 서기전 4세기 말 조(趙)의 무령왕(武靈王)이 고안한 것인데, 말을 타고 전투를 하는 유목민의 방식으로 조(趙)가 북부 초원 지역으로 원정할 때 실제 도입한 것이다. 기마병은 비록 보병에 비해 부수적인 역할이었지만 분명히 적의 방어를 효과적으로 격파하고 적의 보급로를 차단할 수 있는 강력한 이동 능력을 갖추었다. 서기전 3세기 중엽, 남쪽 국가 초도 도입하여 병력 중 약 1만 명이 기마병이었으며 진(秦)과 조도 그 정도의 병력을 보유했다는 기록이 남아 있다.

군대의 규모가 증가하고 그 효율성이 개선되면서 전쟁의 목적도 바뀌었다. 춘추시대 전차 위에서 치르는 전쟁의 주된 목적은 적을 복종시키는 것이었다. 사실, 서기전 7-6세기에 벌어진 유명 전투의 주된 목적은 큰 국가가 작은 국가를 동맹국으로 확보하기 위한 것이었다. 그러나 전국시대의 전쟁은 새로운 영토를 정복하기 위하여 시작되었으며 정복한 토지를 영구히 점령할 수 없을 때에는 전투 능력의 제거, 즉 적군 살상이 전쟁의 목적이었다. 그러므로 전국시대의 전쟁은 보다 치열했으며, 그러한 파괴력을 통해서 주어지는 공포는 분명히 왕과 전략가가 정치적 이점과 관련하여 고려하였을 것이다.

이는 군사 지휘권에도 중대한 변화를 초래하였다. 종전의 귀족들은 전투에 직접 참여할 수 있도록 훈련받았다. 그러나 단기에 대거 모집된 농민 병사들은 그렇지 않았다. 그들 중 많은 수가 군대에서 낙오될 경우 어떻게 하는 것이 병사처럼 행동하는 것인지조차 몰랐을 수도 있다. 그러므로 전투에 적합하지 않은 신체 조건을 가진 전문적 군사 전략가의 명령에 의해 엄격하게 정의된 서열과 권한 체계를 통해서 전국시대의 군대는 신중하게 조직되었다. 그러한 전략가의 가장 유명한 사례가 신체적 장애를 가진 사령관인 손빈(孫臏)으로서 서기전 4세기 제나라 군대를 이끌고 대승을 이끌어 낸 바 있다. 전쟁의 시대는 또한 분명히 방대한 목록의 병서를 편찬하는 계기가 되는데 그 중 가장 유명한 것이 춘추시대 말 남부 오(吳) 국가의 사령관이었던 손무(孫武)의 『손자병법(孫子兵法)』이다. 이 문헌은 과거 2,000년 이상 수세대에 걸쳐 군사령관들에게 영감을 주었으며 오늘날 미국 웨스트포인트 사관학교를 포함한 전 세계의 많은 군사학교에서 교재로 사용되고 있다.

상자 9.1 손무(孫武)의 이야기와 인췌산(銀雀山) 병서(兵書)의 발견

서한 왕조의 태사(太史) 사마천이 손무[손자(孫子)라고도 함]에 대하여 이야기하고 있다.

손무는 제(齊)나라 북부 출신으로 무왕을 만나 왕에게 13장으로 된 『손자병법』을 바쳤다. 왕은 그 문헌을 훑어본 뒤 그에게 물었다. "나는 당신의 병서를 자세히 읽어 보았다. 그러나 당신의 이론을 조금 시험해 봐도 되겠는가?" 손무는 "그렇습니다"라고 대답했다. 왕은 거듭 물었다. "여자에게도 적용할 수 있는가?" 손무는 재차 대답했다. "예!"

그래서 왕은 180명의 아름다운 궁녀를 궁에서 차출해 보내 주었고 손무는 그들을 둘로 나누어 왕이 가장 사랑하는 첩을 각각의 대장으로 임명했다.

시작하면서 바로 손무는 궁녀들에게 물었다. "너희 모두는 앞뒤와 오른손 왼손의 차이를 아느냐?" "예!" 궁녀들이 대답했다.

손무는 계속했다. "내가 '전방 주목'이라고 말하면, 너희들은 앞쪽을 똑바로 보아야 한다. 내가 '좌향 좌'라고 말하면 너희들은 왼손 쪽을 보고 서야 한다. 내가 '우향우'라고 말하면 너희들은 오른손 쪽을 보고 서야 한다. 내가 '뒤로 돌아'라고 말하면 너희는 돌아서 뒤를 보아야 한다. 알겠는가?"

"알았습니다" 궁녀들이 대답했다.

북이 크게 울리자, 손무는 그의 첫 번째 명령을 내렸다. "우향 우!" 궁녀들이

웃음을 터뜨렸다. 손무는 선언했다. "만약 명령이 충분히 명확하지 않다면, 그것은 지휘관의 잘못이다"

훈련이 계속되면서 두 번째 명령이 내려졌다. "좌향 좌!" 궁녀들이 다시 웃음을 터뜨렸다. 손무는 말했다. "명령이 분명한데 병사들이 따르지 않으면 이것은 장교의 잘못이다!"

그래서 손무는 두 대장을 처형하라고 명령하였다.

손무의 명령에 놀라, 높은 좌대에서 내려다보던 무왕이 급히 그의 전갈을 보냈다. "이미 당신이 군대를 지휘할 수 있음을 알게 되었다. 그러나 두 첩의 목숨은 살려 주기 바란다! 그들이 없다면 나는 음식의 맛을 모를 것이다"

손무는 단호하게 대답했다. "폐하가 군대를 저에게 주셨으니, 저는 전장에 있는 것입니다. 그리고 나는 폐하의 명령을 받을 만큼 한가롭지 않습니다!"

앞서 사마천의 기술과 아주 비슷한 내용을 담은 '견오왕(見吳王)'이라고 불리는 죽간이 산둥 남부 인췌산(銀雀山)의 1호 무덤에서 1972년 출토되었는데, 그 무덤에서 출토된 토기와 동전의 전형적 특징으로 볼 때 서한의 초기 단계에 해당되는 것이다. 같은 무덤에서 4,942 점이나 되는 죽간이 발굴되었는데 놀랍게도 이 죽간에는 '병법'이라는 제목의 서로 다른 2개의 문헌이 포함되어 있었다. 하나는 손무의 『손자병법』으로 전해져 내려오는 문헌과 아주 비슷하지만, 무덤의 죽간에는 있을 것이라고 추정되는 13장 중 단지 8장만 있었다. 또 다른 『손자병법』은 제나라 군대를 이끌고 패권을 쥐고 있던 위(魏) 국가에 대승을 거둔 불구의 장수인 손빈(孫矉)의 것이다. 이 기록은 초기 병법에 손무가 제시한 원칙을 정교하게 다듬은 내용뿐 아니라 손빈의 경력과 위와의 전쟁에 관한 내용을 포함하고 있다. 이 일괄유물에 포함된 다른 기록은 위료자(尉繚子), 안자(晏子), 육도(六韜), 수법수령(守法守令) 등으로 이전부터 모두 전국시대에 만들어진 군사적 성격의 교재로 알려져 왔다. 이 기록들은 1981년에 함께 발간되었다.

2010년 1월 인췌산 묘 죽간 제2권이 발간되었을 때, 약 50종의 이전에 알려지지 않은 정부와 군사에 관한 저작들이 추가로 제공되었다. 자연철학과 점복에 관련된 다른 문헌들도 함께 있었다. 그 묘에서 출토된 문헌들의 성격은 그 묘주가 무제(141-87 BC) 초기 사망한 전문 군사 지휘관이었음을 보여준다. 공교롭게도 그 묘에서 나온 칠기 술잔 두 개의 바닥에 잘 알려진 군사 칭호인 "사마(司馬)"가 씌어 있었다. 이러한 문헌들은 비록 한나라 관리들의 양식으로 작성되어 한 대의 문헌임을 알 수 있지만, 그것들 중 많은 것은 의심의 여지 없이 전국시대나 그보다 이른 시기부터 전래되었을 것이다.

손무의 『손자병법』과 『위료자』, 『육도』는 저명한 "병서 일곱 권"에 포함되는데, 그 전체가 영문으로도 변역되어 있다.[16]

청동기 문화의 변화

철기가 도입되어 농기구와 무기로 사용되었음에도 불구하고, 청동기는 지배층 사회의 위계를 표현하는 유력한 수단으로 남아 있었다. 춘추시대는 지배층 무덤에 여러 벌의 표준 용기를 부장하는 것을 특징으로 하는 서주 왕실 지배층의 청동기 문화를 이어받으면서 시작되었다. 기하학적 무늬를 대담하게 표현한 표준 용기를 사용하는 관행이 춘추시대 전기에 웨이하 계곡에서부터 멀리 동쪽 국가까지 널리 퍼지면서 주 영역의 곳곳에 있는 지배층의 지위가 처음으로 금속 문화를 통해 비교될 수 있었다. 그래서 정치적 분화와 군사적 갈등의 위험이 커진 것과 상관없이 주 영역은 주 청동기 문화의 전통을 수용 고수하면서 유지되었다.[17]

서기전 6세기 실납법(失蠟法)의 도입으로 중국 청동기 문화의 모습이 갑자기 변한다. 보다 복잡한 기종과 디자인을 표현하는 주조 과정을 단순화시킨 새로운 기술이 남중국, 아마도 초(楚) 지역에서 처음 나타난 것으로 보인다. 메소포타미아와 남아시아에서 서기전 3000년대부터 동일한 기술이 사용되었기 때문에, 그 기술은 남쪽의 양쯔강 유역으로부터 유입된 것으로 보인다. 실납기법으로 생산된 청동기 중 가장 이른 사례는 서기전 552년으로 추정되는 쓰촨(四川)의 초(楚) 무덤과 서기전 422년으로 추정되는 후베이(湖北) 북부의 증후을묘(曾侯乙墓)에서 다수 확인된 바 있다. 이 청동기 중 일부는, 예를 들어 쓰촨의 청동 탁자와 증후를 위한 주기 준(尊)과 수기 반(盤) 한 벌(그림

---

16   Ralph D. Sawyer (trans.), *The Seven Military Classics of Ancient China* (Boulder: Westview Press, 1993).

17   이러한 관점에 대해서는 Lothar von Falkenhausen, "The Waning of Bronze Age," in *The Cambridge History of Ancient China: From the Origins of Civilization to 221 BC*, p. 543 참조.

그림 9.5 증후을묘(曾侯乙墓)에서 출토된 청동 준(尊)(높이 30.0cm, 직경 25.0cm)과 반(盤)(높이 23.5cm, 직경 58.0cm)

9.5)은 기술적으로 매우 정교하지만, 전반적인 모습과 새겨진 명문으로 판단하자면 분명히 지역 자체에서 생산된 것이다. 지금은 난징(南京) 박물관에 소장되어 있는 용기 호(壺)를 통해서 알 수 있는 것과 같이 그 기술은 분명히 서기전 4세기경에 북쪽에도 알려져 있었다. 그 호에는 제나라 장수가 새긴 명문이 있는데 앞에서 언급한 서기전 314년 제의 군대가 연(燕)을 공격했을 때 연나라 북부에서 전리품으로 획득한 것이다.[18]

이후 새로운 기술 혁신을 통하여 거푸집을 분할하는 분주법(分鑄法)으로 주조하면서 청동기 표면의 모습에 진전이 있게 된다. 서주 말 이전에 매우 경도가 높은 종류의 청동기가 제작되어 장인이 그 표면에 명문을 새길 수 있었으며, 그러한 음각기법이 이후 춘추시대의 청동기 명문을 표현하는 주된 기술이 된다. 한편으로 대부분의 경우 명문의 내용이 단순화되는데, 그것은 풍부한 내용의 명문을 주조하는 것을 지원했던 서

---

18   진장호(陳璋壺)를 말한다.

그림 9.6 중산(中山)왕묘에서 출토된 청동 호랑이(길이 51.0cm, 높이 21.9cm)

주 왕실 기구가 해체되었기 때문이다. 장식된 청동기 본체 표면에 명문을 표현하는 것이 점차적으로 주조에서 음각으로 바뀌었다. 이러한 변화가 일어나면서 장인의 자유로운 손놀림을 통하여 창의력이 높게 발휘되는데, 전통적인 기하학적 문양이 아니라 보통 전투나 지배층의 연회 장면과 같은 사회생활과 같이 보다 현실적인 장면이 표현되었다(그림 9.3). 더욱 금이나 은을 상감하는 방법이 도입되자 청동기 문양이 단색에서 다채색으로 바뀐다. 서주 왕실에서 물려받은 청동 그릇의 전통적 형식 이외에도, 춘추시대 후기와 전국시대의 장인은 자신들이 현실에서 목격한 장면을 청동기에 그림으로 옮기는 일에 커다란 관심을 갖게 된다. 서기전 296년에 조(趙)에 정복되었던 중산(中山)의 왕이 묻힌 무덤에서 출토된 걸작 청동기에서 보듯이 기발하게 표현된 역동감과 화려한 채색이 새로운 청동기 예술영역으로 세상에 등장한다.

234

참고문헌

Cook, Constance A., and John S. Major (eds.), *Defining Chu: Image and Reality in Ancient China* (Honolulu: University of Hawaii Press, 1999).

Falkenhausen, Lothar von, *Chinese Society in the Age of Confucius (1000-250 BC)* (Los Angeles: Costen Institute of Archaeology, 2006), Chapters 7-8, pp. 293-369.

Hui, Victoria, *War and State Formation in Ancient China, and Early Modern Europe* (Cambridge: Cambridge University Press, 2005).

Lewis, Mark Edward, *Sanctioned Violence in Early China* (Albany: State University of New York Press, 1990).

_____, "Warring States Political History," in Michael Loewe and Edward L. Shaughnessy (eds.), *The Cambridge History of Ancient China: From the Origins of Civilization to 221 BC* (Cambridge: Cambridge University Press, 1999), pp. 587-650.

제10장 정치인 사상가: 최근 발견된 문헌을 통한 조명

　　서기전 6세기 중엽 공자(551-479 BC)의 탄생부터 서기전 221년 전국시대 말까지
는 보통 '백가쟁명(百家爭鳴)의 시대'라고 불린다. (9장에서 분석된) 대규모 영토 국가에
의해 유발된 끊임없는 군사 갈등에도 불구하고, 중국은 그와 동시에 (8장에서 논의된)
사(士)들이 주도한 초유의 사상적 발전이 중앙 무대에서 이루어진 사실을 목격하게 된
다. 사들은 자신들의 주제를 체계적으로 발전시킬 능력을 갖추고 있었으며 그 주제들
이 대체로 주요 서책으로 제시되고, 후대에 사교육 수단을 통해 제자들에게 전승되면
서 이후 사상가로서 역사에 기록된다. 춘추시대 후기와 전국시대에 등장한 학파의 태
두들이 발전시킨 근본적인 철학적 개념은 그때부터 중국 지식인들의 생활에 큰 틀을
제시하면서 이후 2,000년간 중국 문명의 성격을 규정하게 된다.

　　그러한 현상은 중국 역사의 정황에서도 흥미롭지만 전 세계적인 맥락에서 인류
전체의 초기 상황을 이해하는 데에도 또한 중요하다. 이러한 이유 때문에 고대 중국
의 철학적 주제는 줄곧 서구에서 연구되는 중국학의 핵심을 이루어 왔던 것으로 생각
된다. 그리고 남중국에 주로 분포한 전국시대 무덤에서, 절대적으로 중요한 철학적 내
용의 새로운 기록물이 발견된 이래 30여 년 동안 이러한 경향이 두드러지게 나타났다.
이 장에서 많은 사상가가 지지한 다양한 주장들을 충분히 논의하고 전국시대의 방대
한 문헌에 나타나는 그들의 담론을 한줄한줄 검토하는 것은 분명히 불가능한 일이다.
그러한 목적으로 쓰인 훌륭한 개론서는 이미 저술된 바 있다.[1] 그 대신에 고대 중국 문

1　중국학자들을 위한 고대 중국의 철학 소개서 중 넓게 읽히는 것은 Feng Yu-lan, *A History of Chinese*

명에 대한 개론서의 한 장에 걸맞게 여기서는 사회문화적 현상으로서 몇몇 주요 사상적 전통의 형성 과정에 초점을 맞추고자 하며, 이와 함께 당대의 사회 문제에 대처한 그들의 기본적인 개념을 소개하고자 한다. 이러한 접근방식에 맞추어 이 장에서는 최근에 발견된 몇몇 철학적 기록물을 통해서 그들이 고대 중국의 지적 전통의 발전에 끼친 중대하고도 새로운 시각에 대해서 논의할 것이다.

이념적인 딜레마와 국제 상황

예를 들어 '덕'(德)과 같은 특정 개념은 적어도 그 기원이 서주 시대까지 거슬러 올라간다. 7장에서 논의한 바와 같이 수세기 동안 주가 지배하는 영역에서는 '하늘[天]'의 개념에 초점을 맞추고 있었으며, 덕은 하늘이 문왕에게 준 특별한 선물로 이후 주 왕들이 이어받아 왔다.[2] 따라서 주 왕들은 문자 그대로 '천자(天子)'라고 불렸으며 성스러운 하늘의 영역에 배타적으로 접근할 수 있었는데, 그러한 지위는 주 왕실의 지배가 효력을 잃은 뒤 수세기가 지나도 훼손되지 않았다. 한 제국이 일어나기 전까지 중국 어느 지배자도 이 제의적인 최고 지위를 주장하지 않았다. 주 왕이 죽으면 그들은 의인화된 하늘인 상제의 궁정에 올라가게 된다. 주 왕들이 치른 군사 정복은 '천벌'을 내린 것이라고 선전되었으며 주나라의 모든 기구는 오로지 천명(天命)에 대한 지지를 통하여 자신들의 정통성을 확보하였다.

그렇지만 로버트 이노(Robert Eno)가 지적한 바와 같이, "하늘(天)을 사실상 정착시킨 것은 이들 기구의 성공이었다."[3] 상호적인 관계 속에서 주나라의 지속적인 행운은 주 왕실의 종교적 우월성에 달려 있었고, 주의 우월성의 근간으로서 하늘의 확고한

Philosophy, translated by Derk Bodde (Princeton: Princeton University Press, 1952.3); 요약본 *A Short History of Chinese Philosophy*, edited by Derk Bodde (New York: The Free Press, 1966)이다. 그러나 입문자에게는 A. C. Graham의 새로운 소개서 *Disputers of the Tao: Philosophical Argument in Ancient China* (La Salle: Open Court, 1989)를 권한다.

2   아마도 그 기원으로 추정되는 상의 고문자와 함께, 서주 맥락에서의 '덕'(德)의 개념에 대해서는 David Shepherd Nivison, "Virtue in Bone and Bronze," in Bryan W. Van Norden (ed.), *The Ways of Confucianism: Investigations in Chinese Philosophy* (Chicago: Open Court, 1996), pp. 17-30 참조.

3   Robert Eno, *The Confucian Creation of Heaven: Philosophy and the Defense of Ritual Mastery* (Albany: State University of New York Press, 1990), p. 27 참조.

신뢰 역시 왕실기구의 성공적 수행에 달려 있었다. 그런데 사실상 주의 제도는 제대로 기능하지 않았을 뿐만 아니라 침입한 '오랑캐'의 수중에 주 도읍이 떨어지던 서기전 771년에 완전히 붕괴하고 만다. 그래서 그 해의 왕조 몰락이 가져다준 영향은 서주 국가의 정치적 해체 그 이상으로 더 심각하였는바, 그것은 그때까지 고대 중국 왕실 국가의 경영을 지원했던 종교 · 제례 시스템이 붕괴되기 시작하였다는 사실 때문이다.

그러므로 주 왕실의 몰락을 밟고 일어서는 새로운 정치적 국가는 그 권력을 합리화하기 위한 새로운 근거를 마련해야 했다. 주 가문의 권력을 넘겨받은 자가 주가 그랬던 것처럼 천명 사상을 통하여 얻은 정치적 이익을 이용할 수 있었다고 한다면 어떤 의미에서 그것은 당연한 것처럼 보일 수 있다. 그러나 어떤 봉국도 한 세기(통상 2-3세대 이내)를 넘겨 군사적 우월성을 유지하지 못했다는 정치적 현실 그 자체를 보면, 그러한 지적은 부적절하지는 않더라도 설득력은 크지 않다고 하겠다. 더군다나 비록 뤄양의 작은 궁정이지만 그곳에서 어느 정도 정치적 수장으로 종교적 우월성을 유지한 채 서기전 256년까지 주 왕이 지속적으로 존재하였기 때문에 더욱 그러하다.

이런 측면에서 볼 때, 유교, 도교, 묵가(墨家)와 법가(法家) 사상 등의 다양한 철학적 전통은 이러한 딜레마에 대한 대안적 이념을 이론적으로 뒷받침할 수 있는 접근 방법을 보여준다고 할 수 있다. 그리고 당대에 이름을 남긴 모든 사상가들은 실질적으로 그들의 사상적 배경에 주 왕실 가문이 이전에 하늘의 의지라고 약속하고 실현하지 못했던 굳건한 사회적 질서의 회복이라는 야망을 가지고 있었다. 주 왕실과의 차이는 단지 그것을 어떻게 달성하느냐는 것이었다. 이러한 배경으로 인해 고대 중국의 철학은 인간과 신의 관계에 대한 질문을 주로 다룬 그리스와 달리 이 세상의 문제를 해결하는 방법이라는 점에서 공통된 입장을 갖게 된다. 다소 늦게 발전한 자연 철학조차 자연 세계에 대한 순수한 철학이 아니라 추연(鄒衍, 305-240 BC)의 주장에서 알 수 있는 것과 같이 인간 세계와 그 역사에 더 큰 관심을 갖는다.[4]

세계적인 맥락에서 유사한 사상적 발전과정을 찾아내는 것은 어렵지 않다. 독일 철학자 칼 야스퍼스(Karl Jaspers)가 제시한 '축의 시대(Axial Age)' 개념은 그러한 유사성을 뒷받침하는 이유를 이해하는 중요한 수단이 된다. 그리스에서 소크라테스

4   Donald Harper, "Warring States Natural Philosophy and Occult Thought," Michael Loewe and Edward L. Shaughnessy (eds.), *The Cambridge History of Ancient China: From the Origins of Civilization to 221 BC* (Cambridge: Cambridge University Press, 1999), pp. 818, 865 참조.

(469-399 BC)와 플라톤(428-347 BC)이 서기전 5-4세기에 살았고 거의 동 시기에 중국에서는 묵자(470-391 BC)와 맹자가 살았다. 인도에서는 공자보다 12살 많은 붓다(563-483 BC)가 서기전 6세기에서 5세기 초엽까지 살았다. 고대 세계의 서로 다른 세 지역에서 같은 세기를 살았던 이들 철학자는 그들이 속한 각각의 문명을 규정하는 근본 개념을 구축하였는바, 모든 위대한 문명은 이러한 근본 개념이 없으면 지탱될 수 없었다. 야스퍼스는 축의 시대의 기원이 이들 세 지역에 공통된 사회정치적 조건에 있다고 주장하였다. 즉 (1) 각 지역은 정치적으로 작은 국가와 작은 도시로 분할되었다. (2) 끊이지 않는 갈등이 발생한 정치적으로 분할된 시대이다. (3) 한 지역에서 발생한 전쟁과 혁명으로 인한 재난은 동 시기에 타 지역의 번영을 가져왔다. 이는 전면적으로 그리고 급격하게 파괴가 이루어진 것이 아니기 때문이다. (4) 이전의 존재 조건에 대한 의문이 제기되었다.[5]

역사학자의 입장에서는 거의 같은 시기에 놀라울 정도로 유사한 양상이 발생하였다는 점이 주목되는데, 이는 '후기 고대 문명(Post-Early Civilization)'이라고 규정될 만하다. 그리스에서 미케네와 그의 청동기시대 세력 경쟁자는 오래전에 사라졌고 그들에 대한 이야기는 후대의 호머 서사시를 통해서만 들을 수 있다. 가장 나중에 형성된 아테네 제국의 패권도 소크라테스 때에는 약화되기 시작했다. 인도에서는 이전 인더스 문명에 대한 기억이 지역의 전승을 통하여 남아 있을 뿐이었다. 중국에서도 과거에 대한 기억은 하, 상 그리고 가장 늦은 서주의 전설에 남아서 그 핵심 줄거리만 전한다. 각 지역 맥락에서 이루어진 고대 문명의 붕괴는 고대 사람들이 궁금히 여기고 대답을 찾기 위해 노력했던 근본적인 질문을 제기한다. 우리는 누구인가? 우리는 왜 여기에 있고 우리가 가는 곳은 어디인가? 만약 고대 문명이 인간의 행복에 대한 대답을 하지 못한다면 그렇다면 그것은 무엇인가? 중국에서 보다 구체적으로 묻는다면 주나라가 취했던 노선을 대신하는 것은 무엇인가?

---

5   Karl Jaspers, *The Origin and Goal of History*, translated by Derk Bodde (New Haven: Yale University Press, 1955), p. 18.

공자와 유교

한 왕조의 역사가 사마천(약 145-86 BC)은 당시 세습 왕들과 동등한 분량을 할당할 정도의 관심으로 공자의 생애에 대하여 기술하였는데, 이는 서한 제국의 중엽에 이르러 유교 노선이 점차 중요시되었음을 보여주는 것에 다름이 아니다. 오늘날 학자들은 이 역사가가 설명한 내용을 비판적인 관점에서 접근하고 있는바, 당대 정황과 관련한 동 철학자의 동정을 구체적으로 알려 주는 정보를 살피는 것에서 연구의 실마리를 찾는다. 최근 연구 중 하나는 공자가 노(魯)나라의 남부 국경에서 유명한 장(臧)씨 가문의 노 전사를 아버지로, 토착 안(顏)씨 가문의 어린 소녀를 어머니로 하여 태어났다고 주장한다. 안씨 가문은 토착 '동쪽 오랑캐'(동이)의 후손이 분명한 것으로 알려진 정치체에 속하는데, 이러한 역사적 연계를 통하여 공자가 어렸을 때 복합된 문화를 경험하였을 가능성이 있다 하겠다.[6]

고대의 제사 의례를 지켜 온 것으로 유명한 장씨 가문을 배경으로 하였다는 사실은 그가 받은 초기 교육에 매우 중요하게 작용하였음이 틀림없다. 그러나 공자는 분명히 지배층의 젊은 구성원으로서는 성공을 못했고 그 생애의 대부분을 가난하게 살았다. 학자들은 그가 도달할 수 있었던 가장 높은 직위에 대해 논쟁을 벌였는바, 전국시대의 자료에 따르면 비록 짧은 기간이기는 했지만 공자가 노나라 지배층의 권력을 오랫동안 약화시킨 세 유력 세습 가문에 필적하기 충분한 영향력을 가진 노나라 궁정 인물이었음은 명백하다. 그는 제자 자로(子路)를 움직여 세 가문을 그 기반부터 흔들어 스스로 파멸케 한 계획의 배후에 있었던 것으로 보인다. 그리고 개인적으로 군대를 보내 맹손(孟孫) 가문의 관료가 일으킨 반란[7]을 격파한다. 서기전 497년에 아마도 정치적 상황의 변화로 말미암아 공자는 54세의 나이에 제자 일행과 함께 중국 대부분의 주요 국가를 돌아다니는 긴 여행을 떠나 멀리 남쪽 초나라까지 갔다가 14년 뒤 고향인 노나라로 돌아온다. 이후 공자는 노에서 배우고 가르치는 데 전념한 것으로 보인다.

---

6   Robert Eno, "The Background of the Kong Family of Lu and the Origins of Ruism," *Early China* 28 (2003), pp. 1-11 참조. 전통적 기록은 공자 조상이 상 사람들의 후손에 의해 건설된 허난 동부의 송(宋) 국가에서 왔음을 보여준다.

7   Annping Chin, *The Authentic Confucius: A Life of Thought and Politics* (New York: Scribner, 2007), pp. 26-32 참조.

지금까지 말한 내용이 우리가 공자의 생애와 경력에 대하여 확실하게 이야기할 수 있는 것이다. 전승된 바에 따르면 공자는 『서경』과 『시경』을 편집하고, 『역경』에 대하여 주석을 달았으며 『춘추』를 편찬한 것으로 알려져 있다(7장 참조). 현대 학자들은 이러한 전승 내용에 대하여 크게 의심하고 있지만 공자가 그의 생시와 사후 세대에 영향력 있는 학자였다는 사실에 대해서는 별로 의문을 가질 근거가 없어 보인다. 마왕두이의 한 왕조 무덤에서 발견된 『역경』의 새로운 주해서에서는 공자가 이를 직접 저술하거나 그에 준하는 의견을 낸 당사자로 인용되고 있으며, 최근에 발견된 기록물에서는 그가 『시경』의 주석을 달았다고 전하고 있다.[8] 노나라의 공식 연대표에서 원 자료를 어렵지 않게 필사할 수 있었던 사실로 보아 그와 『춘추』의 밀접한 관계는 부정할 수 없어 보인다.[9] 중국 역사에서 공자의 진정한 중요성은 철학자로서의 역할 이외에도 고대의 업적에 대한 당대 학자 중 가장 학식이 높은 학자라는 사실에 있다. 고대 제도의 단순한 '전달자'라고 선언한 자신의 역할을 다하기 위하여 틀림없이 자신의 학당에서 이를 가르쳤을 것이다. 이러한 관점에서 보면 공자가 제자들에게 가르쳤을 교육 내용의 핵심은 현대 교육 기관의 용어로 표현하면 '공자 교과 과정'에 해당된다.

이를 통해서 공자가 어느 정도 자신의 사상을 자세히 정리하였을 것으로 기대되지만, 동 내용을 담은 특정 철학 주제에 대한 글은 단 한 편도 찾아볼 수 없다. 그러나 『논어』에서 반복적으로 다루어지는 많은 주제는 공자를 인용하는 다른 기록에서도 두루 확인되는바, 이를 통해서 단편적이라도 동 철학자가 심중에 둔 내용이 무엇인지 알 수 있다. 20장으로 이루어진 『논어』는 공자가 제자의 질문에 대한 답변 형태로 구술한 내용을 모은 것이다. 비록 『논어』의 마지막 편찬이 전국시대 말에 이루어진 것으로 보이지만, 최소한 기록된 내용의 일부는 출처가 그 이전임에 틀림없다. 그러므로 『논어』는 공자와 유교에 관련된 핵심적 문헌으로 평가되고 있다.[10] 공자에게 가장 중요한 주제는 '정명(正名)'이었으며 유교에서는 이를 국가와 정부의 기본으로 이해한다.

---

8   이것은 상하이 박물관 소장 원고 중 "공자시론(孔子詩論)"이라고 불리는 글이다. 아래 각주 25 참조.

9   David Shepherd Nivison, "The Classical Philosophical Writings," *Cambridge History of Ancient China: From the Origins of Civilization to 221 BC*, p. 753 참조.

10   Michael Loewe (ed.), *Early Chinese Texts: A Bibliographical Guide* (Berkeley: Institute of East Asian Studies, University of California, 1993), pp. 313-323.

이름이 바르지 않으면 말의 뜻이 제대로 전달되지 못하고, 말이 제대로 전달되지 못하면 일이 제대로 이루어지지 못한다. 그렇게 되면 의례와 음악이 베풀어지지 못하고, 형벌이 바르게 적용되지 못한다. 사람들은 무엇을 어떻게 해야 좋을지조차 모르게 된다.

제나라의 통치자가 묻는 질문에 답하는 『논어』의 12장에서 공자가 직접 '정명'을 설명한 부분이 나와 있다. "임금은 임금다워야 하고, 신하는 신하다워야 하며, 아버지는 아버지다워야 하고, 자식은 자식다워야 한다." 이는 분명 그가 이름 게임을 한 것이 아니며, 오히려 이름으로 뜻하고자 하는 것이 현실적으로 이름이 요구하는 것과 적절히 대응될 수 있는지에 보다 깊은 관심을 가졌다. 그래서 만약 임금이 '임금'처럼 행동하지 않고, 신하가 '신하' 같지 않다면 그 국가는 틀림없이 혼란에 빠진다는 것이다. 달리 말하자면, 이름은 사회정치적 질서에 대한 준거 틀로서 오직 모든 백성들이 자신의 이름으로 요구되는 바를 정확히 수행하는 여건이 갖추어진 통치기구만이 백성들을 이끌어 나갈 수 있다.

흥미롭게도 공자는 이것이 강요된 행정 명령이 아니라 '예(禮)'의 실천을 통해서 (다른 사람에게 해를 끼치지 않는다는 의미에서) 자발적으로 용이하게 달성된다고 생각하였다. 예는 그것을 이행하는 사람들에게는 자연스러울 뿐만 아니라 선호된다는 것이다. 예라는 단어는 서주의 명문에서 그 기원을 찾을 수 있는데 조상 숭배에 바쳐지는 봉헌을 의미하는바, 서주 후기에 종교 의례 공동체의 구성원이 지켜야 할 일련의 윤리 규정과 관련된다. 이 규정에 맞추어 스스로 바르게 행동함으로써, 공동체에서 그의 지위와 의무를 의례적으로 재확인한다는 것이다. 『논어』 자체는 예에 대하여 분명하게 규정하고 있지 않다. 그러나 8열로 구성되는 무희들의 무용이 국가 최고 통치자만이 수용할 수 있는 의례 표준임에도 노나라 관료 가문에서 행하는 사례에서 볼 수 있는 것과 같은 '비례(非禮)'스런 행동과 관련하여 매우 진지하게 숙고하고 있다. 공자는 화를 내며 "만약 이것을 묵인한다면, 도대체 묵인하면 안 되는 것은 무엇인가?"라고 지적하고 있다.

'제례'의 사회적 효과에 대해 공자는 다음과 같이 말했다.

예는 상호방문을 권한다. 그래서 누가 당신을 방문했는데 답방을 하지 않는다면 그것은 '비례'를 범한 것이다. 마찬가지로 당신이 누군가를 방문했는데 그가 답방을 하지 않는다면 그가 예를 어긴 것이다.

일상생활이 연출되는 너른 사회적 관계망 속에서 이루어지는 사람들 사이의 상호작용이 예를 실천하는 필수적이며 바람직한 방법이라고 공자는 이해한다. 개인은 다른 사람과 상호작용할 필요가 있을 뿐만 아니라 그의 지위에 걸맞는 사회적 의무를 수행할 책임의식을 자연스럽게 베어들게 하는 적절한 의례 규정에 맞추어 행동해야 한다는 것이다. '임금', '신하', '아버지', 그리고 '아들' 등 이미 결정된 사회적 위계 속에서 각 구성원이 자신들의 이름에 걸맞는 역할을 충실하게 이행할 때 비로소 그 결과로서 바람직한 사회 질서가 생성된다는 것이다.

공자는 자신의 의무를 다할 뿐만 아니라, 진정성과 깊은 열정을 갖출 필요가 있다고 강조하였다. 이는 또 다른 공자의 중요한 개념, 즉 '인'(仁)과 연결되는데, 그것이 사람들이 살아남는 데 필수불가결한 물이나 불보다 중요하다고 설명하였다. 공자가 직접 해석한 '인'은 단순히 '사람을 사랑하는 것'이다. 그는 '인을 갖춘 정부'에 대해 언급하였는데 이는 유교 전통의 두 번째 위대한 철학자 맹자가 후대에 상세하게 설명하는 명제이기도 하다. 공자는 또한 사람이 인을 갖추고 있는지 여부를 결정하는 방법으로 "자신에게 하고 싶지 않은 것을 다른 사람에게 하지 마라"라는 유교의 황금률을 제시한다. 이러한 처방 아래에서는 사람들은 자신의 가슴으로 무엇이 해롭고 이로운 것을 판단해야 하며, 따라서 인은 우리들에게서 멀리 떨어진 것이 아니라고 한다.

칼 야스퍼스가 말하는 '축의 시대(Axial Age)'에 속하는 대부분의 철학자처럼, 공자도 주변의 세상이 근본적으로 잘못되었다고 인식하였다. 그에게 이상적인 세상의 질서는 오로지 서주 시대의 과거에만 존재한다. 동 시대에 덕을 갖춘 주 왕들이 다스렸던 정치 시스템은 공자가 영웅으로 여기는 주공(周公)이 구축하였으며, 질서가 정연한 제례 시스템에 의하여 유지되었다는 것이다. 그에게 당대의 문제를 해결하는 방법은 왕실 권한이 강하고 신하는 복종했던 서주로 복귀하는 것이었다. '제례'는 그렇게 하는 기반이었으며 '정명'은 그 목표를 달성하기 위한 적절한 방법이었다.

일부 설명에 따르면, 공자에 의해 구축된 학파는 그가 죽은 이후 여덟 분파로 나뉘었는데 그중 맹자가 이끄는 분파가 가장 영향력이 컸다. 맹자는 공자의 손자인 자사(子思)로부터 그의 사상을 이어 받았는바, 자사와 맹자(372-289 BC)는 함께 위대한 공자

학파의 사상적 흐름을 주도하였다. 맹자는 공자의 사후 한 세기 이상 뒤에 공자의 출생지와 매우 가까운 도시에서 태어난 것으로 전한다. 그러나 그는 분명 부유한 가문 출신으로 운 좋게도 그의 생각을 경청하는 통치자를 쉽게 찾을 수 있었다. 서기전 320년 그는 허난 동부 위(魏)(대량, 大梁) 국가의 궁정의 환대를 받으며 몇 년을 지냈다. 그 뒤에 그는 제나라에서 통치자가 후원하는 직하학궁(稷下學宮)을 주도하는 인물로 부상하였다.[11] 그가 말한 내용은 『맹자』라는 책에 집성되어 있는데, 실제로 맹자가 직접 쓴 것은 아니더라도 이 글이 그의 생애 마지막에 작성되었음은 대부분의 학자가 의견을 같이한다.

공자가 조화로운 사회 질서에 주된 관심을 가진 것과 달리, 맹자는 마음속 목표는 같았지만, '인간 본성'에 대한 깊은 질문을 통해 보다 근본적인 수준에서 그의 주제를 설정하였다. 맹자는 모든 사람은 착한 성격을 갖추고 태어나며 현자가 될 자질을 갖추고 있다고 했다. 우물에 빠질 위기에 있는 아이에 대해 모든 사람이 똑같이 걱정을 하며, 모든 아이들이 태어날 때부터 그의 부모를 사랑하는 마음을 갖고 있다는 사례를 제시하고 있다. 어떤 사람이 사악해지는 것은 자신의 선한 자질을 잃게 되어 악의 영향에 노출되기 때문이라고 설명하고 있다. 평범한 사람은 필연적으로 선한 성격을 잃게 되며, 단지 선비, 즉 사(士)만이 그것을 유지할 수 있다.

사람의 이러한 선한 성격은 그가 '어짊(仁)', '옳음(義)', '예절(禮)' 그리고 '지혜(智)'로 이름을 붙인 네 개의 우월한 자질에 의해 결정된다. 맹자에 의하면 이 네 개의 선한 자질의 씨앗은 이미 모든 사람이 타고나며 다만 이를 찾아내어 발전시키는 것이 필요할 뿐이다. 이러한 점에서, 공자의 다른 후계자, 순자(荀子, 310-220 BC)와 아주 다르다. 그는 사람의 성격은 근본적으로 사악하며 단지 적절한 제례와 학습을 통해서 짐승과 차별화될 수 있다고 주장한다. 맹자는 특히 정치 도덕적인 권위가 존재하지 않는 시대에 행동 원칙으로서 '의(義)' 개념을 선양한 것으로 유명하다. 이러한 점에서 그는 정치적 도덕적 공리주의를 단호하게 배척했다. 맹자의 철학에서 예 개념은 오로지 개인적 수준의 예절에 불과하며 공자가 주장하는 적절한 사회적 관계를 뒷받침한 토대

---

11   직하학궁(稷下學宮)은 제나라의 수도 직하문(稷下門) 근처에 위치한 국가 후원 교육기관이었다. 이 교육기관은 수백 명의 철학자와 학자를 스승과 학생으로 확보하였으며 국가가 보장한 '지적 자유'의 기본 방침 하에서 철학적 주제를 놓고 토론을 벌였다. 이 교육기관은 서기전 4세기 중엽 제나라 위왕(威王) 때 설립되어, 서기전 3세기 중엽까지 번성하였다.

로서 우월한 '제례' 질서의 의미는 갖고 있지 않다.

　인간의 본성에 대한 이러한 기본적 이해를 정치철학 영역으로 자연스레 확장하게 된 것은 맹자가 그의 에너지 대부분을 쏟아부은 명제인 '인'과 '의'의 원칙에 따라 행동하는 군대를 보유한 '좋은 정부'에 대한 과제를 통해서이다. 공자 이후 약 100년이 지난 뒤 제례가 제대로 지켜지지 않았던 시기에 살았기 때문에 맹자는 '제례'가 손상되는 사실에 대해서는 별로 고통스러워하지 않았다. 또한 주 왕실이 오래전부터 희망이 없음이 드러났고 맹자가 위(魏) 궁정에 등장하기 불과 3년 전에 모든 주요 영토 국가의 지배자들이 주 왕과 정치적 제례적으로 동등한 '왕(王)'이라는 호칭을 사용하였기 때문에 공자와 달리 서주 시스템을 복원하는 데에도 별다른 관심을 갖고 있지 않았다. 맹자의 과제는 다른 모든 국가를 정복하고 '인'과 '의' 개념에 근거하여 사회 질서를 재건할 수 있는 어진 통치자를 찾는 것이었으며, 그가 누구인지는 상관치 않았다. 맹자에 의하면 그러한 덕을 갖춘 왕이 이끄는 정부가 백성을 관심의 중심에 둔다는 것이다. 이것이 당시 가장 근본적인 질문에 대한 맹자의 답변이었으며, 정치적 권력을 합법화시키는 원천이었다.

　　백성이 가장 중요하며 사직 제단이 그 다음이며 통치자는 가장 나중입니다. 그러므로 평민들의 호의를 얻으면 왕이 될 것이며, 왕의 호의를 얻으면 봉토의 영주가 될 것이며, 영주의 호의를 얻으면 고관이 될 것입니다. 영주가 제단을 위협하면 그를 내쫓고, 적절한 제물이 제단에 바쳐졌는데도 여전히 가뭄과 홍수가 일어난다면, 제단을 바꾸십시오.

　만약 왕이 자신의 백성에게 해를 가했다면 어떻게 해야 할까? 그가 왕에게 말하고 있기 때문에 '왕을 바꾸라'는 말을 하지는 않았다. 그러나 그는 악한 왕들이 선한 왕들에 의해 교체된 왕조의 사례가 있다고 말했다. 여기서 결정적으로 중요한 점은 맹자가 왕의 권력이 하늘로부터 받는 것이 아니라 백성으로부터 받은 호의에서 나온다고 말한 사실이다. 그러한 측면에서 맹자는 천명이 더 이상 통치자에게 지배권을 주지 못하는 시기에 정치적 권력의 정당성을 뒷받침하는 새로운 원천을 찾아낸 첫 번째 철학자이다. 따라서 통치권의 원천과 관련해서는 현대의 민주적 정치적 사고에 가장 근접하였다고 할 수 있다. 맹자가 적절하게 조언한 것처럼, 통치자는 일반 백성으로부터 권력의 정당성을 부여받기 때문에, 만약 그가 즐거움을 백성과 기꺼이 나눈다면 통치자는 보다 오래 그 정당성을 향유할 수 있다는 것이다.

맹자의 마지막 설명에서 좋은 정부의 근거를 지배자가 받아들여야 하는 그 어떤 것이 아니라 지배자의 의지에서 찾았다는 점에서 맹자는 철저히 유교적이다. 이전에 희생 제물로 쓰기 위하여 도축되는 소에게 동정을 보인 제 선공(齊宣公)과 대화를 하면서 자신이 직접 볼 수 있거나 없는 것, 가까운 것에서부터 먼 곳까지 모든 사물에 대하여 동정심을 가능한 넓게 가질 수 있다면 맹자는 그것이 덕을 갖춘 왕의 도덕적 잠재력을 보여주는 징표라고 지적하였다. 만약에 자신의 가족에 대한 사랑을 다른 사람의 가족에게까지 넓힐 수 있고, 자신의 동정심을 백성에 대한 보편적인 관심으로 발전시킬 수 있다면, 그는 세상에 좋은 질서를 가져다주는 사람이 된다는 것이다. 맹자의 관점에서 보면 이미 왕의 마음에 그러할 의향이 있으므로 좋은 행동은 쉽게 실천에 옮길 수 있는바, 문제는 단지 그가 기꺼이 그렇게 할 필요를 느끼고 있는가 여부이다.

자연 질서에 대한 도가(道家)의 연구

그러나 중국 사상가들 중에는 놀랄 만큼 상이한 세계관을 갖고 있으면서 상이한 치유책을 가진 사람들이 있는데, 그들의 과제는 '도(道)'라는 핵심 개념에 집중되고 있다. 유명한 중국의 사상사 연구가 펑유란(馮友蘭)에 따르면, 도가 철학의 발달은 세 단계로 구분되는데 초기는 양주(楊朱), 중기는 『도덕경(道德經)』(보통 『노자』로 알려짐), 그리고 후기는 장자(莊子) 철학으로 대표된다.[12]

초기 도가 철학자 양주에 대해서는 어떤 자료나 생애 일화도 남아 있지 않지만, 그러나 그가 맹자 이전의 시기에 살았음은 분명하다. 맹자가 한때 그의 시대에 철학의 세계가 양주와 묵자의 사상으로 둘로 갈라진 사실을 한탄한 것으로 보아, 그는 서기전 4세기 초에 잘 알려진 인물임에 틀림없다. 그러나 양주의 저서로 알려진 것이 없고 그에 대해 알고 있는 것은 다른 철학자들이 언급한 몇 줄의 기록이 전부이다. 맹자는 "양주의 원칙은 각자 스스로 해야만 한다는 것이다. 모든 세상에 도움이 된다 하더라도 그는

---

12   Feng Yu-lan, *A Short History of Chinese Philosophy*, pp. 65-67 참조.

정강이 털 하나 뽑지 않을 것이다." 법치주의 사상가 한비(韓非)도 같은 방식으로 그를 조롱했다. 그러나 도가 전통에서 양주는 "삶을 보존하고 그 안에서 참된 것을 유지하는 것"을 원칙으로 세운 인물로서 존경받는다. 아무도 세상의 이익을 위해 자신의 털 하나를 뽑으려 하지 않는다면, 아무도 세상을 자기의 소유물로 취하지 않는다는 것이다. 양주 사상의 정수는 사람의 진정한 본성을 보존하고 세상일에 얽히거나 상처받지 않게 하는 데에 있다. 그래함(A. C. Graham)에 따르면 양주 사상은 이기주의라기보다는 철저한 개인주의로 볼 수 있는데, 그것은 자신의 신체에 대한 이로움에 관심을 두는 것과 마찬가지로 다른 사람도 그렇게 하도록 내버려 둘 뿐이라는 것이다.[13]

『도덕경』의 저자로 알려진 철학자 '노자(老子)'에 대하여 우리가 알고 있는 전승된 내용은 모두 허구이다. 그런 내용 중 하나는 공자가 주의 수도인 뤄양을 방문하던 시기에 그가 실제로 공자를 가르쳤고, 당시 그는 주 왕실 궁정의 기록보관자였다는 것이다. 펑유란은 공자와 같은 시대에 노자가 있었을 수도 있지만 그의 이름을 붙인 『도덕경』은 서기전 221년 진(秦)의 통일 이후는 아니더라도 공자가 뤄양을 방문했던 때보다 훨씬 뒤인 전국시대 말엽에 편찬되었을 것이라고 추정하였다.[14] 그러나 1993년에 궈뎬(郭店)에서의 발견으로 말미암아 그 추정연대가 바뀌는데 『도덕경』은 서기전 4세기에 이미 널리 알려진바, 서기전 320년 이전임이 틀림없다는 주장이 제기되었다(아래 참조). 그 문헌은 다음과 같은 글로 시작된다.

> 도라고 불릴 수 있는 것은 불변의 도가 아니다. 붙여질 수 있는 이름은 불변의 이름이 아니다. 무명(無名)은 천지의 시작이고, 유명(有名)은 만물의 어머니이다. 항상 무욕(無慾)하면 (사물의) 미묘함을 볼 수 있으며, 항상 유욕(有慾)하면 물질적 외관(徼)을 볼 수 있을 것이다. 이 둘은 같은 데에서 나온 것이지만 다른 이름을 갖고 있다. 심오하고(玄) 심오하다. 이것은 묘(妙)함의 문(門)이다!

『도덕경』의 중심 교훈은 도(道)이다. 이는 영원한 '길', '무(無)'이지만, '유(有)'에

---

13   Graham, *Disputers of the Tao*, p. 59.

14   Feng Yu-lan, *A Short History of Chinese Philosophy*, pp. 93-94 참조. 그 이유는 노자가 맹자의 『논어』보다 앞설 수 없다고 주장한 그의 이전 연구에서 볼 수 있다. Feng Yu-lan, *A History of Chinese Philosophy*, Derk Bodde 번역, 2 vols. (Princeton: Princeton University Press, 1952), p. 170 참조.

선행하는 영원한 존재이기도 하다(아래 참조). 이것은 분명히 (유교에서 보는 것과 같은) 현인의 길은 아니지만, 그러나 현인이 등장하기 오래전에 존재한 우주론적 길이다. 도는 보이지 않고, 말한 적도 없는 우주의 진실된 '길'이다. 도가 현시화한 '덕(德)'은 그것이 모든 만물에게 부여한 그 자체 본질인 것이다. 같은 말임에도 불구하고 도가 사상에서의 '도'와 '덕'은 근본적으로 유교사상의 의미와 다르다. 전래본『도덕경』에서 최소한 확인된 바에 따르면, 유교와 비교해서 도교는 자연주의적인 외연을 갖춘 것 말고는 상당히 형이상학적이다. 그것은 여전히 근본적으로 정치 사상의 범주에 머물러 있다. 그 문헌에 따르면 '도', 즉 지고한 '길'은 중국에서 오랫동안 제대로 이해되지 못하였다.

> 큰 도를 버리자 인과 의가 있게 되었고, 인간의 지혜가 나타나자 엄청난 속임 수가 있게 되었으며, 여섯 가문이 서로 화합하지 못하게 되자 효도가 필요하게 되었고, 나라가 혼란해지자 충성이 필요하게 되었다.(18장)

여기서 세상은 최초의 완전한 조건에서 지속적으로 쇠락하는 존재로서 인식되고, 그 원인이 아니라 쇠락의 결과로서 유교 사상가들이 견지하는 모든 도덕적 가치인 '인', '의', '효', 그리고 '충'과 같은 영역이 출현하게 된다. 그래서 현인이 실재한다고 한다면 그는 이러한 모든 인위적 지혜를 포기할 것이다. 그는 값진 것을 귀히 여기지 않으며 그래서 사람들이 그것을 훔치려 들지 않고, 그는 좋은 것을 추구하지 않으며 그래서 사람들은 다투지 않을 것이다. 그는 항상 "사람들의 마음을 비우되, 배를 채워 주며, 욕망은 약화시키되, 그들의 뼈를 튼튼하게 할 것이다." 이 중 많은 것이 유교를 염두에 두고 쓴 것이 분명한데, 유교 현인들은 세상에서 실현되어야 할 것을 너무 많이 제시하였기 때문이다. 이와는 대조적으로 도가(道家)의 현인은 이 모든 것을 행하지 않거나 앞서서 어떤 일도 하지 않는다. 아무 것도 하지 않는 무위(無爲)로써 모든 사물을 정연한 질서 상태로 되돌릴 수 있다는 것이다.

앞의 글은 중국 정치 질서 문제에 대한 도가의 대답인 셈이다. 따라서 가장 최선의 정부는 통치하지 않는 정부이며, 이상적 사회는 물질적 재화가 풍부하며, 글은 아무 쓸 모가 없으며, 사람들은 엄격하게 자기 지역에 머물고 서로 소통하려고 하지 않는 원시 사회이다. 이것이 세상이 회귀해야 할 자연적 질서를 완전하게 갖춘 사회인 것이다. 이는 제례와 음악연주를 통하여 촉진된 완전한 조화 속에서 모든 관계가 어우러지고 중층화된 사회 연계망으로 이룩된 이상적인 세계(적어도 유교적인 세계)와는 첨예하게 대조를 이룬다.

그러나 지고한 우주적 질서와 우주의 기원으로서의 '도'의 개념은 전국시대에 쓰인 방대한 분량의 장자 철학에서 분명히 심각한 변형을 겪게 된다. 자신의 이름과 같은 문헌 또는 적어도 그 책의 핵심적인 내용을 저술한 유명한 장자(369-286 BC)는 맹자보다 앞서거나 같은 시기의 인물로 아마도 당대의 다른 사상가의 철학적 개념을 충분히 숙지하고 있었을 것이다. 그러나 그 문헌은 특히 외편(外篇)의 경우 그 출처가 다른 내용을 포함하고 있으며 그중 일부는 분명히 그가 죽은 이후에 저술된 것이다. 장자에게 '도'는 더 이상 '손댈 수 없거나,' 보통 현인이 아닌 진정한 현인만이 이해할 수 있는 영원한 '도'도 아니다. 그 대신 '도'는 모든 것에 내재되어 있고 모든 장소에 있어 올바르게 행동한다면 각 개인의 사적 경험으로 도달할 수 있는 것이다. 유명한 '백정 정(丁)' 과 '수레바퀴 장인' 이야기에서 알려진 바와 같이, 만약 올바르게만 행동한다면 모든 사람은 '도'를 경험할 기회를 가질 수 있다. 그리고 그렇게 하는 방법이 장자가 '자연적인 것' 또는 '자연적으로 그러한 것'을 의미하는 자연(自然)으로 묘사한 자생 영역에 이르는 기술이다. 그것은 인생을 풍요하게 하는 방법인 것이다. 사실상 이와 비슷한 설명 과정은 유교에서 찾을 수 있는데, 같은 유교에 속한다고 하더라도 공자에게는 지고한 사회적 질서인 '예(禮)'가 맹자에게는 다소 개인적 예절의 성격을 띠는 것으로 받아들여진다.

'자연적으로 그러한 것'이라는 개념은 또한 장자가 강조한 '덕(德)'과 관계가 있다. '덕'은 각 개인이 '도'로부터 받은 '자연'에 해당되며, '도'는 그가 강하게 주장하듯이 모든 곳에 존재한다. 각기 다른 창조물은 다른 본성을 가지며, 자연에 거스르면 필연적으로 재앙에 부딪치게 된다. 그래서 장자는 그의 궁정에 우연히 날아온 바닷새를 칭송한 노나라의 통치자 이야기를 들려준다. 그는 새를 사당에 가두어 두고 숫송아지를 잡아 그 살코기를 먹이로 주었으며 기쁘게 한다고 장엄한 음악을 연주하였다. 그러나 결국 그 새는 잡힌 지 3일 만에 죽었다.

『장자』의 다음 장에서 초 왕으로부터 국사를 맡아 달라는 요청을 받은 장자 자신의 이야기를 쓰고 있다. 두 명의 초 궁정의 사신으로부터 전달받은 어명을 듣자마자, 장자는 다음과 같은 질문으로 응하였다. "나는 초나라에 3,000년 전 죽은 신성한 거북이 있다고 들었다. 왕은 그것을 비단으로 싸서 조상의 사당에 두었다. 이 거북은 죽어서 왕의 보물이 되는 것을 좋아하겠는가 아니면 살아서 진흙 속에서 꼬리를 끌고 다니는 것을 좋아하겠는가?" 관리들은 물론 살아 있음을 좋아할 것이라고 대답했다. 그러자 장자는 큰 목소리로 "가라! 나는 진흙 속에서 내 꼬리를 끌겠다!"고 소리쳤다는 것이다. 이 사례는 인간의 간섭에 의해 최악의 정부 형태 속에서 자연은 훼손될 수 있으며, 인간의 행복은 오직 개인의 독특한 본성이 완전하게 보존되고 적절하게 위안을 받을 때 비로소 얻게 된다는 사실을 말해 주고 있다.

만약 장자에게 정치적 사상이라고 할 만한 것을 찾는다면 철학자로 하여금 "정부의 공식적 기제를 통해 정부의 개념을 거세게 반대하게끔 하는" 이러한 자연의 개념이다.[15] 일을 활발하게 하는 정부는 유교의 지지를 받으며, 인류에게 주어진 자연 조건에 대한 인위적인 제도의 승리를 의미하지만, 비참함과 불행의 원천이기 때문에 특히 해로울 뿐만 아니라, 분노마저 불러일으킨다는 것이다.

나는 인간을 지배하는 것이 아니라 홀로 내버려 두라고 들어 왔다. 사람들이 본성을 오염시키고 덕을 제쳐 놓을 것을 두려워하여 홀로 내버려 둔다는 것이다. 사람들이 본성과 덕을 제쳐 놓지 않는다면 사람을 통치할 필요가 있는가?

'위(爲)'와 관련하여 '무위(無爲)'에 대한 이러한 개념은 형이상학적 수준에서 완벽하게 발전하여 둘은 실제로 하나라는 '상대성 이론'에 이르게 된다. 장자는 이러한 관계를 노나라의 참나무 이야기를 통하여 '유용(有用)'과 '무용(有用)'이라는 개념으로 상세히 설명한다. 한때 사람들이 집을 지을 목재로 쓰기 위해 나무를 베려고 하였으나 그 나무가 곧지 않아서 포기했다. 다음에 관을 짜기 위해 그 나무를 베려 했으나 속이 비어 있음을 알았다. 그래서 그들은 모두 그 나무를 쓸모가 없어 300년 동안 내버려 두어 하늘이 주었던 수명을 다했다. 따라서 그 무용함은 동시에 유용함이기도 한 것이다. 『장자』 2장의 이러한 우화는 흥미롭게도 그 전형적인 사례로서 철학자 자신의 이야기를 제시한다.

옛날 장자는 나비가 된 꿈을 꾸었다. 나비가 되어 날개를 펄럭이며 날아 다녔

---

15   Feng Yu-Lan, *A Short History of Chinese Philosophy*, pp. 106-107 참조.

다. 행복에 젖어 가고 싶은 데로 날았다! 그는 자신이 장자라는 것을 느끼지 못했다. 갑자기 잠에서 깨어나 자신이 여전히 장자라는 것을 알고 놀랐다. 그는 자신이 나비가 된 꿈을 꾼 것인지, 아니면 장자가 된 나비를 꿈 꾼 것인지 알 수 없었다. 장자와 나비 사이에는 차이가 있음이 틀림이 없으며, 이를 사물의 변형[物化]이라고 할 수 있다.

합리적인 사고에 익숙한 현대적 관점에서 보면 이는 혼란에 빠지고 합리적 추론으로는 생각할 수 없는 마음을 입증한다고 할 수 있다. 그러나 그래함(Graham)이 지적한 바와 같이, 장자는 우리들의 추론을 듣지 않으려는 그 나름대로의 이유를 갖고 있는 것이다.[16]

궈뎬(郭店)의 발견과 중국 고대 지성사에서 그 위치

사회 질서를 적절히 해결하는 방법에 대하여 유교와 도교가 근본적으로 다른 입장을 취하고 있다는 사실을 앞의 논의를 통하여 확인하였다. 이들의 관점은 이 장의 후반부에서 논의될 전국시대의 세 번째 주요 사상인 법가와 한층 더 첨예하게 대립된다. 그러나 이러한 사상적 전통을 이해하는 작업은 절대로 간단하거나 정적인 것이 아닌바, 그 논거가 되는 철학적 전승 문헌의 연대와 저자에 대하여 계속 의문이 제기되고 있기 때문이다.[17] 특히 고대 중국에서 이루어진 각 전통의 형성에 대한 학계의 관점이 지난 20년간 전국과 한 시대의 무덤에서 새로운 문헌들이 출토되면서 꾸준히 도전을 받고 자주 수정되었다. 특히 유교와 도교의 경우 더욱 그러한 상황이 심각하게 진행되었다.

철학적 문헌들이 지하에 묻힌 지 오래지 않아 발견되기 시작하면서, 새로운 역사적인 지견을 얻게 된다. 주역(周易) 판본이 허난 북부의 전국시대 왕의 무덤에서 철학적 성격의 몇몇 소책자와 함께 일찍이 279년에 발굴된 바 있다.[18] 현대에 들어와 가장

---

16   Graham, *Disputers of the Tao*, p. 176.

17   고대 중국의 철학적 문헌의 저자에 대한 논의는 Nivison, "The Classical Philosophical Writing," pp. 745-746을 참조할 것.

18   초기의 이러한 발견에 대한 체계적 설명은 Edward L. Shaughnessy, *Rewriting Early Chinese Texts*

유명한 사례는 1973년 후난(湖南)의 마왕두이(馬王堆) 3기의 무덤에서 발견된 것이다 (14장 참조). 비록 무덤에서 나온 문헌은 서한 왕조 기간 중인 서기전 168년에 부장된 것이지만 한나라 이전부터 전래된 오래된 역사를 다룬 것임에는 의심의 여지가 없다. 1993년 궈뎬의 다소 작은 무덤에서 발굴된 철학적 성격을 가진 전 18권의 문헌은 중국 사상의 몇몇 근본적인 전제 조건뿐만 아니라 고대 중국의 사회생활에서 철학이 갖는 높은 위상에 대하여 다시 생각하게 하는 근거가 되었다. 오늘날 후베이성의 장링(江陵) 근처에 위치한 이곳은 초나라의 이전 수도와 관련된 수많은 고고학적 발굴이 이루어진 중심적 터전이기도 하다.

궈뎬의 출토유물이 갖는 중요한 의의는 우선 훈련을 받은 고고학자가 무덤을 발굴하였고 서기전 320년에서 300년 사이에 해당하는 서기전 4세기 말경으로 편년되어, 현대 학자들이 전통적으로 철학 문헌뿐만 아니라 전승되는 대부분의 진(秦) 이전 문헌이 완성되었다고 생각하는 전국시대 후기보다도 이른 시기에 속함이 거의 확실하다는 것이다. 전국시대 중기에는 맹자나 장자와 같은 위대한 철학자가 아직 살아 있었고, 그 두 사람으로 대표되는 경쟁적인 전통이 형성되는 과정에 있었다.[19] 비록 무덤에서 두 개의 전통이 보여주는 균형에 대하여 여전히 학자들 사이에 논란이 있지만, 궈뎬 출토 기록유물에는 그 안에 두 철학적 전통을 분명하게 대표하는 것들이 포함되어 있다는 것이다. 실제로 무덤에서 출토된 몇 점의 문헌을 보면 두 전통의 경계가 분명하지 않다. 그러나 전승된 문헌에서 같은 것을 찾을 수 있는 4편의 판본을 제외하고 다른 14편은 모두 그렇게 이른 시기에 형성된 전통과 관련하여 절대적으로 중요한 새로운 판본이었다.

첫째로 핵심적인 6편의 문헌은 공자의 손자이자 맹자의 직계 스승이었던 자사(子思)와 관련된 것으로 추정되며, 그래서 공자와 맹자 사이에 중요한 사상적인 연계가 있었음을 보여준다.[20] 이들 문헌에서 숭고한 사회적 질서에 대하여 추구하는 데에서 벗어나 실행하는 개인 주체로서 인간의 자질과 능력에 대하여 지속적으로 탐구하는 쪽

(Albany: State University of New York Press, 2006), pp. 131-184 참조할 것.

19   Sarah Allan and Crispin Williams (ed.), *The Guodian Laozi: Proceedings of the International Conference, Dartmouth College, May 1998* (Berkeley: Institute of East Asian Studies, University of California, 2000) pp. 31, 107, 118-120 참조.

20   이 일괄유물은 '치의(緇衣)'[전통적으로 자사(子思)가 저술한 것으로 알려져 있음], '오행(五行)', '성지문지(成之聞之)', '존덕의(尊德義)', '성자명출(性自命出)', 그리고 '육덕(六德)'으로 모두 같은 크기와 모양, 같은 방법으로 묶인 죽간에 적혀 있다. Allan and Williams (ed.), *The Guodian Laozi*, pp. 109-180 참조.

으로 유교 전통의 대상이 바뀌는 사실을 분명하게 볼 수 있다. 전통적으로 맹자 철학의 특징으로 생각되는 '의(義)'와 '지(智)'와 같은 개념은 이미 궈뎬의 '오행(五行)'이라는 문헌에서 논의된 주제였던 것이다. 그리고 '성자명출(性自命出)'에서 제시된 '자연'의 기원에 대한 질문은 공자의 '천명'에 대한 믿음과 근접할 뿐만 아니라 맹자 사상의 기초 개념을 근거로 한 주장을 연상시킨다. 이러한 관계적 추론을 통하여 맹자의 '성선설(性善說)'을 이해하는 새로운 근거를 마련할 수 있다. 그 이유는 인간본성이 의로움과 우월함이라는 기본 감성을 좌우하는 '명(命)'에서 비롯되었으므로 악할 수 없다고 궈뎬의 자료에서 전하고 있기 때문이다.

도가 입장에서 보면 태일생수(太一生水)(상자 10.1)라는 새로운 문헌과 함께 출토된 3점의 4세기 중엽 『도덕경』 판본들이 가장 중요한 것으로 받아들여진다. 궈뎬 출토 『도덕경』에서 확인된 더욱 중요한 사실은 전국시대 후기에서 한나라 시대까지 판본에서 확인되는 이른바 반유교적 정서가 나중에야 비로소 도교에 추가되었다는 점이다 (이전 학계에서는 이것이 전국시대 후기에 속한다는 추정의 근거였다). 궈뎬의 세 가지 『도덕경』 편찬본에서 비판의 대상은 역시 '지(智)', '폄(貶)', '교(巧)', '리(利)'와 같은 특정의 자질들이다. 한편으로는 이러한 개념은 실제로 도교의 관점에서 보면 '인(仁)'과 '의(義)'의 핵심적인 유교 개념과 반하는 것이다.[21]

> **상자 10.1** 태일생수(太一生水)
>
> 이 글은 1993년 궈뎬에서 발견된 죽간에 기록된 내용이다.
>
> 태일(太一)이 물(水)을 낳는다. 물은 다시 태일을 돕는다, 이렇게 해서 하늘(天)을 만든다. 하늘은 다시 태일을 돕는다, 이렇게 해서 땅(地)이 만들어진다. 하늘과 땅이 다시 서로 도와서 신명(神明)을 만든다. 신명이 다시 서로 돕는다, 이렇게 해서 음양(陰陽)을 만든다. 음양이 서로 다시 돕는다, 이렇게 해서 사계(四季)가 만들어진다. 사계가 다시 서로 돕는다, 이렇게 해서 차가움과 뜨거움[滄然]이 만들어진다. 차가움과 뜨거움이 다시 서로 돕는다, 이렇게 해서 습함과 건조함[濕

---

21 Allan and Williams (eds.), *The Guodian Laozi*, pp. 160-162.

燥]을 만든다. 습함과 건조함이 다시 서로 돕고, 이렇게 해서 세(歲)를 이루며 그친다[止].

그러므로 세는 습함과 건조함이 만든 것이다. 습함과 건조함은 차가움과 뜨거움이 만든 것이다. 차가움과 뜨거움은 사계가 만든 것이다. 사계는 음양이 만든 것이다. 음양은 신명이 만든 것이다. 신명은 하늘과 땅이 만든 것이다. 하늘과 땅은 태일이 만든 것이다.

이러한 이유로 태일은 물에 숨었다가 사계에 따라 움직인다. 두루 그리고 [다시 시작하여, 스스로] 살아 있는 만물의 근원[母]이 된다. 한 번은 비워지고 한 번은 채워지니 살아 있는 만물의 규칙[經]이 된다. 이것은 하늘도 없앨 수 없으며, 땅도 묻을 수 없으며, 음양도 만들 수가 없다. 이를 아는 군자를 [현인]이라고 한다.(영문번역 사라 알렌)

도교의 초기 단계에 제시된 것으로 보이는 '태일생수'에 대해서 학자들은 중국 최초의 완전한 우주 생성론이라고 이해하고 있다. 천지, 기(氣), 음양(두개의 상반된 기운), 사계 등등이 존재하고, 각각 다음을 생성하며, 궁극적으로 태일이 하늘을 만든다고 설명하는 것이다. 어떤 학자들은 이 새로운 문헌이 당초부터 궈뎬에서 발견된 『도덕경(道德經)』 판본에 속하는 부록 중 일부라고 생각하는 반면, 다른 학자들은 그 이전에 존재하였던 우주 생성론이 후대에 수정되어 『도덕경』의 전승 내용에 통합되었다고 생각한다.[22] 그러나 이 글이 도가 전통과 밀접한 관계가 있다는 사실에 이의를 제기하는 학자는 없다. 무엇보다도 중요한 점은 많은 학자들이 '태일' 개념과 같다고 하는 '도(道)'에 대해서 이러한 우주 생성론의 패러다임 차원에서 이해되어야 하고, 그러한 모델이 이미 궈뎬 유물이 만들어진 당시 혹은 그 이전에 존재하였다는 것이다.

개인 또는 다수 집단 누가 새로 발굴된 문헌을 남기었던 간에 그것이 한나라 시대

---

22 이 관계에 대한 다른 입장은 Sarah Allan, "The Great One, Water, and the Laozi: New Light from Guodian," *T'oung Pao*(通报) 89.4-5 (2003), 253; Donald Harper, "The Nature of *Taiyi* in the Guodian Manuscript *Taiyi sheng shui*: Abstract Cosmic Principle or Supreme Cosmic Deity?" *Chugoku shutsudo shiryo-kenkyu*(中国出土資料研究) 5 (2001), 16 참조할 것.

에 받아들인 철학적 전통과 어떠한 관계가 있는지, 그리고 한나라 역사가들이 전승문헌을 근거로 어떻게 '학파'로 구분할 것인지는 고대 중국 사상에 대한 현대적 연구의 출발점이 되고 있는바, 과연 그러한 구분이 타당한지[23]에 대해서 앞으로도 논란이 지속될 것임은 자명한 일이다. 무엇보다도 무덤의 주인(몇몇 연구자는 그가 초나라 왕자를 가르친 스승이었다고 믿음)이 지녔던 일반적인 사상 또는 종교적 경향 혹은 '신앙'이 이처럼 하나의 무덤에서 출토된 이질적인 문헌에 포함된 내용을 모두 뒷받침하는 토대의 역할을 할 수 있을지 의문이다.[24] 이러한 불확실성에도 불구하고 이후 발견된 기록 자료와 함께 귀덴 문헌을 고려하지 않고는 고대 중국 사상에 대한 어떠한 분석도 더 이상 인정받기 어렵다 하겠다.[25]

법가(法家)의 척도

'영토 국가'는 전국시대 정치조직의 새로운 규범으로서 법가 사상가들은 그 통치자와 건설자를 지원하였다. 상앙(商鞅, 390-338 BC), 신도(慎到, 390-315 BC), 신불해(申不害, 385-337 BC), 그리고 한비(韓非, 281-233 BC) 등 많은 인물들이 그에 포함된다. 상앙은 진 효공(孝公)을 도와 전국시대에 가장 철저한 개혁을 수행하였으며(11장 참조), 신도와 신불해는 한(韓)의 재상이었다. 마지막으로 자신의 이름을 따 한비자(韓非子)라는 긴 글의 저자로 알려진 한비는 전통적인 모든 법가의 전승 내용을 집대성한 사람으로 알려져 있다. 한비는 한의 왕실 가문이었지만 그는 진의 지원을 받으며 진의 외교 업무를 담당하고 있었다. 중국의 첫 번째 황제인 진 왕은 그를 후원하고 존경하였지만

---

23   Allan and Williams (ed.), *The Guodian Laozi*, pp. 179-182.

24   그러할 가능성은 케네스 홀로웨이(Kenneth W. Holloway)가 강력하게 주장하였다. *Guodian: The Newly Discovered Seeds of Chinese Religious and Political Philosophy* (New York: Oxford University Press, 2009), pp. 12-15, 102-103 참조.

25   1993년 이후 전국시대에서 한 시대까지에 이르는 기간에 해당하는 사본이 다수 발견되었다. 비교적 최근에 이루어진 발견물 중 가장 중요한 것은 상하이 박물관이 홍콩 골동품 시장에서 구입한 방대한 목록의 원고로서 2001-2007년에 몇 번에 걸쳐 출판되었다. 7권의 책에 대부분 철학적 성격을 띤 문헌 34편이 실렸다. 이 사본들은 과거 무덤에서 불법적으로 도굴된 것이기 때문에 그 출처를 알 수 없지만 귀덴의 같은 묘역에서 출토되었고 그 시기도 비슷한 것으로 추정된다. 이 새로운 문헌에 대한 연구는 아직 초보 단계에 머무르고 있다.

그의 사상을 수용하지는 않았다. 오히려 그를 처형하였는데, 그것은 그의 재상 이사(李斯)의 충고에 따라 그의 재능이 다른 국가에서 이용되는 것을 막기 위함이었다.

한비와 이사 모두 맹자 이후 가장 유명한 유교 전통의 철학자인 순자(荀子)의 제자였다. 인간 본성은 근본적으로 악하다는 순자의 유명한 학설은 역설적으로 한비가 그의 스승과는 근본적으로 다른 이론을 발전시키는 출발점이 되었다. 한비에 따르면, 많은 양을 수확한 사람은 일상의 방랑객에게 음식을 나누어 주지만, 흉년이 든 해에는 자식들에게조차도 음식을 주지 않는다. 이는 인간 본성이 때로는 선하고 때로는 악하기 때문인데, 전적으로 생활의 경제적 기초에 따라 좌우되는 것이다. 그러므로 통치자가 사람을 선하게 만들려고 노력하는 것은 의미가 없으며, 사람들이 악을 행하는 것을 억제할 필요만 있을 뿐이다. '사람들의 마음을 얻으려고' 하는 것도 의미가 없는데 이는 본성적으로 사람들은 이기적이고 직접적인 이득에만 관심을 갖기 때문이다. 한비에 따르면 정부가 해야 할 일은 사람들에게 충분한 경제적 기초를 제공하고 그들이 잘못을 행하지 않도록 엄격히 법을 집행하는 것이다. 이것만이 우월한 사회 질서를 달성하는 방법이라는 것이다.

정치적 권력에 대한 합법성의 원천 문제를 다룰 때 한비는 있는 그대로 받아들이는 전형적인 실증주의자 입장을 견지하였다. '권위(세, 勢)'는 지배자가 자연스럽게 소유하게 되는 권력이다. 지배자의 도덕적 자질과 그가 지배하는 방식이 어떻든 간에, '권위'를 소유함으로써 절대 복종을 요구할 수 있는 권리가 따르며 그것은 거부될 수가 없다. "지배자를 받드는 신하, 아버지를 모시는 아들, 남편을 섬기는 아내"라는 명제는 지배자에 대하여 그렇게 할 것인지 여부를 선택할 수 있는 것이 아니며, 지배자를 위한 것도 아니다. 백성들에게는 선택의 여지가 없다는 것이다. 반면에 지배자는 일단 제정되면 면밀하게 준수되어야 하는 '법'(法)을 통해서 그의 '세(勢)'를 집행해야 한다.

"현명한 지배자는 사람을 선택하기 위한 법을 제정하고, 임의적으로 자리에 임명하지 않는다. 또한 그는 성과를 측정하는 법을 제정하고, 임의적으로 평가하지 않는다"고 한비는 말한다. 그는 이를 국가와 정부의 기초로 이해하고, '법'에 대하여 적극적인 접근방법을 채택하면서 사소한 위법에도 무거운 처벌을 할 필요가 있음을 사례로 제시하였다. 잔인한 경우도 있지만, 이는 불이 번지기 전에 꺼야 하는 것과 같다고 한비는 주장했다. 사소한 범죄를 막을 수 있다면, 사람들은 더욱 나쁜 범죄의 위험에 빠지거나 위중한 처벌을 받지 않는다. 그러므로 어떤 측면에서는 사소한 범법으로 받는 무거운 처벌이 오히려 이롭다는 것이다.

지배자가 통치 '권한'을 가졌지만, 동시에 그것을 상실할 위험에 놓여 있기도 하다. 전국시대의 지배자가 왕위를 찬탈당하는 일이 종종 발생하였는데, 그것은 자신이 다스리던 하급 신하가 아니라 경쟁을 조장하는 정치적 시스템에서 자신의 지배를 돕던 재상들에 의해 수행되었다. 이러한 문제에 대한 한비는 '술(術)'이라는 해결책을 내놓았는데, 이는 앞서서 신불해가 강하게 주장했던 개념이다. 한비에 의하면 관리에게 의무를 배정한 뒤에 지배자는 그 직무에 걸맞는 성과를 엄격하게 요구하여야 한다. 만약 관리가 요구 이하의 성과를 보이면 그는 처벌받아야 하고, 요구 이상의 성과를 낸 것이 월권에 의하였다고 한다면 그것도 또한 처벌받아야 한다. 그가 목표를 초과 달성하였다는 사실이 아니라 권력의 한계를 넘어섰다는 사실이 처벌의 이유이기 때문이라는 것이다. 지배자는 관리의 공적에 대하여 포상을 철저히 수행하고 실책에 대해서는 처벌하는 일에 게을리하지 말아야 한다, 즉 지배자가 자신의 관리를 완전히 장악하기 위해서는 '양면책'을 집행함에 주저함이 있어선 안 된다는 것이다.

한비의 역사관은 또한 과거의 '황금시대'에 대한 유교적 개념과 다르다. 한비는 '황금시대'라는 개념에 대해 공개적으로 반대한 적은 없다. 그러나 그는 각 왕조는 저마다의 특별한 상황이 있고 과거 왕들의 낡은 방식에 집착하는 것은 어리석다는 사실을 중요시한다. 그러므로 정치적 제도는 특정 시기의 특정 사회 조건에 걸맞아야 하며, 특정 시기에 우세한 패턴의 인간 행위에 대해서 제대로 해명해야 하는바, 그 행위 유형은 내적 도덕 기준이 아닌 외적 조건에 의해서 결정된다는 것이다.

추가 고찰

앞에서 논의한 3대 사상 전통은 전국시대에 걸친 비교적 긴 역사를 갖고 있을 뿐만 아니라, 그 이후에도 중국 문명에 계속 영향을 미쳐 왔다. 그 초기 역사의 시간적 맥락에서, 이들 전통은 서주 국가와 그 이념이 붕괴한 결과로 중국을 곤궁에 처하게 한 사회적 정치적 위기에 대처하기 위한 세 가지 주요 접근 방식인 것이다. 그렇다고 하더라도 그들 모두의 지위가 전 시기에 걸쳐 높았던 것은 아니다. 사실 맹자가 한때 두각을 보였던 때에 가장 세력이 강한 철학 학파는 도교의 초기 형태인 양주(楊朱) 학파와 공자의 1세대 제자들이 죽은 후 유교가 쇠락했음을 의미하는 묵가 학파였다.

묵가 전통은 공자 이후 어느 정도 시간이 흐른 뒤 묵자라는 카리스마를 갖춘 지도 자를 중심으로 형성되었으며 맹자 직전에 죽었지만 그 정확한 연대는 알려지지 않았 다. 그는 약 100명의 무사 무리의 지도자로서 공격받는 약한 국가들의 방어를 지원하 는 적극적인 역할을 수행하였다. 그의 이름을 딴 묵자라는 책은 풍부한 군사 공학 정보 를 담고 있으며, 실제 그러한 사건에 관련된 사람이 저술한 것으로 보인다. 유교를 그 의 사상적인 적으로 간주하면서 묵자는 두 가지 측면에서 유교에 도전하였다. 첫째로 묵자는 서주로 회귀하려는 꿈에 부응하려는 사치스러운 제사 관행에 관련하여 유교학 자들을 비난하였다. 대신에 묵자는 실용적 가치와 백성들에게 도움이 되는지 여부를 기준으로 정치적 사회적 제도를 판단하였다. 둘째로 묵자는 기존 사회 체계의 가족 관 계에만 근거한 편견적 사랑, 즉 인(仁)과 관련하여 유교를 비난하였다. 반면에 묵자는 '겸애(兼愛)'를 옹호하였는데, 모든 사람들이 자신의 가족에게처럼 다른 가족도 사랑 한다면, 그리고 자신의 국가처럼 다른 국가도 사랑한다면 전쟁은 없을 것이라고 이해 하였다.

또 다른 사상의 작은 흐름은 언어와 실존 사이의 관계에 주된 관심을 가진 명가(名 家)였다. 그 학파에 속하는 자들 대부분은 전국시대 중기에서 후기에 이르는 기간에 살 았는데, 그중 두 명의 인물이 유명하다. 혜시(惠施, 350-260 BC)와 공손룡(公孫龍, 325-250 BC)이 그들로서, 모두 『장자』에 기록되어 있다. 장자는 전자를 심각한 사상적 경쟁 자로 이해하였고 '물고기의 즐거움'이라는 주제로 논쟁을 벌였다. 그러나 후자는 『장 자』에서 심하게 조롱당했다. 어떤 면에서는 명가들은 중국의 지속적인 사회문제에 관 심을 거의 두지 않은 집단으로, 질서 있는 세계를 찾을 수 있다는 희망을 포기한 사람 들로 이해된다. 그들은 세상의 질서로서 무질서를 조망하였으며, 이를 토대로 하여 인 간의 통상적인 마음이 합리적이라는 관점에 도전하였다.

전국시대 후기에 또 다른 철학 전통, 즉 자연주의가 중국의 지적 토양에 뿌리를 내 리기 시작했다. 세상을 음양으로 구분한 이원론적 관점과 순환적으로 다른 요소를 대 체하는 '오행'[토(土), 목(木), 금(金), 화(火), 수(水)]으로 대표되는 우주론적 분류 시스템 양자를 포용하여 자연주의 전통이 성립하였는바, 추연에 의하여 가장 성숙된 철학의 경지를 보여주었다. 추연은 나아가 우주의 순환 이론을 정치 이론으로 발전시켜 이전

각 왕조의 성쇠를 '오행'으로써 설명하였다.[26]

지배적인 국가들의 흥망으로 특징지어지는 전국시대의 정치적 군사적 영역과 마찬가지로, 문화적 영역에서 사상적 흐름의 부상과 패망 또한 자연스러운 것으로 이해된다. 그와 같은 상태가 '제자백가(諸子百家)'라고 불리었으며, 이는 중국 역사상 사상 활동이 극도로 활발한 독특한 시기에 걸맞는 이름인 것이다. 그러나 역사는 법가가 제시하는 방식이 전국시대 중국의 정치적 분할에서 벗어나 단일의 사회 질서를 유도하는데 보다 효과적이라는 것을 보여주었다. '영토 국가'를 정복함으로써 시작된 제국 시대의 초기에 자연주의는 사상적인 영역에서 가장 지배적인 철학으로 부상하게 된다.

---

26   Harper, "Warring States Natural Philosophy and Occult Thought," pp. 818, 860-865 참조.

참고문헌

Allan, Sarah, and Crispin Williams (eds.), *The Guodian Laozi: Proceedings of the International Confer-ence, Dartmouth College*, May 1998 (Berkeley: Institute of East Asian Studies, University of Cali-fornia, Berkeley, 2000).

Feng, Yu-lan, *A Short History of Chinese Philosophy*, ed. Derk Bodde (New York: The Free Press, 1966).

Graham, A. C., *Disputers of the Tao: Philosophical Argument in Ancient China* (La Salle: Open Court, 1989).

Harper, Donald, "Warring States Natural Philosophy and Occult Thought," *The Cambridge History of Ancient China: From the Origins of Civilization to 221 BC*, pp. 813-884.

Nivison, David Shepherd, "The Classical Philosophical Writing," Michael Loewe and Edward L. Shaugh-nessy (eds.), *The Cambridge History of Ancient China: From the Origins of Civilization to 221 BC* (Cambridge: Cambridge University Press, 1999), pp. 745-812.

제11장 진의 통일과 진 제국: 토용 전사는 누구였는가?

진 제국의 부상은 인류 역사상 가장 위대한 서사적 사건 중 하나이다. 최강세력으로 일어서기 전 수세기 동안 위대한 문명의 변두리에 무수하게 분포한 왕국에 불과했던 마케도니아와 같이, 진 또한 제국을 이루기 전에 서주 시대까지 거슬러 올라가는 상당히 긴 역사를 갖고 있었다. 그 내용에 대해서는 고고학적 자료의 검증을 통해 최근에 알려진 것이다. 1994년 6월 2점의 청동 호(壺)가 뉴욕 고미술 시장에 그 모습을 보였다. 이 세련된 모양의 용기는 분명히 주 청동기 문화의 주된 흐름을 보여주는 것으로서 서주에서 동주로 넘어가는 역사적 전환이 이루어지던 오래전 시기에 속하는 것임이 분명하였다. 우연히도 두 용기에는 모두 "진공(秦公)이 이 제사용 호(壺)를 주조하였다"라는 내용의 여섯 글자가 새겨져 있었다. 실제로 이 청동기의 명문에서는 유명한 진시황제(246-210 BC)보다 약 5세기 앞서 진을 지배했던 통치자의 이름을 뚜렷하게 읽을 수 있었다. 1996년 초 같은 글이 새겨진 청동기가 추가로 중국 밖의 고미술 시장에 나타났고 그중 6점을 상하이 박물관이 구입해서 바로 책으로 출간 공개하였다(그림 11.1). 이 청동기 전부가 간쑤성(甘肅省) 남동쪽 외곽의 한 유적에서 도굴된 것으로 확인되었는데, 중국 최초의 제국을 세운 진에 대한 연구의 새 장을 열게 한 발견이었다. 이전에 발견된 세계유산 '토용 병사'의 유적을 비롯하여 최근에 발견된 일련의 자료를 통해서 이제 진의 초기 성장과정과 제국의 형성을 해석할 수 있는 전혀 새로운 토대를 갖게 된 것이다.

그림 11.1 양공(襄公, 777–766 BC)으로 추정되는 진공(秦公)에 의해 주조된 청동 정(鼎, 높이 38.5cm, 직경 37.8cm)

진의 초기 역사: 고고학적 탐색

서주 초기에 주 왕실이 세운 중국 동부의 여러 지방 봉국(8장, 9장 참조)과 비교할 때, 서주 중기에 세워진 진은 상대적으로 신생 국가였다. 한 왕조의 역사학자 사마천은 진 사람들의 기원에 대해 주관에 치우침 없이 설명하였다.[1] 진의 선조는 대락(大駱) 종족이라고 불리었는데, 신(申)나라와 중복 혼인 관계를 갖고 있었고, 주의 서쪽 경계에 위치하면서 오랫동안 동맹관계를 유지했다 그러나 주나라 효왕(孝王)이 대락의 둘째 아들이자 진의 직계 조상인 비자(非子)를 총애하여 (신나라 여인의 아들인) 합법적인 적

1   Sima Qian, *The Grand Scribe's Records*, vol. 1, *The Basic Annals of Pre-Han China*, William H. Nienhauser Jr. ed. (Bloomington: Indiana University Press, 1994), p. 89.

장자를 그로 교체하려는 생각을 갖게 되었다. 주나라 중신들의 눈으로 보자면 이러한 조치는 주 서쪽의 국경을 위험에 빠뜨릴 수 있는 시책이었다. 정치적 타협 끝에 효왕은 비자에게 간쑤 동부 진읍(秦邑)을 내려 주었고, 이로써 진나라는 주의 복속 국가로 태어났다. 이후 수십 년간 대락의 원 종족은 이웃 세력 특히 융(戎)족의 침략으로 상당히 쇠락하게 되고 결국 시한수(西漢水) 계곡의 영토를 빼앗긴다. 그러나 주 왕실의 군사 지원으로 진 사람들은 융족을 물리치고 대락의 땅을 당당하게 되찾고 주의 선왕(宣王) 초기에 시한수 상류 계곡으로 그들의 중심지를 옮길 수 있게 되었다(지도 11.1).

이 좁은 계곡은 칭짱고원의 가장자리에 있으며 주나라 중심인 샨시(陝西)에서 멀리 떨어진 곳이지만 북중국의 쓰촨분지로 들어가는 중요한 길목 중 하나였다. 뉴욕과 다른 고미술 시장에서 나타난 진 초기의 청동기와 순금 제품이 시한수의 제방에서 아주 가까운 곳의 묘역에서 출토되었다는 사실에는 의심의 여지가 없으며 1994년 말 고고학자들에 의해서도 확인되었다. 진의 최초 중심지는 웨이하 계곡 상류에서 동쪽으로 100km 떨어진 곳에 있는데, 서주 국가의 중심 지역에 상당히 가까웠다. 진 종족의 기원이 어디에 있든지 간에,[2] 지역 토기 전통에 대한 고고학 연구에 의하면 그들은 늦어도 서주 중기부터 샨시 중앙이 거점인 주의 물질문화 영향을 크게 받는 문화적 환경에서 성장한 것으로 이해된다.[3]

그러나 서기전 771년 주의 지배층이 스스로의 힘만으로는 샨시 중앙의 수도를 유지할 수 있는 능력을 잃게 되면서, 진 사람들 또한 여러 융 집단에 의해 포위된 상태에 처하게 된다. 샨시 중앙에서 주가 철수한 이후 수십 년간 진 사람들은 융족들의 압박에 격렬하게 저항하며 싸웠지만, 점차적으로 그들의 정치적 중심지는 동쪽 주 사람들의 고향으로 이동하게 되었고, 이로 인하여 뤄양에 있는 주 왕실을 포함한 동쪽 국가들과 교류하게 된다. 서기전 763년 역사적인 샨시 이주 이후 반세기 동안, 진 사람들은 주 폐허에 자리 잡은 여러 융족 정치체를 정복하여 멀리 동쪽 황하와 웨이하 합류지점까지 지배영역을 확장하였다. 새로 정복한 지역을 현에 편입시키면서 진은 점차 중국

---

2 청화 대학교에서 최근 발간된 전국시대로 편년되는 문헌에 진 사람들의 기원을 상으로 추적한 기록이 포함되어 있음을 언급하고자 한다. 이로 인해 일부 학자들은 진의 지배가문이 종족적으로 중국 동부 집단과 관계 있다는 오래된 가설을 다시 주장하게 되었다. 그러나 이러한 관점은 끝까지 가설로 남아 있을 것 같다.

3 Li Feng, *Landscape and Power in Early China: The Crisis and Fall of the Western Zhou, 1045-71 BC* (Cambridge: Cambridge University Press, 2005), pp. 262-273.

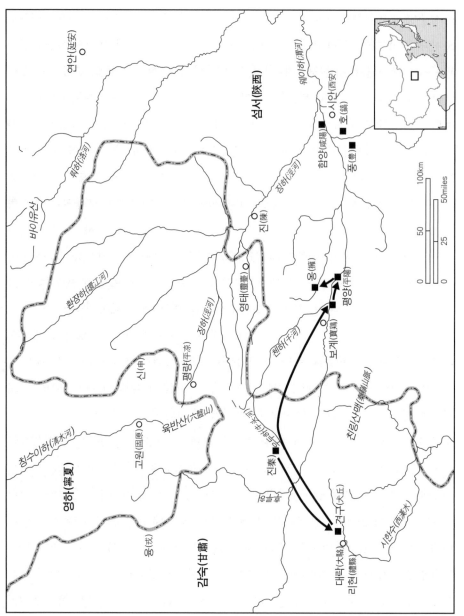

서부 고원 지대의 새로운 영토 국가로 일어서게 되었다. 1970년대 이후 서기전 677년
에서 383년까지 진의 수도였던 샨시(陝西) 서부의 옹(雍)에서 풍부한 고고학적 유물이
발견되었다. 고고학자들은 도시 성벽 구역과 그 안에서 중요한 건축 토대 몇 곳을 발견
하였을 뿐만 아니라, 진 경공(景公)의 무덤으로 추정되는 가장 크고 유명한 1호 무덤을
포함한 진공의 공동묘지를 확인하였는데 고고학자들은 이곳을 1980년 이후 거의 10

위: 발굴 이후 목재 들보를 운반하는 고고학자들, 아래: 경공 사후 순장된 시종과 첩이 매장된 무덤의 바닥

그림 11.2 경공(576–537 BC)의 것으로 추정되는 평샹(鳳翔)의 1호 무덤의 발굴

년 동안 발굴하게 된다(그림 11.2).

　　정치적으로 진의 지배층은 동부 평원의 문제에 적극 개입하였으며, 그곳 출신 문공(文公)이 모국, 후에 패권 국가가 될 진(晉)을 건설하는 데 중요한 역할을 하였다. 그러나 서기전 629년 진(秦)의 목공(穆公, 659–621 BC)이 동쪽 정(鄭)을 공격하기 위해 보낸 군대가 귀환하던 중 허난 서부 효산(殽山) 깊은 곳에서 진(晉)의 매복 공격으로 원정을 지휘하였던 진(秦)의 장수 전부가 포로로 잡힌다. 이 심각한 군사적 차질로 인해 동쪽에 대한 진(秦)의 야망이 꺾이게 되는데 그러한 추세는 서기전 4세기 초 진(秦)의 헌공(獻公, 384-362 BC)이 실권을 잡을 때까지 바뀌지 않는다. 수 세기에 걸치는 동안 중원에서 진(秦) 사람들을 문화적으로 뒤처진 '야만인'이라고 여기는 지배층의 문화 역시 발달하게 된다. 주나라의 서쪽 변방에서 진(秦)이 성장하고 있는 특별한 상황 속에서 이 동부 지배층의 마음속에 깃든 반진(反秦) 정서는 충분히 있을 법한 것이었으며, 전국시대 초까지도 진은 여전히 중국 서부의 여러 '야만인' 집단 중 하나로 받아들여지고 있었다.

그러나 진의 지배층은 분명히 스스로를 달리 생각하고 있었다. 그들은 진이 주에 정치적 기원을 둔 합법적인 영토 계승자라고 주장하고 있었으며, 진의 공들은 외교와 혼인을 통해 뤄양의 주 왕실과 맺은 밀접한 관계를 영광스럽게 생각하였음이 틀림없다. 예를 들어 진(秦)의 헌공(憲公, 715-704 BC)은 중국 동부에서 두 명의 부인을 맞아들였는데 한 명은 주 왕의 딸이고 다른 한 명은 산둥의 노(魯)나라 통치자의 딸이었다. 이 왕실 공주들은 청동기 명문을 통해 증명된 바와 같이 정치적으로 매우 영향력이 컸다.[4] 주 왕실과 긴밀한 관계는 또한 앞에서 설명한 1호 무덤에서 출토된 일련의 석경(石磬)에 새겨진 명문을 통해서도 입증되고 있는데, 의례적이긴 하나 천자를 언급함으로써 그의 권위를 통해서 진공의 계승을 승인받기 위함이다. 반면에 진나라 초기의 이념을 보면 진의 사람이 스스로 천명을 받았으므로, 그들 국가가 주와 대등한 합법성을 기반으로 한다는 강한 우주론적 신념을 갖고 있었다. 진의 환공(桓公, 603-577 BC)으로 추정되는 인물이 주조한 궤(簋)의 명문[5]에는 다음과 같은 내용이 있다.

진공이 말했다: "나의 지엄하신 조상께서는 매우 훌륭하시고, (그들은) 천명을 받아 우(禹)의 자취를 조용히 따르셨다. 12명의 공께서 신의 언덕에 계신다(?). (그들은) 경건하게 천명을 귀하게 여기고 받들었으며, 그들의 진(국가)을 보호하

---

4   아마도 그녀의 아들일 것으로 추정되는 진의 무공(697-678 BC)이 주조한 일련의 청동 종에 새겨진 명문에서 그녀는 서열 2위의 발언권을 갖고 있었다고 기록되어 있다. Gilbert Mattos, "Eastern Zhou Bronze Inscriptions," in Edward L. Shaughnessy (ed.), *New Sources of Early Chinese History: An Introduction to the Reading of Inscriptions and Manuscripts* (Berkeley: Society for Study of Early China, 1997), pp. 111-114.

5   Mattos, "Eastern Zhou Bronze Inscriptions," pp. 114-117 참조.

고 다스렸다. 그리고 세심하게 오랑캐[蠻]와 하(夏)를 돌보았으며…

여기서 진의 공은 그의 조상이 주의 계승자일 뿐만 아니라 상고시대의 전설적 황제인 대우(大禹)의 계승자로서 천명에 의하여 통치 권한을 받았다고 주장한다. 진이 세심하게 하(夏), 즉 중국 세계와 만(蠻), 즉 '오랑캐' 모두의 문제를 다스렸음을 언급하고 있다. 진이 주 세계의 서쪽 변방에 위치하였다는 특수성을 감안하면, 이 명문은 초기 진 국가의 문화적 정치적 역할을 잘 설명하는 것으로 보인다.

상앙(商鞅)의 개혁과 진 국가의 재편성

진 헌공(獻公, 384-362 BC)의 통치 기간에 진의 국력이 다시 회복되는 경향을 보여준다. 공 자신은 패권국가 위(魏)에 추방되어 30년을 보내면서, 위의 개혁과 군사적 성과에 상당히 감명을 받는다. 그가 돌아오면서 헌공은 장례 시 순장하는 진의 기존 관행을 금지하여 진 백성의 폭넓은 지지를 받았다. 그의 통치 기간 중 진은 또한 동부 약양(櫟陽)에 있던 수도를 오늘날의 시안(西安) 북쪽으로 옮겼으며, 황하 서쪽 제방의 대부분 지역을 국가의 새로운 현으로 편입시켰다. 서기전 362년, 진은 강을 건너 동쪽을 공격하여 위의 군대를 그들의 수도 멀지 않은 곳에서 완전히 격멸하였다. 그 전쟁으로 실제로 위는 더 이상 패권을 행사하지 못하였으며 불과 2년 후에 수도를 허난 동부로 옮기게 된다(9장 참조).

그러나 진을 초강대국으로 변모시키고 후대에 중국을 통일할 수 있는 토대는 차기 지배자 효공(孝公, 361-338 BC)이 법가의 강경파 상앙(商鞅, 390-338 BC)을 최고 기획자로 하여 착수한 개혁을 통하여 마련된다. 상앙은 위(衛)나라 왕실 가문의 후손으로 그의 재능을 높이 평가한 위(魏)나라 재상의 하급 관리로 있었다. 전래된 이야기에 따르면, 위(魏)의 통치자에게 자신의 후계자로 상앙을 추천한 재상이 자신의 요구가 받아들여지지 않자 그렇다면 상앙을 처형하라고 청했는데 그마저 묵살당하였다고 전한다. 자신이 모시던 사람이 죽자, 상앙은 진의 새로운 통치자 밑에서 좀 더 나은 관직을 얻으려는 희망을 품고 진나라로 이주한다. 신하의 소개로 상앙은 야망을 가진 젊은 공을 네 번에 걸쳐 만나고 결국 근본적인 개혁으로 진을 부강하게 만든다는 자신의 구상에 대하여 그를 설득하는 데 성공한다. 그래서 공은 상앙을 진의 승상으로 임명하고 이후 20년간 진은 전국시대 어느 때보다 철저한 정치적 사회적 개혁을 단행하게 된다.

상앙의 개혁에 대한 역사적 기록은 전혀 체계적이지 못하며, 그가 했다고 전하는 몇몇 정책은 상앙이 오기 오래전에 이미 공이 시행했을 가능성이 있다. 그러나 그의 구상은 그를 따르는 사람들이 후대에 편찬한 것으로 추정되는 상군서(商君書)에 긴 문장으로 소상히 그리고 체계적으로 설명되어 있었기 때문에 개혁의 윤곽을 파악하는 것은 그리 어렵지 않다.

상앙은 진나라의 사회적 뿌리를 강화하는 일에서부터 개혁을 시작하였다. 3년에 걸친 준비 작업 끝에 모든 농민 가족은 오가작통(五家作統)으로 조직되며 각 조직에 우두머리를 둔다는 법을 서기전 356년에 공포한다. 각 가족은 서로의 행동 그리고 자신들의 거주 구역에서 발생한 범죄를 보고하는 책임을 지게 되었다. 그러나 이 통합 책임 시스템은 또한 가족이 강도를 당했는데 다른 네 가족이 비명을 들었다면 그 피해 가족을 도울 의무도 동시에 부담하게 하는 시스템이기도 하다. 후베이 쒜이후디(睡虎地)의 진나라 죽간[秦簡] 중에는 정복 이전 진의 법을 기록한 사례가 있는데 이에 대한 새로운 연구에 따르면, '오가작통'의 우두머리는 더 큰 책임을 지게 되어 설혹 집에 있지 않다고 하더라도 범죄가 발생하였을 경우 유죄를 인정해야 했다는 것이다. 반면에 다른 가족의 구성원은 현장에 없다면 그렇지 않았다.[6] '오가작통'은 이전부터 존재한 것으로 추정되는 더 큰 단위인 리(里, 자연 촌락에 해당)와 '향(鄕)'으로 편입되어 궁극적으로 국가 조직과 연결되었다(상자 11.1).

상자 11.1 쒜이후디(睡虎地)와 진의 법

1975년 겨울, 후베이성(湖北省) 박물관의 고고학자들이 윈멍현(雲夢縣) 쒜이후디(睡虎地)의 전국시대 후기의 진 무덤 12기를 발굴하였다. 11호 무덤에서

---

6   Robin D. S. Yates, "Social Status in the Ch'in: Evidence from the Yun-meng Legal Documents, Part One: Commoners," *Harvard Journal of Asiatic Studies* 47.1 (1987), 219-220; 동일저자, "Cosmos, Central Authority, and Communities in the Early Chinese Empire," Susan E. Alcock, Terence N. D'Altroy, Kathlean D. Morrison, and Carla M. Sinopoli (eds.), *Empire: Perspectives from Archaeology and History* (Cambridge: Cambridge University Press, 2001), pp. 636-637.

1,155매의 죽간이 다른 종류의 유물 75점과 함께 출토되었다. 무덤은 다소 소박한 규모였지만 죽간에 적힌 글들이 문화대혁명 후 완전하게 발간되고, 1985년에 헐스워(A. F. P. Hulsewé)가 영어로 번역하면서, 진 제국에 대한 연구 또는 중국 법에 대한 통사적인 연구에 새로운 기원을 열었다.

무엇보다도 먼저 출토유물 중에는 서기전 306년에서 217년까지 진의 군사적 발달을 희(喜)라는 사람의 개인사와 함께 기록한 연대표가 있었다. 이 사람은 (지금의 후베이 지역)의 남군(南郡) 관할구역에 있는 여러 현을 담당한 법관이었으며 46세 후반 혹은 47세에 사망하였는데, 무덤에 묻힌 사람을 통하여 추정한 물리적 연령과 정확히 일치한다. 가장 중요한 발견은 '진률(秦律)' 18종으로 연대를 알 수 있는 유일한 진의 법령이다. 그중 널리 알려진 기록은 '전률(田律)', '창률(倉律)', '공률(工律)', '군작률(軍爵律)', '치리율(置吏律)', '금포율(金布律)' 등이 있다.

쉐이후디에서 출토된 또 다른 중요한 유물은 봉진식(封診式)이라는 자체 제목이 있는 기록 자료로서 법적 절차와 소송의 사례에 대하여 설명하고 있다. 진 제국의 법을 다루는 관리들의 지침서로 사용되었을 것인데(그림 11.3), 법 집행의 절차를 다루는 장에는 심문(아래 참조), 조사, 구금 그리고 보고와 관련된 규정에 대한 기술이 있다. 무덤에서 나온 다른 유물은 '문답' 형식의 문서로서 진나라 법과 관련한 관리의 행동 수칙과 남군의 통치자가 법 규정의 홍보를 목적으로 공포한 문서의 내용을 기술하고 있다.

봉진식((封診式):

범죄 사례에 대해 질문을 할 때에는 항상 그들이 말하는 모든 것을 먼저 듣고 기록하되 모든 사람이 빠짐없이 진술할 수 있도록 한다. 그들이 거짓말하고 있음을 알더라도, 즉시 질문해서는 안 된다. 진술내용이 완전히 기록되었는데 일부 사항이 제대로 해명되지 않았을 경우 그때만큼은 그들에게 그에 대한 질문만을 한다. 완전하게 질문을 하고, 그들의 해명을 완전하게 듣고 기록한다. 설명되지 않은 내용은 다시 살펴보고 질문한다. 심문을 하는데 반복해서 위증하고 번복하거나 자백하지 않는다면, 법령이 그들을 구타할 수 있다고 보장한 경우에 그렇게 할 수 있다. 만약 폭력을 행사하였다면 그가 말한 내용을 반복적으로 변경하거나, 납득할 만큼 설명하지 않았기 때문에, 폭력을 행사하지 않을 수 없었다고 보고서에 포함시켜 기록해야 한다.[찰스 산프트(Charles Sanft)의 영문 번역]

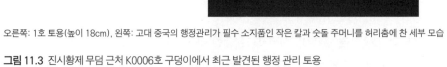

오른쪽: 1호 토용(높이 18cm), 왼쪽: 고대 중국의 행정관리가 필수 소지품인 작은 칼과 숫돌 주머니를 허리춤에 찬 세부 모습

그림 11.3 진시황제 무덤 근처 K0006호 구덩이에서 최근 발견된 행정 관리 토용

지역 행정의 최고 수준에는 '영토 국가'의 기본 단위인 현(縣)이 있는데, 잘 알려져 있다시피 진은 서기전 7세기 초에 현을 설치하였다. 서기전 7세기에서 6세기에 걸쳐 이루어진 이주와 급격한 영토 확장의 역사로 말미암아 동쪽 국가들에 비해 진의 귀족은 상대적으로 약세를 면치 못했다는 것이 학계의 일치된 견해이다(역사에 등장하는 귀족이 거의 없는 사실이 이를 반영한다). 또한 진나라는 정복을 통하여 신규로 획득하여 통제해야 할 땅이 많았으므로, 현의 농민들에게 단기간 소작하게 하였다는 것이다. 과거 통치 기간 중에 현의 조직이 어떻게 발달하였든 간에 진의 전체 영토는 약 31개(또는 41개) 현으로 조직되어 상앙의 관리 하에 놓이게 되었다.[7] 이러한 개혁을 통하여 진나라는 철저히 관료제를 달성하게 된다.

전 인구가 피라미드 구조를 갖춘 정부에 의해 엄격히 관리되고 통제되었을 뿐만 아니라, 하나의 통합된 위계 시스템에 소속되었다. 상앙 이전에도 특정 조항이나 위계가 존재했지만, 이제 단일 시스템에 흡수 통합된 것이다. 그 시스템은 17개 혹은 18개의 등급으로 나뉘었는데, 서열은 군사적 공헌을 통해 취득하는 것이 일반적이었다. 적의 수급(首級) 하나에 한 단계 서열이 올라가며 1에이커의 토지를 하사받았고, 한 명의 관노를 사용할 권리를 얻었다. 관리들은 그들의 부하가 가져온 수급의 수에 따라 보상받았다. 이러한 관행은 모든 백성을 전쟁에 동원하기 위한 목적으로 설계된 능력주의 시스템에 따른 것이다. 이 시스템이 실제 실행되었는지는 의심스러운데, 그 이유는 진의 정복 이전 1세기 동안 진의 군대가 얻은 수급의 총수는 병사들에게 보상으로 줄 수 있는 진나라 토지의 총량을 초과하였기 때문이다. 로빈 예이츠(Robin Yates)가 지적한 바와 같이, 평민은 단지 8등급까지만 오를 수 있었으며, 서열에 오른 자는 실제로 그의 상속자 중 한 명을 지명하여 그 지위를 물려줄 수 있었다. 이는 모든 사람이 가장 낮은 서열부터 시작할 필요는 없다는 것을 의미한다.[8] 이 시스템은 100퍼센트 공평한 것은 아니었지만 이로 인해 진나라는 이전 그 어느 때보다 강력한 최고의 군사력을 갖출 수 있었다. 진의 토지는 서기전 408년 간공(簡公) 때부터 과세되었는데, 몇몇 학자들은 이를 토지 사유화의 신호라고 이해한다. 서기전 350년 상앙은 국가 소유 토지에 시설

---

7   See Denis Twitchett and Michael Loewe (eds.), *The Cambridge History of China*, vol. 1, *The Ch'in and Han Empires, 221 BC-AD 220* (Cambridge: Cambridge University Press, 1987), p. 35 and n. 23.

8   Yates, "Cosmos, Central Authority," p. 634.

그림 11.4 상앙이 고안한 도량형기

된 도로들을 없애라는 명을 내리는데 이를 통하여 사유 재산으로 개별 가족에 지급할 수 있도록 확대된 면적 단위로 재구획되었다. 틀림없이 병사가 자신의 군사적 공헌으로 받은 서열과 관련된 토지는 그의 가족 소유로 남았다. 이 시기부터 토지의 사적 소유권은 진나라의 규범이 되었다고 일반적으로 이해되고 있다. 서기전 348년 진이 처음으로 군사적 목적을 갖고 인두세를 부과하였다는 기록이 있다. 또한 토지와 상관없이 소득을 취하는 상인이나 토지를 소유하지 못한 농민에게도 그러한 납부 의무를 부담시켰다. 나라에 필요한 조세 수입의 확보를 위한 적정 가족 규모를 유지할 목적으로 두 명의 성인 남자가 있는 집은 분리하거나 인두세의 두 배를 납부해야 하고, 더 나아가 조세 의무 부담 연령의 성인 아들이 아버지와 같은 가구에서 사는 것을 금지한 법을 시행하기도 하였다.

진나라 전체에 길이, 무게 그리고 부피 단위의 표준화(그림 11.4)와 같은 보다 세부적인 정책이 시행되었고 상업 활동의 억제는 물론 사회적 신분과 무관하게 동등한 처벌을 적용하는 것과 같은 보다 일반적인 지침들도 등장하였다. 서기전 349년에 진나라는 개혁 중 하나로 오늘날 시안(西安) 근처 웨이하 북쪽 제방에 새로운 수도 건설에 착수하여 몇 년 후 정부를 옮겼다. 이 새로운 장소가 셴양(咸陽)으로 이후 진의 정치적 중심지이자 미래 제국의 심장부가 된다.

한나라 역사가 사마천(司馬遷)은 개혁 첫 3년 동안 상앙의 정책은 진의 오랜 귀족과 평민 전체의 불만을 불러일으켰다고 지적한다. 그러나 3년 후 진나라 사람들은 개혁으로 누리게 된 새로운 질서와 안전을 즐기게 되었다. 국가의 통치제도가 충분히 개선되자, 범죄율은 가장 낮은 수준으로 떨어졌다. 상앙은 국가 경제력의 기초를 강화하고 법률을 법가의 노선에 엄격히 맞추어 진나라를 재건하였다. 개혁을 통하여 진은 동부 국가들과는 전혀 다른 모습으로 급부상하였으며, 그들로부터 "호랑이와 늑대의 국가"라는 비난을 받을 정도의 사회로 전환되었다.[9] 그러나 소공(召公)이 서기전 338년 죽자, 상앙은 반역죄로 몰려 남부 샨시(陝西)의 자신 영토인 상(商)에서 군사를 소집하여 저항하였다. 그러나 오래가지 못하고 패배하여 잡힌 뒤 셴양 시장에서 다섯 대의 전차에 의해 사지를 찢는 거열형(車裂刑)을 당했다.

그가 정적의 손에 모욕적인 몰락을 당했음에도 불구하고 상앙이 약 20년의 기간에 걸쳐 실행한 정책은 진 사회와 정치 시스템에 뿌리를 깊게 내려 이후 진이 제국으로 성장하는 토대를 마련하게 된다. 그러나 그 정책은 상앙 이후 한 세기 동안 진을 급격한 영토 확장의 소용돌이에 휩싸이게 하는 직접적인 원인이기도 하였는데, 주된 방향은 크게 두 가지였다. 진의 남쪽에 있는 쓰촨분지는 토지가 넓고 자연 자원이 풍부한데 두 개의 지역 정치체, 즉 촉(蜀)과 파(巴)의 본거지이기도 했다. 서기전 4세기 초 촉은 북쪽으로 그 지배영역을 확장하여 한수(韓水) 계곡에 이르렀다. 서기전 316년 촉과 파 사이에 전쟁이 일어나서 두 국가가 모두 진에 도움을 요청하였는데, 진은 군대를 험난한 친링산맥을 넘어 먼저 촉을 정복하고 이어 파까지 점령하게 된다. 정복 이후 40년 동안 진은 1만 호의 가족을 샨시(陝西)에서 쓰촨분지로 이주시켜 그 지역에서 진의 미래 성공을 위한 경제적 기반을 군건하게 구축하였다. 촉과 파의 정복은 진의 영토를 중국 남서 지역까지 넓혔을 뿐만 아니라 초나라를 서쪽에서 새롭게 압박할 수 있게 되었다.

서기전 278년 오늘날 장링(江陵)인 초나라 수도조차 진의 군대에 점령당해 양쯔강 중류 전 지역이 진의 통제 하에 놓이게 된다. 북쪽으로 진의 북부 징하(涇河) 상류 지역에 약 20개의 성곽 도시를 가진 융(戎) 국가인 의거(義渠)가 자리 잡고 있었다.[10] 수세기 동안 의거는 진과 동쪽 적들 사이에서 외교활동을 벌였는데 군사적으로 좌절한 진

---

9   최근의 연구는 상앙의 개혁이 타자와 진 지배층 자신의 관점에서 볼 때도 '천하(天下)'를 넘는 단일 국가로서 진만이 갖는 독특한 '문화적 정체성'을 배태하였다고 주장한다. Gideo Shelach and Yuri Pines, "Secondary State Formation and the Development of Local Identity: Change and Continuity in the State of Qin (770-221 B.C.)," Miriam T. Stark (ed.), *Archaeology of Asia* (Malden: Blackwell, 2006), pp. 217-220.

10   문화적으로 보면 의거는 전국시대 이전에 징하(涇河) 상류 지역에 형성된 이전의 시와(寺注) 문화와 밀접한 관계가 있었을 수도 있다. Li, *Landscape and Power in Early China*, pp. 175-179 참조.

을 괴롭혀 결국 곤궁에 빠뜨리기도 하였다. 서기전 272년에 진의 태후는 의거의 왕과 수년간 통정을 하고 그녀의 규방에서 그를 암살하였다. 뒤이어 진은 강력한 공격을 취하여 의거를 정복하였다. 이 승리는 매우 중요한데, 이를 통하여 진은 동부 간쑤(甘肅)와 남부 닝샤(寧夏) 전체를 점령하고 북부 초원 지역에 진입하기 위한 견고한 초석을 구축할 수 있었기 때문이다. 초원 지역의 유목민을 막아 내기 위해 진은 닝샤 남부의 류판산(六盤山)에서 산시 북부의 형산(恒山)에 이르는 장성을 건설하였다. 상앙의 몰락 이후 한 세기 동안 성취된 진 세력의 승리는 그가 수행한 정책의 성과를 완벽하게 입증한 셈이다.

첫 번째 황제와 중국의 통일

중국 첫 번째 황제 영정(嬴政, 259-210 BC)은 진이 이미 부인할 수 없는 막강한 힘을 가졌던 시기에 등장한다. 앞선 수십 년간 진의 지속적인 성장은 사람들에게 확실한 해답을 주었다. 중국이 통일된다면, 진이 그 일을 수행하기에 가장 적합한 국가라고 사람들은 생각하게 되었다. 위세에 대한 공포는 서기전 260년 장평(長平)전투 이후 더욱 확산되었고 깊어졌다. 장평전투에서 40만 명이나 되는 조(趙)나라의 병사가 포로로 잡혔다가 10년 전 초의 수도를 폐허로 만든 유명한 진의 장수 백기(白起)의 명령으로 생매장당한 것으로 전해진다. 이를 통하여 진은 동쪽 국가들의 사기를 떨어뜨릴 목적으로 공포심을 이용하는 국가의 전형이 된다. 서기전 257년 진의 군대가 조의 수도 한단(邯鄲)을 공격할 때, 동부 국가가 연합하여 저지하려 했지만 역사의 흐름을 뒤집지는 못했다.

영정은 아버지가 인질로 살던 조의 수도에서 태어났다. 진과 지속적으로 전쟁을 치렀던 조나라에 의해 처형될 위기에 처하자, 곤경에 처한 진의 왕자는 여불위(呂不韋)라는 부유한 상인을 만났고, 여불위는 그에게 미래를 위한 정치적 투자를 한다. 사마천(司馬遷)은 여불위가 그의 애첩을 진의 왕자에게 바쳤는데 그 당시 그녀는 나중에 영정이 될 아이를 이미 임신하고 있었다고 기술하였다. 서기전 250년 상인 여불위는 결국 왕자를 진으로 복귀시켰고 진의 장양왕(莊襄王, 249-247 BC)에 즉위하게 한다. 그러나 즉위 후 불과 3년 후 죽게 되고 영정이 13세의 나이에 그 뒤를 이어 왕위에 오르게 된다. 그래서 상인 여불위는 상국(相國)의 지위를 얻게 되고 진 왕실에서 정치적으로 두각을 나타낸 인물이 되었다. 이야기는 계속되어 상인 여불위가 전권을 갖게 되고 태후를 정기적으로 만나면서 성적 관계를 다시 갖게 된다. 그러나 어린 왕이 성장하자, 상인 여불위는 점차 자신의 행동에 대해 불안감을 느끼게 되고, 태후와의 관계에서 빠져나오기 위해 미천한 신분인 노애(嫪毐)를 성적 상대로 소개하였다. 어린 왕의 눈을 피하여 내연 관계의 두 사람은 거처를 이전 진의 수도인 옹(雍)으로 옮겨 노애 자식인 두 아들을 낳았다. 이 비밀은 왕이 24세 되던 해인 서기전 235년에 결국 발각되어 노애는 잡혀 처형되었고 상국 여불위는 이에 연루되었다는 이유로 3년 후 자살하라는 명을 받았다.

왕실의 평범한 사건으로 보이기는 하지만, 서기전 235년의 사건은 실제로 영정이 젊은 나이에 진의 권력 핵심을 차지하고 중국 전역에 걸쳐 가장 가공할 만한 군사 조직을 완전히 장악하게 되는 계기가 된다. 그의 비정상적인 어린 시절 환경으로 인하여 영정은 천성이 잔인하고, 의심이 많으며, 애정이 결핍되고 위험을 감수하는 것을 두려워하지 않았다. 그는 또한 뛰어난 판단력과 진취적 성향을 갖추고 목표를 추구하는 데 단호하였다(그림 11.5). 다행스럽게도 동시대의 증인으로서 후대 진나라 군사령관이 된 위료자(尉繚子)라는 군사 전략가가 있는데, 그는 젊은 왕을 한 번 알현한 뒤 그의 개인적 면모를 다음과 같이 전하고 있다.

진의 왕은 우뚝 솟은 코와 긴 눈, 맹금의 가슴, 그리고 자칼의 목소리를 갖고 태어났다. 그는 좀처럼 호감을 드러내지 않았고 호랑이나 늑대의 마음을 가졌다. 곤경에 빠지면 다른 사람에게 굴복할 수 있지만, 유리한 상황일 때에는 쉽게 다른 사람을 잡아먹었다. 나는 평민이다. 그럼에도 불구하고 나를 맞이할 때에 그는 항상 스스로를 낮추었다. 일단 그가 세상에서 자신의 길을 찾게 되면 세상 전체가 그에게 빠지게 될 것이다.[11]

서기전 235년의 사건을 계기로 영정은 진의 정부를 재조직하고 마지막 정복사업을 준비하였다. 위료자는 군사령관에 임명되었고 군사 전략에 대해 왕에게 조언을 하였다. 참모 중에는 강경노선을 따르는 이사(李斯)라는 법가론자가 있었는데 이전에 상

---

11   사마천,『사기』권1, 131쪽.

그림 11.5 진시황제의 현대 영정

국 여불위가 왕에게 추천한 인물이었다. 이사는 왕에게 자신의 동문인 법가 이론가 한비(韓非)를 진에 붙잡아 두고 처형하라고 조언한 바 있다. 그와 위료자는 함께 진의 왕이 중국 통일을 추진하는 것을 도왔다.

　　최종적으로 중국을 통일하고자 하는 계획은 서기전 230년에 착수되었다. 영정은 권력을 장악한 지 불과 5년 만에 군대를 동쪽으로 파견하여 가장 약한 국가인 한(韓)을 정복하였다. 그것은 다른 국가들에게 공포감을 주입하기 위한 전략이었다. 서기전 229년 장수 왕전(王翦)은 진의 군대를 이끌고 북쪽으로 조의 영토로 진격하여 수도 한단을 포위하였다. 다음 해 왕전의 군대는 조 왕을 잡고 전 영토를 점령하여 그 북쪽에 있는 연(燕)을 정복할 기지로 삼았다. 피할 수 없는 운명을 두려워한 연의 태자 단(丹)은 진의 정복 원정을 중단시킬 마지막 희망으로 무사 형가(荊軻)를 최강 국가의 고위직 관리들이 지켜보고 있는 함양의 진 왕실로 보내어 장래 중국의 첫 번째 황제가 될 영정을 암살하려 하였다.

한나라의 역사가 사마천은 이 존경스러운 무사와 그가 진의 왕을 죽이기 위한 자살 공격에 대하여 상세히 서술하였다. 형가는 위(衛)나라 출신으로 무사로 살면서도 책과 음악을 좋아했다. 연의 태자 단은 그의 계획을 먼저 형가의 후원자인 전광(田光)이라는 존경받는 노전사와 상의하였다. 계획을 실행하기에는 자신이 너무 늙었다는 것을 알고 있던 그는 그 임무를 수행할 사람으로 형가를 천거한다. 태자가 비밀을 지키길 요구하자 스스로 목숨을 끊어 자신의 의지를 보여주었다. 왕의 미움을 크게 받아 연에 망명한 장수의 수급과 곧 단행할 진의 공격에 가장 필요한 연의 영토 지도 두 가지의 선물을 가지고 간 형가는 곧 왕을 알현할 수 있도록 초청받았다. 두루마리로 된 지도가 왕 앞에서 완전히 펼쳐질 때 형가는 갑자기 일어나 독이 묻은 단검을 집어 들고 탁자 건너편에 앉아 있는 왕을 찌르려 하였다. 첫 번째 공격을 피한 진의 왕은 자객을 피해 기둥 근처로 달아났으나 관리나 왕실 경호원 누구도 왕을 구하지 못하였다(그림 14.4 참조). 그들은 단지 명령에 따라 움직일 뿐으로, 왕은 명령을 내리기에는 너무 급했다. 그러나 왕에게는 다행스럽게도 그곳의 뒤를 지나던 어의가 재빨리 그의 약상자를 형가에게 던져 머리를 맞추었으며, 바로 그 순간에 왕은 장검을 뽑아 자객을 여러 차례 베었다.

이는 고대 중국 역사상 분명히 가장 숨 막히는 순간 중 하나로서 중국 역사의 흐름을 뒤바꾸었을지도 모르는 사건이라 할 수 있겠다. 암살을 피한 후 진의 군대는 서기전 226년 북쪽으로 빠르게 출동하여 연의 군대를 전멸시키고 태자 단을 잡았다. 황하 북쪽 지역이 완전히 평정되자, 진의 군대는 곧 위(魏)나라까지 내려가 수도 대량(大梁)을 포위하였는데 그곳은 1세기 전 맹자가 양(梁)나라의 혜왕(惠王)과 철학을 논의한 곳이었다. 진은 황하 제방을 무너뜨려 그 수도를 홍수에 잠기게 하여 위(魏)나라를 굴복시키고자 하였다. 위(魏)의 왕은 도읍을 떠나 진의 군대에 투항하는 수밖에 없었다. 당시 중원의 대부분을 점령하였지만 서기전 224년 영정은 노장수 왕전에게 진 군사 전체의 절반 이상을 주어 남쪽으로 진격하여 초의 거대한 늪지대 영토를 정복하게 하였다. 다음 해 진의 군대는 초의 마지막 왕을 사로잡고 최고사령관을 자살하게 하였다. 결국 서기전 221년 진의 군대는 북쪽으로 황하 건너편에 마지막까지 남은 제나라를 점령하게 된다.

500년 이상 또는 서주 초기의 개국 시점에서부터 환산하면 800년 넘는 기간 동안 전쟁을 수행하고 상호균형을 갖춘 국가 상호 시스템을 통하여 지속된 이들 국가들이 왜 불과 9년 동안에 단일 국가 진에 의해 모두 멸망하였는가 하는 점은 의문으로 남아 있다. 이 사건은 인류 역사상 가장 극적인 장편 서사영화 같은 것으로 고대 중국의 정치적인 경관을 가장 철저하게 바꾸어 놓은 것임에 틀림없다. 이전의 수십 년간 진이 진행한 정치 군사적 준비작업이 성공의 궁극적인 열쇠였다. 그러나 영정의 정치적 야망과 결심 그리고 그의 관리들이 수행한 효율적인 임무 또한 돌이킬 수 없는 과정을 확고히 다지는 데 결정적이었다. 수세기 동안에 걸친 정치적 분할과 지속적인 전쟁을 거쳐서 중국은 결국 진 제국이라는 하나의 세력 아래로 편입된다.

진 제국의 통합

'제국(Empire)'은 역사적으로 그 의미를 따져 보면 일반적으로 유럽과 지중해에서 이룩된 로마의 지배권(imperium)이라는 용어에서 파생된 것으로 이해되나, 영정이 정복사업을 통하여 이룩한 진의 중국이 그 여건을 갖추었다는 점에 대해 의문을 제기하는 학자는 별로 없다.[12] 비록 학자들이 '제국'의 정의에 대해 의견 일치를 보는 데 어려운 시기를 겪기는 했지만, 영토의 거대한 규모, 인구와 문화의 높은 이질적 다양성, (보통 황제에 집중된) 일인 소유의 절대 권력, 직접 지배를 위한 일사불란한 정치-행정 질서, 정복의 역사, 그리고 아마도 더 중요한 제국 이념 등이 최강의 사회-정치적 조직으로 이해되는 제국에 공통되는 요소를 전부는 아니더라도 대부분이 인정하고 있는 것이다. 진 제국은 이러한 모든 측면에서 제국이라는 조직의 전형적인 면모를 보여주고 있다.

앞에서 살펴본 바처럼 진 제국은 1세기를 거치는 동안 국가의 핵심에 조금씩 영토를 늘려 나가는 '영토 국가'의 확대판이라 할 수 있다. 첫 번째 황제가 죽을 무렵 진 제국은 이전의 6개 영토 국가의 토지와 인구뿐만 아니라 월(越)의 여러 집단이 거주하는 난링(南嶺)산맥의 남쪽 지역, 원 고구려 집단이 거주하는 동쪽의 랴오둥(遼東) 반도, 유목민 흉노(匈奴)의 종전 근거지였던 북쪽의 오르도스 고원까지 지배하게 되었다.[13] 제국은 장성의 건설을 통해서 최소한 북부 영토의 경계를 삼았는데 이 장성은 그 일부가

---

12   Alcock et al. (eds.), *Empire: Perspectives from Archaeology and History*, pp. 1-3 참조.

13   Twitchett and Loewe (eds.), *The Cambridge History of China*, vol. 1, pp. 64-67.

지도 11.2 진(秦) 제국

재건설되거나 조, 연, 그리고 진 자체 등 북쪽 국가들이 구축한 기존 성벽을 연결한 것이었다(지도 11.2). 전체 성벽은 압록강(鴨綠江)의 입구에서 간쑤 남동 웨이하 상류 계

그림 11.6 진(秦)의 '직도(直道)' 샨시(陝西) 북부 푸현(富縣)(화살표: 발굴 트렌치, 2007)

곡의 룽시(隴西)까지 4,160km 길이로서, 그 규모로 보아 엄청난 인력이 동원되었음이 틀림없다.

따라서 후대 역사가들은 이 장성이 진의 혹독한 지배에 대한 분노의 근원이 되었다고 이해한다. 제국의 영토 안에서 모든 군(郡)의 중심 도시를 제국의 수도와 연결시키기 위하여 누적 길이가 약 6,800km에 달하는 복잡한 도로 시스템을 건설하고 나아가 이를 운하 시스템과 통합하였다. 샨시(陝西) 북부 쯔우링(子午嶺) 경계를 따라 800km 뻗은 '직도(直道)'라고 불리는 초고속도로가 가장 중요하다(그림 11.6). 여러 우편 및 군사시설이 줄지어 구축되어 있는 이 도로는 몽염(蒙恬) 장군의 명령을 받는 30만 명에 달하는 군대의 기지가 있는 오르도스 고원을 진의 수도와 연결하였다.[14] 도로의 기초는 현재에도 여전히 찾아볼 수 있으며, 최근에는 이에 대한 고고학 조사가 진행된 바 있다. 제국 전역에 걸쳐 모든 수레의 축은 고속도로망에서 운용될 수 있도록 표준 길이에 맞추어 제작되었다.

14 *Ibid.*, pp. 61~62; 진의 도로 시스템 지도를 보려면 Mark Lewis, *The Early Chinese Empires: Qin and Han* (Cambridge, MA: Belknap Press of Harvard University Press, 2007), p. 56 참조할 것.

진이 확장되는 과정에서 '군(郡)'이라는 행정 단위가 국경 인접 지역에 설치되었는데 이는 군사 협조를 요구하고 지역 자원을 확보하기 위한 것이었다. 정복 이후 제국 전체는 36개의 군으로 분할되었으며, 그 과정에서 그 구조가 민간 행정 체계로 전환되었다. 군은 그 관할 구역 아래 900개나 되는 현을 두었는데 그중 300개는 최근의 연구를 통하여 그 이름이 확인되었다. 각 군은 군수(郡守), 위(尉), 감어사(監御史)로 이루어진 삼두 정치 구조로 통치되었다. 모든 현들은 민간과 군사의 문제 각각에 대하여 현승(縣丞)과 현위(縣尉)의 보좌를 받는 현령(縣令)에 의해 통치되었다. 이들 관리 전부는 함양(咸陽)의 황실이 임명하였고, 황실 재정으로부터 보수를 받았다. 그리고 중앙 정부의 명령에 의해 언제라도 해임될 수 있었다.

현 및 그 이하의 단위, 예를 들어 향(鄕)과 리(里)의 관리를 포함한 하급 관리들은 원칙적으로 지역 자체적으로 임명되었다. 쉐이후디의 법 죽간에 근거한 연구에 따르면 임명과 해임의 과정을 통제하기 위한 표준 절차가 마련되었음이 확인된다. 관리들은 공식적으로 위임받지 않은 상태로 사안에 개입하는 것, 그리고 전직할 경우 보좌관과 서기를 새로운 발령지에 데리고 가는 것이 금지되었다.[15] 진 제국은 신중하게 설계되고 철저히 감독되는 관료제 조직을 통하지 않고는 어느 누구도 다른 사람이나 황제와 관계를 가질 수 없도록 통치되었다.

통일된 행정 질서는 표준화를 요구하는 일련의 정책을 통해서도 달성되었다. 가장 먼저 길이, 무게 그리고 부피의 표준 단위를 시행하였는데, 이는 제국 전체의 조세와 관리의 급여, 그리고 국경 군대 보급품을 계산하는 데 필요한 것이었다. 그러한 표준화는 상앙의 개혁 당시 시행되었던 것이지만, 그 시스템을 제국 전역에 걸쳐 시행하였다는 점에서 의미가 있다. 진의 정복 이전 6개 동부 국가에서 사용된 옛날 화폐는 모두 폐기되었으며, 제국 전체에 진의 화폐가 통용되었다. 문자 시스템의 통일이 시도되었다는 것이 무엇보다 중요하다. 서주 국가가 멸망한 지 수세기가 지난 뒤, 주의 문자는 다양하게 변형되어 6개의 국가마다 독특한 문자 시스템이 이용되고 있었다.

진 제국이 정복 이전 전서(篆書)를 제국 전체에 걸쳐 즉시 적용시킨 것은 아니었지만, 재상 이사(李斯)가 전서를 새로운 필기 시스템인 예서(隷書)로 변형시키는 작업을

---

15   Robin D. S. Yates, "State Control of Bureaucrats under the Qin: Techniques and Procedures," *Early China* 20 (1995), pp. 342-346 참조.

주도하였다. 예서는 보다 직선적이고 급하게 꺾인 획이 특징으로 필기하는 것이 수월하였다. 정복 이전 진의 문자는 시황제의 명에 따라 동쪽 유명한 산 여러 곳에 세워진 비석의 명문에 계속 사용된 반면, 새로운 문자는 인구의 등록은 물론 정부 서류 작업에 적용되는 표준으로 채택되었다. 진의 문자 시스템이 얼마나 빠르고 철저하게 제국 곳곳에 있는 지역의 전통 문자를 대체했는지 모르지만, 단일 문자 시스템이 추진됨으로써 제국의 행정 효율성이 상당히 높아졌음은 틀림없다. 실제로 후난의 리예(里耶)에서 출토된 새로운 자료는 소전(小篆)에서 예서로 서체가 전환되는 것조차 복잡한 과정을 거쳤음을 보여준다.[16]

로빈 예이츠(Robin Yates)가 지적한 대로 진을 포함한 중국의 제국들은 대체로 통치 개념이 아니라 황제의 개인적 위엄과 부계 조상 문중의 정당성에 기반하여 다스려졌다고 한다.[17] 중국 문명에서 '시민권'의 개념은 현대에 비로소 나타나며, 이전의 제국은 기본적으로 왕조로 식별되는바, 이는 황제의 지위가 수세기 동안 다른 가문으로 이동한 로마 제국과는 극명하게 대조를 이룬다. 그러므로 황제라는 제도는 중국에서 제국의 정당성을 부여하는 원천이라는 특별한 의미가 있다. 통일이 달성되자마자 영정은 신격화된 황제라는 호칭을 전격적으로 수용하였는데 영어로는 세속적인 지배라는 의미가 강한 'Emperor'로 번역되긴 하지만 이는 '전설적 지배자'인 황(皇)과 '신(神)'을 의미하는 제(帝)라는 글자를 결합한 것이다.

일인칭 중 '짐(朕)'은 황제만이 사용할 수 있도록 엄격히 제한되었으며 제(制)는 황제가 내린 명령을 의미한다. 그리고 새(璽)는 황제가 내린 허가 명령을 봉할 때 사용한다. 한편 황제의 개인적 이름은 모든 사람들이 공식과 비공식 문서에서 사용하는 것을 피했다. 황제는 다른 모든 사람과 달리 옷을 입었고, 먹는 것도 다른 모든 사람과 달라야 했다. 더욱이 노생(盧生)이라는 방사(方士)의 조언에 따라 황제는 정교한 은신 전략을 채택하였다. 지하 통로로 다녔고 숨겨진 장소에서 살았으며, 불멸의 영혼과 소통하는 데 필요하다고 전하는 조건을 유지하였다. 그리고 그의 위치를 누설하는 자는 누구나 처형되었다. 유령이나 그림자처럼 살면서 시황제는 기본적으로 노예로 여긴 모

---

16   2002년 약 3만 6,000매의 목간이 후난 서부의 리예의 15m 깊이 우물에서 발견되었다. 서기전 222년과 208년 사이로 추정되는 것으로서 진의 동정(洞庭)군 건릉(乾陵)현의 공식 보관 문서의 일부이다. 진 제국의 지역 행정에 대한 가장 중요한 당대 기록이라 할 수 있다.

17   Yates, "Cosmos, Central Authority," p. 627.

든 사람들과 의도적으로 거리를 두었다.

시황제는 11년간 지배하였으며 그 기간 중에 제국의 원거리 여러 지역을 경유하는 긴 순행을 여섯 차례에 걸쳐 실행하였다. 그는 중국 동부의 유명한 대부분의 산에 올라 하늘에 제사를 지냈으며, 제국의 업적과 자신의 덕을 기념하기 위한 비석을 세웠는데, 비석 명문 중 6점은 사마천이 그의 『사기』에 옮겨 적었다.[18] 제국의 군대는 국경에서 계속 승리했다. 북쪽으로 30만 명의 군사와 함께 장군 몽염을 보내 흉노족을 공격하여 황하 북쪽 거대한 초원 지대에서 유목민을 몰아냈다. 진의 군대는 30개 이상의 현을 장악하였고 그곳에 군을 설치하면서 정복지역을 방어하기 위해 장성을 이어 쌓았다.

서기전 211년에 진의 왕실은 중원지역에서 3만 가구를 북쪽 현으로 이주시켰다. 심지어 자신과 갈등이 있었던 왕자 부소(扶蘇)까지도 몽염을 보좌하기 위해 북쪽으로 보낸다. 서기전 221년에 중원 정복을 완성하자마자 남쪽으로 50만의 대군을 결집시켜 푸젠(福建)에서 서쪽 광시(廣西)로 가는 다섯 길이 놓인 난링(南嶺)산맥 일대를 공격하였다. 오늘날 광시성에 해당하는 지역을 정복할 서쪽의 두 군대를 지원하기 위하여 진제국은 노동자와 기술자를 보내 남쪽으로 흐르는 리강(漓江)을 양쯔강 수계에 연결시키는 운하를 건설케 한다. 서기전 214년 진 군대는 푸젠성, 광둥성(廣東省), 광시성 등수백의 월(越)족 집단들이 거주하던 대부분의 지역을 점령하여 제국을 남중국해 해안까지 확장하였다.

제국을 사후 세계로

따라서 시황제는 손댈 수 있는 거의 모든 것을 얻게 된다. 그러나 인간으로서 그의 운명은 예외였으며 이를 부정하기 위해 많은 노력을 하였다. 나이가 들면서 그는 두 가지 전략을 채택하였다. 우선 모든 수단을 다 동원해서 이 세상에 남는 것이고, 그렇지 않으면 계속 지배 가능한 사후 세계로 제국을 옮긴다는 것이다. 수년 간 황제는 장수의

---

18 다음 문헌 참조. Martin Kern, *The Stele Inscriptions of Ch'in Shih-huang: Text and Ritual in Early Chinese Imperial Representation* (New Haven: American Oriental Society, 2000), pp. 1-2.

꿈을 품고 봉래(蓬萊)와 같은 전설상의 섬과 같은 곳에서 불로초를 찾기 위해 반복해서 마술사나 비술가를 먼 바다로 보내고, 동부 산둥의 산간에 위치한 제나라에서 이전에 숭배하던 여덟 신선에게 개인적으로 제물을 바쳤다. 그 자신 역시 죽지 않는 신선과 영적인 만남을 위하여 산둥 반도의 해안을 따라 먼 바다를 항해하기도 하였다. 서복(徐福)과 같은 몇몇 방사(方士)는 불로초를 가져오는 데 실패하자 같이 떠났던 수백 명의 동남동녀들과 함께 황제가 하사한 물자를 갖고 바다 건너 도망치기도 했다.

그러나 '시황제'라는 칭호를 받아들일 무렵, 그는 더 이상 통치를 할 수 없게 되었고 황제 지위를 다음 사람에게 넘길 때를 준비하였다. 이 세상에 한정된 생명을 유지하는 동안에 황제는 지하에서의 통치를 신중하게 준비했다. 통일이 달성되자마자, 그는 죄수를 포함한 70만 명의 노동자를 동원해 함양 동쪽으로 약 40km 떨어진 리산(驪山)의 기슭에 영생의 세계를 건설하였다. 그에 따라서 지하 건물 복합 단지가 조성되었는데 1970년대에 토용 병사들이 발견된 뒤로 이곳에 대한 고고학자의 발굴은 지금까지 계속되고 있다(그림 11.7). 이 거대한 사업의 배경에는 황제의 지배는 단순히 끝나는 것이 아니라 사후 세계로 계속된다는 관념이 있었으며 이에 따라 생전에 그가 사용하던 많은 재물들을 가급적 많이 복제하여 이를 지원하였던 것이다. 지난 10년간 고고학자들은 샨시에서 이 거대한 지하 복합 단지의 조직 체계를 이해할 수 있는 중요한 진전을 이루어 냈다.[19]

리산 건물 복합 단지의 중심에 이중으로 구획된 성벽 시설이 있다. 내성의 남쪽 구역에 한 변 길이가 약 500m에 이르는 거대한 봉분 아래 황제의 생전 공간처럼 조성된 묘실이 있는데, 그 묘광의 내부 상황은 아직 확인되지 않고 있다. 봉분의 북쪽 경계와 맞닿은 곳에 고고학자들이 "침전(寢殿)"이라고 부르는 시설이 있는데, 회랑으로 둘러싸인 약 60m 길이의 기단으로서(그림 11.8), 묘실에서 이루어지는 공적인 행사에서 벗어나 쉬는 공간이라고 할 수 있다. 봉분의 뒤쪽(서쪽)에 다수의 구조물이 발견되었는데, 그중에는 네 마리의 말이 끄는 유명한 청동 수레가 매납갱에서 발굴되었다. 이 수레는 황제가 지하 궁전에서 먼 거리 여행을 떠날 때 사용하기 위한 것이었다. 내성 내부의 북서 구역에서는 남북으로 600m, 동서로 200m 규모의 면적에 일렬로 늘어선 4

19   Jane Portal (ed.), *The First Emperor: China's Terracotta Army* (Cambridge, MA: Harvard University Press, 2006) pp. 117-145.

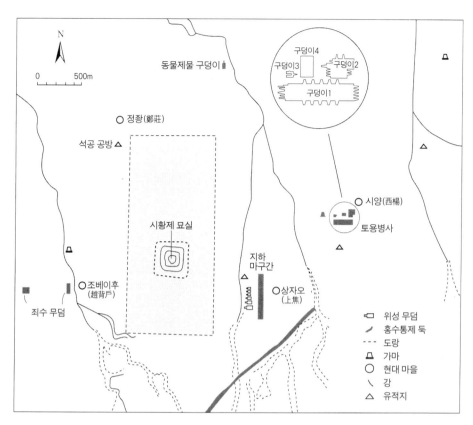

그림. 11.7 리산(驪山) 유적 복합단지

개의 건물 기초가 발견되었다. 이곳은 지하의 황제가 먹을 음식이 제물로 바쳐지는 사당이었다. 실제로 담장으로 둘러싸인 이 지역의 동쪽에서 약 34개의 중형 또는 소형 무덤이 발굴되었는데, 이전에 궁전에서 실제로 일했던 하급 관리와 하인들이 묻힌 것으로 보인다.

외성 구역은 동서 971m, 남북 2,188m의 면적을 차지하는데 흥미로운 여러 특징을 가지고 있다. 서쪽 성벽을 따라서 남북 방향으로 고고학자들이 토기 항아리의 명문에 근거하여 대형 식자재 창고라고 판단한 식궁(食宮)의 건물터와 별도의 행정 건물터가 있다. 내성의 서쪽 문을 나가 남쪽으로 치우친 지점에서 두 기의 시설이 발견되었는데 하나는 여러 마리 말들이 묻혀 있는 황실 마구간으로 큰 접시를 들고 무릎을 꿇은 관리인 토용이 함께 묻혀 있었다. 다른 하나는 황실 사냥터에서 잡아 신중하게 고른 여러 종류의 새와 동물들이 묻힌 작은 옹관들로 가득 찬 시설이었다. 동쪽 내성 바깥의 남쪽

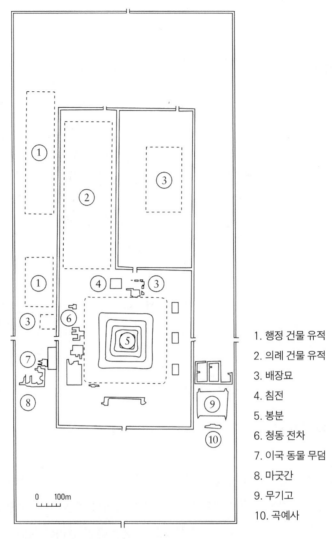

1. 행정 건물 유적
2. 의례 건물 유적
3. 배장묘
4. 침전
5. 봉분
6. 청동 전차
7. 이국 동물 무덤
8. 마굿간
9. 무기고
10. 곡예사

0   100m

그림 11.8 시황제의 지하 도성

으로 치우친 곳에서 황실 무기고를 본뜬 100×130m 크기의 대형 지하 구조물이 발견되었는데, 이곳에서 진 군대의 여러 서열을 알려 주는 일련의 석제 갑옷이 출토되었다. 무기고의 남쪽에서는 황제를 위한 공연 동작을 묘사한 다수의 토용이 부장된 곡예사의 무덤이 있었다. 또한 2001년에 외성의 북동 모퉁이에서 900m 떨어진 곳에서 독특한 구조물이 발견되었다. 이 구조물은 실제 F 모양의 지하 수로 시스템으로서 남북 방향 약 60m 길이로 고고학자들이 일찍이 시황제 시절에 실제 사용된 것으로 믿는 물고기 연못 가까이에 위치하였다. 지하 하천 제방에는 모두 청동으로 제작된 백조 20점, 학

그림 11.9 시황제 무덤 봉분의 북쪽에 조성된 지하수로에서 출토된 청동제 학

6점, 야생 오리 20점이나 되는 유물이 몇 점의 인간 모형과 같이 발견되었다(그림 11.9).

여러 유적과 복합 단지에서 출토된 유물들은 리산(驪山) 사업을 설계한 관리들이 황제가 필요로 하는 모든 것과 사후 세계에서 수행할 공사(公私)의 모든 역할을 신중하게 고려하였음을 보여준다. 그들은 생전의 시설물과 시종들뿐만 아니라 그를 위해 강과 같은 자연 지형까지 똑같이 만들어 옮겨 놓았다. 지하 도시의 설계에서 빠진 단 하나가 군대인데, 이것은 도시 동쪽 1km 떨어진 곳에서 발견되었다. 오늘날 시양(西楊)이라 불리는 현대 촌락의 남쪽에서 총 7,000점으로 추정되는 실물크기 토용 병사가 600점의 토용 말들과 함께 네 개의 구덩이에서 발견되었으며, 그 면적은 2만 1,700m²가 넘는다. 1호 갱에서 군대 구성의 기본인 병사와 말의 토용 6,000점이 발굴되었는데 보병과 전차가 11줄로 배치되어 있었다(그림 11.10). 2호 갱에서는 2,000점의 병사와 말의 토용이 L자 모양으로 배치되었는데 그 편성의 성격에 대해서는 아직 논쟁 중이다. 3호갱은 U자 모양으로 무기와 전차의 형태로 보아 전체 군대의 지휘부임에 틀림없다.

학자들은 시황제의 지하 도시 동쪽 문 밖에 묻힌 토용 군대의 성격에 대해 오랫동

그림 11.10 진시황릉 1호 갱의 토용 병사

안 논쟁을 벌여 왔다. 여러 학자가 주장하는 대로 진의 왕이 6개 동부 국가를 정복하려고 보낸 군대이거나, 시황제의 동쪽 순행을 수행한 군대이거나 혹은 중국 전역에서 선발된 병사를 복제하였는지 여부와 관계없이 시황제가 생전이건 사후이건 간에 그에게 감히 대항하려고 하는 적들에게 공포를 주기에는 충분하다.

시황제 그 자체에 대하여 후대에 전하는 많은 내용은 그를 적으로 인식했던 한(漢) 제국 역사서술의 시각에 따른 것들이다. 한나라의 자료를 통하여 믿게 된 것과는 달리 시황제가 그렇게 사악하거나 잔인하지 않았을 수도 있다. 그는 새로운 제도의 위대한 창안자이며 제국의 권력을 극한까지 시험해 볼 용기를 가진 사람이었다. 그가 후손에게 남긴 제국은 모든 중국 후대 왕조의 모델이 되었다. 그러나 많은 한 제국의 역사가들이 시황제에 대해 강조한 것은 제국이 얼마나 위대하였던 간에 지속기간이 단지 15년에 불과하다는 사실이었다. 그래서 진나라의 정복사업이 없었다면, 진에 의해 희생된 다른 국가들이 그랬을 것처럼, 진나라도 실제로 더 오래 존속할 수 있지 않았을까 궁금해 하는 사람들이 있을 수도 있다.

참고문헌

Kern, Martin, *The Stele Inscriptions of Ch'in Shih-huang: Text and Ritual in Early Chinese Imperial Representation* (New Haven: American Oriental Society, 2000).

Lewis, Mark, *The Early Chinese Empire: Qin and Han* (Cambridge, MA: Belknap Press of Harvard University Press, 2007).

Li, Feng, *Landscape and Power in Early China: The Crisis and Fall of the Western Zhou, 1045-771 BC* (Cambridge: Cambridge University Press, 2005), Chapter 5, pp. 233-278.

Loewe, Michael, *The Government of the Qin and Han Empires, 221 BCE-220 CE* (Indianapolis: Hackett, 2006).

Portal, Jane (ed.), *The First Emperor: China's Terracotta Army* (Cambridge, MA: Harvard University Press, 2006).

Twitchett, Denis, and Michael Loewe (ed.), *Cambridge History of China,* vol. 1, *The Chi'in and Han Empires, 221 BC-AD 220* (Cambridge: Cambridge University Press, 1987), Introduction and Chapter 1, pp. 1-102.

제12장 한 제국의 확장과 정치적 전환

한때 위대했던 진 제국이 중국 통일 후 불과 15년 만에 붕괴하였다는 사실에 혼란스러운 사람이 있다면, 그는 또한 허약해 보이던 한 제국이 그렇게 오래 지속되었는지에 대해서도 궁금해할 것이다. 서기 9년에서 23년 사이에 수립된 찬탈자 왕망(王莽)의 통치 정부(왕조)를 기준으로 전후 거의 같은 기간으로 분할된 총 411년 기간의 한 왕조는 중국 역사와 국가 형성의 과정에서 가장 중요한 시기이다. 단기 왕조가 창안한 많은 것이 수정되어 장기 왕조에 흡수되는 방식의 역사적 발전은 그 자체로서 흥미로운바, 수(隋)가 당(唐) 제국(AD 618-907)으로 대체되는 과정에서도 반복된다. 한 왕조는 군사적인 성격을 띠고 있을 뿐만 아니라 문화적으로도 고취되어 있었으며, 그 두드러진 성공으로 말미암아 유교 사상에 근거한 황제 관료제 국가의 정통성이 중국 깊숙이 확산되었다.

특히 서기전 2세기와 1세기에 걸친 한과 흉노 제국 간에 벌어진 충돌은 각자 가진 모든 장점을 동원한 사건으로 세계 전쟁 역사에 중요한 위치를 차지한다. 일련의 힘든 교전을 통하여 굳힐 수 있었던 승리로 한은 국경 너머 넓은 지역을 차지하려는 확장주의 목표를 추구하게 된다. 드디어 한 왕조는 외교사절을 중앙 및 서아시아의 국가와 부족에 파견함으로써 중요한 지리적 발견을 이루게 된다. 그 지역은 실질적으로 동양과 서양이 서로 상대방을 처음 알아보게 되는 곳이기도 하다. 지금부터는 한 왕조에 대해 세 부분으로 나누어 설명할 것이다. 12장에서 한 제국 하에서 이루어진 정치적 군사적 발달, 13장에서 한 제국의 내부 조직과 사회 질서, 그리고 마지막 장에서는 한의 사상적 경향을 분석하고 그 찬란했던 물질문화를 조명하고자 한다.

한 왕조의 토대

진의 시황제는 중국을 통일한 지 불과 11년 만인 서기전 210년 여름 사망한다. 중국 동부의 제국을 순행하던 중에 수도에서 수천 마일 떨어진 곳에서 죽게 된다. 그가 죽은 뒤에 시신에서 나는 악취를 위장하기 위해 수행하던 관리들은 황제를 수레 10대분의 생선으로 감추어 웨이하 계곡을 건너서 돌아온다. 돌아오는 과정에 그들은 황제의 편지를 위조하여 북부 국경에 수년간 배치되었던 황태자 부소에게 자결하라는 거짓 명령을 내렸고 아들은 그에 따른다. 그들은 셴양(咸陽)에 도착해서 그의 어린 아들을 두 번째 황제로 세웠다. 그러나 이 사악스러우면서 신과도 같았던 인물에 대하여 그동안 사람들이 가졌던 공포심은 결국 사라지고 만다.

서기전 209년 여름 900명의 징집병사 집단은 국경을 지키기 위해 북쪽으로 행진하였다. 그들이 통일 전 초나라의 영토였던 장쑤(江蘇) 북부에 도착했을 때, 큰 비로 인해 이동이 지체되어 시간에 맞추어 방어 지점에 도착하는 것이 불가능하게 되었다. 진의 법에 의해 중벌을 받을 수도 있었다. 그래서 집단의 지도자인 진승(陳勝)은 생선의 뱃속에 진승의 왕권을 암시하는 글이 적힌 옷감을 집어넣고 사람을 시켜 숲 속에서 여우 목소리를 흉내 내어 "위대한 초는 재건될 것이며, 진승은 우리의 왕이다"라고 짖게 하는 등 상당히 도발적인 계시를 조작하여 퍼뜨렸다. 곧이어 자신들을 감시하던 진의 관리들을 죽이고 근처 현을 공격하였다.

장쑤 북부에서 시작된 반란은 서쪽으로 허난 남부까지 확산되었는데 그곳에서 그들은 새로운 초 왕국의 건국을 선언하였다. 그들이 웨이하 계곡을 공격하던 초겨울 무렵, 1만 명이 넘는 농민들이 그들과 합류하였다. 진승의 목표는 분명히 진 제국을 전복시키는 것이었고 실제로 제국 자체에는 대부분의 군대가 북쪽 국경에 배치되어 있거나 또는 멀리 남쪽의 중국 남동부를 통제하기 위한 작전에 투입되어 있었기 때문에 그렇게 될 수도 있었다. 이들 군대가 회군할 시간이 없었기 때문에 진의 조정은 시황제의 능묘에 투입되었던 노예와 노동자를 무장시켜 반란군에 대항하도록 파견하였다. 진승의 군대는 진의 수도에서 약 60km 떨어진 곳에서 패배하였으며 그 뒤에 웨이하 계곡에서 철수하였다.

그러나 진 제국은 이 첫 번째 공격은 막아냈지만, 그 후 더 큰 공격을 받는데 서기전 208년 초 세상의 절반이 진에 반기를 든 반란에 휩싸인다. 중국 동부 전체에 걸친

이 새로운 반란은 다양한 사회적 배경을 가진 사람들로 구성되었다. 이들 중 일부는 농민이거나 기껏해야 지역의 서기들이었다. 그러나 많은 사람들이 진이 정복한 이전 영토 국가의 지배 가문과 관계가 있었다. 실제로는 이전 왕의 이름으로 반란을 일으킨 이들 중 어느 누구도 단독으로는 진 조정이 야전 지역에 배치한 진 군사력에 필적할 수 없었다. 여러 번의 패배를 당한 후에 다수의 반란 집단들은 점차 두 개의 강한 군사 세력으로 통합되었는데, 첫 번째는 이전 초(楚)의 장수 항량(項梁)과 초를 재건한 그의 조카 항우(項羽)가 통솔한 집단이고, 두 번째는 유방(劉邦)이 이끄는 집단으로 그는 장쑤 북부의 현 서기로서 영향력 있는 가문 출신이 아니었다. 이 두 세력은 연합했으나 산둥 서쪽에서 참패를 당하였는데 항량 자신은 진의 군대에 죽음을 당하기까지 하였다.

그러나 진의 군대가 허베이에서 재건된 조(趙) 왕국을 공격하기 위해 북쪽으로 회군하였을 때, 패배했던 이들 동부 반란군은 뛰어난 전략을 구사한다. 항우가 통솔하는 군대의 주력 부대를 북으로 보내 주의 수도에서 적을 다시 공격하게 하고 동시에 유방의 부대는 진의 중심지인 웨이하 계곡으로 이동하여 직접 측면을 공격하게 하는 것이다. 유방은 절묘한 전략적 결정으로 허난 서부를 잇는 주요 도로에서 진의 군대와 접전하지 않고 대신 후베이에서 한수(漢水)를 가로질러 남쪽에서 웨이하 계곡을 기습하였는데 진의 조정은 이를 전혀 예상치 못하였던 것이다. 유방이 서기전 206년 10월에 진의 수도에 도달했을 때, 진의 마지막 황제는 전투에 나서지도 못하고 유방에 곧 굴복하면서 진 제국은 갑작스레 멸망하게 된다.

상대할 자가 없는 완력과 당당한 성격을 갖춘 영웅 항우는 조 근처에서 진의 군대를 격파한 뒤에 웨이하 계곡에 도착하여, 진의 황제를 처형하고 진의 수도를 철저히 파괴한다. 아마도 시황제 무덤 주변의 접근 가능한 구조물까지 손상시켰을 가능성이 고고학적 증거를 통해서 암시되고 있다. 더욱이 그는 진 제국을 18개의 독립된 왕국으로 완전히 해체하여, 모두 통일 이전 시기의 국가 이름을 붙였다. 항우 자신은 '패왕(覇王)'이라는 칭호를 갖고 동시에 스스로 초의 왕에 올랐다. 유방은 전국시대 왕들과 아무런 연계가 없었기 때문에 '한 왕(漢王)'으로서 남부 샨시(陝西)산맥 깊숙이 고립되고 중국 동부 다른 왕국과 차단된 한수 계곡을 받아 지배하게 된다. 그렇게 한 항우의 의도는 분명히 유방이 동부에서 자신의 패권에 도전하는 주요 세력이 되는 것을 막기 위함이었다.

그러나 유방은 자신의 진실된 야망을 숨기기 위한 전략으로 이를 역이용하는 데 성공하였다. 항우가 동쪽으로 돌아간 지 단지 4개월 만에 유방의 군대는 갑자기 웨이하 계곡을 공격하였고, 항우가 세운 세 개의 지역 왕 모두를 격파하고 웨이하 평원 전체를 자신의 새로운 기지로 복속시킨다. 이후 3년간 중국은 실제로 서쪽의 웨이하 평원에 근거를 둔 유방과 오늘날 장쑤 북부를 중심으로 한 항우의 두 군사 기지로 분할된다. 이는 양쪽 모두에게 길고 어려운 전쟁이었다. 웨이하 계곡의 유능한 관리들이 보내 준 지속적인 지원군으로 인해 결국 유방이 더 효과적이라는 것이 증명되어 서기전 202년 12월에 안후이(安徽) 북부에서 '패왕' 항우에게 치명적인 패배를 안겨 그를 자살케 한다. 그 후 유방은 서쪽으로 복귀하여 공식적으로 한 왕조의 '황제'라는 칭호를 갖게 되며, 사후에 '고조(高祖)'라는 시호로 불리게 되었다.

제국 구조의 축: 제국의 재편성

제국의 중심은 다시 웨이하 계곡으로 돌아왔고, 새로운 수도로 '영원한 평안'이라는 뜻의 장안(長安)이 건설되었다(그림 12.1). 제국 도시의 설계는 북두칠성 별자리를 형상화한 것으로 각 별의 위치가 도시의 성벽 연결 부분과 정확히 일치한다고 전해지고 있다. 그러나 연구 결과에 따르면 한 번에 이루어진 사업이 아니기 때문에 전체 계획에 우주론적 의미가 반영되었을 가능성은 전혀 없다.[1] 유방의 통치 시절에 단지 두 개의 주요 건물 단지가 무기고를 사이에 두고 추가 건설되었는데 각각의 구역은 성벽으로 둘러싸여 있었다. 장안의 외곽 성벽은 혜제(惠帝) 통치 시절에 추가되었으며 더 많은 건축물이 그 이후 무제(武帝)의 장기 통치 기간에 건설되었다. 그래서 제국 도시의 건설은 거의 100년의 역사에 달한다. 거의 전 구역에 황궁 건축물군이 들어서 있고 황제 자신의 저택 외부에는 주거공간이라고 할 수 있는 것이 거의 없어 엄격한 황제도시라고 할 수 있다.[2]

그러나 최소한 첫 반세기 동안은 제국 수도 이외의 지역까지 통일된 제국의 모습을 갖추었다고 하기는 어렵다. 웨이하 계곡을 중심으로 서쪽에 위치한 군과 현은 서로

1   Wu Hung, "The Monumental City Chang'an," in *Monumentality in Early Chinese Art and Architecture* (Stanford: Stanford University Press, 1995), pp. 143-187 참조.

2   황제 도시 장안에 관한 고고학적 연구에 대해서는 Wang Zhongshu, *Han Civilization* (New Haven: Yale University Press, 1982), pp. 1-10을 참고할 것.

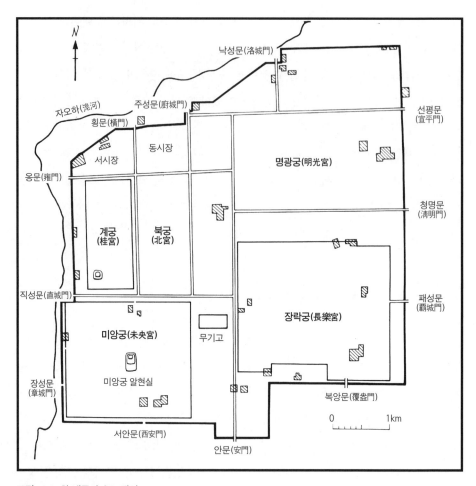

그림 12.1 한 제국의 수도 장안

인접하여 있는데, 진으로부터 유래된 국가 구조가 남아 있었으며, 동쪽으로는 세습 왕이 다스리는 왕국들이 있어 모두 합하면 한 제국의 절반 이상을 차지하고 있었다(지도 12.1). 이전 시기에 역사적 기원을 두고 있으면서도 그것이 애써 극복해야 할 대상이라는 사실은 분명히 한의 제도적 모순이었다. 지역분권주의와 중앙집권주의 사이의 갈등은 왕조의 정책에 심각한 영향을 미쳤을 뿐만 아니라 중국 역사의 흐름을 바꾸어 놓았던 것이다.

한 제국 이전에 주(周)와 진(秦)의 패러다임이 있었다. 서주 초기의 특별한 역사적 정황에서 볼 때, 복속시킨 황하 중류와 하류 유역과 같이 광활한 지리적 영역을 후대 제국 시기에 창안된 관료제도 없이 통치하기 위해서는 주 조정이 시행한 '봉건' 시스

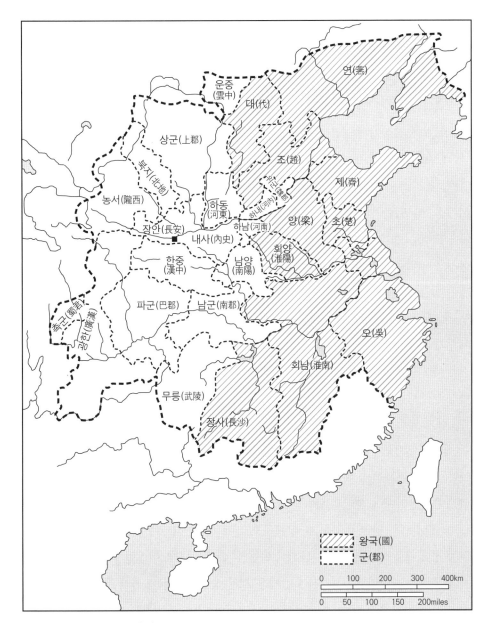

지도 12.1 서기전 195년의 한 제국

템이 필연적이며, 실제로 그것은 대단한 성공이었다. 그러나 서주 중기부터 이 시스템은 와해될 조짐이 나타났고, 서주 수도의 함락 이후 500년 동안 지속되는 전쟁으로 인하여 '봉건' 시스템의 목표였던 정치적 통일에 대한 희망은 완전히 사라지게 된다. 진제국의 시스템은 분명히 주의 모델을 본받아 만들어졌지만, 또한 주의 문제를 해결할

방안도 겸비하였다. 황제는 제국 전역으로 확장된 엄격하게 중앙집권화된 관료체제를 통해 모든 권력을 단독으로 장악했는데 이 시스템을 통하여 비교적 큰 영토를 여러 지역 통치자들이 장악하는 것을 방지하였다. 그러나 진 제국이 일찍이 붕괴함으로써 진 시스템의 문제가 드러났는바, 그것은 관리들이 오로지 황제에게만 연결된 관료체제 때문이었다. 중심이 무너질 때 모든 시스템은 하룻밤 만에 마비되었다.

한 제국의 건국자는 주나 진의 시스템이 채택 가능하지도, 현실적이지도 않음을 알게 되었다. 결과적으로 한 제국 시스템은 전형적으로 복합적인 성격을 띠고 있었다. 서기전 201년 한의 조정은 공식적으로 초(楚), 양(梁), 한(韓), 장사(長沙), 회남(淮南), 연(燕), 조(趙), 제(齊), 대(代), 그리고 회양(淮陽) 왕국들을 인정하였다. 사실 전국시대의 상황으로 되돌아가 정치적 지역주의를 되풀이하는 이러한 추세는 진 제국의 모델에 대한 심각한 의문이 제기되었을 때 항우가 인정하기 시작한 것이다.[3] 제와 대 같은 일부 왕국들은 유방 휘하 장수 또는 친척에 의해 지배되었지만, 대다수는 항우를 물리칠 때 유방과 연맹한 지역의 지도자들이 지배하였다. 일부 왕국들은 몇몇 군이 합친 것과 같은 영토로 이루어졌지만, 한 조정은 그들의 왕이 서주의 지역 지배자와 달리 다양한 배경과 무제한적인 야망을 갖고 있기 때문에, 제국의 이익을 보호하는 임무를 순전히 그들에게 맡길 수는 없었다. 사실상 반역에 가담하였다가 잡혀 처형된 양 왕의 경우처럼 실제로 왕들은 차례차례 한나라 조정에 대항하여 일어서거나 그럴 만한 혐의를 받았다. 일부 왕국, 특히 북쪽 국경 근처에 위치한 왕국들은 초원 북부에서 새로이 부상하는 유목민의 흉노 제국과 한나라 사이에서 끊임없이 동맹의 상대를 바꾸었다.

전반적으로 왕들이 점차 유씨 가문으로 교체되면서 그동안 있었던 갈등 관계는 한 조정에 우호적인 방향으로 바뀌어 안정을 찾게 되는데, 이러한 흐름은 서기전 195년에 종말을 고한다. 죽기 직전에 유방은 그의 장수들과 함께 만약 유씨 가문이 아닌 자가 다시 왕위를 노리면, 하늘 아래 모든 백성이 일어나 그 자를 제거하게 될 것이라고 맹세하였다. 그러나 그 규정은 황후 여씨에 의해 깨지는데 그녀는 여씨 가문들이 왕에 봉해진 15년간 실질적으로 한 제국을 다스렸다. 그럼에도 불구하고 대체로 유방이 생을 마감할 무렵까지 제국은 주의 시스템으로 돌아가 서쪽 절반은 제국의 직접 관리

3   Mark Edward Lewis, *The Early Chinese Empire: Qin and Han* (Cambridge, MA: Belknap Press of Harvard University press, 2007), pp. 19-20 참조.

하에, 그리고 동쪽 절반은 황제의 개인적 친척인 아홉 명의 왕에 의해 분할 통치되었다고 할 수 있다. 유방은 여씨 가문이 지배하는 지역 왕국과 군이 균형을 이루면 제국이 영원히 지속될 것으로 생각하였을 수도 있다.

역설적이게도 여씨 왕들이 제국에 대항할 힘을 키우는 데 그렇게 오랜 시간이 걸린 것도 아니었다. 한 조정은 중국 동부 통제권을 유지하기 위해 상당히 힘들게 전쟁을 치렀다. 문제(文帝)(180-157 BC) 통치 아래서 조(趙)와 제 왕국은 분할되었고 두 왕국을 다수의 왕자들에게 주었다. 효경제(孝景帝)(156-141 BC) 때, 황제 측근인 어사대부(御史大夫) 조조(晁錯)가 비교적 큰 국가인 남쪽의 오(吳)와 초(楚)의 영토를 축소시키려는 정책을 제안하였다. 이에 지역 왕들이 크게 분노하여 서기전 154년에 반란을 일으켜 장안을 연합하여 공격하였다. 반란의 위협을 받아 황제는 조조의 처형을 명했으나, 오히려 그는 군대를 동쪽으로 진격시켜 반란을 일으킨 왕들을 격멸하였다. 여전히 조정에 대한 충성을 유지하고 있었던 태후의 또 다른 아들이 왕으로 통치하는 양 왕국을 전진기지로 삼아, 한은 적들의 보급선을 무력으로 차단할 수 있었고, 결국 전쟁 3개월 만에 반란을 잠재울 수 있었다. 비록 부정적인 원인으로 일어난 것이기는 하지만, 이 사건은 지역 왕들의 권력을 철저하게 무너뜨리고, 한 제국 역사의 중요한 분수령을 이루는 계기가 되었다.

무제(武帝)(140-87 BC) 통치 기간 중에 제국의 군사력은 회남(淮南)과 형산(衡山) 왕국의 음모를 분쇄하여 그들의 영토를 새로운 군으로 편입시키기까지 하였다(지도 12.2). 한편 서기전 127년 조정은 왕들이 자신들의 아들에게 칭호와 영토를 하사하여 2차 국가를 만들 수 있게 함으로써 결국 효과적으로 왕국을 더 작은 조각으로 쪼개는 '추은(推恩)'이라는 새로운 정책을 시행하였다. 황제 후손들의 세대는 그들이 '지배'하는 영토에서 특정 금액의 조세 할당량을 걷을 수 있었지만, 그들이 실제로 영토를 소유한 것은 아니었다. 영토 왕국이 아닌 이 새로운 지역 '왕'의 시스템은 거의 1세기에 걸친 제국과 지역 왕들 간의 갈등의 결과이자 주와 진의 정치적 패러다임을 절충한 과정의 결과였다. 이를 통하여 제국은 조직이 운행되는 중심축을 확보하게 되었으며, 그것은 제국 시스템 그 자체의 오랜 안정을 이루는 열쇠가 된다. 제국의 관료 질서를 강화하고 왕조 뿌리를 보호할 혈연적 유대를 구축할 필요성을 동시에 만족시킬 수 있는 것은 '제국'과 '왕조'의 결혼이었다. 제국의 혈연 서열을 모든 관료 위에 둠으로써, 초특권 계급이 형성되었고 이로써 제국 가문의 지배 지위를 확고히 하게 되었다. 그러나 이

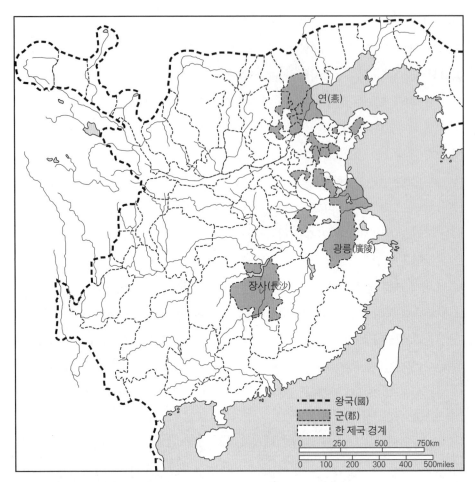

지도 12.2 서기전 108년의 한 제국

상위 계급조차 오직 황제의 명을 따르는 관료체제까지 운용할 수 있는 지위는 갖지 못하였다.

한과 흉노: 둘로 분할된 세계

한 제국이 독보적 존재는 아니었다. 북쪽에 직접 맞닿아 있는 유목민 제국인 흉노는 동쪽으로 만주에서 서쪽으로 중앙아시아와 러시아 남부까지 뻗어 있는 광활한 초원 지역을 정복하면서 세력의 정점에 있었다. 이러한 정치적, 지리적 영역의 남부 주변은 오늘날 샨시(陝西) 북부, 산시(山西)의 황하를 잇는 만곡부(灣曲部)의 넓은 지대에 걸쳐 있는 초지 구릉 사면 및 계곡과 아울러 내몽골 남부, 즉 대체로 오르도스라고 불리는 지역으로 형성되어 있다. 그 북쪽에는 바로 거대한 고비사막이 오늘날 중국-몽골의 국경을 가로지르며 자리 잡고 있다. 고비의 동쪽 경계에는 후대에 몽골의 고향인 '후룬베이얼(呼倫貝爾)'이라는 초원이 있다. 고비사막을 넘어 북쪽으로 더 가면, 경관은 점차 중앙 및 북부 몽골의 초원과 러시아 남부의 삼림으로 덮인 낮은 구릉지대로 변한다(지도 12.3)

이 거대한 초원 지역에서 유무명의 많은 문화와 종족이 기원을 두고 있음에도 불구하고, 현대 고고학은 안양에 중심을 둔 상 후기 국가(1200-1046 BC)와 동 시대에 오르도스 지역에 형성되었던 독특한 초기 청동기 문화의 먼 문화적 후손 중 하나가 흉노일 가능성을 제시하고 있다. 1950년대에서 2000년대까지 20개 이상의 청동유물군이 샨시 북부와 산시 동쪽 강을 가로지르는 지역에서 발견되었다. 이 지역에서 발견된 이기(利器)와 무기에 북부 초원의 특징이 두드러지기는 하지만, 청동 용기는 독특한 지역 형식과 함께 상 문화로부터 수입되었음을 분명히 보여주는 형식을 모두 포함하고 있다. 지역 공동체의 생계 시스템은 목축생활과 비집약적인 농경생활이 혼합된 특징을 강하게 보여주고 있다. 내몽골의 주카이거우(朱開溝)에서 이루어진 최근의 발굴은 이 지역의 문화적 단계를 신석기시대 후기까지 올려놓았으며,[4] 황하 중류 및 하류 유역 분지를 중심으로 발달한 이 변방지역의 농경생활이 대략 서기전 7000년경 시작되었음을 밝혀낸 바 있다(2장 참조). 아울러 이 지역의 청동기 제작의 역사를 상 초기와 동 시대인 서기전 1700년경으로 올려놓았다.

이 지역에서 청동기 제작의 시작이 인근 얼리터우 문화(1900-1500 BC)의 영향을 받았는지 혹은 더 서쪽에서 자극을 받았는지에 대해서는 지금도 상당한 논쟁거리이다. 분명한 것은 서기전 11세기 중에 오르도스는 급격히 쇠퇴하였는데, 이러한 변화가 남쪽 서주 국가의 발흥에서 비롯되었다고 보는 것이 타당하다. 서주의 긴 명문 유물 중 하나인 청동 소우정(小盂鼎)의 기록에는 주가 오르도스 지역의 귀방(鬼方)과 치른 전투에서 1만 3,081명이나 되는 포로를 잡고 4,800명을 죽였다고 적혀 있다.[5]

---

4   Katheryn M. Linduff, "Zhukaigou, Steppe Culture and the Rise of Chinese Civilization," *Antiquity* 69 (1995), pp. 133-145.

5   이는 서주 청동에 적힌 포로 숫자 중 가장 큰 수치이다. Li Feng, *Landscape and Power in Early China: The Crisis and Fall of the Western Zhou, 1045-771 BC* (Cambridge: Cambridge University Press, 2005), p. 54 참조.

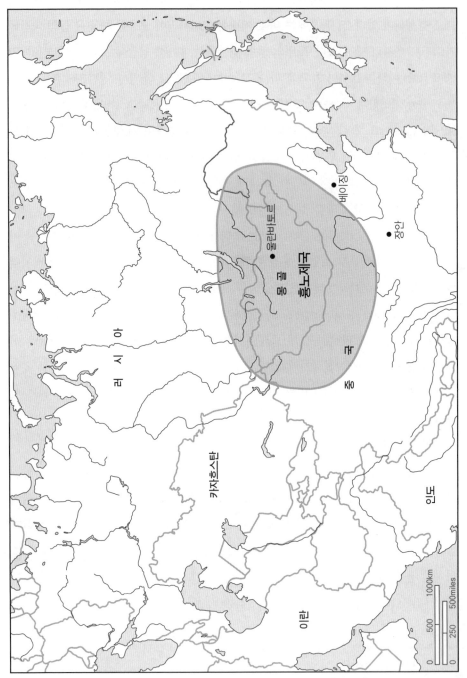

지도 12.3 북방지구와 흉노 제국

그림 12.2 서기전 400 – 200년 오르도스 지역의 청동 유물

　한편으로는 서기전 10세기에서 7세기에 이르는 동안 이 지역은 전반적으로 북쪽 초원에서 발생한 유목생활의 사회로 전환한 것으로 보인다. 서기전 5세기 이후 두드러지게 나타나는 고고학적 자료로 볼 때, 오르도스는 최소한 부분적으로라도 틀림없이 흉노 종족과 관련된 거대한 초원 문화 복합체에 통합되었다. 내몽골에 위치한 다수의 무덤군에서 발견된 유물이 이를 보여주는데, 황하 중류 지역의 춘추 후기에서 전국시대에 해당된다. 무기가 이 무덤군의 주된 품목이지만 그 밖에도 여러 기종의 동물 모양 유물(그림 12.2)도 발견되었는데 그중 동물장식 청동 접시가 가장 특징적으로, 실제 동물과 인간의 유골도 같이 부장되어 있었다. 다양한 형식의 유사한 청동유물 조합이 고비사막 건너 북쪽 멀리 가로질러서 몽골 공화국 중앙과 북부, 그리고 러시아 남부의 광활한 초원에서 발굴된 무덤에서 출토된 사실로 보아 방대한 두 초원 지대 사이에 강한 문화적 연계가 있었음을 보여준다.

　중국 자체의 초기 자료에서 흉노가 처음 언급된 해는 서기전 318년으로 이 해에 다섯 동부 국가, 한(韓), 조(趙), 위(魏), 연(燕), 그리고 제(齊)와 함께 흉노의 군대가 합세하여 공동으로 진(秦)을 공격한 기록이 있다. 이 사건으로 인해 흉노에 대한 진의 공격이 앞당겨졌는지는 알려지지 않는다. 이후 진은 북쪽에 위치한 의거(義渠)를 반복적으로 공격하여 그 영토를 병합하였으며 이로 인해 오르도스 지역에서 흉노와 직접 대치하게 되었다. 사실 최근의 연구는 진 제국의 북쪽 초원 지역을 향한 지속적인 확장, 특히 서기전 214년 몽염이 이끈 대규모 군사원정에 대응할 필요성 때문에 흉노의 연맹이 형성된 것으로 보고 있다.[6] 이 원정으로 오르도스 지역을 빼앗김으로써 흉노가 사회적 정치적 혼란에 갑작스럽게 빠지게 되었고, 그러한 혼란을 통하여 강력한 유목민의 리더십이 발생하였던 것이다. 이 역사적 흐름을 대표하는 인물이 여러 흉노 부족을 통합하고 서기전 208년 선우(單于) 칭호를 갖게 된 모돈(冒頓)이다. 이후 몇 년간 모돈은 계속 만주 서부의 부족과 몽골 북부, 그리고 러시아 남부 부족을 정복하였다.

건국된 지 얼마 안 된 한 제국은 분명히 선우의 떠오르는 세력과 경쟁할 능력이 없었을 것이다. 중앙 권력과 지역 왕국 사이 분쟁으로 한이 내부적으로 쇠퇴한 상황에서 지역 왕들과의 관계마저 잘못 처리할 경우 북쪽 선우의 심각한 개입을 초래할 위험한 상황에 처할 수 있었다. 조(趙) 왕이 한 조정의 압력을 받아 서기전 201년 흉노로 망명하게 된 것이 그러한 경우였다. 그를 처벌하기 위하여 유방이 직접 그의 군대를 북쪽으로 이끌고 갔으나 산시 북부 평성(平城)에서 흉노 기마병이 놓은 함정에 맥없이 무너졌다. 그의 군대 대부분을 잃고서 유방은 간신히 여자로 변복하고 죽음의 위기에서 탈출하였다. 이후 15년간 자신의 허약함을 인식하게 된 한 조정은 서기전 189년부터 '화친(和親)'이라는 유화정책을 시행하여 많은 선물과 함께 한의 공주를 선우에게 보내 결혼시켰다. 그러한 시책은 최소한 이를 옹호한 관리들의 표현처럼, 한 공주가 흉노의 미래 지도자를 잉태하면 한 제국과 공감대를 가질 것이라는 희망으로 시행된 것이지만 실제로는 한 제국이 흉노 연합의 조공 국가 지위로 스스로 낮춘 것에 다름 아니었다.

그러나 협정은 장기적으로 지속된 평화를 보장하지는 않았다. 서기전 166년 선우 노상(老上)의 지휘 아래, 흉노는 닝샤(寧夏) 남부의 한 도로를 거쳐 수도에서 150km 떨어진 한의 영토 깊숙이 진입하였다. 한나라의 국경은 길었기 때문에 방어가 힘들었고 여러 흉노 부족의 지도자들로부터 셀 수 없이 많은 작은 공격을 받았다. 흉노족 사이에서 새로운 리더십이 형성된 것은 전쟁을 치러야 할 상황에 시기적절한 일이었는데, 그것은 새로운 선우가 지지자들의 충성을 살 수 있는 공물을 확보할 목적으로 한을 압박하여 새로운 조약을 맺게 할 필요성을 갖고 있었기 때문이었다. 그러나 보다 일반적

---

6   Nicolas di Cosmo, *Ancient China and Its Enemies* (Cambridge: Cambridge University Press, 2002), pp. 178-179, 186-187 참조.

인 관점에서 보면 흉노 사회가 단순히 한과 같은 중앙집권적 체제를 갖추고 있지 못했고, 전체에 대한 약속이 구속력이 없다는 점에 그 문제가 있었다.[7] 여러 흉노 왕들은 선우에게 의례상으로는 여전히 충성하면서도 자신들 부족의 정책은 스스로 결정하였다. 그리고 전리품을 얻기 위한 전쟁은 북부 초원 생활 방식의 하나였던 것이다. 사실 그들은 한만 공격한 것이 아니라 그보다 같은 목적으로 더 빈번하게 서로를 상대하여 전쟁을 벌였다. 세계사적인 관점에서 농경 사회인 중국은 초원 북부 사회가 유목생활로 전환됨에 따른 고통을 견디어야 했는데, 이는 중국뿐만 아니라 메소포타미아와 동부 유럽에 위치한 농경 사회에서도 마찬가지로 겪는 과정이었다.

흉노와의 전쟁과 한의 확장

'화친정책'은 일찍이 한 문제의 통치 때부터 영향력 있는 몇몇 학자들에 의해 비난을 받았으며, 한 무제(140-87 BC)때가 되어서야 비로소 그 흐름이 역전되었다. 그 무렵 한 제국은 정치적, 경제적으로 아주 견고한 기반을 갖고 있었으며, 호전적인 관리 집단이 지원하는 젊고 야망 찬 황제의 손에 의해 통치되었다. 더 중요한 것은 수십 년에 걸친 전반적인 평화를 통하여 한 제국은 기병을 근간으로 하는 새로운 형태의 군대를 보유하게 되었고 쇠뇌를 사용하게 되어 초원 북부 지역에서 흉노와 성공적인 접전을 치룰 수 있게 되었다.[8] 그러나 아마도 가장 중요한 것은 수십 년이라는 충분한 시간을 통하여 한의 리더십은 장성이 아닌 흉노 영토 깊숙이 들어가 전쟁을 벌일 수 있는 전반적인 전략을 수립할 수 있었다는 사실이다. 한은 장건(張騫)에게 흉노 제국과 전쟁을 치러야 할 공통된 이유를 갖고 있는 중앙아시아의 소국가[특히 인도의 쿠샨 제국의 선두 주자인 월지(月支)국]에서 동맹국을 찾는 첫 번째 외교 임무를 부여하여 파견함으로써 장래 계획을 신중하게 진행하였다. 그러나 장건은 한의 국경을 넘자마자 흉노에게 붙잡혔으며 흉노족 사이에서 10년을 보냈다. 실질적으로 그 10년이 그에게는 언어를 비롯하여 중앙아시아의 지리에 대한 지식과 그 백성들의 관습을 익히는 기간이 되었다.

---

7   이 점에 대해서는 Lewis, *The Early Chinese Empires*, p. 136을 참조할 것.
8   *Ibid.*, p. 136.

마침내 흉노 제국에서 탈출하였지만 장건은 바로 한으로 귀국하지 않았다. 대신 그는 임무를 수행하기 위한 긴 여행을 떠났는데 이 여행은 고대 중국에 대한 가장 중요한 지리적 발견이 되었다.

그는 대부분 중앙아시아 국가들, 즉 오늘날의 키르기스스탄(Kyrgyzstan)의 오손(烏孫), 대완[大宛, 페르가나(Ferghana)]과 우즈베키스탄의 대월지[大月支, 쿠샨(Kushan)], 아프가니스탄의 박트리아나(Bactriana, 그리스 국가) 그리고 카자흐스탄에서 우즈베키스탄에 걸친 소그디아나(Sogdiana)(지도 12.4) 등을 거치는 긴 여행을 수행하고 서기전 126년 장안으로 돌아왔다. 비록 중앙아시아 국가 중 어느 나라와도 흉노와 전쟁을 치르자고 설득하는 데 실패했지만 장건은 중국에 서구 지역에 대한 값진 정보를 가지고 왔다. 이 지역이 갑자기 알려지면서 한 제국에 기회와 끝없는 호기심을 가져다주는 새로운 세계로 부상하였다. 더욱 중요한 것은 한 제국이 이들 이민족들이 중국의 재화, 특히 비단에 대하여 관심을 가지고 있음을 확신하게 된 것으로, 비단은 이후 서기전 2세기 장건이 개척한 길을 따라 거래되는 주요 상품으로 등장한다.

장건이 죽었다고 확신했던 한 제국은 서기전 133년 선우를 잡기 위해 30만 명의 군대를 마읍(馬邑)이라는 국경 읍락 근처에 배치하였다. 그러나 선우가 그 계획을 알아채고 한이 공격하기 전에 그의 기병을 철수시켰다. 비록 그 작전은 시작도 하기 전에 실패했지만, 그것은 흉노족을 상대로 하는 전쟁이 전면전 정책으로 완전히 바뀌는 전환점으로 기록되었다. 서기전 129년 흉노를 공격하기 위해 다섯 명의 한나라 장수들이 각각 1만 명의 기병을 이끌고 다섯 방향으로 진격했다. 그중 두 군대는 대패하였고 두 군대는 접전조차 하지 못했다. 그러나 젊은 장수 위청(衛青)은 장거리 기습 공격으로 흉노의 정신적 중심지인 용성(龍城)을 함락시킨다. 2년 후 위청은 대규모 군대를 이끌고 산시 북부에서 출발하여 북쪽에서 황하를 건너 흉노를 기습했다. 한의 군대는 흉노를 완전히 섬멸하고 남녀 수천 명과 함께 두 명의 왕을 사로잡았는바, 이로써 진 제국 멸망 후 처음으로 오르도스 지역을 수복하였다. 그 승리로 인해 장안에 대한 직접적인 위협이 제거되었을 뿐만 아니라 한과 흉노 간의 세력 균형은 결정적으로 반전되었다(그림 12.3). 10만 명의 한나라 농민들을 그 지역으로 이주시켰는데, 이 지역은 이후 초원 북부 지역에서 이루어지는 한나라 작전의 견고한 기지로 조성된다.

이후 몇 년간 한 군대는 기본적으로 옮겨 다니는 흉노와 싸울 기회를 갖기 위해 계속 찾아다녔다. 한의 장수들은 한때 흉노 군사만의 특징이었던 가벼운 무장의 기병을

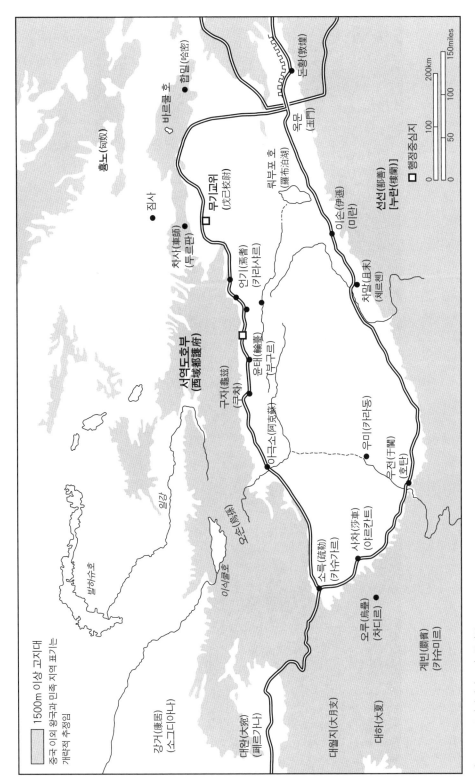

지도 12.4 중앙아시아 도시-국가들

그림 12.3 산둥성의 시오탕산(孝堂山) 무덤이 한나라 화상석에 새겨진 한-흉노 전쟁

306

활용하는 방법을 습득한 뒤 장거리 기습 공격 전략을 채택하게 된다. 이 전략은 과거 흉노족이 한나라보다 우월하게 갖추었던 장점이었다. 제패 전략의 관점에서 볼 때 한은 예상할 수 없는 공격에 대비하여 2,000km에 달하는 전선을 유지하고 있었는바, 이와 더불어 수행되는 한의 기습공격은 유목민인 흉노 병력이 누리던 장점을 효과적으로 상쇄시킬 수 있었다. 그것을 위해 한의 기마병은 더 나은 훈련을 받고 더 나은 무장을 갖추어야 했는데, 마침내 흉노 병사의 수가 한나라의 그것보다 더 많은 경우에도 흉노를 앞설 수 있었다. 경기병 장수 곽거병(霍去病)이 1만 명의 기병 부대를 이끌고 서쪽으로 진군하여 다섯 흉노 부족의 영토를 6일 만에 가로질러 혼야왕(渾耶王)을 4만 명의 병사와 함께 항복케 한 서기전 121년 원정이 그 대표적인 사례였다. 서기전 127년에서 121년 사이의 일련의 전투를 통해 한은 인산산맥(陰山山脈)의 남쪽 지역을 완전히 통제하게 되고 흉노를 고비사막 북쪽으로 철수시켰다.

그러나 무제는 승리에 만족하지 않았고 오히려 흉노 제국을 완전히 파괴할 더욱 더 결정적이고 어려운 교전을 계획하였다. 서기전 119년 위청과 곽거병은 각각 5만의 기마병과 10만의 보병 부대를 통솔하며 두 경로를 따라 북쪽으로 진군하였다. 전쟁을 효과적으로 지원하기 위해 한 제국은 추가로 전력 보강용으로 4,000마리의 말과 함께 10만 명을 이동시켰다. 대규모 한나라 군단과 여러 보급부대가 고비사막을 건너 오늘날 몽골 북부 울란바토르 근처 쿠얀(Kuyan)산 근처에서 선우의 부대와 결정적인 교전을 벌이기 위해 약 1,400km를 20일 동안 이동하였다(그림 12.5). 그렇게 엄청난 수의 사람이 사막을 가로지르는 장거리 이동에 소요되는 물자 보급과 관련된 병참 문제로 보면 한은 실제로 거의 불가능한 일을 시도하였다. 한나라 군대는 사막을 건너 전장에 도착하는 인력과 말들의 지원을 받으면서 우월한 전투 기술과 단결된 힘을 보였다. 며칠간에 걸친 전투 후에 선우가 희망을 버리고 전장에서 어둠 속으로 달아나자 그의 부대는 절망에 빠졌다. 원정은 완전한 한의 승리로 끝났으나 한의 군대 자신도 상당한 숫자의 사상과 약 10만 마리의 말을 잃는 고통을 겪었다. 그럼에도 불구하고 서기전 119년의 '북부 사막 원정'은 흉노 제국에 치명상을 입혔던 것이다.

흉노와 치른 전쟁은 발발된 지역의 거대한 지리적 공간으로나 원정의 강도와 접전에 투입된 양쪽 인력과 물자의 수준을 고려할 때 세계 역사상 유례가 없는 규모이었다.[9]

9   알렉산더 대왕은 3만 2,000명의 병사로 중앙아시아를 정복한 것으로 알려져 있다. 양쪽의 수치가 신뢰할

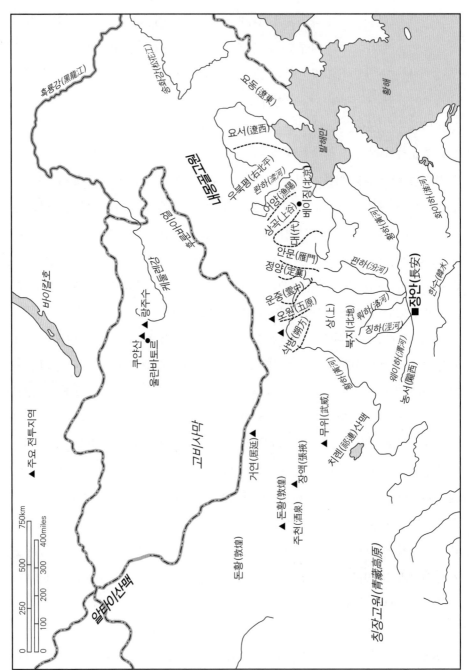

지도 12.5 한의 흉노 제국 정벌

서기전 119년 '북부 사막 원정' 이후에도 한이 재건된 흉노와 계속 싸움을 벌였고, 큰 규모가 아닌 몇몇 전투에서는 지기도 했지만, 이후 전투는 대부분 한의 국경에서 멀리 떨어진 곳에서 이루어졌다. 게다가 이후 수십 년간 각각 선우를 내세운 부족들 간에 내부 갈등이 일어나 흉노 동맹은 더욱 약해졌다. 서기전 54년에 호한야(呼韓邪) 좌선우(左單于)는 한이 제안한 조공국 지위를 수용하기로 결정하고 추종자를 데리고 한의 국경 남쪽으로 이주했다. 한 조정의 요청에 따라 그는 먼저 아들을 장안에 인질로 보냈고 자신은 2년 후 무제에게 충성 서약을 한다. 질지(郅支) 우선우(右單于)도 아들을 장안에 보냈지만, 그는 서쪽에서 한 제국과 계속 전쟁을 치렀다. 서기전 36년 그는 한의 중앙아시아 통치자인 '서역도호부(西域都護府)'에서 파병된 부대와 전투 중에 죽게 된다.

왕조 교체와 동한 제국의 건설

한 무제는 특이한 방법으로 제국을 후대에 물려주었다. 53년간 지속된 길었던 그의 통치가 끝날 무렵, 무제는 황태자와 그의 세력들을 내몰고 자신의 마지막 연인 중 한 명에게서 낳은 8살짜리 아들 소제(昭帝, 86-74 BC)의 계승을 확고히 했다. 미래의 젊은 황제를 그의 어머니가 간섭하는 것을 막기 위해, 무제는 그녀를 처형하라고 명했다. 반면에 그가 가장 신뢰하는 두 사람, 명장 곽거병의 형제 곽광(霍光)과 전 흉노의 왕자로서 한에 전쟁 포로로 잡혀 온 이후 덕과 훈육의 모델로서 입지를 굳힌 김일제(金日磾)를 섭정으로 임명하여 황제 지위를 보호케 하였다. 곽광은 자기 딸을 김일제의 아들에게 시집보내고 나중에 선제(宣帝, 73-49 BC)에게 다른 딸을 시집보낸다.[10]

여러 측면에서 볼 때 소제와 선제의 통치는 분명히 한 제국 역사의 전환점을 마련하였다. 이후 반세기 동안 세 명의 황제가 한 제국을 다스렸고 모두 젊은 나이에 죽었다. 황제들이 어렸기 때문에 실질적인 권력은 거의 지속적으로 태후가 개인적인 영향

수 있다고 한다면, 가장 규모가 큰 로마 군대 병영은 서기전 31년 악티움(Actium)에 있었는데 25만 명 정도를 수용할 수 있었던 것으로 기록되어 있으며, 서기전 119년 흉노를 공격하기 위해 북쪽으로 파병된 한 제국의 병사 수는 30만(병참 부대 10만 제외) 명이었다.

10 곽(霍)씨 가문의 역사적 역할에 대해서는 Michael Loewe, *Crisis and conflict in Han China, 104 BC to AD 9* (London: Allen & Unwin, 1974), pp. 37-90, 114-153 참조.

력을 발휘하여 그의 모계 삼촌의 수중에 들어가게 되었다. 이는 무제가 예측할 수 있었던 상황이었으나 막지는 못했다. 오히려 제국의 최고위직 '대장군(大將軍)'은 거의 고정적으로 어린 황제의 외숙부가 장악하였다.[11] 그러나 수십 년 동안 외숙부는 한 제국 초기에 수립된 기존의 시스템과 한나라의 제도가 근본적으로 인정한 합법적인 틀 안에서 활동을 하였다. 이러한 상황은 새 숙부인 왕망(王莽)이 규정을 변경할 때까지 지속된다.[12]

왕망의 고모는 서기전 54년 원제(元帝)의 황후가 되어 성제(成帝)를 낳는다. 이 여인은 엄청난 장수를 누리는데 아들뿐만 아니라 손자 애제(哀帝)의 통치 기간까지 생존하였다. 그녀의 긴 생애를 통하여 왕씨 가문이 한 제국을 전복하는 데 필요한 정치적 자원을 축적할 수 있는 충분한 시간이 확보되었다. 왕망은 그의 숙부와 형들이 모두 대장군으로서 임기를 마친 뒤, 왕씨 가문의 다음 젊은 세대로서 서기전 8년에 같은 자리에 올랐다. 왕망은 분명히 통상과 다른 방식으로 권력에 접근하였는데 호의적 여론을 조성하여 중요한 정치적 기반을 다지는 방법을 그의 숙부나 형제보다 더욱 잘 터득하고 있었다. 그는 공공사업과 유교 경전 회의를 지원하였고 자신을 한 제국의 후원자뿐만 아니라 유교 가치관을 탁월하게 구현하는 자로서 인식하게 만들었다.[13] 평제(平帝)의 죽음 이후 지속된 선전활동을 통하여 왕망은 마침내 서기 9년 신(新) 왕조의 건설을 선언하였고 자신을 황제로 내세웠다. 신 왕조 15년 동안 왕망은 한의 제도를 체계적으로 바꾸는 일련의 개혁에 착수하였는데 그의 계획은 대부분 유교 의례 문헌을 통하여 전해진 것으로 보이는 '주(周)의 제도'에 대한 환상에 기초한 것이다.

신(新) 왕조(AD 9-23)가 출범하자마자 그는 토지 국유화를 추진하여, 개별 가족이 소유할 수 있는 면적을 제한하고 매매를 금지하였다. 그 정책의 목적은 틀림없이 대규모 토지 소유자의 착취에서 빈농을 구제하는 것이었다. 같은 목적으로 노예와 하인의 매매를 금지하고, 또한 시장 가격을 안정시키는 제도를 시행했으며, 전혀 새로운 통화

---

11   제국 인척의 권력에 대해서는 Ch'u T'ung-tsu, *Han Social Structure* (Seattle: University of Washington Press, 1972), pp. 77-83 참조.

12   왕망의 통치와 동한의 전환에 대한 논의는 Hans Bielenstein, *The Restoration of the Han Dynasty* (Stockholm: Elanders Boktryckeri Aktiebolag, 1953), pp. 82-165 참조할 것.

13   왕망은 의도적으로 상고시대의 주공(周公)을 지향하였으며, 그러한 이유로 일부 사람들은 그를 주공의 화신으로 받아들였다. 왕망의 지지에 대한 근거는 Loewe, *Crisis and conflict in Han China*, pp. 286-306, 특히 p. 287을 참조할 것.

시스템을 도입하였다. 한편으로 무제의 시기와 마찬가지로 국가가 소금과 철 산업을 독점하기 위한 단계를 밟았다.

일부 왕망의 개혁은 분명히 귀족과 유력 관료 가문의 권력을 약화시키기 위해 계획된 것으로서, 그들은 당시 유씨 가문에서 빼앗은 제국을 지원하는 데 필요한 사회적, 경제적 자원 중 가장 좋은 몫을 보유하고 있었다. 귀족들의 재산을 회수하기 위한 방법으로, 왕망은 제후 서열과 그 이하의 귀족들에게 보유한 금을 새로운 구리 동전으로 교환하라는 명령을 내리는데 이로 인하여 신 왕조에 대한 적개심이 확산된다. 국경 지역에서는 제국의 통치를 더욱 확고히 하기 위해 그는 만주 동부의 흉노, 고구려의 피정복 지역과 중앙아시아, 중국 남서부의 기타 세력을 포함한 복속된 집단의 왕들을 공의 서열로 강등시켰다. 왕망의 개혁에 대한 물질적 증거로 9묘(九廟)와 명당(明堂)을 포함한 장안 지역에서 발견된 뛰어난 종교적 의례 건축물군이 있다. 9묘는 (유씨 왕들을 제외한) 고대의 현명한 왕들을 숭배한 장소이며 명당은 황제(왕망)가 유교 문헌에 따라 계절의 변화를 관측하였던 곳이다(그림 12.4).

사회주의와 제국주의가 결합된 왕망의 개혁 정책은 현대 학자들 간에 논쟁의 주제가 되고 있다. 그의 결정 배경에 선하거나 악한 의도 어느 것이 있든 간에 그 궁극적인 목적은 신 왕조 체제의 뿌리를 강화하려는 것임은 의심의 여지가 없으며, 곧 닥칠 파멸만 극복하였다면 왕망은 중국 역사상 가장 위대한 개혁가로 남았을 것이다. 그러나 그의 새로운 체제는 처음부터 정당성의 문제에 직면했으며, 왕망이 농민으로부터 얻었던 신뢰는 곧 북중국을 휩쓴 자연 재해로 힘든 시기가 닥치자 사라지고 말았는데, 이로 인해 신 왕조는 몰락하게 된다.[14]

왕망 체제의 몰락으로 인한 혼란으로부터 한 왕조는 한 제국 가문의 후손인 유수(劉秀)가 이끄는 허난 남부의 지역 지배층에 의해 재건되었다. 일련의 격렬한 전쟁을 치른 후, 새로운 한의 군대는 서기 23년 9월 말 웨이하 계곡에 진입할 수 있었다. 왕망은 후퇴할 수밖에 없었고, 한 군대가 수도에 들어오기 전에 지역 반란군에 의해 살해당했다. 이후 수년간 새로운 한 왕조와 '적미(赤眉)'라는 반란군 간에 권력 경합이 있었으

---

14 Bielenstein, *The Restoration of the Han Dynasty*, pp. 154-156 참조. 왕망의 통치 말기, 황하가 범람하여 강 흐름이 바뀌었고 많은 수의 가난한 농민들이 죽었다. 그뿐만 아니라 북중국에서는 가뭄이 들고 메뚜기가 창궐하였다. 처음에는 허난 동부와 산동 서부에서 시작되었으나, 곧 중원과 서쪽 웨이하 계곡까지 확산되었다.

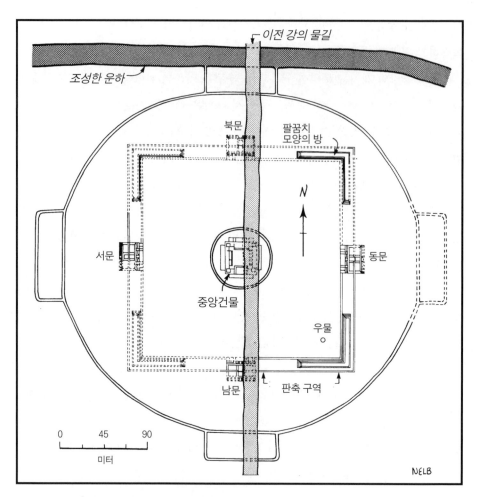

그림 12.4 왕망의 장안 건축 구조물

나, 서기 26년 3월에 '적미'가 웨이하 계곡에서 동쪽으로 빠져나오다가 한 군대에 의해 완전히 섬멸된다. 서기 37년에 유수는 뤄양에 수도를 정하고 한 제국을 재건하는데 역사에서는 이를 동한(東漢, AD 25-220)이라고 불렀다. 유수 자신은 광무(光武), 즉 '빛나는 장군 황제'라는 시호를 갖게 된다.

한 제국과 로마의 관계

서기 전후 2세기 동안 한이 중앙아시아로 확장하는 동안 그보다 더 먼 서쪽 국가와 사회, 특히 한과 함께 세계의 반을 나누고 있는 로마 제국과의 관계는 어떠하였는가 하는 의문이 제기되지 않을 수 없다. 비단의 원산지에 대해 로마가 잘 모를 수도 있었지만, 역사학자 플로루스(Florus)가 세레스(Seres)라는 단어를 사용했을 때 그는 '비단길'로 로마에 상품을 들여온 어떤 사람을 염두에 두었는지도 모른다. 그 이외에 로마기록에서 중국과 연결시킬 수 있는 구절은 단 하나도 전하지 않는다.

한에게는 비록 로마 제국이 접촉하기에 너무 먼 곳에 있었지만(한때 거의 접촉할 뻔하였다), 그들이 인지할 수 있는 세계 안에 있었다. 어쩌면 로마와 접촉을 했을 수도 있는 중앙아시아의 독립국가, 왕국 또는 그 서쪽 지역과 한이 광범위한 교류를 진행하면서 어느 단계에 이르러 서구 세계의 위대한 세력에 대한 궁금증을 갖게 된다. 실제로 동한 제국에 대한 공식적인 역사 기록에는 '대진(大秦)'(상자 12.1)이라고 불리는 로마 제국에 대한 장문의 글이 포함되어 있다. 그러한 단어를 사용하였을 때 한 제국의 역사가가 다른 국가들과 차별화된 특정 문명 국가를 언급하고 있었다는 것은 의심의 여지가 없다. 로마 제국은 바다 서쪽에 위치해 있으며, 400개의 도시를 자신의 영토 안에 갖고 있고, 모든 것이 돌로 지어져 있다고 기록되어 있다. 로마 제국의 수도는 주변 길이가 100리(41.6km)가 넘으며, 다섯 개의 주요 궁전을 갖고 있어 왕이 매일 하루씩 머문다고 기술되어 있었다. 최고 조정에서는 36명의 원로가 회의를 열어 국가 문제를 서로 논의하였으며, 왕은 세습하지 않았다. 중국의 관행과는 달리 로마 사람들은 그 지위를 담당할 만한 사람을 선출하는 것으로 전하고 있다. 그 글의 나머지 후반부에서는 로마가 갖고 있는 제품, 특히 유리와 금은 주화, 로마 문명의 상징 등을 상세하게 설명하였다.[15]

이 글에서는 올바른 출처에서 얻어진 정보와 함께 환상적인 내용이 혼재된 전형적인 사례를 확인할 수 있다. 이용 가능한 역사적 정보를 통하여 그러한 정보가 어떻게 한 제국에 흘러들어 왔는지 제대로 추정해 볼 수 있다. 서기 97년 '서역도호부의 수장' 반초(班超)의 신하, 감영(甘英)이 로마 제국과의 외교 관계 수립이라는 한 가지 임무를 띠고 파견된다. 오늘날 연구에 따르면 감영은 퀴치[Quichi, 오늘날 타림분지의 쿠처(龜茲)] 왕국에서 여행을 시작하여 안식[安息, 파르티아(Parthia), 오늘날의 이란]의 영토를 가로질러 페르시아만의 해안에 있는 탸오즈[條支, 오늘날 이라크의 카라케네(Characene)와 수시아나(Susiana)]에 도착한다. 그러나 파르티아 사람들은 비단길에서 중개인이 얻

---

15   John E. Hill, *Through the Jade Gate to Rome* (Charleston: BookSurge, 2009), pp. 22-27 참조.

을 수 있는 이익을 잃을까 두려워 한 제국이 로마 제국과 직접 접촉하는 것을 싫어했다. 그들은 바다를 건너 로마에 도착하는 위험을 상당히 과장했으며, 감영에게 한 제국으로 돌아갈 것을 간곡히 설득하였다. 비록 감영이 로마에 들어가는 것은 실패했지만, 그가 수행한 임무는 서구에 대한 한의 지식을 상당히 풍부하게 하는 데 기여하였다.[16]

다른 한편으로 동한 제국의 공식 역사 기록에는 서기 166년 분명히 마르쿠스 아우렐리우스 안토니우스 아우구스투스(Marcus Aurelius Antoninus Augustus)를 지칭하는 '안돈(安頓)'이라는 로마 제국의 왕이 국경을 넘어 한의 군(郡)인 베트남을 통해 사절을 파견하여 상아와 코뿔소의 뿔을 한 황제에게 바쳤다는 내용도 있다.[17] 그 정보의 출처가 믿을 만한지 모르지만 그 과업은 뤄양의 한나라 조정에서 수행되었음이 틀림 없다. 그러나 유감스럽게도 동아시아에 대해서는 전하는 바가 전혀 없는 로마의 기록에서는 그와 관련된 내용을 찾을 수 없다.

상자 12.1 『후한서(後漢書)』에 기록된 로마 제국

78장, 「서역열전(西域列傳)」
    11절, '대진국(로마 제국)
    범엽(范曄)(AD 398-445)

대진(글자 그대로는 '위대한 중국'=로마 제국)은 이간(犁軒)이라고도 불리었다.* 바다 서쪽에서 발견되었기 때문에 해서(海西) 왕국이라고도 불린다(글자 그대로 바다 서쪽=이집트). 영토는 수천 리에 달하는데, 성벽으로 둘러싸인 읍락 400개 이상을 갖고 있다. 수십 개의 보다 규모가 작은 독립 국가가 있다. 읍락의 성벽은 석재로 만들어져 있다.

그들은 간격을 두고 우편 중계소를 세웠는데 그것들은 모두 회반죽으로 하얗게 발라져 있다. 그곳에는 소나무와 침엽수를 비롯하여 모든 종류의 나무와 식물들이 있다. 대다수 사람은 농민이다. 그들은 많은 종류의 나무 농사를 짓고, 누에를 치며, 뽕나무를 키운다. 그들은 머리를 깎으며, 수놓은 그들 방식의 옷을 입는

---

16   Donald Leslie, *The Roman Empire in Chinese Sources* (Rome: Bardi, 1996) 참조.

17   Hill, *Through the Jade Gate to Rome*, p. 27 참조.

다. (여성을 위해) 장막을 친 긴 의자와 하얀 지붕의 말 한 필이 끄는 작은 마차가 있다. 수레가 오고 갈 때 북을 울리고 깃발을 올렸다.

정부(로마)의 구역은 둘레가 100리(41.6km) 이상이다. 이 도시에는 다섯 개의 왕궁이 서로 10리(4.2km) 간격을 두고 있다. 더욱이 왕궁의 방에 있는 기둥과 식탁 식기는 실제 수정으로 만들어져 있다. 왕은 하루에 한 왕궁에서 업무를 처리한다. 5일이면 그는 모든 왕궁을 방문하게 된다. 가방을 든 짐꾼의 임무는 항상 왕실 수레를 따르는 것이다. 어떤 사람이 왕과 논의하고 싶으면 그는 가방에 메모를 던진다. 왕이 왕궁에 도착하면, 그는 가방을 열고 내용을 검토하고 청원자가 옳은지 여부를 판단한다. 각 [왕궁은] 서류[를 담당하는] 관리가 있다.

36명의 지도자(또는 장수) [집단]은 서로 모여 국가 업무를 처리한다. 왕들은 영구적이 아니다. 그들은 가장 적합한 자격의 사람을 선택해서 지명한다. 만약 왕국에 예상치 못한 재난이 닥치면, 예를 들어 예년과 달리 심한 바람이나 비가 잦으면, 그의 허물과 상관없이 권력을 잃고 교체된다. 그 사람은 말없이 해임을 받아들이고 화내지 않는다. 이 나라의 사람들은 모두 크고 정직하다. 그들은 중왕국의 사람을 닮았으며, 이 왕국을 대진(즉 '위대한 중국')이라고 부르는 이유이다.[영문번역 존 E. 일(John E. Hill)]

* 이간(犁軒)은 초기 셀레우코스((Seleucid) 제국의 이름이며, 그 대부분은 로마 제국에 통합된 것으로 추정되고 있다.

문헌의 나머지 부분은 로마 제국의 산물에 대한 설명이다. 서기 166년 로마 왕 안돈(의심할 바 없이 마르쿠스 아우렐리우스 안토니우스, 재위 161-180)이 파견한 사절이 동한 조정에 도착했다고 기술하고 있다. 흥미롭게도 그들은 베트남 해안에서 왔다고 전한다.

참고문헌

Bielenstein, Hans, *The Restoration of the Han Dynasty* (Stockholm: Elanders Boktryckeri Aktiebolag, 1953).

_____, *The Bureaucracy of Han Times* (Cambridge: Cambridge University Press, 1980).

Di Cosmo, Nicolas, *Ancient China and Its Enemies: The Rise of Nomadic Empire in East Asian History* (Cambridge: Cambridge University Press, 2002).

Lewis, Mark Edward, *The Early Chinese Empires: Qin and Han* (Cambridge, MA: Belknap Press of Harvard University Press, 2007).

Loewe, Michael, *Crisis and conflict in Han China, 104 BC to AD 9* (London: Allen & Unwin, 1974).

Twitchett, Denis, and Michael Loewe (eds.), *The Cambridge History of China*, Vol. 1, *The Chi'in and Han Empires* (Cambridge: Cambridge University Press, 1986).

Wang, Zhongshu, *Han Civilization* (New Haven: Yale University Press, 1982).

제13장 국가와 사회: 한 제국의 관료제와 사회 질서

비록 한의 지배층이 스스로 진 제국의 이념적 경쟁자라고 내세웠지만, 한의 대부분 영광은 진 시대에 이미 자리 잡힌 토대가 있어 가능했다는 것에는 의심의 여지가 없다. 한 제국은 진의 요소를 수정하여 중국에 지속적으로 영향을 미칠 제도와 문화 양식을 구축하였다. 『후한서』에 전하는 바에 따르면 서기전 8년 한 제국의 인구는 남녀 총 5,959만 4,978명으로서, 몇 개의 군에서는 100만 명을 넘었던 것으로 전해진다. 동쪽의 만주 남부에서 서쪽의 파미르산맥 동쪽 기슭까지 그리고 남쪽으로는 중국 남동 해안에 걸치는 광대한 공간에 배치된 군대와 여러 식민지 집단을 운영하는 데 필요한 인간과 물자의 이동을 원활히 하기 위하여 한은 방대한 관료제도를 구축하였다. 종종 역사가들은 이를 현대 이전에 지구상에서 가장 완전하게 발달한 관료제 중 하나로 이해한다.

한 제국의 사회는 지배층이 20개의 서열로 구분되어 차별적인 특권이 부여되는 전형적인 계급 사회라고 설명할 수 있다. 오랜 영토 확장의 과정을 통하여 제국의 젊은 층에게는 군사적 혹은 비군사적 공로를 세워서 사회 지배층의 서열에 합류할 수 있는 기회가 상당히 많아졌다. 법적 시스템을 통하여 강화된 한 제국의 기본 질서를 제공한 것은 서열 체계이다. 그러나 보통 세습적으로 유지되던 상층 서열의 가문이 시간이 흐름에 따라 사회 자원을 지속적으로 늘리면서 소비하는 경향을 보였는데 이로 인하여 제국 정부와 경쟁 관계에 놓이게 된다. 황제의 주변에 있는 황실 외척과 환관 사이의 갈등에 의하여 한 제국이 정치적으로 약화되고 있는 시기에 이러한 경향은 장기적으로 제국 국가의 경제적 기반을 필연적으로 잠식하게 되는 결과를 초래하였다.

인완(尹灣) 문서와 한나라 관료제

한 제국 정부는 상대적으로 안정된 구조를 가지고 있었으며 이에 대해 역사가들은 '3공9경(三公九卿)'으로 부르고 있는바, 단지 약간의 사소한 조정을 거치며 400년간 유지되었다. 이 시스템은 정치과학자들이 막스 베버(Max Weber)의 이상적 관료제 모델에 가장 가까운 최초의 정부로 이해하는데, 실제로 엄격한 관료제의 원칙에 의해 구성되었다. 중앙 정부의 최고점에는 세 개의 고위직이 있는데, 승상(丞相), 어사대부(御史大夫), 태위(太尉)가 그것이다. 전국시대부터 북쪽 국가에서 점차적으로 발전해 온 승상의 역할은 정부 전체에 대하여 총괄적으로 책임을 지는 것이다. 달리 말하면 승상은 오직 황제에게만 책임을 지며 그의 유고 시 전체 관료체제가 기능하도록 명령을 내릴 수 있었는데, 실제로 이런 상황이 한 제국에서 자주 있었다.

강력한 권한과 전반적 영향력을 통하여 그는 황제에게 상당한 도움이 되기도 했지만 동시에 권좌에 대한 잠재적 위협이기도 했다. 그러므로 종종 그 역할을 우승상과 좌승상의 두 개의 직위로 나누는 것이 한의 관행이었고, 그중 우승상은 원로로 임명하였다. 그러나 좌승상이 우승상에 속하는 것은 아니며 둘 다 황제에 직접적으로 책임을 졌다. 관리의 감독 통제는 상당히 발달한 관료제의 주요한 특징인데, 한의 경우 중요 기능은 어사대부에게 부여되어 있다. 그는 황제의 감시인으로 관리의 승진과 처벌을 요청하는 자리에 있다[처벌에 대한 실제 조건은 추가 조사 후 정위(廷尉)가 결정한다]. 다음 직위는 서기전 119년 이전에는 태위라고 칭한 것으로, 황제 다음으로 가장 높은 지위의 군사 권한을 가진다. 시간이 흐름에 따라 승상의 역할이 점차 약화되면서 무제가 흉노 정벌 당시 만든 대사마(大司馬)에 그 책임의 대부분이 넘어갔는데, 이 직책은 서기전 8년에 최종적으로 폐지되었다.

'9경'은 중앙 정부와 관련된 광범위한 사안을 처리했다. 그러나 그들이 3공에 소속된 것은 아니었으며, 제국의 공무원이자 황제의 행정 대리인으로 인식하는 것이 정확할 것이다. 이 9개의 관직은 전반적으로 양분된 행정 체계를 따르고 있는데, 하나는 황제와 그의 황실, 궁정과 직접 관계가 있는 것이고, 다른 하나는 광대한 제국을 다스리는 것과 관련된다. 이는 또한 책임 공유의 원칙을 보여주기도 한다. 예를 들어 재무 행정은 대사의(大司農)와 소부(少府)가 담당하는데, 전자는 조세와 제국의 경제적 복지, 그리고 후자는 궁실의 재원조달을 책임진다. 광록훈(光祿勳)은 황실 가문의 최고책임자로서 또한 궁정의 안전에 대한 책임을 지는데, 위위(衛尉)도 왕궁 단지의 문과 장안 수도의 성벽을 지키는 경비초소를 통제한다. 또한 종정(宗正)의 직위는 황실 족보를 살피고 광대한 제국 내외의 외지에서 오는 방문객(고위직 사절)에 대한 의전 등을 맡기 위해 설치되었다. 서한 시기, 특히 흉노 제국과 군사적 대치가 고조되던 시기에 마필 관리가 중요한 과제였는데, 태복(太僕)은 경(卿)에 해당되는 직위를 갖고 황실 마구간과 수레용 말 모두를 관리하였다.[1]

한 제국의 지방 행정은 진의 모델을 따라 두 단계, 즉 군과 현으로 나누어지는데, 이는 지역 왕국의 연계망에 추가된 것으로, 지역 왕국의 숫자는 한 초기 100년간 군과 현이 증가함에 따라 감소하였다. 제국 초기 10년간 57개의 군과 거의 1,000개에 달하는 현이 있었으며 1세기 말에는 103개의 군으로 증가하고 그 아래 1,314개의 현으로 늘어나게 된다. 이러한 수치는 제국의 확장과 관료제의 성장을 반영하는 것으로 당시 지역 관료제가 정점에 달했음을 보여주는데, 그것은 이후에 두 수치가 모두 완만한 감소를 보이는 추세가 동한 시대까지 지속되기 때문이다. 각 군은 태수(太守)가 다스리는데 그들은 중앙 정부의 경(卿)과 대략 같은 수준인 곡물 2,000석(石)으로 측정되는 급여를 받았으며(상자 13.1), 각 현은 영(令)이 다스렸다. 그러나 무제 이후, 자사(刺史)가 제국의 조정에서 파견되어 너른 지역을 단위로 한 여러 군의 업무를 감찰하였다. 이 직책은 동한 시대에 철저히 지역화 과정을 거쳐 약 12개의 주(州)를 형성케 하였는데 이 상위 단계가 추가됨으로써 군과 현을 포함하여 지역행정 단위는 세 개의 단계로 구분된다.

서한 왕조의 공식 역사서인 『한서(漢書)』에서는 서기전 5년에 한 제국에 근무하는 관리의 총수가 현의 지역 참모 수준의 관리를 포함하여 13만 285명으로 집계되었으며 승상 이하의 수도 근무자는 3만 명에 달하는 것으로 추정되었다. 이 공무원들 외에도 한 제국 전역에 걸쳐 자신들의 생애를 여러 성채와 막사에서 보낸 많은 수의 군사 관리들도 있었다. 만약 앞의 수치가 정확하다면, 그리고 그렇지 않다고 주장할 만한 근거가 없다면, 한 제국에서 근무하는 관리들의 총수는 최소한 로마 제국에 의해 고용된 관리들 수의 10배가 넘는다. 한 제국의 수도에 국한하여 볼 때, 로마 제국의 관료제가 한 제

---

1   Hans Bielenstein, *The Bureaucracy of the Han Times* (Cambridge: Cambridge University Press, 1980), pp. 7-69 참조.

국과 같은 완벽한 수준에 이르는 것은 수세기 지나서였다. 또 다른 측면에서 비교해 보면, 로마가 엄청난 농촌 인구에 대해서는 간접적으로 통제하는 데 그치고 해안 또는 주요 교통로에 있는 반독립적인 도시들만 지배하는 것이 필요했던 반면에, 한 제국은 촌락 단위까지 근접 파악하기 위해서 거대한 관료체제를 작동시켰던 것이다. 여러 토착집단이 거주하는 남서지역과 같이 새로이 정복된 내륙지역의 경우 특히 그러했는데, 그것은 그들에 대한 통제가 실제로 군현 제도의 확장을 통해야만 가능하였기 때문이다.

상자 13.1 한나라 관리의 급여 체계

한나라 관리들의 급여 체계는 한스 비에렌스타인(Hans Bielenstein)에 의해 체계적으로 논의된 바 있다. 비록 서한 말 수십 년 중, 한의 관리들에게 적용된 18단계의 서열 체계가 관념적이기는 하였지만, 수직적으로는 물론 수평적으로 모두 비교될 수 있었다. 삼공(三公)은 최고 1만 석까지 급여로 받았으며, 2,000석은 중앙 정부 또는 수도 이외 지역의 군 태수(혹은 자사) 등의 경(卿) 수준이 받는다. 인완(尹灣) 문서에는 현령은 그들이 통치하는 현의 규모와 인구에 따라 1,000석에서 400석을 받았다. 100석은 현의 리(吏) 수준이다.

한나라 관리들이 실제로 받는 급여는 이 시스템과 관련 있지만 그것으로 직접 계산되는 것은 아니다. 서기전 1세기 말에 2,000석 수준의 관리는 연간 약 1만 2,000전을 받았으며, 800석에 해당하는 수준의 관리는 약 9,200전을 받았다. 1세기 후 초기 동한 시기에, 삼공은 매월 껍질을 벗기지 않은 곡식 350휘를 받았으며, 2,000석의 관리는 120휘, 1,000석은 90휘, 600석은 70휘, 100석은 16휘의 곡식을 받았다. 관리들은 급여의 절반을 현금으로 받을 수 있었다. 서한과 비교할 때, 기록에 의하면 1,000석 및 그 이하의 급여 수준에 대한 지불은 증가하였고, 2,000석 및 그 이상은 감소하였다. 한 관리들이 그들의 급여로 생계를 유지할 수 있었는지는 논쟁의 대상이지만 비에렌스타인은 최소한 동한 초기의 지급 체계에 의하면 그들은 적절한 급여를 받았다고 결론을 내렸다.

관료제도는 단순히 관리의 복합적 총체만을 의미하는 것이 아니라 규칙적이고 표준화된 행정 절차 또한 의미한다. 1993년 장쑤 동부 인완에서 이루어진 중요한 고고학적 발견으로 얻어진 서기전 16년에서 11년에 걸친 동해군(東海郡)의 통치자 집무실에서 복사된 것으로 보이는 자료에서 지역 수준의 관료제가 어떻게 운용되었는지를 세밀하게 살필 수 있게 되었다. 총 156점에 달하는 목간과 죽간에 적힌 문장 중, 가장 눈에 띄는 것은 군에서 장안의 중앙 정부에 제출한 표준 '연보(年譜)' 사본이다. 그 보고서는 170개 구역[鄉], 688개의 하위 구역[亭], 그리고 2,534개의 촌[里]을 포함한 현 이하의 행정 단위뿐만 아니라 다수의 현과 제후국에 대하여 기술하고 있다.

그런 다음 그 보고서에서는 동해군 영역을 설명하고 관리의 전체 총수 2,203명과 함께 인구 139만 4,195명에 대하여 연령과 성별로 세분하여 기록하였다. 군의 재정 상황은 11억 2,085만 9,115전의 금액이 남아 긍정적이지만 군의 연간 지출액보다 약간 밑도는 것으로 보고되고 있다. 이 보고서에 딸린 '관리명부'에는 군 태수에서부터 하위 구역의 장까지 공식적으로 지출된 개인별 급여에 대한 상세한 기록이 담겨 있다. 예를 들어 해서(海西) 현에는 여러 역할을 담당한 107명의 관리가 있는데 이들은 군의 연간 예산에서 급여를 받았다. 더욱 흥미로운 것은 '장리명적(長吏名籍)'이라는 서류이다. 이 서류는 각 현의 세 주요 관리, 즉 영(令), 승(丞), 위(尉)의 이력을 보여주고 있다.

땅에 묻혔던 문서에 의해 제공된 수치 일부의 정확도에 대해 논쟁을 벌이는 것에는 자유로울 수 있지만, 한 제국이 진정으로 고도로 정교한 관료제 시스템을 발전시켰다는 결론을 부인할 수 있는 학자는 별로 없을 것이다. 한의 관료제도는 장안에서부터 제국 구석구석에 있는 각 개별 촌락까지 적용되어 표준적인 절차로 정보를 수집하여 수도에 전달하는 것이 가능하였다. 이렇게 수집된 정보는 이후 한 제국 정부가 가장 효율적인 방법으로 자원을 가동하여 정치적 군사적 목적을 달성하는 데 활용된다. 마이클 로위(Michael Loewe)는 인완 문서의 수치에 근거하고 공식적인 역사서에 보고된 군과 왕국의 수를 계산한 결과 앞에서 언급한 서기전 5년에 『한서』에 보고된 전체 총 관리 수가 대략 정확하다는 결론을 내렸다.[2]

한 제국이 거대한 관료제를 지원하기 위해 동원할 수 있는 자원은 다양하다. 매년

---

2   The Society for the Study of Early China 웹사이트(www.lib.uchicago.edu/earlychina/res)에 게시된 Michael Loewe, "The Administrative Documents from Yinwan: A Summary of Central Issues Raised" 참조.

군의 태수는 도덕적 그리고 개인적으로 자질을 갖춘 소수의 젊은 남성 집단을 중앙 정부에 추천하라는 요청을 받는다. '효렴(孝廉)'이라고 불리는 이 집단은 중앙 정부에서 단기간 인턴십 과정을 거쳐 지방 행정직에 임명된다. 서기전 136년 무제가 유교 교과 과정을 만든 이후 수도의 태학(太學)에서 배출하는 관리 업무에 적합한 졸업생의 숫자는 지속적으로 증가하였으며 동한 초기에는 그 수가 매년 1만 명을 넘었다. 중앙 정부의 경(卿)이나 군의 태수는 세습되는 지위를 인정받아 제국의 관리 업무에 자신의 아들을 배치하는 것이 어느 정도 허용되었다. 그러나 보다 일반적인 관점에서 볼 때, 영토를 급격히 확장시키는 과정은 국경지역에서의 군사적 모험이나 민간 복무 분야에서 젊은 영혼들이 자신들의 개인적 한계를 시험할 엄청난 기회를 제공하였다. 또한 이를 통하여 제국의 관료 기구에 추가되는 직책도 지속적으로 증가하였다. 의심할 바 없이 한 제국은 서기전 수 세기 동안 지구상에서 가장 집중적으로 통치를 받은 지역이었던 것이다.

장자산(張家山) 법령과 한 제국의 사회 질서

법적 체계의 실행을 통해 형성되고 관리되는 사회 질서는 한의 경우 4세기 이상 비교적 안정적으로 유지되었다. 『한서』에는 '형법지(刑法志)'라는 제목으로 한나라 법의 기원을 설명한 내용이 포함되어 있다. 이에 따르면 유방이 진의 이전 수도에 도착했을 때, 그는 진 제국이 시행하였던 엄한 처벌제도를 과감히 버리고 '법삼장(法三章)'을 공포했는데 이는 단순히 살인자는 사형에 처하고 상해를 입히거나 강도짓을 한 자는 그 범죄를 배상해야 한다고 정한 것으로 보이는 기본적 규정이었다. 그 후 그의 신하인 소하(蕭何)가 세심하게 진의 법령을 검토하여 한 제국의 초석이 된 '법구장(法九章)'을 선별 제정하였다. 이 조항 중 어느 것도 문헌으로 전하고 있지 않기 때문에, 이와 관련한 설명에 대하여 현대 학자들 간에 많은 논란이 있다.[3] '형법지'는 이미 유교 가치관과 윤리에 의해 깊게 일구어진 동한 초기의 사상적 토양에 뿌리를 내리고 있다. 이러

---

3   Yongping Liu, *Origins of Chinese Law: Penal and Administrative Law in its Early Development* (Hong Kong: Oxford University Press, 1998), pp. 260-266 참조.

한 측면에서 보면 비록 우리가 오늘날 갖고 있는 자료(아래 참조)가 더 풍부하고 이 문헌이 한의 법적 체계의 실제 관행에 대해 많은 것을 설명하지는 못하지만, 유교의 주된 흐름에 따르는 한나라 정부와 지배층 대부분이 법가의 구호와는 다른 방식으로 어떻게 법에 의한 통치를 이해하였는지 알려 주고 있다.

그래서 제례가 자연 질서를 표현하듯이, 법과 처벌도 하늘이 내린 천둥과 번개와 같아서 성스러운 자연에 그 기원을 두기 때문에 그 사용이 정당화될 수 있었다. 한편으로 처벌은 사회 질서를 유지하는 데 바람직하지도 않고, 고맙지도 않은 '필요악'이므로, 백성이 질서를 지키도록 실행되는 법과 사용되는 처벌의 수치를 통하여 정부가 갖춘 덕의 수준이 평가될 수 있었다.[4] 그러므로 훌륭한 황제는 특히 몸을 베는 신체적 처형을 늘리지 않고 줄이는 데 주된 관심을 가지는 것으로 전해진다.[5] 그래서 문제가 발생할 때에는 범죄자가 스스로 갱생하여 정상적인 생활로 복귀할 수 있게 하기 위하여, 왼쪽 발을 절단하는 처벌은 500대의 태형, 코를 자르거나 얼굴에 문신을 새기는 처벌은 300대의 태형으로 대체하였다. 한 경제의 치하에서는 두 경우의 처벌 수위가 모두 100대씩 감해졌는데, 그 숫자대로 맞은 직후 죽는 경우가 많았기 때문이다. '형법지'에서 한나라가 시행한 여러 법에 대한 정보를 일부 확인할 수 있었는데, 유교적 분위기에도 불구하고 무제 때는 법령과 칙령이 총 359조항에 달했고 그중 사형과 관련된 법령이 409개로서 관련된 표본 사례가 1,882개나 된다. 이 수치는 같은 문헌에 나타나는 한나라의 법률 시스템이 사람에 대한 처벌을 최소화하기 위해 제정되었다는 내용과 상반되는 것이다.

전반적으로 한의 법률 체계는 보편적 서열 시스템 등의 준거 틀에서 볼 때 그 기원을 진 제국에 두고 있다고 할 수 있다. 두 시스템 모두 특권 귀족 서열과 같은 한 제국의 새로운 현실을 반영하여 필요한 수정을 거쳐서 한의 사회가 운영되는 기본적 체계로 자리 잡았다. 1983-4년에 후베이성(湖北省) 장링(江陵)시 구역 장자산(張家山)의 작은 무덤에서 총 1,236점의 죽간이 발굴되었는데 고황후 여씨(高皇后 呂氏) 2년(186 BC)으로 연대가 추정되는 약 500점의 죽간에 한나라의 법률이 기록되어 있었다. 학자들이 보통 '이년율령(二年律令)'이라고 부르는 이들 죽간은 총 27개 조항으로 이루어져

4   *Ibid.*, p. 255.
5   *Ibid.*, pp. 302-308.

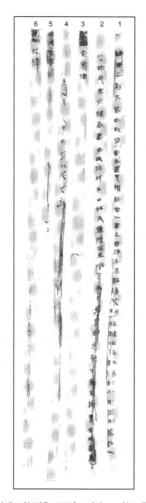

1 · 2: '토지 조항(전율, 田律)', 3: '화폐 조항(전율, 錢律)', 4: '절도 조항(도율, 盜律)', 5: 미확인, 6: '탐문 조항'

그림 13.1 장자산(張家山)에서 발견된 한나라 법률 죽간

있는데 한나라 초 몇 세기 동안 실제로 사용된 법률 조항이다(그림 13.1). 범죄 조항과 관련된 것으로 '살인 조항(적률, 賊律)'과 '절도 조항(도율, 盜律)'이 있으며 이와 더불어 '보고 조항(고율, 告律)', '체포 조항(포율, 捕律)', '처벌 감면 조항'과 같은 법적 절차와 관련된 많은 조항이 있다.

　　장자산 법률의 중요한 묶음은 제국의 경제적 활동과 관련되었으며,⁶ 또 다른 조항

6　　이 조항에는 '곡물 운송 조항', '재고 조항', '토지 조항', '시장 조항' 그리고 가장 중요한 것으로, '화폐 조항'이 있다.

묶음은 정부 활동에 관련된 것이다.[7] 마지막 묶음과 관련하여 아주 흥미로운 조항은 '관리조항(치리율, 置吏律)'인데 정부 각 수준의 관리를 훈련시키고 활용하는 내용을 담고 있다. 일부 조항은 쉐이후디(睡虎地)의 진나라 법률 조항에 대응되는데(11장에서 논의된 바 있음), 분명히 장자산 조항의 범위가 훨씬 넓다.[8] 지방 성읍의 수비대가 지역 왕에게 망명한 사실에 대한 조항과 같이 한 초기 특별한 상황과 관련된 일부 조항도 시선을 끈다. 한편으로 27개 조항의 모든 내용이 한 왕조 전 기간에 걸쳐 계속 사용된 한 제국 법률의 전체는 아니더라도, 핵심 부분을 보여주고 있다.

'살인 조항'을 면밀히 살펴보면 범죄에 대한 정의와 처벌의 적절성에 대하여 제대로 파악할 수 있다. 예를 들어 한나라 법에 의하면, 전투 중 살해, 살인은 공개 처형 처벌을 받게 되지만, 실수 또는 경기 중 살인은 벌금을 내고 가석방될 수 있었다. 피해자가 죽지 않았다면, 가해자는 얼굴 문신형과 '성곽축조 노역자'(성단, 城旦) 혹은 '곡물가공 노역자'(용, 舂) 선고를 받게 된다.[9] 그러나 만약 죽었다면 공모자까지 공개 처형을 받는다. 상해를 입힌 경우, 만약 20일 이내에 부상자가 죽는다면, 살인과 같이 처리한다. 고의로 상해를 입혔거나 또는 강제 노역을 피해기 위해 자해를 한 경우는 얼굴에 문신을 하고 '성곽축조 노역자' 혹은 '곡물가공 노역자'에 처한다. 싸움 중에 무기, 망치 또는 철제 도구를 사용해 상해를 입히면 머리를 깎고 앞에서 언급한 두 형태의 처벌을 받게 되고, 무기나 철제 도구를 사용하지 않았다면 수염을 깎는다. 다시 말하면 피해자에게 신체적 상해를 입히거나 사망에 이르게 한 범죄의 경우, 범죄와 관련된 범법자의 의도, 결과, 그리고 장소와 수단 등 모두가 신중하게 고려된 것이다.

장자산의 법률 조항은 이 장의 주제를 엿볼 수 있는 독특한 창구 역할을 하는데 이를 통해 한나라 사회가 어떻게 구성되어 있는지 그리고 한나라 법률로 여러 사회 집단이 누린 특권과 특혜가 무엇인지를 볼 수 있다. '형법지'는 한 사회의 하층에 있는 네 개의 상이한 계급을 열거하고 있는데 (1) '성곽축조 노역자'와 '곡물가공 노역자,' (2) '땔감채취 노역자'(귀신, 鬼薪)와 '백미수거 노역자'(백찬, 白粲), (3) 남녀노예(예신첩, 隷臣

---

7   이 조항에는 '직위 설치에 관한 조항', '포상 조항', '노역 면제 조항' 그리고 '우편 조항'이 포함되어 있다.
8   그러나 이 점은 장자산이나 쉐이후디 조항이 한이나 진의 법전 전체를 보여주지 못할 가능성이 있으므로 틀릴 수 있다.
9   한의 기록에서 가장 흔하게 언급되는 선고에는 두 형태가 있는데, 남성 죄인은 도시 성벽 건설 사역에 강제 동원되고, 여성은 곡물 처리 노역에 처해지는 것이다.

妾), (4) 평민(서인, 庶人)이 그것이다.[10] 장자산 법률 조항에서 네 개의 계급에 대한 대우는 분명히 법으로 구분되어 있다. 여기서 흥미 있는 점은 노예의 사회적 지위, 즉 한 제국의 노예 성격과 관련된 것으로 한 초기의 연구에서 오랫동안 논의되어 온 질문이다.[11] 예를 들어 법률 조항에 따르면 만약 '귀신' 혹은 '백찬'이 서인을 공격하면, 그들은 얼굴에 문신을 새기고 더 힘든 노동인 '성단' 혹은 '용'에 처해지는 선고를 받게 된다. 그러나 만약 예신첩이 서인을 공격하면 그 예신첩은 얼굴에 문신을 새기고 다른 사람의 예신첩으로 보내진다.

전반적으로, 장자산 법률 조항은 노예가 고된 노동에 처해진 죄수 수준보다 상당히 높은 계급임을 의미한다. 그들이 노동을 제공하는 주인에 대하여 사회적으로 종속된 사실은 의심할 바 없지만, 그들은 죄수가 아니며 강제 노역에 처할 수 없었다. 그들이 일단 노예가 되면 그들은 부모에 대한 사회적 책임을 포기했고, 그래서 '보고 조항'에는 노예가 '불효를 저질렀다고' 고발되어도 그 보고는 기각되었다. '각종 위법 조항'에는 자유로운 여성이 노예와 결혼하면 그녀의 아이는 다른 집안에 노예로 보내지는데, 반면에 남성 노예와 평민 여성 사이의 불법적인 성관계로 인해 태어난 아이는 평민의 지위를 얻을 수 있었다. 만약에 주인이 다른 집안 노예의 아내인 노예와 불법적인 성관계로 자식을 낳았다면 그 자식은 다른 집안의 노예가 된다. 로빈 예이츠(Robin Yates)는 최근의 연구에서 고대 중국 제국에서 노예를 사회적으로 존재하지 않는(즉 사회적으로는 사망한) 사람으로 재정의하였다. 따라서 그들은 자신의 이름으로 재산을 소유하지 못했으며 그들의 재산은 주인의 소유였다.[12] 이러한 측면에서 한 제국에서의 노예에 대한 전반적 대우나 사회적 인식은 로마 제국의 경우와 상당히 다르며, 그 차이는 노예의 확보 방법이 다르다는 사실과 상당한 관계가 있을 것이다. 한 제국에서 대다수의 노예는 한족인 그들의 가족에 의해 팔렸거나[13] 스스로 노예가 된 사람들인 반면,

10 '귀신(鬼薪)'은 산에서 땔감을 구해 오도록 선고받은 여성 범죄자이며, '백찬(白粲)'은 백미라는 특별한 종류를 수집하도록 처벌받은 여성 범죄자이다. 두 가지는 봉헌의 용도로 사용된다.

11 그 주제에 대해서는 Clarence Martin Wilbur의 긴 논문 *Slavery in China during the Former Han Dynasty, 206 BC-AD 25* (Chicago: Field Museum of Natural History, 1943), pp. 72-236을 참조할 것.

12 Robin D. S. Yates, "Slavery in Early China: A Social.Cultural Approach," *Journal of East Asian Archaeology*, 3.1.2 (2001), pp. 297-300 참고.

13 Ch'u T'ung-tsu, *Han Social Structure* (Seattle: University of Washington Press, 1972), pp. 135-141 참고.

로마에서 노예는 로마 정복의 산물인 것이다.

(등급을 갖지 못한) 평민 수준보다 높은 시민 계층은 한 제국의 사회적 위계의 토대를 제공하는 소위 '20등급'에 따라 차별되었다. 그 시스템은 한 제국이 전적으로 진으로부터 이어받은 것이다. 장자산의 '호적 조항[戶律]'은 각 서열 보유자에게 허락된 토지의 세부 면적과 주택의 수를 서열별로 규정하였다. 사닥다리 사회의 맨 밑인 1등(공사, 公士)은 토지 150무(畝)와 1.5호(戶)가 허락되었으며 상층인 19등(관내후, 关內侯)과 20등(철후, 徹侯)은 각각 9,500무의 토지와 95호, 그리고 105호(20등에게는 토지 면적이 규정되어 있지 않다)가 허락되었다. 한나라 사회에서 그렇게 엄격한 기준이 시행되었는지, 그리고 만약 그 수치가 각 등급의 사람이 가질 수 있는 최대치라면, 그 수치가 엄격히 준수되었는지에 대해서는 꾸준하게 논란이 되어 왔다.

그러나 법적 문제가 발생한 경우 한나라 법률의 이러한 명문 규정을 아는 사람은 다른 사람으로부터 자신을 방어하기 위하여 이를 분명히 이용하였을 것이다. 그리고 법률상 등급이 다르면 그 대우도 다르게 취급되는 것으로 예정되어 있었다. 예를 들어, '살인 조항'에서는 분명히 낮은 서열의 사람이 상위의 사람을 공격할 경우, 폭력에 대한 벌금은 금 4조각이지만, 같거나 낮은 서열의 사람을 공격한 경우에는 단지 금 2조각이었다. '처벌 감면 조항'에는 2등 사람의 아내가 얼굴 문신과 '성벽축조 노역자(성단)' 혹은 '곡물가공 노역자(춘)'의 신체 처벌에 해당하는 범죄를 저지른 경우 그의 아내는 머리를 깎고 '땔감조달 노역자(귀신)'와 '이삭줍기 노역자(백찬)'의 노동형으로 감형할 것을 규정하고 있다. 그러나 감형의 특권은 2등 이상에게만 주어진 것으로 보이며, 1등과 그 이하의 수준인 서인에게는 적용되지 않았다.

간단히 말해서 장자산 법률 조항은 우리들에게 한 제국의 사회적 역사를 들여다볼 수 있는 유례없는 창구의 역할을 한다. 같은 무덤에는 '이년율령'과 함께 22개의 소송 사례 묶음도 묻혀 있었는데, 이를 통하여 진과 초기 한 제국의 실질적인 법적 절차를 조명할 수 있게 되었다(상자 13.2). 보다 일반적인 관점에서 장자산 법률 죽간은 한 제국의 사회적 가치와 특징을 이해하는 확고한 근거를 제공하고 있는 것이다.

장자산 출토 '범죄론'〔주언서(奏讞書)〕

1983년 장자산 247호 무덤에서 출토된 주언서는 22개의 실제 범죄 사례를 모아 놓은 것이다. 이 사례들은 각 군의 법담당 관리가 판단하기 어려워 삼공(三公)의 사무실에 확인을 청하며 제출한 것들이다. 이 사례들은 서기전 195년경 참고자료집으로 편집되었으며 한 제국 전역의 관리들에게 널리 유통되고 학습되었다. 이 책에 실린 사례들은 한나라의 합법적인 관료제의 운용을 살펴볼 수 있는 중요하고도 새로운 시각을 제공해 준다.

사례 1

[고황제(高皇帝)] 11년(196 BC), 갑신일에 시작되는 8월, 기축일, 이도(夷道)의 장(長)과 그의 보조관 승(丞) 가(嘉)는 다음과 같은 내용을 감히 제시합니다.

6월, 무자일, 쇠뇌 병사 구(九)는 도위(都尉) 요(窯) 소속의 수비대 병사로 근무할 것을 명령받은 무우(無优)라는 [이름]의 성인 남성을 데려왔는데, 무우가 말하기를 "오랑캐(만이, 蠻夷) 성인 남성으로서 [나는] 연간 노역 봉사를 면제받기 위해 연간 인두세로 56전을 지불하였기 때문에 수비대 병사로 근무하지 않아도 됩니다. 그러므로 도위 요(窯)가 나를 수비대 병사로 근무하라고 소환했을 때, 그가 도착하기 전에 달아난 것입니다. 나머지는 구(九)의 보고와 같습니다." 요(窯)가 말하기를 "남군(南郡)의 도위가 수비대 병사를 징집하기 위한 명령을 내렸고, '만이조항(만이율, 蠻夷律)'은 그들을 수비대 병사로 징집하지 말라고 하지 않았기 때문에 [나는] 그를 소집하였고, 그가 달아난 줄 몰랐습니다. 나머지는 무우(無优)[가 말한 것과] 같습니다."

우리는 무우를 심문하였습니다. "조항에 따르면 오랑캐 남성 성인은 연간 공물과 인두세를 합해 노역세 대신 지불할 수 있다. 그러나 수비대 병사로 근무하지 않아도 된다는 것은 아니다. 혹 수비대 병사로 근무하지 않아도 된다고 하더라도 요가 일단 너를 소집했다면 너는 수비대 병사이다. 이제 너는 도망하였으니 이를 [너는] 어떻게 설명하겠는가?" 이에 무우가 말하기를 "군장(君長)이 있어 공물 현금을 매년 인두세로 바쳤고 그것은 [노역 봉사를] 면제받기 위한 것입니다. 관리들이 [기록을] 보관하고 있을 것입니다. 내가 잘못 알고 있는 것인가요?" [우리는 관리들에게] 질문했더니 그가 말한 바와 같았습니다.

　　[우리는] 문의합니다. "무우는 오랑캐 남성 성인으로 매년 노역 봉사의 인두세 대신 공물 금액을 냈습니다. 요가 그를 수비대 병사로 소집하였을 때, [그는] 도망쳤고 체포되었습니다. 모든 것은 명백합니다. [우리는] 그가 유죄인지 의심하면서 계류 중인 다른 쟁점과 함께, [우리는] 감히 이 사례를 제시한 보고서를 제출합니다."

　　재판 서기는 이를 공개하고, 담당 관리들은 판결을 위하여 논의하였는바, 일부는 무우를 베어 죽여야 한다고 하였지만, 다른 관리는 그 사례는 기각되어야 한다고 주장하였다. 정위(廷尉)의 최고 관리는 "[그를] 베어 죽여야 한다"고 판결하였다.

농민 대 호족: 한 제국의 사회적 문제

　　한 제국에 장기적으로 영향을 준 주요 사회 문제는 대부분 서열 보유자보다 하급 서민들로 제국의 부담을 어깨에 짊어진 농민들의 여건이 악화되었다는 사실이었다. 사회적 출세의 사다리 상층 수준에는 한 제국의 최상층 서열을 차지하고 있는 왕과 공(公) 또는 저명한 관료들의 후손들이 자리한다. 경제적 지위와 사회적 특권의 조건에서 두 집단 간의 차이는 아무리 축소해도 극단적이었다. 토지를 소유하지 못한 농민이 제국에 대해 갖는 잠재적 위협은 왕망 체제를 무너뜨린 반란이 충분히 보여준 바 있다. 근본적인 문제는 생존을 위해 투쟁하는 농민이 가진 것은 상황 변화에 대처하기 위한 최소한의 자원밖에 없다는 것이었다. 그러므로 그들은 한 제국 사회에서 가장 취약한 요소였다.

　　몇 년 동안 흉년이 들거나 비상 상황이 발생하면 빈농은 언제든 그러한 기회를 이용할 준비가 되어 있는 높은 서열의 이웃들에 대하여 쉽게 채무자로 전락한다. 농민들이 부채를 상환하지 못하면, 그들이 할 수 있는 것이라고는 단지 그들의 자식, 더 나아가 토지와 자신들을 '호족(豪族)'에게 팔아넘기는 것인데, 그렇게 함으로써 국가에 세금을 납부하는 사람의 명단에서 빠지게 된다. 한 제국의 사회적 역사는, 특히 동한 시대에 들어와서는 토지와 인구가 점진적으로 대규모 토지 소유자의 수중으로 들어가는 과정 그 자체라고 보는 것도 일리가 있다.

12장에서 언급한 바와 같이 왕망 개혁의 일환으로서 이러한 문제를 해결하기 위하여 한 가구가 소유할 수 있는 토지 면적과 노예의 수를 제한하였다. 그러나 그는 무참하게 실패했다. 반면에 왕망 체제에 저항하는 반란으로 야기된 극심한 혼란과 동한 제국 건설 전의 전쟁은 기존 고위 가문 토지의 많은 부분을 황폐하게 만들었다. 이러한 기회를 포착하여 재건된 한 제국의 첫 번째 황제 유수(劉秀)는 토지 재분배의 기초를 마련하기 위해 체계적인 토지 조사를 명령하였다. 학자들은 유수가 명령한 토지 조사에 대하여 특히 제국과 귀족 재산이 집중된 지역에서 얼마나 철저히 실행되었는지 심각한 의문을 품어 왔다. 그러나 동시에 유수는 농촌 지역의 긴장을 완화시키기 위한 노력도 시도한 것으로 보이는데 토지세가 1/10에서 1/30로 감소되었다는 보고가 바로 그것이다. 동한의 통치 기간 동안 농민들의 감소 추세는 서기 2년과 140년 각각의 시기에 인구 밀도의 변화를 보여주는 지도를 비교함으로써 확인할 수 있다(그림 13.2).

〈그림 13.2〉의 두 지도는 서한 말에서 동한 제국 후기의 2세기 말까지 138년간 인구의 급격한 감소를 보여주고 있다. 그것은 한 제국이 서기 2년에서 140년에 이르는 기간에 전체적으로 약 8-9백 만 명이 감소하였음을 의미하는데, 이러한 인구조사 자료는 전반적으로 신뢰할 수 있는 것이다.[14] 이 급격한 인구 감소, 특히 이전에 가장 인구밀도가 높았던 북중국 지역의 경우에 대하여 다른 설명, 예를 들어 혼란스러웠던 왕망 시기의 자연 재해 등에 의한 것이라는 설명이 있을 수도 있다. 이러한 측면에서 황하의 범람에 대하여 학자들이 종종 지적한 바 있다. 그러나 그러한 주장만으로는 그 뒤 동한 제국의 첫 번째 세기에 여건이 호전되었음에도 북중국의 인구가 왕망 이전 수준으로 돌아가지 못하고 여전히 상당한 차이를 보여주는 사실을 설명하지 못한다.

또 다른 가능한 설명에 따르자면 비교에 활용된 자료가 중앙 정부가 이용한 가능한 정보에 근거하여 작성된 서한과 동한 제국의 공식적인 역사에서 보고된 자료이기 때문에, 그러한 변화는 단지 등록된 조세 납부자의 숫자가 상당히 감소했다는 사실을

---

14   비록 남쪽 인구 증가가 (거의 1800만 명이나 되는 것으로 추정되는) 북쪽의 감소를 다소 상쇄시켜 주기는 하지만, 전반적 인구 감소는 심각한 편이다. Hans Bielenstein, "The Census of China: During the Period 2-742 A.D.," *Bulletin of the Museum of Far Eastern Antiquities* (Stockholm) 19 (1947), pp. 139, 144 참조.

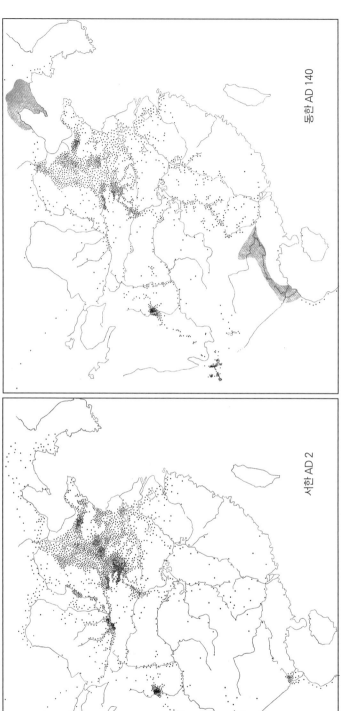

그림 13.2 서기 2~140년 기간의 한 제국 인구 감소

동한 AD 140

서한 AD 2

보여주는 것이지 전반적인 인구의 감소를 보여주는 것은 아니라는 것이다. 달리 말해 그 상당한 정도의 차이는 호족들이 소규모 가구의 자유 조세 납부자들을 농지 비소유 임차인, 심지어는 노예로 전락시켜 결국 자신들에게 종속시키는 데에서 발생했다는 것이다.[15] 이로 인해 조세수입과 부역의 원천이 되는 농민들에 대한 한 정부의 통제력이 상당히 약화되었다. 틀림없이 그러한 진행과정은 보다 복잡하였을 것이다. 지역 정부의 독점력이 강화된 상황에서, 호족은 효과적으로 조세 부담을 소규모 농민 가구에 전가시킬 수 있었으며, 그로 말미암아 그들이 파산하여 호족의 하인으로 전락하는 경우가 그중 한 사례가 될 것이다.

호족은 앞에서 논의한 바처럼 한 제국 사회 시스템의 산물이다. 많은 수의 호족이 서한에서 시작되었으며 지역 왕이나 공의 후손들이었다. 실제로 유수 자신도 그러한 집안의 후손이었다. 다른 경우는 고위 관리나 자신들의 재산으로 서열을 살 수 있는 부유한 상인 가문의 후손들로 그러한 관행은 서한 초기부터 있어 왔다. 수세기 동안 이러한 가문들은 지역 사회 깊숙이 뿌리를 내렸으며 허약한 이웃세력을 희생시켜 국가의 강력한 경쟁자로 등장하기도 하였다. 유명한 동한의 장군 마원(馬援)의 아들인 마방(馬防)과 마광(馬光) 가족들은 각각 1,000명 이상의 노예, 현금 1억과 수도 외곽에 대규모의 비옥한 땅을 소유하고 있었으며 그들의 집에 일상적으로 머무는 손님들이 수백 명이었다는 기록이 전하는데, 이를 통하여 호족의 어마어마한 경제력을 확인할 수 있다. 산둥 제남(齊南)의 왕 유강(劉康)은 토지 8만 무와 1,400명의 남녀 노예, 1,200마리의 말을 소유한 것으로 알려져 있다.[16]

동한의 기준으로는 자신들의 집에 수천 명의 사람을 거느리는 것은 지역에서 드문 일이 아니었으며 300-400명은 '호족(豪族)'으로 불리기 위한 기본적인 요건이었다. 분명 호족은 같은 조상의 후손만으로 형성될 수 없었고, 대신에 여러 가지 이유로 그 지역의 여러 성씨와 출신이 결합되었을 것이다. 각 호족은 독립적인 사회 단위로서 자체적인 관리와 행동의 지침을 갖고 있었으며 군과 현 정부에 도전하는 중요한 세력이기도 했다. 많은 명문 가문들은 또한 그들 자신의 하인으로 구성된 병력을 갖고 있었

---

15   Bielenstein, "The Census of China," 143. 이 과정에 대한 보다 체계적인 논의를 보려면, Denis Twitch-ett and Michael Loewe (eds.), *The Cambridge History of China*, vol. 1, *The Ch'in and Han Empires* (Cambridge: Cambridge University Press, 1986), pp. 556-559 참조할 것.

16   Ch'u, *Han Social Structure*, pp. 202-209.

다. 이를 통하여 그들은 정치적 군사적으로 혼란한 시기에 발생하는 적의 공격에 대항할 수 있었고, 다른 지역의 군대와 연합하여 상호간에 전쟁을 치르기도 하였는데 이러한 일은 동한 말에 자주 일어났다.

어떠한 경우에도 호족 세력의 성장과 농민 여건의 악화는 틀림없이 동전의 양면과 같았다. 넓은 역사적 시각에서 호족의 입장을 보면, 서한 제국 시기의 눈부신 영토 확장 사업이 마감됨으로써 더 이상 전선 지역에서 새로운 토지의 획득이 불가능하게 된다. 그에 따라 한 제국의 지배층은 늘어난 자신들의 가구를 유지하기 위해서는 지역 현지 자원을 착취해야 하는 상황을 피할 수가 없었다. 이는 한의 사회경제사의 가장 중요한 역학적 구조라고 할 수 있을 것이다.

한의 식민 사업: 국경사회에 대한 일 고찰

비록 한 제국의 군사 문제와 국경 특정 지역에 국한되기는 하지만 국가와 사회의 운영을 자세히 살펴볼 수 있는 자료가 입수된 바 있다. 수천 점의 행정 문서와 관련된 죽간과 목간이 그것으로서 중앙아시아로 가는 길을 따라 오늘날 간쑤성에 해당하는 지역에 위치한 여러 한 왕조의 군사기지와 시설 자리에 모래로 덮여 있었다.[17] 서기전 121년에 곽거병(霍去病)은 두 번에 걸쳐 종전에 없었던 이 지역의 원정에 나섰었다. 이어서 서기전 115년에 오늘날 키르기스스탄 지역인 오손(烏孫) 왕국과 연합하게 되면서 한 제국은 이 지역에 대한 흉노의 영향에 대항하여 보다 공격적인 조치를 취하게 된다.

서기전 72년경 황하의 서쪽에서 중앙아시아에 이르는 지역에 걸쳐 성벽과 방어 시설을 갖춘 네 개의 군을 배치하여, 처음으로 이 지역이 한의 관리 하에 놓이게 되었다. 서기전 59년경 중앙아시아 지역에서 이루어지는 한의 군사와 민간 활동을 연계 조정할 목적으로 오늘날의 신장(新疆) 지역에 한의 식민 정부, 즉 '서역도호부'를 설치하였다. 동한 제국이 서쪽 지역에서 성공한 것은 대부분 중앙아시아에서의 한나라 통치

---

17   Michael Loewe, *Records of Han Administration*, 2 vols. (London: Cambridge University Press, 1967)에서 이 자료 중 일부에 대하여 체계적으로 논의되고 있다.

자로 수십 년을 지낸 반초의 남다른 정신 덕분이다. 서기 102년 뤄양으로 복귀하기 전, 그는 중앙아시아에서 한 제국의 이익을 위하여 7만 명의 병력을 동원할 수 있는 권력을 갖고 있었다고 전해진다.

거연(居延)의 요새에서 발굴된 목간에 근거한 최근의 장춘수(張春樹)의 연구를 통하여 한 제국의 국경에 위치한 공동체의 사회생활뿐만 아니라 행정에 대해서도 이해할 수 있게 되었다. 거연강을 따라 약 250km에 걸쳐 있는 좁다란 지역에서 한이 발전시킨 사회는 이중적인 시스템을 적절하게 조합하여 구축한 것이다. 4등급의 수비대 체계는 이 지역의 주요 도시 두 곳에 배치된 '도위(都尉)'별로 구분하여 운영되었다. 7개의 요새에 배치된 7명의 후관(候官)은 앞서 언급한 2개 도위의 하위 직급으로 그들 휘하에 40명의 부장(部長)이 있었고, 그들의 지휘 아래 두 명 내지 다섯 명이 260개의 망루에 각각 배치되었다. 이러한 방식으로 거연 지역의 전체 방어 시스템이 갖추어졌으며, 민간 행정은 한 제국의 내부에 적용된 시스템을 따라서 현—향—리 3단계로 구축되었다. 양자는 별개의 권위 체계를 따르고 있지만, 상호 유기적으로 운영되었다. 수비부대를 비롯하여 대규모 단위의 농민-병사를 포함한 전체 군사 인력은 4,066명, 민간 인구는 6,016명으로 추산된다.[18] 그곳에는 수레와 말을 포함한 운송 기구들도 갖추어져 있었는데 우편 업무는 정규 우편소와 수비시설별로 구분하여 운영되었다.[19]

거연의 죽간에 기록된 상세한 정보를 통하여 다소 모호하나마 국경 사회의 한 단면을 살펴볼 수 있다. 예를 들어 그 지역의 약 42%의 병사가 제국 동쪽의 중원 지역 출신이며, 지역 왕국에서 상당한 수가 동원되었다는 것이다. 한편으로 한 제국 수도 지역인 중앙 산시(陝西) 출신은 거의 없었다. 모든 병역 인력은 20세 이상 45세 미만으로, 45세 이상의 사병은 확인되지 않는다. 50세 이상의 행정 관리도 없었다.[20] 방어부대와 비교하면 기마병은 거연을 포함한 10개 현이 딸린 현지 장액군(張掖郡)에서 징집된 경우가 압도적으로 많았다. 달리 말해서 기마병은 국경 지역 현지에서 충원된 것이었다.

흥미로운 다른 측면은 국경 통제에 관한 것이다. 국경을 통과하여 여행할 경우 관

18 서한 왕조의 공식문서에는 장액군(張掖郡)의 인구를 8만 8,731명으로 기록하고 있으며, 거연은 장액군에 속하는 10개 현 중 하나이다.

19 Chun Shu Chang, *The Rise of the Chinese Empire*, vol. 2, *Frontier, Immigration, and Empire in Han China, 130 BC-AD 157* (Ann Arbor: University of Michigan Press, 2007), pp. 23, 78, 107-118.

20 *Ibid.*, pp. 53-73.

계당국은 세 종류의 여권을 발행하였다. 첫 번째는 정부 업무를 담당한 개인에게 발행되는 것으로 그들에게는 정부시설을 사용할 수 있는 권한을 주었다. 두 번째는 민간인에게 발행되는 것으로 여행객이 통제된 목적지까지 휴대하여야 한다. 세 번째 형식은 정부 또는 수비대 인원이 발행된 것으로, 보통 둘로 분할하여 하나는 도착하기 전 통제지역에 따로 보내져 여행객이 휴대한 나머지 반쪽과 맞추어 보게 되어 있다.[21] 여러 망루에서 근무하는 수비 병사들은 여행객의 여권을 검사하는 이외에 그들이 매일 전달하는 신호의 발송지와 도착지, 수신 및 송신 시각, 근무 병사, 신호의 종류, 그리고 그것을 발신한 이유 등을 기록하였다.[22]

제국 체제의 쇠퇴와 한 제국의 위기

제국의 가장 중요한 정책은 황제 승계와 관련된 것들이다. 이런 점에서 한 제국은 로마 제국과 비교할 때 그 기반이 견고했다. 로마의 경우 제국 승계를 다루는 규정이 없어 끊임없는 반란과 살인이 일어났고 로마 황제의 대부분이 그로 말미암아 죽었다. 그러나 한 제국에 있어 제국 지배와 왕조 전통이 긴밀하게 얽혀 지배자의 자리에 오른 황제가 제국 최선의 선택이라는 것을 보장하지는 못했으며, 많은 경우에 차선의 선택도 못 되었다. 이는 세습방식이 아니라 경쟁 집단 간에 발생한 정치적 갈등을 통해서 지배권을 장악하는 다양한 길을 열어 놓았다(분명히 왕망의 경우가 그 대표적인 사례로, 그래도 상당히 어려운 것이었다). 중앙 조정을 중심으로 한 이러한 갈등은 한의 사회적 지배층을 분열시켰고 결국 강력한 지역 군사 지도자가 등장하여 제국의 제도가 뿌리째 흔들렸다.

앤 키니(Anne Kinney)는 한의 황제 승계를 다루는 규정에 대하여 신중하게 분석하였다. 그녀는 비록 초기 한의 황제 두 명, 문제와 경제만이 그들의 승계자로 형제를 지명하려는 생각을 갖고 있었으며, 유방이 비정통적인 시도를 억제하는 명분의 중요한 기반을 마련하기 위하여 황제 지위를 정비가 낳은 장남에게 넘기는 정상적인 승계 규정을 구축하였다고 주장하였다. 일단 후계자가 명백하게 정해지면 바꾸기 어려운

21   *Ibid.*, pp. 135-142.
22   *Ibid.*, p. 171.

경우가 자주 있었으며, 한 제국 내에서 유교의 영향력이 강화되면서 이에 벗어나거나 시스템을 수정하는 것은 더욱 곤란해지고 그런 생각조차 어려웠다.[23] 그러므로 결국 실패한 왕망의 반란은 예외적인 것으로 황제 자리는 그의 아들에 의해 승계되어야 한다는 규칙은 동한 제국 말까지 놀라울 정도로 굳게 유지되었다.

동한 제국의 건설은 유씨 황실 가문에게 자신들의 왕조 규칙을 강화시킬 수 있는 기회를 주었다. '광무제'인 유수는 우수한 교육을 받았고, 군사 전략에 밝았으며 유교 가치관을 숭상하였다. 유수의 사상적인 자질은 후대 두 황제인 명제(明帝)와 장제(章帝)에게도 전승되었는데 그들의 계승과 관련된 갈등은 발생하지 않았다. 그들의 통치 기간 중 뤄양은 문화와 교육의 중심지가 되었으며 제국은 대체적으로 장기적인 평화와 번영을 누렸다. 동한 제국에는 모두 14명의 황제가 있었다. 비록 왕조 규칙은 강하게 남아 있었지만, 순제(順帝)를 제외하고 정비의 장남에 의해 승계된 경우는 별로 없었다. 종종 황제가 각각 계통이 다른 문중 출신의 부인들에게서 여러 명의 아들을 얻었기 때문에 이해 관계가 걸린 세력이 승계를 조종하려는 여지가 충분히 있었다. 실제로 서기 88년에 죽은 장제 이후 거의 모든 한 황제가 10대 초반의 나이에 즉위하였는데 유아인 경우도 상당했다. 대부분의 경우 이는 조작의 결과라고 보는 데 의심의 여지가 별로 없다.

황제 제위에 대한 이러한 여건은 환관(宦官)과 황제의 인척을 중심으로 한 집단 사이에 반복적인 정치적 갈등을 야기하였다. 황제가 어렸을 때 권력은 황태후에게 있었으며 조정을 통제하기 위해 그녀는 이미 왕망 시대처럼 자연스레 그녀의 아버지나 남자 형제들에게 의존하게 되었다. 어린 황제가 성장하는 오랜 과정 동안 그가 알고 있는 남성은 환관들뿐이었으며 그들은 그의 정서적 지원자이자 정치적 동맹이었다. 환관들은 황제에 대한 개인적 친분 때문에 위험을 감수하고 인척으로부터 권력을 빼앗으려는 야망을 품기도 하였는데 그것은 대부분 잔인한 살인을 통해 이루어진다. 항상 황제가 어리다는 이유로 환관들은 시간이 흐르면서 정치를 조정하는 일에 깊숙이 관여하면서 서기 126년 그들의 우두머리는 귀족의 호칭을 갖게 된다. 황제가 즉위를 하면 새로운 인척 집단이 조정을 접수하게 되고 환관을 바깥으로 못 나오게 하지만, 다시 동일한 과정이 그때마다 되풀이되는 것이다.

---

23   Anne Behnke Kinney, *Representations of Childhood and Youth in Early China* (Stanford: Stanford University Press, 2004) pp. 183-200.

가장 최악의 경우는 양씨(梁氏) 가문을 살해한 사건으로 그 가문은 세 명의 황후, 여섯 명의 비, 그리고 57명의 관료와 장군을 배출하였다. 그러나 서기 159년 다섯 명의 환관들은 환제(桓帝)를 도와 양씨 가문 전체를 살육하였으며, 그 공으로 그들은 황제로부터 '후(侯)'라는 칭호를 받았다. 나중에 태학(太學)의 유학자들과 학생들은 다섯 명 환관의 권력에 대항하여 연합하였으나 반격을 받아 서기 168년 100명의 유학자와 유생들이 죽음을 당하고, 후속적인 숙청을 통해 1만 명 이상의 사람들이 잔인하게 살해되었다.

한 제국 말에도 똑같은 과정이 반복되었다. 서기 189년 황태후 하씨(何氏)의 이복 오빠인 '대장군' 하진(何進)이 궁에서 환관에 의해 잔인한 죽음을 당하자, 하진의 추종자들은 궁을 공격하여 그 안에 있는 모든 환관을 죽였다. 동탁(董卓)이 사전에 받은 하진의 명령으로 제국 북서쪽 국경으로부터 군대를 이끌고 수도를 공격했을 때, 한 제국은 현지 군사 지배자들에 의한 내분에 완전히 휩싸여 있었다. 서기 220년 한 제국의 마지막 황제가 북중국의 대부분 지역을 통제하는 조(曹)씨 가문에 의해 폐위되면서 위(魏) 왕조(AD 220-265)가 건설되기에 이른다.

참고문헌

Bielenstein, Hans, *The Restoration of the Han Dynasty* (Stockholm: Elanders Boktryckeri Aktiebolag, 1953).

Chang, Chun-shu, *The Rise of the Chinese Empire*, vol. 2, *Frontier, Immigration, and Empire in Han China, 130 BC-AD 157* (Ann Arbor: University of Michigan Press, 2007).

Ch'u, T'ung-Tsu, *Han Social Structure* (Seattle: University of Washington Press, 1972).

Kinney, Anne Behnke, *Representations of Childhood and Youth in Early China* (Stanford: Stanford University Press, 2004).

Loewe, Michael, *Crisis and conflict in Han China, 104 BC to AD 9* (London: Allen & Unwin, 1974).

Twitchett, Denis, and Michael Loewe, *The Cambridge History of China*, vol. 1, *The Ch'in and Han Empires, 221 BC-AD 220* (Cambridge: Cambridge University Press, 1990).

제14장 한 문화와 예술의 이념적 변화와 그 성찰

앞서 12, 13장에서 한 제국의 정치적 발전과 사회적 여건에 대해 논의하였다. 한 제국 400년은 문화와 사상과 관련하여 중국 역사상 최고로 중요한 기간이었다. 일반적으로 한 제국의 대단한 군사적 영광에도 불구하고 당대 사회는 지식층을 존중하였으며, 한 조정은 제국의 기반으로서 군사력뿐만 아니라 신중하게 선택한 사상의 기초에 대해서도 깊은 관심을 가졌다. 정부 그 자체도 국가 공무원이 되길 바라는 식자에게 개방되어 있었으며, 한의 고위 관료직에 학자들을 임명하였다.

전국시대의 위대한 학자들이 중국 사상계를 깊게 일구었으며, 이 초기 유산을 토대로 한 시대에 중국 문화 전반에 걸친 근본적인 수정과 발전이 이루어졌다. 한 왕조 기간의 사상적 경향은 대략 다음과 같이 요약할 수 있다. 서한 제국의 초기에 자연주의, 보다 정확히 말하면 황로(黃老)학파 사상이 한 궁정의 지도 철학으로 육성되었다. 도교와 유교 사상을 결합한 제설 혼합주의자 동중서(董仲舒, 175-105 BC)는 서기전 2세기 말에 선도적 지위에 오르게 되었다. 무제의 시기에 고전 연구가 부활되었고 유교는 한 제국의 사상계를 독점하면서 새로운 이념을 제국에 불어넣었다. 동한 말에 이르러 도교는 대중적 종교로 부활하였으며, 불교가 인도로부터 중국에 들어오게 된다.

국가전략으로서의 황로 사상

자연주의는 전국시대 중기와 후기에 여러 방면에 걸친 중심 사상으로서 발달하였으며, 몇몇 학자들은 중국 과학 자체와 과학적 사상의 근원을 이에서 구하고 있다.[1] 추연(鄒衍, 305-240 BC)과 같은 보다 이론 지향적인 사상가 이외에도 다른 여러 자연 또는 초자연의 마법 또는 비술을 지향하는 수행자들에게도 특히 인기가 있었지만,[2] 이 전통과 관련된 모든 일반 학자와 대가들이 공통적으로 논의될 수 있는 주제를 갖고 있었다. 즉 그들 모두 인간세계와 주변세계, 더 넓게 보면 문화와 자연의 관계에 대하여 충실히 자리 매김을 하면서 대단한 관심을 갖고 있었다. 자연주의 철학의 핵심 개념은 음과 양(우주의 두 반대 기운)으로, 낮추어도 서기전 4세기 중엽으로 추정되는 '태일생수(太一生水)'나 『도덕경』(노자)과 같은 도교학자의 문헌에서 차용한 것이다.

음양 개념과는 달리, 자연주의 전통 아래에서 새롭게 제시된 개념은 '오행(五行)'이다. 이 이론에 따르면 외부 세계는 다섯 개의 행, 즉 금(金), 목(木), 토(土), 수(水), 화(火)로 구성(또는 분류)된다. 오행은 순서대로 각각을 극(克)하며 마지막 행 '화'는 다시 첫 행 '금'을 극하여 순환을 이룬다. 이 관계를 입증하는 증거는 사방 도처에 존재하며 오행은 대주기의 시간적 형태로서 '다섯 단계'를 대표한다는 것이다. 이러한 논거 때문에 '오행'이론은 근저에서부터 역사이론으로 발전할 수 있는 전제를 갖추고 있는 셈이다. 실제로 이러한 발전은 추연에 의해 달성되었는데, 그는 '오행'을 이전의 다섯 왕조와 연결시켰는바, 각 왕조가 각 행의 덕목을 갖고 있었다는 것이다. 한의 초기 무렵에는 '오행'은 네 개의 기본 방향과 중앙, 즉 서(금)-동(목)-남(화)-북(수)-중앙(토)과 연결되었다. 더욱이 '오행'은 신에 대한 제국의 의식을 분류하는 색상 체계로서 백색황제(금)-청색황제(목)-적색황제(화)-흑색황제(수)-황색황제(토, 중앙) 식으로 적용되었다(표 14.1). 간단히 말하면 '오행'이라는 개념은 한 왕조 초기에는 이미 일반화된 상식이었던 것이다.

---

1   Joseph Needham, *Science and Civilization in China*, vol. 2, *The History of scientific Thought* (Cambridge: Cambridge University Press, 1962), pp. 232-244.

2   이 지적 전통에 대한 논의는 Donald Harper, "Warring States Natural Philosophy and Occult Thought," in Michael Loewe and Edward L. Shaughnessy (eds.), *The Cambridge History of Ancient China: From the Origins of Civilization to 221 BC* (Cambridge: Cambridge University Press, 1999), pp. 813-884 참고.

표 14.1 한 왕조의 '오행' 관련 개념

오행	방향	색상	제국의식
금	서	백	백색 황제
목	동	청	청색 황제
토	중앙	황	황색 황제
수	북	흑	흑색 황제
화	남	적	적색 황제

　　전국시대 말경 자연주의 철학이 성숙하면서, 자연 질서의 단위 속에서 차지하는 인간 사회의 지위에 대하여 집중적인 탐구가 이루어진다. 법가 철학의 영향을 많이 받은 진의 지배층에서도 이 전통은 마찬가지로 강력하였다. 시황제 자신이 불로장생약을 찾을 몇 명의 방사(方士)를 고용하는 등, 실제 국가가 지향하는 법가 어젠다와 자연주의자 또는 방사 사이에 갈등은 없었다. 대신에 자연주의자 사상에서 자연은 도교주의자 관점의 '자연'과 다른 새로운 의미를 갖게 되었다. 더 이상 불확실하고, 예측 불가능하며, 그리고 접촉할 수도 없는 영원한 자기의지적 존재가 아니라, 자연은 이해할 수 있고, 해석이 가능하고 그리고 영향력 있는 존재라는 것이다.

　　만약 자연주의가 과학으로 간주될 수 있다면, '황로 사상'은 고대 중국의 '정치적 과학'으로 불릴 수 있을 것이다. 한나라 초기에 조참(曹參)과 진평(陳平)을 포함한 다수의 저명한 황실 조정 관료는 모두 황로 철학의 추종자인 것으로 알려져 있다. 경제와 그의 어머니 효문황후 두의방(孝文皇后 竇漪房)은 황로 어젠다를 강하게 갖고 있었다. 특히 그녀의 남편인 문제가 죽은 뒤 손자인 무제가 성인이 될 때까지 미망인인 그녀는 조정에 오랫동안 영향력을 행사하였다. 사마천의 아버지조차 황로 철학을 공부한 것으로 알려져 있다. 초기 한 제국에서 황로 철학이 황실 궁정에서 중요시되었고 한 사회의 여러 지식 계층에 퍼져 있었음은 의심할 여지가 없다. 그러나 2,000년이 지난 지금 황로 학파의 것으로 추정할 수 있는 문헌은 남아 있지 않다. 권위 있는 문헌이 없는 탓에 역사적 기록에서 간간이 보이는 짧은 주석을 종합한 이 학파에 대한 지식은 기껏해야 단편적이며 상호 일치되지도 않는다.

　　1973년 12월 유명한 후난성 마왕두이(馬王堆) 무덤이 발굴되었다(아래 참조). 무덤에서 출토된 보물 중에는 한 초기로 추정되는 보존 상태가 양호한 비단 두루마리가 있었다. 두 권의 두루마리에 총 12만 자 이상의 글자가 적혀 있었으며, 각각은 모두 (노자 A와 B라고 알려진)『도덕경』완본이었다. 노자B가 있는 그 두루마리에서 문장 옆에 전서(篆書)로 기록된 글자에 근거하여, 유방(劉邦) 통치 기간에 작성된 것으로 판단되는, 그리고 실제로 노자B 문헌보다 앞서는 네 편의 새로운 문헌 즉 '경법(經法)', '십육경(十六經)', '칭(稱)', 그리고 '도원(道原)'이 있었다.

유명한 고문서학자 당란(唐蘭)은 앞서 4편의 문서에 대한 첫 번째 연구에서 이들이 『사기』의 참고문헌 부분에서 인용된 이른바 『황제사경(黃帝四經)』이라고 주장하였다. 이 문헌은 전통적으로 황로 학파의 핵심 문헌으로 받아들여지고 있던 것이다. 이러한 주장에 대하여 다른 학자들의 즉각적인 반대 의견도 있었지만, 이런 글이 작성되어 무덤에 부장되던 한(漢) 초기의 특별한 지적 정황과 동일한 두루마리에 적힌 노자 기록과의 밀접한 관련성을 감안하면, 실제로 방대한 황로 학파의 전통에 속할 가능성은 높다 하겠다. 그러나 이른바 『황제사경』은 아닐 수도 있다.

이 새로운 문헌이 『황제사경』이라는 가정 하에 수행한 피렌붐(R. P. Peerenboom)의 황로 학파의 철학적 사고에 대한 연구는 영문으로 된 가장 설득력 있는 분석이라 하겠다.[3] 비록 질문에 대하여 완전한 해답을 얻지 못한 부분도 있지만, 이 연구는 한 제국 초기 수십 년의 전반적인 지적 분위기는 물론 4편의 문헌으로 대표되는 철학을 이해하는 새로운 길을 열었음에 의심할 바 없다. 첫째로 황로 사상은 3차원의 우주론에서 시작하였는바, '하늘의 길', '사람의 길', '땅의 길' 사이의 근본적인 차이를 밝히고 있다는 것이다. 첫째 것은 음양의 이동, 계절의 변화, 그리고 천체의 운행을 통하여 증명이 되며, 다음은 왕국과 제국을 포함한 모든 인간의 제도로 표현된다. 셋째 것은 '5행'으로 구성되는 땅의 경우이다. 둘째로 의심의 여지가 없는 우주 질서('하늘의 길')가 만물의 근본이며, 인간 질서의 기초라는 시각에서 보면 황로 사상은 근본적인 자연주의에 해당된다고 하겠다. '5행' 즉 '땅의 길'을 최대한 활용하는 정치적 사회적 제도를 구축하기 위하여 하늘의 규칙을 따르는 것이 인간의 의무라는 것이다. 세 번째로 근본적인 자연주의와 관련된 자연법 이론은 인간 사회를 지배하는 객관적인 규칙으로서 이미 결정된 자연 질서로부터 유래한다는 것이다.[4] 네 번째, 법칙은 이미 결정된 하늘의 질서에 그 기원을 두고 있기 때문에 도덕적이며, 인간이 복종해야 할 그 무엇이라는

3　R. P. Peerenboom, *Law and Morality in Ancient China: The Silk Manuscripts of Huang-Lao* (Albany: State University of New York Press, 1993).

4　피렌붐의 해석에서 황로 사상은 실제로 자연법칙에 근거한 자연법을 옹호하고 있는데 이 점은 논쟁의 대상이 되고 있다.

유력한 관념이 존재한다는 것이다. 이러한 점에서 황로 사상은 법을 통해 달성되는 사회 질서를 존중한다는 점에서 법가와 공통됨에도 불구하고 법가의 능동적인 법 이론과는 아주 다르다. 다섯 번째로 자연 질서는 이미 정해져 있으며, 인간은 편견과 주관을 제거함으로써 이를 직접 발견하고 이해할 수 있다는 점에서 인식론상으로 양자는 일치점을 보이고 있다.[5]

분명히 황로 사상은 그 성격이 단일하지 않다. 비록 자연주의를 근거로 삼고 있지만, 황로 사상은 법가와 유교의 요소들을 흡수함으로써 정치적으로 초기 한 제국이 보다 매력적인 것으로 받아들이게 되었다. 한 제국은 스스로 진 제국의 이념과 법가적 통치방법과 대립되는 존재로 인식한다. 그러나 한이 수용한 제국의 정치적 제도의 기반은 진이 만들었기 때문에 한은 스스로 새로운 이념 기반 위에 자신의 정통성을 세울 필요가 있었다. 제국을 우주론적 질서 체계, 그리고 도덕적 정당성 위에 세우고자 하는 요구에 시기적절하게 부응하는 것이 황로 사상인 것이다. 그것은 모든 사람이 따라야 할 도덕적 의무가 있는 제국의 새로운 법으로서, 진 제국의 이념에서는 백성들이 순응하도록 강요했던 것과 다르다.

더욱이 필자의 관점에서 보면 황로 사상은 『도덕경』과 『장자』에서 제시한 바와 같이 아무런 행위도 하지 않는다는 뜻의 무위(無爲)라는 개념을 혁신적으로 발전시킨 것이었다. 무위는 백성의 삶에 최소한의 정책적 개입만을 허락하는 초기 한 제국의 최고 지도 원칙으로 알려져 있다. 그러나 장자산의 법률 죽간이 보여주는 것과 같이, 실제로는 고황후 여씨(高皇后 呂氏) 지배 초기 몇 년조차, 한 제국은 진 제국보다 더 엄격한 일련의 법과 처벌을 자주 집행하였다. 그러나 황로 사상의 관점에서 보거나 위(爲)라는 중국 단어가 '행동하는 것'과 '만드는 것' 모두를 의미하는 점에서 보면, 한의 건국자는 한 초기의 정황에서 '아무것도 하지 않는 것'을 뜻하는 것이 아니라 '스스로 만들지 않는다는 것'을 의미하는 무위(無爲)의 원칙을 여전히 준수하고 있다고 주장할 수 있다. 왜냐하면 그들이 무엇을 하든 간에 그것은 오직 '하늘의 길'에 정해진 것이기 때문이다. 간단히 말해서 이념으로서 황로 사상은 초기 한 제국의 정치적 필요에 지극히 잘 부합되었으며, 이것이 한 초기에 널리 퍼질 수 있었던 이유이다.

---

5   피렌붐의 연구에 대한 비판적 견해는 Carine Defoort, "Review: The 'Transcendence' of Tian," *Philosophy East and West* 44.2 (1994), pp. 347–368 참고할 것.

한 제국의 유교화와 고전학의 부흥

효문황후 두의방(135 BC)의 긴 생애 끝 무렵 유교가 무제(140-87 BC) 초기에 영향력 있는 인물들, 특히 황제 인척들의 지원을 받으며 한 조정에 깊숙이 자리 잡게 되었다. 그들의 조언으로『시경』의 두 학자 조관(趙綰)과 왕장(王臧)이 정부의 요직에 임명되었는데, 그중 전자는 재상에 올랐다. 따라서 무제 초기에 이루어진 변화의 특징을 말하자면 유교를 지도 원칙으로 삼은 한 조정에서의 사상적 변화와 젊은 그룹의 정치적인 승리라고 할 수 있겠다. 황후가 죽자 무제는 최소한 두 번의 공개된 회의를 지원하였는데, 이 회의는 제국의 정책을 새로 조명하고 재능과 덕목을 갖춘 인물을 발굴하기 위한 것으로 약 300명의 학자가 참여하였다. 이 행사를 통해 두 명의 중요한 인물이 두각을 나타나게 되는데 둘 다 그들의 사상적 뿌리를『춘추』에 두고 있지만 문헌 기록상으로는 서로 다른 지역 학파의 전통을 대표하는 것으로 전한다. 한 사람은 어사대부에 이어 승상으로 봉직한 공손홍(公孫弘)이며, 다른 한 사람은 공손홍이 그의 뛰어난 학문을 시기하는 등의 이유로 공직자로서 그렇게 성공하지 못하고 두 명의 지역 왕을 모신 상(相)으로 봉직했던 동중서(董仲舒)이다. 그러나 위대한 이론을 완성하여 한 제국에 새로운 이념적 토대를 마련하였던 인물은 동중서이다.

그는 오늘날 허베이성에 해당하는 광천군(廣川郡) 출신으로 이미 경제가 그의 뛰어난 학문을 알고 박사(博士)에 임명한 바 있었다.『사기』에 따르면 그는 유교 제례에 따라 행동을 엄격히 했고 수업시간에 휘장 뒤에서 강의하였다고 전해진다. 지역 왕국에서 복귀한 뒤, 그는 장안의 국립 교육기관인 태학에서 교육과 학문에 전념하였으며 주요 정책 논의가 황실 조정에서 이루어질 때 황제 측근으로 자문을 했다. 그러나 절대로 조정에 개인적인 모습을 나타내지는 않았다. 그는 조정에 바친 것을 포함해 약 123편의 글을 남겼는데 그 대부분은 춘추번로(春秋繁露)라는 방대한 양의 문헌으로 편집되어 당대에 출판되었다. 그러나 그의 철학적 견해를 가장 잘 표현한 내용은『사기』의 그의 전기 편에 수록되었는데, 황제에게 바친 여러 편의 상소문에서 볼 수 있다.

이 상소문에서 덕으로 가르치는 것이 처벌보다 나은 방법이라는 기본적 신념을 갖고 있음이 확인되는데, 이러한 점에서 그는 철저한 유학자였다. 그의 관점에서 보면 성현이 돌아가신 지 오랜 뒤에도 사람들이 여전히 평화로운 삶을 즐길 수 있는 이유는 정확히 사람들의 피부에 와 닿고 뼈 속에 스며든 제례와 음악에 대한 가르침 때문이라는 것이다. 그러므로 제례와 음악에 의한 '교화(敎化)'는 국가에서 근본적인 것으로 사람의 본성과 습관을 바꿀 수 있는 힘을 갖고 있어 처벌을 최소 수준으로 낮추는 방법이었다. 더욱이 여름과 겨울이 서로 모여 완전한 한 해가 되는 것과 같이 덕과 처벌의 관계를 음양으로 설명하였다. 그러나 처벌을 남용하면 사람들 사이에 악감정이 누적되어 국가가 위험에 빠질 수 있으므로, 통치자가 천명을 받아 정부를 운영할 때 그는 처벌이 아닌 덕으로 가르쳐야 한다고 주장하였다. 동중서에게 가장 나쁜 시나리오는 사람들을 가르치지 않고 처벌하는 것으로, 이는 유교에 대한 근본적인 신념을 진지하게 표현한 것이라고 할 수 있다.

그는 자연주의 전통으로부터 음양 개념을 그대로 차용하고 더 나아가 이를 활용하여 군신, 부자, 부부와 같은 전반적인 인간관계를 설명하였을 뿐만 아니라 '오행(五行)' 개념을 받아들여 유교 가치 중 최고로 평가되는 다섯 가지 덕목, 즉 인(仁), 의(義), 예(禮), 지(智) 그리고 신(信)을 해석하였다. 이 모든 것을 포용한 것이 '원(元)'이라는 개념으로 『춘추』에서 찾았는데 통치자의 첫해를 표시하는 데 사용하기도 하였다. 그러나 그의 이론에서 '원'은 모든 것의 기원이며 우주의 출발을 뜻하는 보다 더 우주론적인 의미로 파악된다. 그가 등장하기 이전의 유교는 기본적으로 윤리적인 수준에 머물렀으나, 황로 사상이 처음으로 발전시킨 우주론적 기반의 체계를 다종다양한 유교적 가치관에 부여한 것은 동중서였다. 한편으로 자신 이론의 핵심을 이끌어 내는 인간 본성에 대한 담론을 계속하였는바, 그에 의하면 '인간 본성'(性)은 생명의 본질이며 '감정'(情)은 그 욕망이라는 것이다. 인간의 본성은 자비로울 수도 사악할 수도 있는데, 오직 엄격한 조정 단련을 통하여 그 완성도를 높일 수가 있다. 그렇다고 하더라도 여전히 완벽한 선이 될 수 없으므로 덕이 있는 가르침은 처벌에 우선할 뿐만 아니라 명백히 피할 수도 없다는 것이다.

그의 관점에서 보면 제국은 사람들이 선하도록 교육시킬 목적으로 세워진 필수적인 제도이고, 황제는 인간 학교의 교장으로서 우주적인 '원'을 지상에서 구체화한 존재인데, 자신의 마음을 바로 세움으로써 관리들을 바로 세울 수 있고, 그로 말미암아 사람들의 본성을 바로 세울 수 있게 된다. 요순 황제 시절의 활동하지 않는 정부와 (한 조정에서 일어난 심각한 정치적 사상적 변화에 대응되는) 주나라 문왕의 활동하는 정부 간의 차이와 관련하여 황제가 제기한 질문에 대한 답변을 통해서 그는 초점을 잃지 않고 그것은 단지 시간의 차이일 뿐이라고 하였다. 평민의 복지를 걱정하는 것, 제국에 봉직할 덕을 갖춘 사람을 찾는 것, 처벌의 행사에 신중한 것 등 그 모두가 같다고 주장하였다. 황제의 지위는 특권보다는 책임이 많은 자리일 뿐만 아니라 제국에서 가장 힘든 업무를 감당하고 걱정거리가 많은 사람으로서, 백성에 대하여 책임을 지고, '하늘과 사람 사이의 상호작용(천인감응, 天人感應)'으로 표현되는 관계 속에서 하늘의 명령에 대응하는 자리이기도 하다는 것이 동중서의 관점이다. 천문학적인 이상 현상은 하늘의 경고로서 그 경고에 주의를 기울이지 않으면 홍수나 가뭄과 같은 대규모 자연 재해를 초래하게 되고 그것은 하늘이 내린 처벌이라는 것이다.

동중서의 철학은 서구 중국학에서 오랫동안 '통합주의' 또는 '절충주의'라고 규정되었다. 기존 철학의 전통, 특히 자연주의 또는 아마도 황로 학파에서 보다 직접적으로 개념을 차용한 것은 사실이지만, 그러나 그의 역사적 역할은 단순한 통합자 그 이상이었다. 그는 그 유래가 다른 개념을 단일 사상 체계 속에 융합하였으며 그 속에서 유교적 가치는 우주론적 질서에서 그 기반을 얻고 제국과 황제 모두 도덕적이고 합법적인 지위를 확보하였다. 다른 측면에서 보면 황제에게 제출한 글에서 보여준 것과 같이 그는 상당히 현학적이며 주장이 강하였다. 『사기』에 전하는 그의 마지막 글을 통하여 추천한 바에 따라, 무제는 곧바로 다른 학파에 속하는 관리들이 중앙 정부에서 복무하는 것을 제한하였다. 아울러 유교를 한 제국의 유일한 지도 이념으로 삼았는데 이후 중국 역사의 모든 주요 왕조가 이를 따르게 된다.

분명히 학문연구로서의 유교는 한 제국에서 동중서에 관한 것만은 아니었으며 보다 긴 역사를 갖고 있다. 전국시대부터 한 제국까지 문화 역사에서 겪은 가장 극적인 변화 중의 하나는 진(秦)에 의한 중국 문자의 표준화이다. 더욱 격동적인 변화는 『서경』, 『시경』과 같은 유교관련 문헌을 진시황이 체계적으로 멸실하였다고 전하는 사건이다. 따라서 진을 거쳐 한 초기까지 고대 문헌이 전해진 과정은 중국 역사에서 근본적으로 제기되는 의문 중 하나이다. 우여곡절의 여러 과정을 거쳐 유교를 연구하는 학문은 자체적으로 철학에서 초기 문헌의 의미를 해설하는 데 초점을 맞춘 연구로 전환되었으며, 중국에서 학문연구의 오랜 전통에 토대가 마련되었다.

진 제국에서 분명히 살아남은 몇몇 지식인들이 있었다. 가장 유명한 사람은 한 제국이 건국된 이후 산둥 지역에서 『서경』을 가르친 것으로 알려진 진 제국의 박사 복생(伏生)이다. 한 조정은 태상(太常)인 조조(晁錯)를 보내 복생에게서 배움을 얻고 한나라 예서로 새로이 쓴 문헌을 서쪽 제국 조정으로 가져왔음이 틀림없다. 곧이어 한 조정은 제국 전체에 걸쳐 서책 찾기 운동을 벌이는데 장안의 제국 도서관으로 서적이 계속 유입되면서 고대 문헌의 발견에 관련된 이야기가 회자되기 시작한다. 산둥 취푸(曲阜)의 공자 집 벽에서 많은 책이 발견된 사실이 가장 유명하다. 취푸는 산둥 노나라의 과거 수도로 그 지역 왕이 공자의 집 일부를 자신의 궁정으로 수용할 때에 발견되었다. 또 다른 지역 왕 또한 오늘날 허베이성에 속하는 자신의 영토에서 모은 책들을 제출한 것으로 보고되었다.

근본적으로 제기되는 문제는 재발견된 문헌의 많은 분량이 한나라 사람들이 더 이상 읽을 수 없는 전국시대의 고문자로 기록되어 있어 있다는 것이다. 그래서 이 문헌들은 구전 과정을 거친 뒤 한의 예서로 적은 '금문(今文)'과 대별하여 '고문(古文)'으로 간주된다. 각 문서가 전해지는 과정을 시기별로 추적하는 것은 어렵지만, 알려진 대부분의 문헌은 서한 말에 동시에 이용 가능하였던 두 형태가 있어서, 서로 다른 내용이 많았다. 따라서 두 문헌 전통의 차이점을 분명히 밝히는 것이 한나라 당대 학계의 근본적 주제가 되었으며, 2,000년이 지난 오늘날까지도 완전하게 달성되지는 못했다. 예를 들어 『시경』의 경우, 한 초기에 공식적으로 인정을 받은 세 가지의 전승 계통이 있는데, 모두 '금문' 본에 근거를 두고 있다. 그 밖에도 모형(毛亨)에 의해 전승된 '고문' 문헌도 있어 오늘날 우리에게 그 판본이 전래되어 있지만 서한 시대에는 별로 인정받지 못하였다. 1977년 고고학자들은 『시경』의 또 다른 판본을 안후이성의 한나라 초기 무덤에서 재발견했는데 그 역시 그동안 알려진 적이 없는 것으로 아마도 이전 초나라 지역에서 유행하였던 또 다른 전통을 대표하는 것으로 보인다.

일반적으로 '금문'은 분명한 전승 역사를 갖고 있으며, 그래서 서한 제국에 의해 공식적으로 인정받은 것이다. 서기전 136년 박사의 직위가 다섯 권의 책, 즉 『역경』, 『시경』, 『서경』, 『예기』, 『춘추』와 관련하여 태학에서 마련되었는데, 모두 '금문' 판본을 근거로 한 것이다. 약 10명의 학생들이 다섯 박사와 함께 연구하도록 배정되었으며, 모두 '오경 박사(五經博士)'라 불리었고, 동중서는 『춘추』를 담당하였다. 이 사안을 통하여 엄격한 유학 교육과정이 한 제국에 구축되었을 뿐만 아니라 한 이전 시기에 전승된 문헌을 공식적으로 승인한 셈이 된다. 다섯 박사가 각각 자신의 강의를 진행하는 태학은 이후 한 제국의 교육과 학문의 중심이 된다. 서한 말경, 박사의 지위는 10명 이상으로 증가하였으며 한 학년에 300명 이상의 학생이 등록할 정도로 확장되었다. 서기 2세기경 태학은 뤄양으로 이전하였는데, 약 3만 명의 학생이 등록할 정도가 되었으며(상자 14.1), 서구 세계 최고 수준의 많은 현대적인 대학교의 등록생 수와 대등한 수준에 이르게 된다.

상자 14.1 석경(石經)

석경의 창안은 중국 문화사에서 중요한 전환점을 이루는데, 배경에 깔린 이유는 간단하다. 문헌 전승의 긴 과정에서 손으로 옮겨 적으면서 지속적인 왜곡과 오류가 필연적으로 발생될 수밖에 없는바, 그러한 상황을 직시하고 글을 안정적으로 보전하기 위한 것이었다. 그러나 석경이 갖는 의미는 유교 학문의 번성이라는 보다 너른 맥락과 일정한 핵심 문헌에 대한 제국의 공식적인 승인이라는 점에서 이해되어야 한다. 제국 수도의 태학 교정에 세워진 석비에 다른 모든 문장을 배제하고, 선별된 문장만을 새김으로써 그 우월한 권위와 아울러 정치적 문화적 어젠다를 아주 탁월하게 드러낸 방식이라는 것이다.

첫 번째 석경 세트는 '희평석경(熹平石經)'[희평은 영제(靈帝)의 시호이다]으로서 서기 175-183년에 제작되었다. 이 세트는 46점의 석판으로 구성되었는데 시경에서 시작하여 『논어(論語)』를 포함한 7편의 문헌을 새기었다. 문헌들은 채옹(蔡邕)이 지도하는 유명한 소규모 학자 집단에 의해 신중하게 편집되었으며 한나라의 전형적인 예서체로 필사되었다. 석판 위로는 기와 지붕이 덮이고, 뤄양의 태학(太學) 강당의 정면에 세워졌다(그림 14.1). 그러나 동한 말의 혼란과 특히 폭군 동탁(董卓)에 의한 화재로 석경은 완전히 파괴되었다. 제국이 위(魏) 왕조 아래에서 다시 재건되었을 때, 다른 일련의 석경 제작이 위(魏) 황제에 의해 서기 241년 착수되었다. 이 문헌 세트는 『시경』과 『서경』만 포함되어 있는데 소전체, 대전체 그리고 한나라 예서체로 새겨져 있어 '삼체석경(三體石經)'이라고 불린다.

송 왕조 이후 희평석경의 파편이 수집되어 기록되었다. 수세기의 노력 끝에 8만 점의 글자가 남아 있는 약 520점 석경 편의 내용이 체계적으로 발간되어 1975년 마형(馬衡)에 의해 연구된다. 더욱이 8점의 새로운 파편이 1980년대 뤄양의 태학 유적지에서 고고학자들에 의해 발견되었는데, 그들은 원 석판의 석제 받침 파편 14점을 찾아낸 바 있다(그림 14.1).

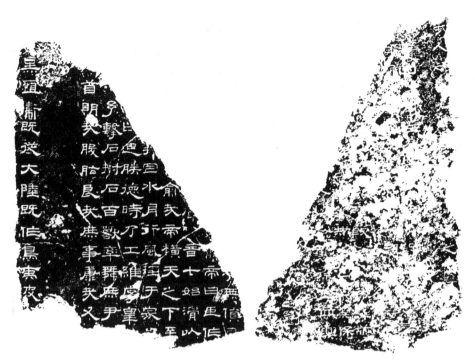

앞면(왼편)은 『서경(書經)』의 「고요(皐陶)」, 「익직(益稷)」, 「우공(禹貢)」, 뒷면(오른편)은 「진서(秦誓)」와 「서서(書序)」

그림 14.1 뤄양에서 발견된 '희평석경(熹平石經)'의 파편

　점진적으로 사상적 경향은 변하기 시작했고 학문적 관심은 '금문'에서 '고문'으로 옮겨 갔다. 동한(東漢) 중기 무렵, '고문'을 대상으로 하는 학술 연구에서 일부 중요한 성과가 나타나기 시작한다. 서기 100년경, 허신(許愼, AD 58-147)이라는 주요 학자가 중국의 첫 번째 사전인 '설문해자(說文解字)'를 편찬하였는데, 그것은 9,000의 글자를 체계적으로 설명하고 여러 '고문'에 나타난 고어체도 수록하였다. 이 책은 진 제국 이전의 명문과 사본, 예를 들어 전국시대의 여러 죽간은 물론, 서주 시대의 청동 명문이나 상 왕조의 갑골문을 읽고 해석하고자 하는 오늘날의 학자들에게 열쇠와 같은 존재인 것이다. 그보다 젊은 세대의 학자인 정현(鄭玄, AD 127-200)은 이전 학자들의 지식을 종합하여 『역경』, 『서경』, 그리고 『시경』의 '고문' 판본에 대하여 체계적으로 주석을 달았다. 정현이 당시 중세 중국에서 정통으로 인정된 이 책들의 '고문' 판본에 대해 주석을 달기로 결정하였기 때문에 이들 핵심적 문헌의 '금문' 판본이 그 이후 역사에서 사라진 것은 잘 알려진 사실이다.

역사의 기술

이 책에서 충분히 서술한 것처럼, 고고학을 통해 일련의 핵심적인 정보를 얻을 수 있는 시기라고 하더라도, 특히 서기전 500년 기간의 중국 고대 역사를 이해함에 있어 한 왕조 기간 중에 생산된 위대한 역사 업적물을 제쳐 놓을 수는 없다. 이러한 업적 중 가장 중요한 것은 사마천(司馬遷)이 저술한『사기(史記)』와 반고(班固, AD 32-92)가 쓴 서한 왕조의 공식 역사서『한서(漢書)』이다. 사마천은 서한 제국이 가장 영광스럽던 수십 년 기간을 살았으며 영웅다웠던 무제가 죽은 지 1년 만에 죽었다. 반고는 유수(劉秀)가 제국을 재건한 첫 세기를 살았다. 사마천은 첫 번째로 중국의 전체 역사를 기술하였고 반고는 후대 중국에서 왕조 역사 기술에서 정통적인 것으로 수용될 양식을 확립하였다.

사마천은 경제와 무제 초기의 조정에서 천문학자와 같은 역할을 맡은 태사령(太史令)의 아들이었다. 그의 자서전에 나온 설명에 의하면, 사마천은 불과 10세에 고대 문헌을 연구하기 시작했고 20세 때에는 여행을 떠나 한 제국의 구석구석을 거의 다 돌아다녔다. 그의 지식과 광범위한 여행 경험으로 사마천은 제국 조정의 낭중(郎中)이 되었으며 서기전 111년 오늘날 윈난성을 정벌하기 위한 한의 원정에 참여하였다. 원정에서 돌아온 뒤 사마천은 태사령인 아버지의 죽음을 맞이하게 되는데 태사령을 이어받으라는 유언을 받고, 그 직위에 있는 동안 그의 아버지가 쓰길 원했던 책을 잊지 않았다. 3년 후 사마천은 28세에 공식적으로 관직에 임명된다. 그러나 서기전 98년 그가 천거한 장군 이릉(李陵)이 재앙에 가까운 패배를 당하고 흉노족에 투항한 것이 발각되어 사마천은 궁형(宮刑)에 처해진 뒤 직위에서 해제된다. 굴욕적인 처벌의 고통 속에서 삶을 꾸려 나가면서 사마천은 그의 위대한 역사 저술을 완성하게 된다. 그의 저술은 그의 말에 따르면 하늘과 경계를 명확히 하고, 상고시대부터 당대에 이르기까지의 변천을 종합한 것이다. 이 위대한 작업에 대하여 질문할 수 있는 것 중 가장 중요한 두 가지는 다음과 같다. (1)『사기』가 이전에 저술된 것과 무엇이 다른가? (2)『사기』와 같은 저술이 그 시기에 나타나게 된 이유는 무엇인가?

첫 번째 질문에 답하기 위해서는 먼저 그 책의 내용을 살펴볼 필요가 있겠다. 책 전체는 130장으로 구성되어 있는데 오늘날의 종이 판본으로도 여러 권에 달한다. 책 앞부분에는 역사 여명기의 다섯 황제로부터 한 무제에 이르는 기간에 걸쳐 그 책의 연대적 틀을 보여주는 12편의 '본기(本紀)'가 있다. 이 책에는 또한 본기로 파악된 전체 역사에 걸쳐 발생하는 역사적 사건과 등장하는 정치적 인물을 대응시켜 작성한 10개의 '표(表)'가 추가로 수록되어 있다. 표 다음에는 천문학, 측량, 책력, 제례, 음악, 제물, 관개사업, 그리고 경제 등 각각의 특정 분야의 연구에 대한 8편의 '서(書)'가 있다. 이 논문들은 후손들에게 고대 중국 문명의 특정 분야에 대한 최고의 소개서가 된다. 그리고 한 왕조에 이르는 중국의 세습 가문, 즉 문중(門中)과 관련된 30편의 설명 내용['세가(世家)']이 이 책의 상당한 부분을 차지하였는데, 이는 중국의 귀족 가문과 각 지역의 역사이기도 하다. 이어 100명 이상의 저명한 정치인, 군 장수, 학자, 상인들에 대한 69편의 전기가 실려 있다. 이 부분에는 외국인과 타 지역에 대한 설명도 있다. 사마천 자신의 자서전으로써 이 책은 끝을 맺는데, 그는 여기서 역사가를 대상으로 한 역사를 서술하고 기념비적인 역사서의 저술 작업에 착수하게 된 배경을 설명한다.[6]

사마천은 인간이 경험한 부분이나 그 시기에 대해 쓴 것이 아니라 그가 파악한 세계 인간 역사의 전체에 대하여 쓴 것임에는 의심의 여지가 없다. 세계 역사의 관점에서 보더라도, 사마천은 헤로도투스(484-425 BC)가 단순하게 서술하는 것보다 더 복잡한 정보를 제시하고 분석하는 체제를 창안하였다. 그러한 면에서 사마천은 학자로서 더 뛰어난 자질을 갖추었으며 자신이 속한 문화권에서 그러한 작업을 수행할 수 있는 중심적인 위치를 확보하였다고 할 수 있다. 사마천에 대한 최근의 학문적 연구는 이 기념비적 작업을 수행한 이면에 자리한 특정의 개인적 동기를 밝히고자 노력하고 있다. 그 중 한 연구에 의하면 이 책은 역사가 개인 생애의 즐거움과 고통에 대한 증거로서, 그러한 저술 작업의 완성을 통하여 사마천은 스스로 자신을 은유적으로 공자와 유사한 역사적 역할을 확립하고자 하는 의도를 보여주고 있다고 이해한다.[7]

그러나 그의 역사적 역할은 물론, 사마천이 작업에 착수한 시대의 보다 큰 그림을 외면하거나 저술에 담겨 있는 실제적인 정치적, 지적 영감을 잘못 이해해서는 안 된다. 분명한 사실은 그의 아버지가 이미 그 작업을 착수했었거나 최소한 계획을 갖고 있었으며 이릉(李陵) 사건이 일어났을 때에는 이미 사마천이 수년간 저술 작업을 하고 있었

---

6   Sima Qian, *The Grand Scribe's Records*, vol. 1, *The Basic Annals of Pre-Han China*, edited by William H. Nienhauser Jr. (Bloomington: Indiana University Press, 1994), Introduction, pp. x-xxi.

7   Stephen Durrant, *Tension and conflict in the Writing of Sima Qian* (Albany: State University of New York Press, 1995), pp. 1-27.

다는 것이다. 사마천의 자서전과 그의 친구 임안(任安)에게 보낸 유명한 서정적 편지를 읽어 보면『사기』를 저술하는 목적을 설명하는 기본적 관점을 확인할 수 있다. 첫째로 공자의『춘추』저술의 예에서 보는 바와 같이 사마천은 위대한 원칙을 설명하는 최선의 방책은 철학이 아니라 역사적 사건을 상세하게 기록하는 것이라고 확신하고 있었다. 둘째로 사마천과 그의 아버지 모두, 가장 적극적이고 때로는 예측하기 힘든 황제가 다스리는 상당히 완성된 제국의 역사상 위대한 시기에 자신들이 살고 있다는 사실과 이 역사적 과정에 기여한 많은 위대한 인물들의 역할을 충분히 이해할 수 있는 역사적 절정기에서 저술 작업을 하고 있다는 것을 잘 알고 있었다. 그러한 입장에서 그는 분명히 개인적 출세 또는 가문의 지위 상승 이상의 지적인 야망과 함께 자신의 생애와 제국에 대한 절실한 책임감을 갖고 있었다. 사마천 자신의 표현대로 그러한 일을 도외시하는 것은 역사학자에게 있어 범죄는 아니더라도 실패나 다름이 없다고 할 것이다.

두 번째로 위대한 역사서인『한서(漢書)』는 사마천이 세상을 떠난 후 한 세기가 지난 뒤 저술되었다. 저자 반고는 유명한 지식층 가문 출신으로 그의 형은 장기간에 걸쳐 중앙아시아의 도호로 봉직하였다. 이미 몇 장을 완성한 그의 아버지에 의해 자극을 받아 반고는 무제의 통치 시기 말에 중단된『사기』를 보완한다는 분명한 목적을 갖고 책을 집필하였다. 그 가문은 또한 중국 역사상 첫 번째 여성 역사가인 반소(班昭)를 배출하였는데 그녀는 반고의 여동생으로 책의 여러 표를 편찬하는 책임을 맡았다.[8]

반고는 분명히 선도자가 아니고 사마천보다는 야망이 다소 덜한 편으로 왕망의 실정으로 끝나는 한 왕조의 절반 이상(206 BC-AD 8), 즉 거의 한 왕조 당대에 한정된 역사를 집필하려는 한정된 목표를 갖고 있었다. 반고는『사기』의 기본구조를 자신의 모델로 채용하여 12편의 본기, 8개의 표, 10편의 지(志) 그리고 80편의 관리와 장수의 전기로서 책을 구성하였다. 사실 한 왕조 시기는 사마천이 이미 다룬 바 있으며, 그는 단지 기존의 정보를 활용하여 여러 번 베끼는 작업을 한 것에 불과하였다. 그러나 한 제국 건국 전에 대부분의 가문이 이미 사라졌기 때문에 세습 가계의 종족에 대한 설명, 즉 '세가'는 없었다. 일부 반고의 해설은 상당히 혁신적이었고 후대에 매우 높은 평가를 받고 있다. 그중 가장 중요한 것은 한 제국 도서관의 서지 목록이 수록된 '예문지(藝文志)'와 중국 최초의 지리적 조사서인 '지리지(地理志)'이다.

8 Ban Gu, *History of the Former Han Dynasty*, vol. 1, translated by Homer H. Dubs (Baltimore: Waverly Press, 1938) 참조.

고대로부터 왕실 조정은 당대의 정치적 군사적 사건을 기록할 서기관(史)을 고용해 왔으며 그것이 『춘추』나 『죽서기년』과 같은 역사적 문헌이 탄생하게 된 동인이었다. 한 제국도 예외는 아니었다. 한 제국 조정은 한때 사마(司馬) 부자의 주도 하에 다수의 서기관(史)을 고용했을 뿐만 아니라, 장자산의 율령에서 볼 수 있는 것과 같이 관리를 훈련시키고 승진시키는 엄격한 규칙과 절차도 발달시켰다. 그러나 복잡한 정보를 종합하고 위대한 역사적 과정을 표현하되 그 속에서 개인을 역사적 인물로서 위상을 매김하는 과업은 뛰어난 지식인이 수행할 사명인 것이다.

그들이 수행한 저술 작업은 역사에 대한 제국의 관점을 충실하게 반영했을 수도 있고 그렇지 않을 수도 있다. 그러나 동한의 명제(明帝)가 관리들을 임명하여 아버지의 통치 역사를 편찬하게 하면서 상황이 바뀌었고 그 이후로 10대 180년에 걸친 황제의 통치 기간에 그때마다 단계적으로 새로운 기록이 추가되었다. 그 동안 제국의 도서관인 동관(東觀)에서 저술 작업이 수행되고 그 결과물이 보관되었는데, 그와 관련된 기록은 『동관한기(東觀漢記)』라고 한다. 비록 그 책 대부분이 소실되었지만, 범엽(范曄, AD 420-479)이 저술한 동한 제국의 공식 역사서인 『후한서(後漢書)』에 남아 있다.

한의 고분 예술과 물질문화

한의 황제와 장수의 무덤 근처에 세워져 있는 몇몇 유명한 석상을 제외하고 한 제국의 가시적인 문화 유산 중 우리가 알고 있는 대부분은 무덤 내부에서 나온 것이다. 사람들이 무엇을 무덤에 부장할 것인지는 사후에 고인에게 중요한 것이 무엇이라고 생각하는지에 달려 있다. 그리고 결국 부장될 수 있는 것은 또한 고인 또는 그 가문의 정치적 경제적 지위에 의해 제약을 받는다. 확인된 유물과 유구를 이해하기 위해서는 무엇보다도 먼저 한나라 무덤의 매장 환경과 그 사회적 맥락의 변화에 대한 몇 가지 사항을 알아야 한다.

전국시대의 호화로운 매장 관습은 한의 귀족을 비롯한 사회 지배층, 특히 황실 가문과 제국 고위 관리들이 선호하여 서한 시대에 걸쳐 계속되었다. 지역 왕들의 무덤들은 종종 산속 깊은 곳에 만들어지거나 적어도 절벽 바위의 일부분을 깎아 조성되었다. 그 산속의 무덤은 보통 넓은 주 묘실로 들어가는 긴 진입로가 마련되어 있는데 원형

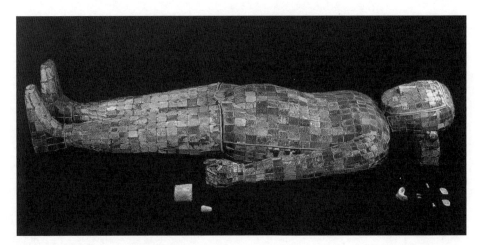

그림 14.2 만청 중산 왕의 옥 장례 의상

회랑으로 둘러싸여 있다. 진입로 양쪽에는 복수의 작은 묘실이 부장품을 보관할 목적으로 개방되어 있다. 그러한 산속 무덤을 건설하는 데 필요한 막대한 인력은 초기 한나라 여건에서는 왕국들만이 조달이 가능했다. 전형적인 사례가 서기전 113년에 조성된 허베이성 만청(滿城)의 중산(中山) 왕의 무덤이다. 이 무덤에서 1만 점이나 되는 다수의 정교한 청동 그릇, 장구(葬具) 등과 더불어 왕이 직접 입었던 유명한 옥의(玉衣)도 출토되었다. 이 의복은 1,000점 이상의 옥이 금 또는 은실로 꿰매어져 만들어진 것으로(그림 14.2), 역사 기록에 의하면 그러한 의상은 특히 장안의 제국 공방에서 만들어져 황실 선물로 지역 왕들에게 하사된다고 전한다.[9]

다음 등급은 전통적인 목곽 묘실을 가진 다양한 규모의 무덤으로 비록 동일한 범주 중 가장 큰 것은 아니지만 유명한 마왕두이 무덤처럼 땅속 깊이 조성되었다.[10] 대형 무덤의 이런 형태는 중국과 한나라 정황 속에서 오랜 역사를 갖고 있는데 그 대부분은 공(公), 후(侯) 또는 지역 왕국의 고위 관리와 같은 2차 서열의 귀족들 무덤이다. 세 개의 매장 구덩이를 가진 소위 마왕두이 무덤군은 창사(長沙)의 동쪽 외곽에 나란히 위치한다. 2호 무덤에는 '후(侯)' 서열을 보유했던 장사 왕국의 승상 이창(利蒼)이 서기전 193년에 묻혔다. 약간 더 큰 1호 무덤에서는 이창의 부인이 잘 보존된 시신 상태로 발굴되었다. 3호 무덤은 그들의 아들이 서기전 168년에 묻혔는데 소규모 지하 도서관이

9   Wang Zhongshu, *Han Civilization* (New Haven: Yale University Press, 1982), pp. 181–182.
10   이 범주에서 가장 큰 것은 서기전 45년에 베이징 남쪽 다바오타이(大葆台)에 있는 관양의 왕 무덤이다.

왼쪽 위는 칠기 호(壺) 그릇, 왼쪽 아래는 칠기 반(盤) 접시, 오른쪽은 1호 무덤의 내부 목관 위에 놓인 비단 그림(높이 205cm, 폭 92cm)으로 여인의 승천을 묘사하고 있다.

그림 14.3 창사의 마왕두이 무덤에서 출토된 칠기와 비단 그림

라 할 만큼 비단 기록[백서, 帛書]과 함께 다수의 죽간이 발견되었다.

세 무덤에서는 접시, 물컵, 항아리 그리고 악기 등을 포함한 500점의 고품질 옻칠 용기를 특징으로 하는 3,000점 이상의 유물이 발굴되었다. 일부 형식은 분명히 당시 청동 그릇을 본뜬 것이지만, 더욱 정교하고 높은 미적 수준을 보여준다. 특히 흔하게 장식된 무늬 중 특별한 것은 세밀하게 처리된 가는 선형 구름으로서 그 여백에는 여러 형태의 동물 모습을 한 신령(神靈)이 채워져 있다(그림 14.3). 그것들은 전국시대 청동

기의 기하학적 무늬로 장식된 다소 엄정한 작품들과 크게 다른데 아마도 불멸 영혼의 낙원에 대한 믿음과 관련된 것으로 보인다.[11] 그러나 보다 근본적으로 그것들은 한 초기의 철학 사상에서 상당히 중요시되는 자연 질서에 대한 독특한 이해에서 유래한다. 그러한 문양은 같은 무덤에서 출토된 비단 천과 옷에서도 볼 수 있다. 마왕두이 1호 무덤의 특별한 품목 중 하나로 고대 중국 시기에 처음으로 옷감에 그린 그림이 전하는데, 노부인이 이승에서 승천하여 두 명의 관리들로부터 환영받는 장면을 묘사하였다.

그러나 왕과 고위 관리들의 무덤에서 출토된 유물에 표현된 화려한 장식과 귀족적 취향은 서기전 1세기 점차 너무 낭비적이라는 사회적 비난을 면치 못하였는데, 그 비난은 유학자들이 주도하였다.[12] 얄궂게도 그들은 실제로 사치스러운 유교의 제의 관행에 반대하는 묵가를 옹호하는 입장을 취하면서 화려한 매장 관습을 비난하였다. 현실적으로 부장품 중 화려한 물품이 점차 사라지는 현상은 지역 왕의 권력이 약화되는 사실을 물질적으로 반영하는 것임은 앞서 12장에서 이미 논의한 바와 같다. 동한 초기에 황실 조정은 사치스러운 매장을 금하는 명령을 반복해서 내렸다. 그러한 전환은 즉각적으로 구체화될 수도 없으며, 제국 모든 곳에서 동시에 일어날 수도 없는 것이다.

그러나 물질 자료를 통하여 목곽묘가 고인의 생전 환경을 대략적으로 재현한 토제 복제품이 부장된 벽돌무덤으로 동한 시대에 단계적으로 전환되었음을 볼 수 있다. 이러한 무덤 구조의 중요한 변화로 말미암아 매장 의례의 초점이 무엇이 묻혔는가가 아니라 그것들을 부장하는 시설, 즉 무덤의 내부 표면으로 이동하였다. 이를 통하여 유교 가치관과 사회적 기준의 표현 수단이던 벽화로 장식하는 길이 열리게 된다. 이 무덤 중 일부는 상당한 규모를 갖춘 산둥 무씨(武氏) 가문 무덤군의 경우와 같이 지상에 지어진 사당이 딸리기도 한다.

마틴 파워스(Martin Powers)의 연구에 따르면 그러한 벽돌 또는 석재 묘실의 건축은 지역 경제에 따라 크게 좌우되는데 그 현존하는 그 대다수는 현 단위의 하급 관리 가문이 선호하였다. 전반적으로 원가를 절감할 수 있는 모듈 제작 방법이 석묘의 석판을 생산하는 데 이용되었기 때문에, 축적된 재산이 많은 지역 가문은 그러한 무덤을 건축

---

11   이런 형태의 장식과 그들의 종교와 문화적 의미에 대한 논의는 Martin J. Powers, *Art and Political Expression, in Early China* (New Haven: Yale University Press, 1991) pp. 76-84 참조할 것.

12   *Ibid.*, pp. 2-5, 73-103.

할 수 있었다.[13] 서열이 높은 관리와 동한 제국의 왕들도 점차 비슷한 무덤 구조와 양식을 수용하였으며, 단지 좀 더 크고 복잡하게 만들었을 뿐이다. 그러나 그들의 무덤은 절대로 서한의 왕과 귀족의 사치스러운 무덤과는 비교될 수 없다. 파워스는 장인의 조각 양식이 지리적 공간이 상대적으로 넓지 않은 특정 '학파'와 관련이 되므로, 장례 문화가 엄격히 지역적 성격을 띠고 있을 뿐만 아니라, 그들의 교육 수준은 물론 사회적 가치관을 반영한 것이라고 주장한다.[14] 사실 장례 유적은 무덤과 사당을 후원하는 지역 가문의 젊은 세대를 교육시키는 중요한 공간이었다.

가장 유명한 유적은 서기 168년 매장된 산동성의 자상(嘉祥)에 있는 무씨 가문 묘역이다. 이 유적의 분묘 구조물은 지하의 묘실과 지상의 석재 사당 4기로 구성되어 있다. 이곳에서 그림 조각과 명문이 있는 70점 가까운 수의 석판이 수집되었는데 가문의 2대인 무량(武梁)의 사당에 속하는 것으로 우홍(巫鴻)에 의해 체계적으로 검토된 바 있다. 4개의 벽, 2층의 박공, 그리고 천장으로 둘러싸인 사당 부재의 전 표면에는 낙원과 장수를 의미하는 상서로운 모양의 석각 그림으로 장식되어 있다. 사당 전면에서 잘 보이는 세 벽에 위치한 석판에는 서쪽에서 동쪽으로 가면서 4건의 역사적 장면별로 여러 명의 역사적 인물이 조각되어 있다.[15] 이는 역사적 과거를 깔끔하게 표현한 시각적 그림으로 구성되었는데, 무량의 석각 그림이 제작된 이유는 사마천의 역사 저술과 마찬가지로 각판에 새겨진 역사적 사건이 갖는 위대한 교훈을 보여주기 위함임은 의심의 여지가 없다.

가문의 첫 세대가 무덤에 묻힌 지 20년 또는 그 비슷한 기간에 무씨 가문의 구성원이나 친척은 이 유적지를 자주 찾아보아야 할 의무가 있다. 가문의 젊은 세대들이 참배를 하는 동안 사당에 접근하면서 유적지를 둘러보게 되고, 인류의 과거와 한 제국의 영광과 관련하여 풍부한 교육 경험을 가질 수 있게 한다. 인류의 조상인 복희(伏羲)와 여와(女媧)의 그림을 비롯하여 살아가고 있는 세상의 기원을 알게 되면서 즐거워하였을 것이다. 황제(黃帝)와 제요(帝堯) 같은 전설적인 통치자와 마주치게 되었을 것이고 기본적으로 그들의 모습에서 역사와 문명 이전의 시대에 대하여 터득하게 되었을 것

---

13   *Ibid.*, pp. 129-141.

14   *Ibid.*, pp. 124-125.

15   Wu Hung, *The Wu Liang Shrine: The Ideology of Early Chinese Pictorial Art* (Stanford: Stanford University Press, 1989), pp. 142-144.

그림 14.4 무량사(武梁祠) 화상석의 '진시황 암살'

이다. 그래서 그들은 부모로부터 따라야 한다고 들었던 제도와 제례 규칙을 만든 유명한 주공(周公)의 이야기를 알게 된다. '진시황(秦始皇)의 암살'(그림 14.4)과 같은 숨 막히는 장면을 통하여 숨은 이야기에 대한 호기심을 갖게 되었을 것이고 지혜와 용기와 관련된 '세 명의 전사를 죽인 두개의 복숭아' 이야기를 묘사한 그림에 매료되었을 것이다. 한 왕조 당대에 이르러서 전쟁 포로이지만 개인적 훈련과 도덕적 행동으로 한 제국의 모델이 된 흉노 왕자 김일제(金日磾)를 묘사한 그림을 보게 된다. 그의 이야기를 통해서 젊은 세대들은 흉노를 비롯한 외부 세계와 벌인 한 제국의 전쟁이 갖고 있던 배경을 개략적이나마 한층 더 잘 이해할 수 있었을 것이다.

그러한 역사 여행은 젊은 세대가 가문의 문화적 유산을 경험하고 유교 가치관을 몸에 배게 할 뿐만 아니라, 가문과 제국의 관계와 제국이 이 세상에서 갖는 지위를 더 잘 이해하는 데 필수적인 도움을 주었을 것이다. 그것은 가문이나 제국이 반드시 제공하지 않으면 안 되는 여행이다.

참고문헌

Ban, Gu (trans. Homer H. Dubs), *History of the Former Han Dynasty*, vol. 1 (Baltimore: Waverly Press, 1938).

Durrant, Stephen, *The Cloudy Mirror: Tension and conflict in the Writings of Sima Qian* (Albany: State University of New York Press, 1995).

Harper, Donald, "Warring States Natural Philosophy and Occult Thought," Michael Loewe and Edward L. Shaughnessy (eds.), *The Cambridge History of Ancient China: From the Origins of Civilization to 221 BC* (Cambridge: Cambridge University Press, 1999), pp. 813-884.

Peerenboom, R. P., *Law and Morality in Ancient China: The Silk Manuscripts of Huang-Lao* (Albany: State University of New York Press, 1993).

Powers, Martin J., *Art and Political Expression in Early China* (New Haven: Yale University Press, 1991).

Sima, Qian, *The Grand Scribe's Records*, vol. 1, *The Basic Annals of Pre-Han China*, William H. Nienhauser Jr. ed. (Bloomington: Indiana University Press, 1994).

Wang, Zhongshu, *Han Civilization* (New Haven: Yale University Press, 1982).

Wu, Hung, *The Wu Liang Shrine: The Ideology of Early Chinese Pictorial Art* (Stanford: Stanford University Press, 1989).

그림 출처

1.1 Shi Yafeng and Kong Zhaozheng et al., "Mid-Holocene Climates and Environments in China," *Global and Planetary Change* 7 (1973), 219-233.

1.2 *Bulletin Archéologue du Musée Guimet*, fasc. I (Paris: Librairie nationale d'art et d'histoire, 1921); 王国維, 『海宁王静安先生遗书』 1册(上海: 商务印书馆, 1940).

1.3 1935년 20차 발굴 당시 촬영사진(中央研究院 历史语言研究所 제공).

2.1 K. C. Chang, *The Archaeology of Ancient China*, 4th edn. (New Haven: Yale University Press, 1986), p. 108.

2.2 1, 3: 中国社会科学院考古研究所, 考古精华(北京: 科学出版社, 1993), p. 6; 2, 4: 考古研究所, 『中国考古学: 新石器时代卷』(北京: 中国社会科学出版社, 2010), pl. 2; 5: 『文物』 1 (1989), pl. 1; 6: 『考古』 12 (1996), pl. 8.

2.3 考古研究所, 『桂林甑皮岩』(北京: 文物出版社, 2003), pls. 5.1-2, 8.1-2.

2.4 考古研究所, 『考古精华』, pp. 15, 17-19, 24-26.

2.5 Li Liu, *The Chinese Neolithic: Trajectories to Early States* (Cambridge: Cambridge University Press, 2004), p. 80.

2.6 Liu, *The Chinese Neolithic: Trajectories to Early States*, p. 109.

2.7 *Chinese Archaeology* 5 (2005), 54.

2.8 1, 2: 考古研究所, 『考古精华』, p. 67; 3: 『考古』 12 (1984), pl. 3; 4, 5: Kwang-chih Chang et al. (eds.), *The Formation of Chinese Civilization* (New Haven: Yale University Press, 2005), pp. 106, 133; 6: 中国文物交流服务中心, 『中国文物精华』(北京: 文物出版社, 1990), pl. 15.

2.9 『考古』 12 (2002), pl. 3.

3.1 왼쪽 도면: Li Liu and Xingcan Chen, *State Formation in Early China* (London: Duckworth, 2003), p. 61; 오른쪽 도면: *Chinese Archaeology* 5 (2005), 2.

3.2 1-3, 5, 6: 考古研究所, 『考古精华』, pp. 118-121; 4: *Chinese Archaeology* 5 (2005), 11.

3.3 『中国历史文物』 6 (2002), 4.

3.4 다음의 문헌을 기초로 함. David Keightley, "The Shang," Michael Loewe and Edward L. Shaughnessy (eds.), *The Cambridge History of Ancient China: From the Origins of Civilization to 221 BC* (Cambridge: Cambridge University Press, 1999), pp. 234-235.

3.5 다음의 문헌을 기초하여 수정. 杜金鹏, 『夏商周考古学研究』(北京: 科学出版社, 2007), pp. 372, 376.

3.6 Li Liu and Xingcan Chen, *State Formation in Early China*, p. 94.

3.7 『中国美术全集: 工艺美术编: 青铜器1』(北京: 文物出版社, 1985), p. 5.

3.8 江西省文物考古研究所外, 『铜岭古铜矿遗址发现与研究』(南昌: 江西科学技术出版社, 1997), pls. 3, 5, 15, 23, 40.

4.1 考古研究所, 『殷墟的发现与研究』(北京: 科学出版社, 1994), pl. 2.

4.2 K. C. Chang, *Shang Civilization* (New Haven: Yale University Press, 1980), p. 94.

4.3 1: 考古研究所, 『新中国的考古发现和研究』(北京: 文物出版社, 1984), p. 231; 2: *Cambridge History of Ancient China: From the Origins of Civilization to 221 BC*, p. 190.

4.4 『中国历史文物』(2005), 표지사진.

4.5 中国社会科学院 考古研究所, 『殷墟妇好墓』(北京: 文物出版社, 1980), pls. 1, 2.1, 3, 6, 7.

4.6 다음 문헌에 제시된 청동기 도면을 토대로 저자가 편집함. Max Loehr, *Ritual Vessels of Bronze Age China* (New York: Asian Society, 1968), pp. 23, 33, 45, 57, 87.

4.7 『中国大百科全书』(北京: 中国大百科全书出版社, 1986), p. 20.

4.8 저자 작성.

4.9 *Chinese Archaeology* 4 (2004), 2.

4.10 *Chinese Archaeology* 4 (2004), 24.

4.11 河北省文物研究所,『藁城台西商代遗址』(北京: 文物出版社, 1985), p. 31.

4.12 『文物』(1991), pls. 1.1, 2.1.

4.13 中国文物交流服务中心外,『中国文物精华』(北京: 文物出版社, 1990), pl. 30; 다음 문헌의 지도를 일부수정. Robert Bagley (ed.), *Ancient Sichuan: Treasures from a Lost Civilization* (Seattle: Seattle Art Museum, 2001), p. 24.

5.1 中国社会科学院 考古研究所,『甲骨文合集』(上海: 中华书局, 1978-83), #06834.

5.2 中国社会科学院 考古研究所,『殷墟花园庄东地甲骨』(昆明: 云南人民出版社, 2003), p. 40.

5.3 中国社会科学院 考古研究所,『甲骨文合集』, #22779.

5.4 中国社会科学院 考古研究所,『甲骨文合集』, #36975.

6.1 考古研究所,『南邠州 碾子坡』(北京: 世界图书出版公司, 2007), pls. 3-5, 6.2.

6.2 『考古学报』3 (1991), pp. 272, 273.

6.3 曹瑋 제공 사진.

6.4 왼쪽 사진은『中国美术全集: 工艺美术编: 青铜器1』(北京: 文物出版社, 1985), p. 122; 오른쪽 명문은『文物』8 (1977), 圖 2.

6.5 사진 ©2013 Museum of Fine Arts, Boston.

6.6 陕西省考古研究所外,『陕西出土商周青铜器』, 2卷(北京: 文物出版社, 1979), pp. 3, 5, 13, 15, 21, 33, 36; 3卷 pl. 8, pp. 32, 16, 118, 129; 4卷, p. 82.

6.7 다음 문헌에 기초하여 수정.『考古学报』4 (1980), 459, 484, 485.

6.8 사진 출처『中国美术全集: 工艺美术编: 青铜器1』(北京: 文物出版社, 1985), p. 167.

6.9 『考古』1 (1990), 22, 25.

6.10 『文物』1 (1986), 47.

6.11 容庚,『善斋彝器图录』(北京: 燕京大学, 1936), pl. 70.

7.1 저자 작성.

7.2 저자 작성.

7.3 Li Feng, *Landscape and Power in Early China: The Crisis and Fall of the Western Zhou, 1045-771 BC* (Cambridge: Cambridge University Press, 2006), p. 148.

7.4 저자 작성.

8.1 『考古』4 (1975), pls. 4-5.

8.2 山西省文物工作委员会,『侯马盟书』(北京: 文物出版社, 1976), pp. 141, 267.

9.1 저자 사진.

9.2 저자 작성.

9.3 中央研究院 历史语言研究所 제공.

9.4 다음 문헌 도면 수정. 王振华,『商周青铜兵器』(台北: 古月阁, 1993), p. 295.

9.5 『中国美术全集: 工艺美术编: 青铜器1』(北京: 文物出版社, 1985), p. 64.

9.6 中国文物交流服务中心外,『中国文物精华』(北京: 文物出版社, 1990), pl. 68.

11.1 周亞 제공 사진.

11.2 焦南峰 제공 사진.

11.3 焦南峰 제공 사진.

11.4 国家计量总局 編,『中国古代度量衡图集』(北京: 文物出版社, 1981), pl. 81.

11.5 www.chinapage.comemperor.html.

11.6 黃曉芬 제공 사진.

11.7 Ann Delroy (ed.), *Two Emperors: China's Ancient Origins* (Brunswick East, Victoria, Australia: Praxis Exhibitions, 2002), p. 46.

11.8 Delroy (ed.), *Two Emperors*, p. 47.

11.9 曺瑋 제공 사진.

11.10 曺瑋 제공 사진.

12.1 Wang Zhongshu, *Han Civilization* (New Haven: Yale University Press, 1982), fig. 2.

12.2 田广金 郭素新,『鄂尔多斯式青铜器』(北京: 文物出版社, 1986), pls. 12, 15.

12.3 Édouard Chavannes, *Mission archéologique dans la Chine septentrionale* (Paris: Leroux, 1909), pl. 50.

12.4 Wang Zhongshu, *Han Civilization*, fig. 30.

13.1 『文物』1 (1985), pl. 1.

13.2 Hans Bielenstein, "The Census of China: During the Period 2–742 AD," *Bulletin of the Museum of Far Eastern Antiquities* (Stockholm) 19 (1947), pls. 2, 3.

14.1 『考古学报』2 (1981), 187.

14.2 中国文物交流服务中心外,『中国文物精华』(北京: 文物出版社, 1990), pl. 88.

14.3 傅举有, 陈松长,『马王堆汉墓文物』(长沙: 湖南出版社, 1992), pp. 19, 53, 54.

14.4 容庚,『汉武梁祠画像录』(北京: 燕京大学考古学社, 1936), pp. 11, 12.

옮긴이의 글

I

페이건과 스카레의 『고대 문명의 이해(*Ancient Civilizations*)』의 번역작업을 끝낸 직후 2015년 봄에 사회평론아카데미 출판사로부터 미국 컬럼비아대 리펑 교수의 *Early China*를 번역하였으면 좋겠다는 제안을 받았다. 그 자리에서 나는 주저하지 않고 흔쾌히 승낙하였는데, 다소 무모했다는 생각이 들었지만, 앞의 책 번역과 마찬가지로 그것은 그동안 제대로 하지 못한 중국 고대사를 공부하자는 심정에서였다.

한국에서 대학과 대학원을 졸업한 대부분의 고고학 연구자들은 유적과 유물자료를 챙기는 과정에서 한국이라는 지역적 공간을 넘는 데 어려움을 겪는다. 그동안 중국에 대해서는 한국 청동기 및 철기시대와 직접 관련 있는 동북삼성 지역을 중심으로 현지를 답사하고 자료를 정리하며 공부하여 왔다. 그렇게 하는 과정에 더욱 절실하게 다가오는 과제는 중국 전체의 역사와 문화에 대한 이해였다. 전 근대 국가의 이데올로기라 할 수 있는 유교가 중국 한 왕조 이전에 성립하여 전이된 사례에서 보는 것처럼 한국을 이해하는 데 중국 공부는 필수적이다. 그럼에도 불구하고 중국 고대사에 대해서 차분하고도 진지하게 공부한 적이 없었다는 자괴심으로 가득하던 차에 번역작업을 하기로 한 것이다.

우리나라에 중국 고대사와 관련된 역사학과 고고학 분야의 책자가 적지 않게 소개되었음은 물론이다. 그 대부분은 중국 혹은 일본 학자가 저술한 책을 번역하거나, 한국 학자가 저술한 책으로서 서구 학자들의 연구 성과를 토대로 영어로 된 책을 번역한 사례는 많지 않다. 중국에 대한 서구 학자들의 연구 성과에 대해서는 얼핏 생각하기에 언어상의 장애로 인하여 문제가 있다는 의구심을 갖기 쉽다. 그러나 역사적 사실을 세세하게 숙지하는 데에는 시간이 더디 걸리는 한계가 있을지 몰라도 서양 혹은 유럽과 비교 접근함으로써 세계사의 관점에서 이해할 수 있는 장점이 있다고 이해된다. 바로 그러한 점에서 서구 학자의 연구를 살펴서 영어로 저술한 리펑의 *Early China*는 적극 추천할 만하다.

리펑은 한때는 중국 베이징에서 고고학과 고대사 연구를 수행한 중국인 연구자이다. 그러한 점에서 그가 영어로 낸 이 책은 서구 학자들의 관점을 반영하면서도 그들이 가질 수 있는 한계를 보완할 수 있는 장점을 갖춘 것으로 평가된다. 그가 20세기 초 실증주의 중국 사학자 구제강(顧頡剛)의 의고사조(疑古思潮) 관점을 고수하는 서구 학자들의 입장과 다소 거리를 두고 있음이 이 책에서 잘 드러난다. 그것은 최근의 중국 학계의 분위기와도 전혀 관련이 없다고 할 수 없지만, 한편으로 중국 고고학의 최근 성과를 꼼꼼하게 섭렵한 그의 자신감에서 얻어진 것이라고 하겠다.

II

이 책은 총 14장으로 구성되어 있다. 1장 서론에 이어 2장은 국가 이전의 신석기시대, 3-5장은 하·상 왕조의 국가형성시대, 6-7장은 주 왕조의 봉국(지역 국가)시대, 8-10장은 춘추전국의 영토국가시대, 그리고 11-14장은 진·한의 제국시대를 각각 다루고 있다.

먼저 1장의 서론에서는 중국의 지리적 공간을 살피면서 황토고원과 중국 북부 평원을 무대로 하여 고대 역사가 본격적으로 시작되었음을 지적하고 있다. 한편 고대 중국을 연구하는 데 문헌고증에 역점을 두는 의고사조 학파의 업적을 높게 평가하면서도 고고학적 조사 성과를 적극 활용해야 한다는 관점을 이 장에서 강조하였다.

2장에서는 쑤빙치(蘇秉琦)의 구계유형론을 비롯한 '다수 지역' 이론과 장광즈(張光直)가 주장하는 '상호작용 영역' 이론이 중국 신석기문화의 전개과정을 설득력 있게 설명하는 틀이라고 소개하면서 북중국의 중심적 위상을 인정하지 않을 수 없다고 지적한다. 또한 양사오(仰韶) 문화의 중기에는 장자이(姜寨) 취락에서 보듯이 분절적 종족 시스템의 부족사회, 룽산(龍山) 문화의 후기에는 타오쓰(陶寺) 읍락에서 보듯이 수장사회에 이르렀다고 설명한다.

3장에서 중국 초기 국가의 등장은 얼리터우(二里頭)의 궁정 유적과 무덤을 통해서 확인되며, 구리자원을 조달하고 청동기를 제작하는 시스템이 국가 체제를 반영한다고 해석하였다. 또한 전설상의 황제와 그의 후계자 대우에 대한 전승으로 전하는 하(夏)

왕조에 얼리터우 물질문화를 대응시켜 설명한다. 아울러 상(商) 왕조의 초기 도시로서 정저우와 옌스 성곽을 소개하고 있다.

4장에서는 갑골을 통해서 알려진 안양(安陽)의 은허(殷墟)의 궁정지와 함께 시베이강(西北崗) 왕릉군, 그리고 부호 왕비 무덤의 조사 성과를 토대로 상 후기에 대해서 설명한다. 왕릉구역에서 조사된 대형 무덤 중에는 상 중기의 반경(般庚), 소신(小辛), 소을(小乙) 왕들의 무덤이 존재하지 않는데, 최근에 발굴된 대규모 환베이상성(洹北商城)이 세 왕이 재위로 있었던 상 중기에 해당된다는 주장을 소개하고 있다.

5장은 갑골문에 반영된 상나라의 지배층이 수행한 점복과정, 왕실의 계보와 정부조직에 대해서 설명하고 있다. 점복을 담당한 정인들이 있어 이들이 상 왕조가 초기 관료국가임을 입증하는 종교적 관료라고 한다. 아울러 왕의 이름에 확인된 천간(天干) 명의 분석을 통해 왕실계보가 두 개의 족외혼 그룹에 따라 이루어진다는 장광즈의 주장을 소개하고 있다.

6장에서는 청동 예기의 양식 및 명문이 상과 구별되는 사실과 연계하여 상 왕조에서 주(周) 왕조로 전환되는 과정을 설명하였다. 웨이하(渭河) 지류에서 성장한 선왕시대를 거친 주 무왕(武王)이 상과의 전쟁을 서기전 1045년 이틀간에 걸쳐 수행한 과정, 그리고 지방 봉국의 왕이 주왕과 혈연 관계를 갖고 있음이 청동기 명문을 통해서 확인된다고 전한다. 특히 이 장에서는 후자와 관련해서 주의 봉건체제가 중세유럽의 그것과 구별된다는 점을 강조하였다.

7장에서는 주 왕조에서 지배층 조직이 종족을 중심으로 구성되고, 다섯 세대에 걸친 조상제사가 수행된 사실을 설명하였다, 아울러 상제(上帝), 천명(天命) 등의 종교이념을 토대로 하고, 경사료(卿史寮)의 최고 통치기구와 실무 관료들이 갖추어진 관료국가로 발전하였음을 설명하였다. 또한 문자기록이 발달하여 『역경』, 『서경』, 『시경』 등의 고전문헌이 편찬되는 상황을 소개하고 있다.

8장에서는 춘추시대에 대외적으로 '세력의 균형과 그 확장비용 상승'에 의해 패권국가가 차례로 부상하다가 쇠락하는 과정, 대내적으로 전략적으로 중요한 국경지역에 현을 설치하여 국가통치자가 그 지배자를 임명하는 방식이 도입되는 사실을 설명하였다. 아울러 종전의 귀족제도가 붕괴되면서 신분이 세습되지 않은 '사(士)'의 등장에 주목하고 있다.

9장에서는 전국시대에 국가 간의 경쟁과 갈등이 심화되면서 다방면의 개혁이 이루어지는 상황이 설명된다. 국가 간의 경계가 분명한 영토 국가로 변모하게 되는데, 병법에 능한 엘리트가 군사 지휘권을 갖게 되고, 장평전쟁(長平戰爭)의 예에서 보듯이 대규모 병력이 동원됨을 설명하였다. 또한 이전과 달리 병사인력과 조세부과 대상인 소농에 국가가 직접 상대하는 상황을 보여준다.

10장은 유럽의 고대 그리스 철학과 마찬가지로 새로운 국가체제를 뒷받침하는 춘추전국시대의 여러 사상을 설명하고 있다. 이전 주 왕조를 모범삼아 제사의례와 사회질서를 강조한 공자의 유교, 이를 계승하나 백성을 존중하는 민주적 사고를 강조하는 맹자, 인위적인 제도의 모순을 강조하는 노자와 장자의 도교, 국가의 규범을 제시한 상앙, 한비의 법가 등이 소개된다.

11장은 진(秦)의 제국이 형성되기 이전과 이후 지배층의 무덤, 특히 진시황제릉과 병마용갱을 소개하고, 제국을 뒷받침하는 여러 제도를 설명한다. 오가작통(五家作統)을 비롯하여 상앙(商鞅)의 개혁과 관련된 법률 내용이 쉐이후디(睡虎地) 무덤 출토 죽간에서 확인되는 사실을 소개하였다. 또한 문자, 도로, 화폐, 계량 등의 여러 시스템을 통일하고, 관리임명 제도를 갖추어 다음 장기간 지속되는 제국의 토대를 확립하는 과정을 설명하고 있다.

12장은 한(漢)의 제국을 소개하는 장으로서 대내적으로 지방을 통치함에 왕국과 군현체제를 병용하고, 대외적으로는 한제국을 위협하는 흉노와 전쟁과 외교를 수행하는 과정을 설명하였다. 황실 권력을 외척이 장악하게 되면서 왕망(王莽)이 신(新) 왕조를 세워 귀족 세력을 축출하고 여러 제도를 개혁하고자 시도하는 과정을 소개한다.

13장은 한제국의 발달한 관료와 법체계의 구체적 실상을 최근에 발굴된 문헌자료를 통해서 소개하고 있다. 장쑤성(江蘇省) 인완(尹灣) 문서를 통해서 관료의 급여체계, 후베이성(湖北省) 장자산(張家山) 출토 법령죽간을 통해서 범죄관련 법체계가 확인된다. 아울러 하층 농민들이 호족에게 투탁(投託)하는 상황이 발생하여 한제국 체제의 붕괴요인이 되는 과정을 살피고 있다.

마지막 14장은 앞서 법가와 유교의 요소를 흡수한 한제국의 황로사상(黃老思想)을 소개하고 진시황제에 의해서 붕괴된 유교체제가 동중서(董仲舒)에 의해서 부흥되는 과정을 설명하였다. 한대 이전의 고문에 관심을 갖게 되는 상황과 사마천(司馬遷)과 반고(班固)가 저술한 본격적인 역사서의 내용을 설명하고 있다. 끝으로 한대 무덤의 화상석을 통해서 역사적 사실이 가문 후손에게 전승되는 사례를 소개하는 것으로

마무리하였다.

III

　이 책을 번역하는 작업을 하면서 옮긴이가 가진 가장 큰 애로사항은 중국 고대사 학자에게는 익숙한 명칭과 용어를 숙지하지 못하고 있다는 사실에 있다. 그것은 영어식의 표현을 그대로 옮기면 되는 문제가 아니므로, 마침 리펑 교수와 함께 시카고대학에서 수학한 단국대 심재훈 교수에게 도움을 요청하여 해결하였다. 당연히 그는 중국 고대사에서 영어와 중국의 용례에 정통한바, 실상 이 책의 번역은 시간적 여유가 있다면 그가 맡으면 좋을 일이었음을 작업을 마무리하는 중에 깨닫게 되었다.

　각설하고 한글 번역을 함에 논란이 되었던 몇 가지 사례를 살펴보면 다음과 같다. 우선 이 책의 제목으로 제시된 시공간적 개념인 'Early China'를 '초기 중국'이 아니라 '고대 중국' 혹은 '중국고대사'로 번역하는 문제이다. 'Ancient China'에 대응되고 다소 의미 차이가 없는 것은 아니지만, 심 교수의 의견에 따라 일반적으로 통용되는 이들 명칭을 쓰기로 한 것이다. 또한 주 왕실이 봉하는 중국 전역의 여러 국가를 번역한 'Regional State'를 그대로 번역하면 '지역 국가'라고 할 수 있다. 그러나 중국학계에서 '지방 봉국', 혹은 '봉국'이라고 한다 하므로 이를 '봉국'이라고 하였는데, 이 또한 심 교수의 제안에 따른 것이다. 이밖에도 많은 고유의 명칭과 용어의 번역에 그의 도움을 받았음을 밝혀 둔다.

　끝으로 지적할 것은 이미 *Ancient Civilizations*을 번역하면서 마주쳤던 용어 'Chiefdoms'의 번역에 대한 문제이다. 앞서의 책에서는 족장은 지석묘, 군장은 청동기부장묘에 대응되는 한국의 용례를 받아들여 '족장(군장)'으로 번역하였는데, 전 세계에 걸쳐 일반화한 용어로서는 아무래도 어색한 감을 떨칠 수가 없어서, 이번 번역에서는 아예 '수장사회'라는 용어로 대체하였음을 밝힌다. 굳이 말하자면 수장사회에 족장과 군장사회의 의미가 포괄되는 셈이다.

　이번 작업을 함에 당초 기대하지 않았던 한강문화재연구원 신숙정 원장의 지원이 있었다. 이에 고마운 말씀 전한다. 또한 이메일로 책의 내용에 대해서 문의하면 즉각 답을 보내 준 리펑 교수와 함께 바쁜 가운데 흔쾌히 감수와 교정, 그리고 추천의 글을 챙겨 준 심재훈 교수에게 감사드린다. 아우 이덕규도 교정을 보는 데 많은 도움을 주었다. 물론 사회평론아카데미의 윤철호, 김천희 대표의 지원과 고인욱 위원의 꼼꼼한 교정이 없었다면 이처럼 모양새와 내용을 갖춘 책이 나올 수 없었을 것이다. 그들에게도 깊은 감사의 마음을 전한다.

2017년 7월 19일

이청규

찾아보기

374